JN437087

재무관리

서병덕 | 홍동현 | 조중근 공저

Financial Management

수많은 기업들이 경쟁적으로 활동하는 시장에서 기업이 살아남기 위해서는 효율적으로 생산하는 것만으로는 부족하다. 기술의 발전을 통한 원가절감과 더불어 자본비용을 낮추는 일도 그에 못지않게 중요해졌다. 지난 IMF 위기과정에서 드러난 것처럼 기업의 혈액이라 할 수 있는 자금이 적시에 조달되지 못한다면 아무리 대기업이라하더라도 생존이 불가능하다.주변에서 훌륭한 기술력을 보유하여 좋은 제품을 만들면서도 실패하는 기업들을 볼 수 있는데, 많은 경우에 그 원인이 자금관리를 잘못한 데 있는 것으로 나타나고 있다.
오늘날 기업에서는 기업재무를 전담할 임원으로 CFO(chief financial officer)를 임명하여 재무자원의 관리에 총력을 기울이고 있을 정도로 재무관리자의 역할은 중요해졌다. 그들은 기업의 소요자금을 조달하는 일 뿐만 아니라, 사업의 타당성 평가, 또는 기업의 정책수립에 이르기까지 광범위하게 관여하고 있다.

도서출판 두남

머리말

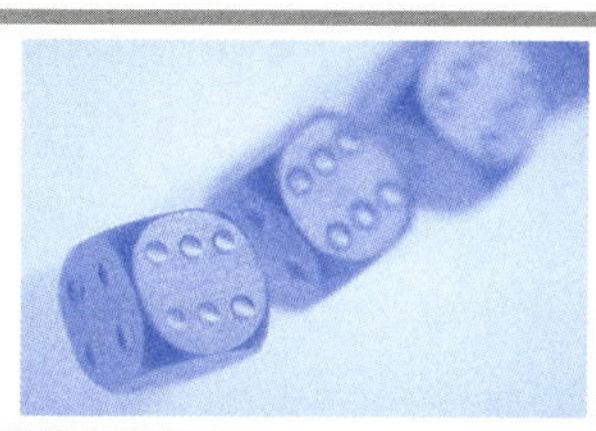

현대 사회를 살아가는 데 있어 재무관리에 관한 지식은 이제 필수적인 요소가 되었다. 개인적인 삶은 물론이거니와, 어떤 조직의 일원으로서 활동하는데 있어서 지위의 고하를 막론하고 어느 정도 재무에 대한 지식 없이는 자신이 맡은 직무를 원활하게 수행해 나가는데 어려움에 봉착할 수밖에 없다. 더욱이 재무적 의사결정을 내려야 하는 책임 있는 위치에 서게 되면 이에 대한 지식을 제대로 갖추지 않고서는 그 직책을 유지해 나가는 것이 거의 불가능하다고 해도 과언이 아닐 것이다.

재무적인 지식의 중요성이 이렇게 고조되고 있음에도 불구하고 재무관리 과목을 공부하는 학생들에게 물어보면 많은 학생들이 어렵다고 답변을 한다. 할 수만 있다면 피하고 싶은 과목인 것 같다. 여기에는 여러 가지 이유가 있겠지만 재무관리와 연관된 분야가 너무 광범위할 뿐만 아니라 경영학의 다른 과목에 비해서 논리가 매우 엄밀하고 비교적 수리적이기 때문일 것이다. 재무관리의 논리적 엄밀성과 수리적 방법론은 이론의 전개를 명쾌하게 하고, 구체적인 답변을 도출해 낼 수 있기 때문에 지적호기심이 강한 학생들에게는 커다란 성취동기를 제공할 수 있을 것이다.

그러나 모든 학생들이 수리적 방법론에 익숙하지는 않을 것이다. 이러한 관점에서 본서는 재무관리의 입문서로서 복잡한 이론이라 하더라도 지나치게 난해한 수리적 논리 전개를 피하면서 가급적 상세하게 기술하기 위하여 노력하였다. 최근 기업의 재무환경이 급변하고 매우 복잡 다양하게 전개되면서 기존의 이론들이 이제는 쓸모없는 것이 되기도 하고, 불과 몇 년 전만 하더라도 용어조차 없었던 새로운 개념이나 이론들이 속속 새롭게 등장하고 있는 것이 작금의 현실이다. 이를 반증하듯 재무관리는 사회과학적 차원을 넘어서 자연과학이나 공학의 영역으로 확대되는듯한 양상을 보이고 있으며, 이제 금융공학(financial engineering)이라는 과목이 전혀 낯설지 않게 자리를 잡고 있다.

따라서 기업의 재무현실을 분석하고 현상을 파악하여 거기서 인과관계를 찾거나 이론체계를 구축하는 일은 어렵고 막대한 노력을 투입해야만 하며, 이는 교과서를 집필하는 데에도 똑같이 적용된다. 이에 따라 기업의 재무현상을 이해하기 위하여 습득해야 할 기초이론이나 정보가 너무나 방대하여 한 학기 분량의 교과서에 전부 수용한다는 것은 불가능한 일이며, 필수적으로 취사선택의 문제가 따를 수밖에 없다.

본서는 이같은 현실적인 상황을 고려하여 다음과 같이 총6부 15장으로 구성하였다. 제1부는 재무관리의 기초개념을 이해하고 본서의 내용을 공부하기 위한 기초지식을 습득하기 위한 목적으로 화폐의 시간가치 개념, 채권과 주식의 가치평가 개념, 재무제표의 기초 등에 대해 서술하였다. 제2부는 확실성하의 투자결정으로서 자본예산의 기초개념, 현금흐름의 추정 및 투자안의 경제성 평가 등의 문제를 다루었다. 제3부에서는 불확실성하에서의 투자결정과 관련하여 위험과 수익률, 자본자산가격결정모형(CAPM)에 대한 기본적인 사항을 소개하였다. 이어서 제4부는 기업의 장기자본조달결정에 관한 내용으로 자본비용, 자본구조이론, 배당정책 등에 대하여, 제5부는 기업의 장단기 재무의사 결정문제로서 장기자본조달과 자본시장, 그리고 단기자본조달과 특수금융에 대하여 각각 서술하였다. 마지막으로 제6부는 최근에 주목을 받고 있는 선물·옵션이론에 대한 기초적인 내용을 소개하였다.

재무관리의 중요 영역을 수학하기 위해서는 본서의 내용을 토대로 투자론, 파생상품론, 금융시장론, 경영분석 등 인접과목에 대한 추가적인 학습은 물론 경영수학·통계에 대한 지식이 필요함을 첨언한다.

끝으로 본서를 출판하는데 직, 간접적으로 많은 도움을 준 여러분들에게 진심으로 감사를 드리며, 독자들의 아낌없는 질책과 충고를 바란다.

2012년 2월

저자 일동

차 례

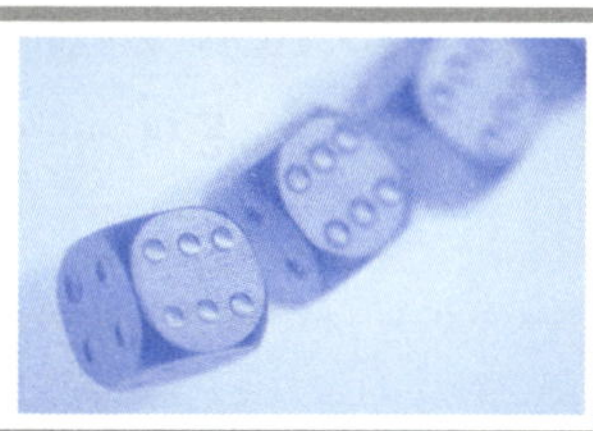

제1부 재무관리의 기초

제1장 재무관리의 의의와 목표 / 11

제2장 화폐의 시간가치(TVM : time value of money) / 23

제3장 채권과 주식의 가치계산 / 61

제4장 재무제표의 이해 / 83

— 제2부 자본예산론 —

— 제3부 포트폴리오 이론 —

제1부

재무관리의 기초

제1장 재무관리의 의의와 목표

기업은 인적·물적·기술적 자원을 효율적으로 결합하여 제품 및 서비스를 사회에 제공하고 이러한 활동을 통하여 기업의 가치를 높이고자 한다. 기업이 유능한 인재를 확보하여 마케팅 및 연구개발 투자를 진행하고, 소비자의 만족을 이끌어낼 수 있는 질 좋은 제품(서비스)을 생산하여 판매한다면 높은 수익을 얻을 수 있다. 수익이 많아지면 기업에 투자한 채권자는 확실하게 이자와 원금을 받을 수 있고, 주주들은 안정적으로 배당금을 받고 주식가격의 상승으로 이익을 얻을 수 있다.

이러한 기업의 의도와 목적은 시장이 안정적인 상황에서는 쉽게 달성될 수 있겠지만, 오늘날 기업이 처해있는 환경은 매우 불확실하여 문제가 그렇게 쉽지는 않다. 1970년대 오일 쇼크 이후 세계경제의 불안정성은 시간이 지날수록 더욱 커져서 2008년에 금세기 최악의 금융위기로 이어졌다. 과거에는 기업의 경쟁이 국경 내에서 이루어졌지만 지금은 전 세계적으로 일어나고 있다. 이렇듯 수많은 기업들이 경쟁적으로 활동하는 시장에서 기업이 살아남기 위해서는 효율적으로 생산하는 것만으로는 부족하다. 기술의 발전을 통한 원가절감과 더불어 자본비용을 낮추는 일도 그에 못지않게 중요해졌다. 지난 IMF 위기과정에서 드러난 것처럼 기업의 혈액이라 할 수 있는 자금이 적시에 조달되지 못한다면 아무리 대기업이라 하더라도 생존이 불가능하다. 주변에서 훌륭한 기술력을 보유하여 좋은 제품을 만들면서도 실패하는 기업들을 볼 수 있는데, 많은 경우에 그 원인이 자금관리를 잘못한 데 있는 것으로 나타나고 있다.

오늘날 기업에서는 기업재무를 전담할 임원으로 CFO(chief financial officer)를 임명하여 재무자원의 관리에 총력을 기울이고 있을 정도로 재무관리자의 역할은 중요해졌다. 그들은 기업의 소요자금을 조달하는 일뿐만 아니라, 사업의 타당성 평가, 또는 기업의 정책수립에 이르기까지 광범위하게 관여하고 있다.

SECTION 1 재무관리의 의의

재무관리(financial management)는 매우 다양한 정의를 가지고 있다. 재무관리를 기업재무(corporate finance)의 의미로 사용할 수도 있으며, 재무론(finance) 또는 재무경제학(financial economics)의 의미로도 사용할 수 있다. 여기서는 재무관리를 기업재무(corporate finance)의 의미로 사용하도록 한다. 재무관리를 가장 좁게 정의한다면 기업의 재무관리자들이 내리는 모든 의사결정이라고 할 수 있다. 재무관리를 폭넓게 정의하면 기업의 재무상태에 영향을 미치는 기업의 모든 의사결정이라고 정의할 수도 있다. 이러한 정의를 받아들인다면 기업의 전략적 의사결정, 생산결정, 마케팅결정 등 기업의 중요한 의사결정은 모두 포함되게 된다. 일반적으로는 기업의 목표를 달성하기 위해 자금을 조달하고 이를 적절한 투자기회에 배분하는 일련의 의사결정과정을 재무관리로 정의한다. 중요한 의사결정은 크게 세 부분으로 구분이 가능한데 투자결정, 자금조달결정, 배당결정 등이 여기에 속한다.[1)]

1. 투자결정

기업은 환경에 창조적으로 적응하면서 변화하는 살아있는 유기체이며, 계속적인 투자를 통하여 생존에 필요한 에너지를 반복적으로 공급받는다. 기업이 사용할 수 있는 자원(인적자원, 물적자원, 기술적자원 등)은 한정되어 있다. 자원을 필요로 하는 곳은 많으나 그 양이 제한되어 있기 때문에 기업은 자원의 배분문제를 해결해야 한다. 투자는 현재 이루어지지만 그 보상은 미래에 돌아오게 된다. 따라서 특정한 투자가 성공하게 될지, 보상의 크기가 어느 정도일지, 그리고 보상의 발생시기와 기간은 어떻게 될 것인지는 정확히 알 수가 없다. 이러한 상황 하에서 최선의 투자결정(investment decision)을 한다는 것은 쉬운 일이 아니다. 따라서 재무관리는 이러한 결정을 현명하게 내릴 수 있는 이론적 틀을 제공해야 한다. 투자결정에는 신규투자에 따라 수익과 이익을 내는 결정뿐만 아니라 보다 효율적인 배송시스템을 도입하여 비용을 절감하는

---

1) 투자결정, 자금조달결정, 유동성관리 등으로 구분하는 경우도 있고(박정식-박종원-조재호 현대재무관리, 다산출판사), 투자결정, 자본조달결정 등으로 구분하는 학자도 있다(김영규-감형규 재무관리, 박영사).

결정도 포함된다. 더 나아가 최적의 재고수준이 어느 정도가 되어야 하는지, 고객에게 신용은 얼마나 주어야 하는지 등에 대한 결정도 포함된다.

2. 자금조달결정

일단 투자를 결정하게 되면, 기업은 이를 수행하기 위해 필요한 자금을 어떻게 조달할 것인지를 결정해야 한다. 자금을 조달하는 방법은 다양하지만 자금을 얻는 대가로 주식을 교부하는 방법과 채권을 교부하는 방법으로 구분할 수 있다. 두 자금조달 수단의 중요한 차이점은 원금과 이자에 대하여 고정적인 약속을 하는지 여부이다. 이 두 방법 사이에는 매우 다양한 자금조달방법이 존재하게 된다. 보통주식을 발행하는 대신 우선주 또는 전환사채를 발행하는 방법을 택할 수도 있고, 장기자금을 조달하기 위해서 채권을 발행하는 대신 은행으로부터 차입할 수도 있다. 채권을 발행하는 경우에도 다양한 선택이 가능하다. 채권을 국내에서 발행하지 않고 국외에서 발행할 수 있다. 국외에서 발행하는 경우에는 액면을 외국화폐 단위로 표시할 수도 있고, 자국화폐로 표시할 수도 있다.

기업이 필요로 하는 투자자금을 조달할 때 부채와 자기자본을 어떻게 조합할 것인가의 문제는 차입을 통한 자금조달의 비용과 효익을 고려해야만 결정할 수 있는 어려운 문제이다. 차입의 장점은 이자비용이 세금공제 항목이기 때문에 법인세 절감효과와 차입으로 인해 경영진이 사업안을 선택할 때 신중해진다는 규율효과(discipline effect) 등을 들 수 있다. 차입의 단점으로는 파산이 발생할 가능성이 높아진다는 점과 차입자와 채권자간의 갈등이 심해질 수 있다는 점을 들 수 있다. 재무관리를 학습한다고 하여 곧바로 기업이 차입을 할 것인지 말 것인지를 결정할 수 있는 능력이 생기는 것은 아니다. 그러나 자금조달형태에 따라 어떤 측면을 고려해야 하는지에 대한 직관적인 시사점을 충분히 제공할 수 있다.

3. 배당결정

배당이란 넓은 의미로 보면 기업이 소유자에게 돌려주는 현금을 의미한다. 기업은 대기업이나 중소기업이나 영업을 통해 발생한 현금 중에서 어느 정도의 금액을 재투자하고, 얼마의 현금을 배당이나 자본이득의 형태로 제공해야 하는지를 결정해야 한다. 두 결정의 상충관계는 상당히 흥미로운 주제이다. 기업의 소유주(주주)에게 보다 많은 현금을 돌려준다면 주주들의 현금수요를 맞춰줄 수 있지만 개인주주들에게 세금 부담을 줄 수 있고, 기업 입장에서는 재투자를 줄이게 되어 성장속도가 줄어들게 된다.

SECTION 2 재무관리의 중요한 개념

투자결정, 자금조달결정, 배당결정 등을 내릴 때 필요한 이론적 모형을 개발하기 위해서는 몇 가지 중요한 개념을 먼저 이해해야 한다. 이러한 개념은 본서를 통해 계속 사용될 것이므로 정확히 알고 있어야 한다.

1. 현재가치

재무관리에서 가장 중요하면서 강력한 개념은 현재가치(present value)이다. 가장 중요한 내용은 어떤 자산의 가치는 그 자산의 미래 현금흐름의 현재가치라는 것이다. 현재가치를 계산하기 위해서는 중요한 두 가지 정보가 있어야 하는데 기대현금흐름과 이 현금흐름에 적용할 할인율이다. 현재가치를 구하는 과정은 현재가치이자요소표[2)]를 이용해 단순히 계산할 수도 있고, 여러 종류의 현금의 현재가치를 구하는 공식을 이용할 수도 있다. 연금의 종류에는 연금(일정한 기간 동안 일정한 간격으로 일정한 현금이 발생하는 현금흐름), 증가연금(일정한 기간 동안 일정한 간격으로 일정한 현금이 일정한 비율로 증가하는 현금흐름), 영구연금(영구히 일정하게 나타나는 현금흐름), 증가영구연금(영구히 일정한 비율로 증가하는 현금흐름) 등이 있다.

2. 재무제표분석

재무분석에서 사용하는 많은 수치정보는 재무제표에서 나온 것이다. 따라서 그 숫자들의 의미를 잘 이해할 수 있어야 한다. 자본적 지출과 운영적 지출 사이에 차이점은 무엇인지? 왜 어떤 비용은 직접 수익에서 차감하고 어떤 비용은 자본화한 후 감가

2) 부록 〈부표 2〉 참조

상각을 하게 되는지에 대해 이해해야 한다. 재무제표와 관련한 몇 가지 중요한 점을 기억해야 한다. 첫째, 기업의 경영성과를 설명할 때 흔히 사용하는 당기순이익은 기업의 수익력을 측정하는 좋은 수치는 아니다. 어떤 기업은 서류상으로는 이익을 많이 남겼지만 충분한 현금이 없을 수 있으며, 다른 기업은 서류상으로는 손실이 나타났지만 아주 많은 현금을 보유하고 있을 수 있다. 이런 이유는 대개 감가상각비와 같은 비현금성 지출 때문에 발생하며 자본지출이 증가하거나 운전자본이 증가하는 경우에도 발생한다. 둘째, 재무제표는 회계장부가치에 초점을 맞추고 있기 때문에 시장가치를 구할 수 있다면 시장가치를 사용해야 한다. 셋째, 재무제표는 과거의 사건을 기록하여 작성되는데 재무분석은 미래의 의미 있는 의사결정을 위해 필요하다.

3. 위험과 수익률

높은 위험을 부담하는 투자자나 기업은 보다 높은 기대수익률로 보상받아야 한다. 이를 위해서 먼저 위험을 어떻게 측정해야 하는지를 알아야 하고, 위험이 주어졌을 때 어느 수준의 수익률을 보상하는 것이 적당한지에 대해 대답할 수 있어야 한다. 이런 문제에 대답하기 위해서는 위험을 정의하고 위험 중 얼마를 보상해야 하는지를 설명할 수 있는 모형이 필요하며, 두 가지 모형이 사용될 것이다. 자본자산가격결정모형(capital assets pricing model : CAPM)과 차익거래가격결정모형(arbitrage pricing model : APM)의 장점과 단점을 설명하고, 재무의사결정에서 이러한 모형을 실제로 어떻게 사용할 수 있는지에 대해서 설명할 것이다.

4. 옵션가격결정

옵션가격결정모형(option pricing model : OPM)이 개발된 이후 이 모형은 투자와 금융시장에서 사용되어 왔고, 기업재무와는 큰 관련성이 없는 것처럼 보여 왔다. 하지만 옵션가격결정모형은 재무관리에 다양한 응용가능성을 제시하고 있다. 예를 들어 투자결정을 내릴 때 기업은 투자안을 연기하거나, 확장하거나, 포기할 수 있는 옵션을 가지게 된다. 이 때 옵션가격결정모형은 이런 옵션의 가치를 결정하기 위한 중요한 시사점을 제공할 수 있다. 또한 자금조달결정에서는 전환증권이나 수의상환채권 등에 포함되어 있는 내재옵션의 가치를 계산하는데 사용된다.

SECTION 3 재무관리의 목표

재무관리를 통해 다음과 같은 세 가지 기본적인 문제 즉, 어떤 사업을 선택할 것인가? 선택한 사업에 필요한 자금을 어떻게 조달할 것인가? 사업을 통해 벌어들인 현금 중 얼마를 주주에게 돌려줄 것인가? 등에 대한 문제를 해결해야만 한다.

1. 목적함수의 필요성

목적함수란 의사결정을 통해 달성하고자 하는 것이 무엇인지 정확히 알려주고, 여러 가지 의사결정규칙을 분석할 수 있는 기본 틀을 제공한다. 대부분의 경우 목적함수는 어떤 함수 또는 변수 값을 최대화하거나(이익, 규모, 가치, 사회적 후생 등) 최소화하는(위험, 비용 등) 형태로 표현된다.

재무관리에서 우선 "목적함수가 왜 필요하지?" 라고 물을 수 있으나, 목적함수가 없다면 기업에는 무슨 일이 발생할까? 만약 목적함수가 없다면 다양한 의사결정규칙 중 어떤 것을 선택해야 하는지 판단할 수 있는 방법이 없다. 예를 들어 대부분의 재무관리 교과서는 순현재가치(NPV : net present value)방법이 사업안의 선택방법 중 가장 좋은 방법이라고 기술하고 있다. 그러나 이것도 주주 부의 극대화라는 목적함수를 전제로 했을 때의 일이다. 목적함수가 없다면 투자수익률의 극대화 같은 나름대로 일리 있는 방법에서부터 규모의 극대화와 같이 그 내용이 불명확한 것까지 모두 기업의 목표로 선정될 수 있기 때문이다.

2. 전통적인 재무관리 목표[3)]

오늘날 기업의 소유형태는 소유자와 경영자가 동일한 개인기업(sole proprietorship), 공동출자 형태의 합명회사(partnership)와 합자회사(limited partnership), 그리고 유한책임을 특성으로 하는 유한회사와 주식회사(corporation) 등으로 구분할 수 있다. 새로운 기업형태인 업무집행조합과 유한책임조합원으로 구성된 합자조합과 사원에게 유한책임을 인정하면서도 회사의 설립·운영과 기관구성 등의 면에서 사적 자치를 폭넓

3) Aswath Damodaran, Corporate Finance, p.10

게 인정하는 유한책임회사가 새롭게 도입되었다.

이 중에서 현대 기업의 대표적인 형태는 주식회사이다. 주식회사는 투자자들에게 주식을 교부함으로써 외부로부터 대규모의 자금을 손쉽게 조달할 수 있을 뿐만 아니라, 소유와 경영이 분리될 수 있는 특성을 갖는다. 대규모의 기업은 수많은 주주들에 의해 소유되기 때문에 이들이 기업의 의사결정과정에 동시에 참여한다는 것은 불가능한 일이다. 그러므로 소유와 경영은 어느 정도 분리될 수밖에 없으며, 경영자는 주주들의 이익을 위해 노력할 책임을 위임받게 된다.

본서에서는 주식회사를 대상으로 이론을 전개한다. 기업의 목적이 기업의 가치를 극대화하는 것이라는 점에는 모두 동의하고 있다. 그러나 무엇을 극대화해야 하는가라는 질문을 하게 되면 대답하기 어렵다. 주주의 부인지 또는 기업의 가치인지에 대해서 의견이 일치하지 않고 있기 때문이다. 기업의 가치라는 개념은 주주 외에 기업의 다른 재무청구권자들(채권소유자, 우선주 소유자 등)을 포함하는 넓은 개념이다. 또한 주주 부의 극대화를 주장하는 사람들도 주주의 부가 주식가격의 최대화를 의미하는 것인지에 대해서는 의견이 엇갈린다.

전통적인 재무관리에서는 주주 부의 극대화나 기업가치의 극대화는 동일한 목표라고 보고 있다. 왜냐하면 채권자의 부는 일정하기 때문에 주주 부의 극대화를 이룬다면 기업의 가치는 자연히 극대화될 수 있기 때문이다. 또한 주주 부의 극대화는 주식가격의 극대화와 동일한 목표로 간주하는데 시장에서 설정된 주식가격와 기업의 주주 부는 같은 값이라고 가정하고 있기 때문이다.

전통적인 재무관리 목표가 부(주주 또는 기업)의 극대화를 목표로 정한 이유는 현대적인 기업은 규모가 매우 크고 내부조직 및 경영환경이 매우 복잡하며, 특히 다양한 이해관계자들의 요구를 만족시킬 수는 없기 때문이다. 기업의 소유주인 주주는 전문 경영인을 고용하여 자신을 대신하여 기업을 경영하도록 한다. 또한 주주를 대신해서 경영자는 외부로부터 많은 자금을 빌리게 된다. 자금을 빌려준 채권자들은 경영자들이 자신의 돈을 어떻게 사용하는지 정확히 알기 어렵다. 경영자는 주주이익을 위해 행동하는 것이 아니라 최대한 자신에게 이익이 되도록 행동할 것이다. 또한 경영자가 다른 이해관계자 집단을 무시하고 주주이익만을 고려하여 기업경영을 한다면 또 다른 문제가 발생할 것이다.

이해집단간의 충돌문제는 기업과 관련이 있는 추가적인 이해집단을 고려하면 더욱 분명해진다. 기업의 종업원들은 주주들이 얼마나 돈을 버는가 하는 문제에는 전혀 관심이 없을 것이며, 자신의 직장이 안정적인지, 임금과 복지수준이 얼마나 나아지는지에 대한 문제에 훨씬 관심을 가지고 있다. 기업고객들의 관심사는 가능하면 싼 가격에 좋은 제품을 구할 수 있는가 하는 것이다. 이런 고객의 관심사항은 자신의 부를 극대화하려는 주주의 희망과는 상충될 수 있다. 마지막으로 사회전체의 관심사항은 기업주주의 이익과는 달라서 서로 어긋나는 경우가 생길 수 있다.

3. 부의 극대화 목표에 내재된 가정

소유와 경영이 분리될 때 주주를 위해 대신 경영을 하는 경영자와 주주는 근본적으로 이해가 엇갈리기 때문에 문제점이 발생할 수 있다. 왜냐하면 주주 또는 기업부의 극대화가 아니라 경영자 자신의 효용을 극대화하는 의사결정이 이루어질 수 있기 때문이다.

또한 주주와 채권자간의 이해상충도 해결되어야 할 중요한 문제이다. 주주는 중요한 경영의사결정을 할 수 있으나 채권자는 자신의 채권을 완벽하게 보호할 수 없기 때문에, 주주의 부를 극대화하는 경우 채권자에게 손해를 끼쳐서 채권자의 부를 주주에게 이전시키는 결과를 초래할 수 있다.

주식가격 극대화로 그 범위를 좁히는 경우에도 금융시장의 비효율성으로 인하여 자원의 배분이 왜곡되고 나쁜 의사결정이 이루어질 수 있다. 예를 들어 주식가격이 경영의사결정이 기업에 미칠 장기적인 결과를 반영하지 못하고, 단기적인 이익에 반응하여 움직인다면 주주의 부를 증가시키는 의사결정이 주식가격을 떨어뜨릴 수 있다.

끝으로 기업이 기업 또는 주주 부의 극대화를 추구하는 경우 예상하지 못한 사회적 부가비용(예, 공해발생, 환경파괴, 실업야기 등)이 문제가 될 수 있다. 부의 극대화를 통해 기업이 창출한 부가가치가 사회적 부가비용보다 작을 수 있기 때문이다.

이러한 문제점을 해결하기 위해서는 다음과 같은 가정이 필요하다.

① **주주와 경영자 사이의 관계와 관련한 가정** : 주주는 경영자를 고용하고 해고할 수 있으며 경영자의 보상계약을 설계할 수 있는 능력이 있으므로 경영자에 대해 통제력을 행사할 수 있다. 반대로 경영자는 자신의 이익과 상충될지라도 주주 부의 극대화를 위한 의사결정을 한다.

② **주주와 채권자 사이의 관계와 관련한 가정** : 채권자는 완전히 보호되며, 이러한 보호는 투자결정이나 배당결정과 같이 부의 이전이 일어날 수 있는 행위를 명시적

으로 제한하는 계약조항의 형태로 이루어질 수 있다.

③ **경영자와 금융시장 사이의 관계와 관련한 가정** : 주식가격 극대화를 위해 정보가 효과적으로 가격에 반영되는 금융시장이 존재한다. 관련정보는 기업경영자 또는 기업분석가에 의해 사실대로, 적시에(true and timely) 시장으로 전달된다. 시장 효율성의 개념은 시장가격이 항상 진실한 주식가치와 동일하다고 가정하는 것은 아니지만, 진실한 가치의 불편추정치라고 본다.

④ **기업과 사회사이의 관계와 관련한 가정** : 넓은 의미에서 기업이나 주주 부의 극대화를 달성하면 이로 인해 발생한 사회적 비용을 추정할 수 있고, 이를 기업에게 부과할 수 있거나 그 비용이 부의 극대화 과정에서 창조된 가치에 비해서 미미하다고 가정한다.

SECTION 4 재무론의 발달과정

미국에서 재무론이 별개의 학문 영역으로 나타나기 시작한 것은 1900년대 초라고 할 수 있다. 이 때 재무론이 관심대상으로 삼았던 것은 합병, 회사의 설립, 주식 및 채권의 발행 등과 관련된 법률적인 사항들이었다. 이 시기는 미국이 급속히 산업화되어 가던 상황이었으므로, 기업들이 직면하는 가장 큰 문제는 확장을 위해 필요한 자금을 조달하는 일이었다. 그러나 자본시장은 극히 원시적인 상태에 머물러 있었고, 일반인들의 저축이 기업들에게 제대로 이전될 수가 없었다. 회계자료나 기업가치에 대한 자료가 공신력을 얻지 못하는 상황 하에서 기업이 발행하는 주식이나 채권이 일반 투자자들의 관심을 끌지 못하였기 때문이다. 이러한 이유로 이 당시의 재무론은 주로 증권의 발행과 관련된 법률적인 사항에 중점을 두었다.

이러한 현상은 1920년대까지 지속되다가 1930년대의 대공황기에 이르러 급속한 변화를 겪게 되었다. 수많은 기업들이 도산하면서 재무론의 관심분야는 자연스럽게 기업도산(bankruptcy) 및 재조직(reorganization), 기업의 유동성(corporate liquidity), 그리고 정부의 증권시장에 대한 규제 등 다양성을 띠게 되었다. 이 시기의 재무론은 여전히 서술적이고도 법률적인 주제를 다루었지만, 그 중점이 기업확장으로부터 생존의 문제로 이동하였다고 할 수 있다. 이러한 경향은 1950년대 초까지 이어졌다. 여전히 서술적이면서도 제도와 관련된 주제를 다루었으며, 기업을 외부에서 바라보는 입장을 견지하였다. 그러한 상황 하에서도 의미 있는 노력들이 진행되었다. 즉, 예산 및 내부통제절차 등에 대한 연구가 이루어졌는가 하면, 투자의사결정 즉 자본예산(capital budgeting)에 대한 관심이 일어나기 시작하였다.

1950년대 후반에 이르러서야 재무론에는 획기적인 변화가 일어나게 되었다. 그 이전의 시기에는 재무상태표 우변 항목(부채와 자본)에 주된 관심이 있었지만, 좌변 항목(자산)의 분석에도 더 많은 관심을 기울이게 되었다. 그 결과 현금, 외상매출금, 재고자산 등을 효율적으로 관리하기 위한 수리적 모형들이 개발되어 적용되기에 이르렀다. 점차로 기업재무 의사결정의 중요성이 인식되면서 재무론은 기업을 외부에서가 아닌 내부에서 바라보는 시각을 갖게 되었으며, 따라서 재무론에 대한 연구는 동일한 주제에 대한 것일지라도 기업의 의사결정이라는 틀 안에서 접근하게 되었다.

1960년대 이후부터 오늘에 이르기까지 재무론은 더욱 계량적으로 발전되었다. 특히 자산가치를 측정할 때 위험을 계량적으로 고려할 수 있는 길이 열림으로써 재무론의 각 분야에서 획기적인 발전이 이루어졌다. 1950년대에 마코위츠(H. Markowitz)에 의해 시작되고 1960년대에 이르러 트레이너(J. Treynor), 샤프(W. Sharpe), 린트너(J. Lintner) 등에 의해 체계화된 자본자산가격결정모형(capital asset pricing model : CAPM)은 위험자산의 기대수익률이 체계적 위험의 크기에 의해 결정된다는 것을 간명하게 보여 주었다. CAPM이 재무론에서 차지하는 위치는 상당한 것이다. 위험을 계량화할 수 있게 됨으로써 다양한 재무의사결정이 기업가치에 미치는 영향을 객관적으로 측정할 수 있게 되었다. 이러한 사실은 가치에 근거한 재무의사결정이 가능하게 되었음을 의미한다. 또한 위험의 계량화는 자본시장의 발전에 크게 기여하였다. 오늘날 자본시장에서 포트폴리오를 관리하는 일은 위험을 관리하는 일이라고 할 수 있는데, CAPM을 응용함으로써 다양한 포트폴리오 관리기법이 발달하게 되었다.

1970년대 이후에는 자본시장이 급속한 변화를 겪게 되었다. 특히 인플레이션과 이자율의 급격한 변화에 대처하기 위한 노력이 두드러지게 나타나게 되었다. 이러한 노력의 일환으로 선물 및 옵션 등과 같은 파생상품시장의 개설이 세계적으로 급속히 확산되었으며, 일부 선진국에서는 이미 그 규모가 현물시장의 규모를 능가하고 있다. 우리나라에서도 1996년에는 주가지수선물이, 그리고 1997년에는 주가지수옵션이 증권거래소에서 거래되기 시작하였으며, 1999년에는 선물거래소가 개설되어 본격적으로 파생

상품을 거래하게 되었다. 파생상품시장의 발달은 자본시장의 구조 및 행태를 완전히 바꾸어 놓고 있다. 그러한 이유로 오늘날 파생상품에 대한 연구는 재무론에서 핫이슈로 다루어지고 있으며, 파생상품의 개발 및 이용에 관한 이론을 체계화하여 이를 금융공학(financial engineering)이라는 이름으로 부르고 있다.

이상으로 재무론의 발달과정을 간략히 살펴보았다. 재무론이 하나의 독립된 학문으로 인정받게 된 것은 그리 오래된 일이 아니다. 그럼에도 불구하고 재무론의 연구대상은 급속히 확산되고 있다. 특히 자본시장의 규모가 엄청나게 커지고, 국제간 대규모 자본거래가 자유롭게 되고, 동시에 새로운 금융상품들이 끊임없이 개발되는 등 재무환경이 급격히 변화하고 있다. 재무론이라는 학문의 넓이와 깊이가 어디까지 확대될지는 아무도 모른다. 물론 이러한 상황 하에서 재무관리자의 역할은 더욱 중요하게 될 것이다.

연습문제

1. 재무관리의 의의에 대해 간략히 설명하라.

2. 재무관리의 중요한 개념을 설명하라.

3. 전통적인 재무관리의 목표에 대하여 간략히 설명하라.

4. 부의 극대화 목표와 관련된 문제점은 무엇인가?

5. 1950년대 이후 재무론의 발달과정을 간략히 설명하라.

6. 금융공학(financial engineering)이란 무엇인가?

제2장 화폐의 시간가치 (TVM : time value of money)

모든 재무적 문제는 현재 보유하고 있는 현금을 미래의 현금과 교환하는 문제로 바꾸어 생각해보면 한층 쉬워진다. 현금은 그 자체로 가치를 가진다기보다는 "현금으로 구할 수 있는 어떤 것"(경제용어를 빌리면 '구매력')으로 가치를 매길 수 있기 때문이다. 현재의 현금을 미래의 현금과 교환한다는 것은 현재의 소비를 미래의 소비와 교환하는 것과 같은 의미이다. 현재의 현금과 미래의 현금을 바꿀 때 교환비율은 화폐의 시간가치에 따라 결정된다.

"현금은 그 지출시점 또는 수입시점에 따라 가치가 달라진다"는 이 간단해 보이는 생각은 모든 재무관련 문제에서 가장 중요하게 사용되는 기본 원리이다. 이 원리는 "a dollar today is worth more than a dollar tomorrow"라는 간단한 아이디어에서 나왔다. 현재 수중에 있는 1,000원짜리 현금이 미래의 1,000원짜리 현금보다 어느 정도 가치가 있을까? 이 질문은 대답하기 쉽지 않다. 사람들이 가지고 있는 시간선호도, 현금을 가지고 투자할 수 있는 기회의 크기, 예상되는 인플레이션 정도 등에 따라 그 가치는 달라질 것이다. 현재소비를 미래소비보다 선호할수록, 투자수익을 올릴 수 있는 기회가 많을수록 현재의 1,000원은 미래의 1,000원보다 더 가치가 있다. 인플레이션이 발생하면 구매력이 줄어들게 됨으로 인플레이션이 높아질 것으로 예상된다면 현재의 1,000원에 비해 미래의 1,000원 가치는 줄어든다.

화폐의 시간가치를 이해해야 기업에서 주주 부의 극대화라는 목표를 달성할 수 있다. 왜냐하면 기업의 중요한 활동 — 증권 또는 다른 자산의 가치측정, 기업의 사업기회 평가, 매입대상 기업의 가격산정, 장비를 구매할 것인가 또는 임차할 것인가의 결정, 채권발행을 통한 자금조달, 신용연장정책 등 — 은 모두 현재의 현금과 미래의 현금을 교환하는 행위가 수반되기 때문이다. 이런 교환행위를 언제 해야 하는지를 결정하기 위해서는 현재의 현금과 미래의 현금을 비교할 수 있어야 한다.

기업은 공장, 기계 또는 토지 등과 같은 유형자산(tangible assets)에 투자하기도 하고 특허나 상표 등과 같은 무형자산(intangible assets)에 투자하기도 한다. 기업이 투자를 하는 목적은 장래에 더 큰 소득을 얻기 위함이다. 투자는 본래 현금이 지출되는 시기와 소득이 발생하는 시기가 일치하지 않는 것이 특징이다. 따라서 투자의사결정 과정에서 다루어야 하는 가장 중요한 일은 상이한 시점에서 이루어지는 현금 입출금(cash payments)의 가치를 상호 비교하는 일이다. 즉 투자를 한 결과 얻게 되는 소득의 가치가 투자에 들어간 비용을 상쇄하고도 남을 것인지 판단하는 일이다.

상이한 시점에서 발생하는 입출금의 가치를 비교하기 위해서는 각 입출금이 갖는 가치를 동일한 시점을 기준으로 하여 평가해야만 한다. 예를 들어 현재의 100만원과 1년 후의 110만원의 가치를 비교하기 위해서는 이들 모두를 현재를 기준으로 하여 비교하든지, 아니면 1년 후를 기준으로 하여 비교해야만 한다. 이를 위해서는 화폐의 시간가치(time value of money)에 대한 이해가 필요하다. 10%의 이자율을 가정하는 경우, 100만원을 1년 동안 은행에 정기예금하면 은행은 1년 후에 110만원을 지급하게 된다. 이 경우에 1년 후의 110만원은 현재의 100만원과 같다고 할 수 있다. 이 때 추가로 지급되는 이자액 10만원이 바로 화폐의 시간가치이다.

제2장에서는 이러한 화폐의 시간가치를 고려하여, 상이한 시점에서 발생하는 다양한 형태의 입출금이 특정 시점을 기준으로 할 때 얼마만한 가치를 지니는지에 대해 평가를 할 때 필요한 기초지식을 살펴보고자 한다.

SECTION 1 미래가치(future value)

만약 당신에게 지금의 100만원과 지금으로부터 1년 후의 100만원 중에서 선택하라고 한다면 당연히 지금의 100만원을 선택할 것이다. 그런 다음 그 돈을 투자하게 되면 1년 후에는 100만원보다는 큰 금액이 되어 있을 것이다. 예를 들어 100만원을 연리 10%로 투자한다고 생각해보자. 1년 후 얼마의 금액을 받게 될까? 해답은 아주 간단한 계산을 통해 찾을 수 있다. 그러나 이런 형태의 문제가 가장 핵심적인 문제이기

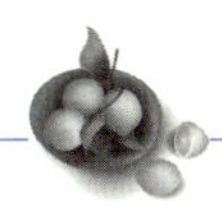

때문에 체계적으로 접근하는 것이 필요하다. 원금은 얼마인지, 이자율은 얼마인지, 이자가 붙는 기간은 얼마나 되는지 등을 잘 따져보아야 한다. 이런 과정을 통하여 어떤 투자의 미래가치(FV)를 계산할 수 있는 일반적인 공식을 만들어낼 수 있다. 다음과 같이 기호와 용어를 정의하도록 하자.

제2장

PV = 0시점(현재)에서의 원금 또는 현재가치

r = 투자에 대한 이자율

FV_n = n기간 말에서의 투자의 미래가치

n = 1인 경우 미래가치는 원금에 그 원금에 대한 이자를 합한 금액과 같다. 즉,

$$FV_1 = PV + (PV \times r) \tag{2.1}$$
$$= PV \times (1 + r)$$

위의 예에서, 원금이 100만원, 이자율 r이 10%였으므로 원금의 미래가치 FV_1 은 다음 금액이 된다.

$$FV_1 = 1{,}000{,}000 \times (1 + 0.1)$$
$$= 1{,}000{,}000 \times (1.1)$$
$$= 1{,}100{,}000\text{원}$$

따라서 100만원을 10%의 이자율로 투자하였다면 1년 후에는 110만원을 받게 된다.

1. 복리(compound interest)

만약 여러분이 투자자금을 두 번째 해에 계속 투자한다고 결정한다면 2년 말에 당신의 돈은 얼마로 불어나 있을까? 그 답은 단리를 받느냐 또는 복리를 받느냐에 따라 달라진다. 단리는 이자를 초기투자자금에 대해서만 받게 되는 이자계산방식을 말한다. 이는 두 번째 해 말에 초기 투자금액 100만원이 120만원으로 불어난다는 것을 의미하는데, 이 120만원은 초기원금 100만원과 매해 10만원씩 두 번 받은 이자를 합한 것이다. 그렇지만 거의 모든 투자는 복리로 계산되므로 지금부터는 항상 복리로 계산된다고 가정한다.

복리 뒤에 감춰진 아이디어는 이자가 주기적으로 원금액으로 더해진다는 것이다. 그 결과 이자에 이자가 붙게 된다. 위의 예로 돌아간다면 1년 뒤에 받은 110만원은 다시 11만원의 이자(1,100,000 × 0.1 = 110,000)를 받게 되므로 2년 말에는 121만원이 된다. 2년차의 11만원 이자는 초기원금 100만원에 대한 이자 10만원과 첫 해의 이자 10만원이 벌어들인 이자 1만원으로 구성되어 있다. 이를 그림으로 나타내면 다음과 같다.

현재	1년 후	2년 후
100만원 ---- 10% ----	110만원	
	110만원 ---- 10% ----	121만원

일반적으로 2년말의 투자가치 FV_2는 1년말의 투자가치 FV_1에 두 번째 해에 발생하는 이자($FV_1 \times r$)를 더한 값으로 구성된다. 수학적으로 나타내면 다음과 같다.

$$\begin{aligned} FV_2 &= FV_1 + FV_1 \times r \\ &= FV_1 \times (1 + r) \end{aligned}$$

이 방식을 앞에서 본 예에 적용하여 FV_1 = 110만원, r = 10%를 대입하면

$$\begin{aligned} FV_2 &= 1{,}100{,}000 \times 1.1 \\ &= 1{,}210{,}000\text{원} \end{aligned}$$

식(2.1)로부터 $FV_1 = PV \times (1 + r)$이라는 것을 알고 있다. 따라서 이자에 이자가 붙는 복리과정은 다음과 같이 표현할 수 있다.

$$\begin{aligned} FV_2 &= FV_1 \times (1 + r) \\ &= PV \times (1 + r) \times (1 + r) \\ &= PV \times (1 + r)^2 \end{aligned}$$

앞에서 본 예로 돌아가 보면,

$$FV_2 = 1{,}000{,}000 \times (1.10)^2$$
$$= 1{,}000{,}000 \times 1.21$$
$$= 1{,}210{,}000\text{원}$$

이는 $FV_2 = FV_1 \times (1 + r)$의 공식을 쓴 것과 동일함을 알 수 있다. 비슷한 방법으로 3년말의 잔액인 FV_3은 다음과 같이 나타낼 수 있다.

$$FV_3 = FV_2 \times (1+r)$$
$$= PV \times (1 + r)^3$$

이러한 등식의 일반항을 식으로 나타내면 다음과 같다.

$$FV_n = PV \times (1 + r)^n \tag{2.2}$$

FV_n: n기간 말에서의 투자의 미래가치

식(2.2)는 복리의 기본등식이며 재무 수학을 이해하는데 있어서 핵심적인 내용이다. 이 등식의 사용 예를 들어보자. 지금 가지고 있는 100만원을 연이자율 10%로 5년 동안 투자하면 마지막 해 말에 초기원금 100만원은 $1{,}000{,}000 \times (1.1)^5$ 즉 1,610,510원이 된다. 자세한 계산과정은 〈표 2-1〉을 참고하기 바란다.

만약 복리과정이 없었다면 투자금액의 가치는 1,500,000 (= 1,000,000 + 5 × 100,000)이 된다. 복리로 지급할 때와 단리로 지급할 때의 차이인 110,510원은 복리의 힘이다.

〈표 2-1〉 복리계산에 따른 현재 100만원의 5년 후 미래가치

(단위 : 원)

연도	원금	이자요소	총금액
1	1,000,000	1.10	1,100,000
2	1,100,000	1.10	1,210,000
3	1,210,000	1.10	1,331,000
4	1,331,000	1.10	1,464,100
5	1,464,100	1.10	1,610,510

복리의 힘을 가장 극적으로 나타내주는 유명한 예는 1626년의 맨하탄섬(Manhattan Island)의 구매 예에서 찾아볼 수 있다. 역사상 가장 커다란 거래 중 하나로 기록되고 있는 맨하탄 거래는 Peter Minuit가 맨하탄섬을 인디언들에게서 24달러어치의 장신구를 주고 매입한 것이었다. 만약 그 인디언들이 현금으로 24달러를 받고 그 돈을 매년 6%의 이자율로 투자하였다면 380년이 지난 2006년에는 얼마가 되어 있을까?

식(2.2)에 따라 초기원금 24달러는 다음과 같은 금액이 된다.

$$\begin{aligned} FV_{380} &= 24 \times (1.06)^{380} \\ &= 24 \times (4{,}132{,}651{,}663) \\ &\fallingdotseq 992\text{억 달러} \end{aligned}$$

이 금액은 맨하탄섬의 사방 1 피트 면적의 값이 103달러 정도로서 인디언들의 거래가 그리 나쁘지는 않았다는 것을 말해준다. 하지만 만약 복리과정이 없다면 어떻게 될까? 만약 6%로 투자했다면 결국 원금 24달러와 이자 547.2달러가 된다. 이자는 1.44달러(= 24 × 0.06)을 380번 받은 결과이다.

이자율이 높을수록 복리기간의 수가 더 길수록 주어진 투자금액의 미래가치는 더욱 커진다. 더욱이 초기투자현금의 미래가치는 시간이 경과할수록 더 빠르게 늘어간다. 그 이유는 복리계산이 이루어지기 때문에 이자가 더해진 원금액이 시간이 경과할수록 기하급수적으로 증가하기 때문이다. 이런 특징이 [그림 2-1]에 나타나 있다.

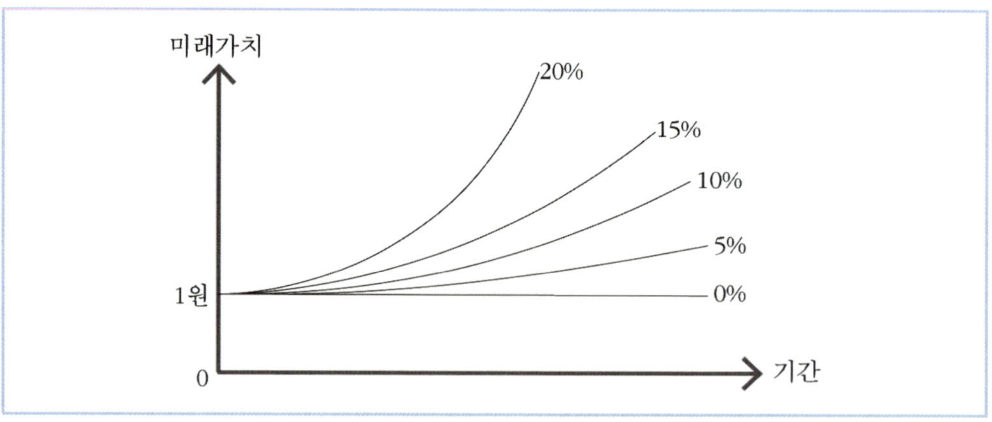

[그림 2-1] 상이한 이자율과 기간에 따른 1원의 미래가치

이 그림은 1원의 미래가치가 시간이 경과함에 따라 서로 다른 이자율에 따라 복리 계산된 결과를 나타낸 것으로 서로 다른 r과 n에 의한 $(1+r)^n$의 값을 보여준다.

맨하탄의 판매가격과 같은 경우 미래가치를 계산하는 작업은 매우 단조롭고 지겨운 계산이다. 다행히 이런 계산을 쉽게 할 수 있는 방법이 있다. $(1+r)^n$ 항목은 미래가치이자요소 즉, $FVIF_{r,n}$으로 알려져 있다. 이를 이용하여 식 (2.2)를 다시 써보면 다음과 같다.

$$FV_n = PV \times FVIF_{r,n}$$

물론 미래가치이자요소를 직접 계산할 수도 있지만 보다 쉬운 방법은 1원의 미래가치이자요소표(FVIF)[4]를 찾아보는 것이다. 이 표는 다양한 이자율 r과 기간 n에 대한 $FVIF$ 값을 제공하기 위하여 만들어졌다. 최근에는 전자계산기와 컴퓨터의 스프레드시트 프로그램 등을 통해 쉽게 계산되기 때문에 이 표에 의존하는 방식이 다소 진부화된 감은 있으나 여전히 계산기가 수행하는 연산과정을 이해해야 한다.

예를 들면 5년간 10%의 미래가치이자요소 값은 이 표를 통하여 구할 수 있으며, 표에서 찾아보면 1.6105임을 알 수 있다. 따라서 초기원금 PV를 10%로 5년간 투자한다면 그 금액은

$$FV_5 = PV \times 1.6105$$

가 되며, PV 대신에 100만원을 대입하면 다음 값이 된다.

$$FV_5 = 1{,}000{,}000 \times 1.6105$$
$$= 1{,}610{,}050\text{원}$$

응용 예

만약 당신이 연8%의 이자를 지급하는 예금에 250만원을 넣었다면 원금이 두 배가 되기 위해서는 얼마의 시간이 필요할 것인가?

풀이

$FVIF_{8,n}$ 의 값이 2.0과 같아지는 n을 찾으면 된다. 표를 찾아보면 $FVIF_{8,9}$ = 1.9990이므로 2에 매우 가까워서 문제의 풀이로 적합하다. 즉 250만원을 8%의 이자율로 9년을 투자하면 약500만원이 된다.

4) 부록 〈표 1〉 참조

식(2.2)는 다양하게 활용될 수 있는데, 예를 들면 주어진 금액을 미래의 특정금액이 되도록 해주는 복리이자율을 찾는데 이용할 수 있다.

예를 들어 과거 1983년에 Kidder라는 투자은행은 초기 투자금액 10,000달러를 13년 만에 34,000달러로 지급하는 비과세채권을 공모하였다. 모든 이자는 매년 복리로 계산되어 만기에 지급되는 형태였다. 흔히 IRR이라고 불리는 Kidder 회사가 약속한 소위 zero-coupon 채권의 내부수익률은 얼마인가? 식(2.2)에 의하면 이 채권의 현재가치와 미래가치의 관계는 다음과 같이 표현할 수 있다.

$$34{,}000\text{달러} = 10{,}000\text{달러} \times FVIF_{r,13}$$
$$FVIF_{r,13} = 3.4$$

다시 말해서 $FVIF_{r,13}$은 오늘의 1원을 13년 후에는 3.4원으로 늘려주는 복리이자요소이다. 표에서 찾아보면 $FVIF_{9,13}$은 3.0658이고 $FVIF_{10,13}$은 3.4523이다. 따라서 미지의 이자율 r은 10%보다 조금 작은 값일 것이며, 계산기를 이용하여 정확한 값을 찾아보면 9.87%이다. 즉, 1원을 9.87%의 복리로 13년간 계산하면 약 3.4가 된다.

응용 예

김복자 할머니는 2010년에 유명대학에 4억원의 기부금을 제공했는데 조건은 100년간 원금에 손대지 않는다는 조건이었다. 유명대학의 기부금은 2100년에 332억이 되었다고 한다. 유명대학의 4억은 몇 %의 이자율로 복리투자되었는가?

풀이

〈식 2-2〉를 응용해 보면

$$332\text{억} = FVIF_{r,100} \times 4\text{억}$$

따라서 $FVIF_{r,100} = 83$

이 문제는 $FVIF$표를 이용하기 어렵다. 왜냐하면 이 표는 일반적으로 기간을 50 정도까지밖에 제공하지 않고 있기 때문이다. 따라서 전자계산기를 이용하여 이 문제를 풀면 약4.5%임을 알 수 있다.

2. 복리기간(compounding interval)

일반적으로 미래가치이자요소표는 연도가 아니라 숫자로 표시되어 있는데 왜냐하면 복리계산은 1년에 한 번 이상 자주 발생할 수 있기 때문이다. 예금이자, 채권, Mortgage, 단기금융상품 등은 하루, 한 달, 분기, 반년 또는 그 어떤 다른 기간별로도 지불할 수 있다. 이런 상황이 발생하면 미래가치 계산공식은 1년에 한 번 이상 복리계산을 허용할 수 있도록 조정되어야 한다. n년 후 미래가치에 대한 일반공식은 이자가 1년에 m 번 지급된다면 다음과 같다.

$$FV_{n,m} = PV \times \left(1 + \frac{r}{m}\right)^{(n \times m)} \qquad (2.3)$$

앞의 예에서 10%의 이자율로 투자하고 1년 단위가 아니라 반년 단위로 복리계산을 한다면 100만원의 5년 후 미래가치는 다음과 같다.

$$\begin{aligned} FV_{5,2} &= 1{,}000{,}000 \times \left(1 + \frac{0.10}{2}\right)^{(5 \times 2)} \\ &= 1{,}000{,}000 \times (1.05)^{10} \\ &= 1{,}000{,}000 \times (1.6289) \\ &= 1{,}628{,}900\text{원} \end{aligned}$$

이 금액을 연단위로 복리계산을 한 1,610,500원과 비교해 보면 차이가 있음을 알 수 있다. 또 분기별로 복리계산을 했다면 $1{,}000{,}000 \times (1.025)^{20}$즉, 1,638,616이 된다. 1년 중 이자가 지불되는 횟수가 많아지면 많아질수록 주어진 기간 말에 미래가치는 커진다. 이는 이미 지불된 이자에 대해서 추가로 지불되는 이자가 복리로 계산되기 때문이다.

위에서 살펴본 각각의 경우를 보면 미래가치이자요소는 일반적인 이자율 대신에 $\frac{r}{m}$을, 일반적인 기간 대신에 $n \times m$을 사용한다. 따라서 적절한 미래가치이자요소는 $FVIF_{\frac{r}{m}, n \times m}$이 되어야 한다. 5년 동안 반년 단위로 복리계산하는 경우라면 정확한 미래가치이자요소는 다음과 같다.

$$FVIF_{\frac{10}{2}, 5\times2} = FVIF_{5,10}$$
$$= 1.6289$$

다시 말해서 10%를 5년 동안 반년 단위로 복리계산한 것은 5%를 10기간 동안 복리로 계산한 것과 동일하다는 것이다. 마찬가지로 10%를 5년 동안 분기 단위로 복리계산을 하는 것은 2.5%를 20기간 동안 복리로 계산한 것과 동일하므로 그 값은 $FVIF_{2.5,20}$ = 1.6386 이다. 이 값은 전자계산기의 도움을 받아야 하는데 대부분의 표가 정수 단위의 이자율만을 나타내고 있기 때문이다.

응용 예

만약 맨하탄섬의 매입 사례에서 인디언들이 그들이 1626년에 받았던 24달러를 은행에 6%의 이자율로 반년 복리로 예금하였다면 380년이 지난 2006년에 얼마가 되었을까?

풀이

〈식 2-3〉을 이용하면

$$FV_{380,2} = 24달러 \times (1.03)^{760}$$
$$= 24달러 \times (5{,}705{,}461{,}458)$$
$$≒ 1{,}369억\ 달러$$

이 금액은 연복리로 계산한 금액인 992억달러와 상당한 차이가 남을 알 수 있다.

(1) 연속복리(continuous compounding)

극단적인 경우 복리계산횟수를 무한대로 늘린다면 이를 연속복리라고 한다. 연속복리의 경우에는 즉각적으로 생긴 이자에 곧바로 다시 이자가 붙게 된다. 식(2.3)에서 m의 값이 무한대로 가는 경우에 식(2.3)은 다음과 같이 변형된다.

$$FV_n = PV \times e^{(r\times n)} \tag{2.4}$$

e : 자연로그(natural logarithms)의 밑수로 2.7183.... 의 무리수

연속복리의 영향을 살펴보기 위해 앞서 예를 다시 한 번 계산해보면 식(2.4)를 적용하여 PV는 1,000,000원, 이자율 r은 10%, 기간 n은 5년을 대입하자.

$$
\begin{aligned}
FV_5 &= 1{,}000{,}000 \times e^{(0.10 \times 5)} \\
&= 1{,}000{,}000 \times e^{0.5} \\
&= 1{,}000{,}000 \times 1.6487 \\
&= 1{,}648{,}700\text{원}
\end{aligned}
$$

예상한대로 미래가치는 어떤 다른 복리횟수를 적용한 경우보다 더 큰 값을 보이고 있다.

(2) 연평균이자율(annual percentage rate)

서로 다른 복리횟수 때문에 단순히 제시된 이자율을 조사하는 것만으로는 다양한 금융증권들을 특정시점에서 비교하는 것이 어렵다. 예를 들면 9% 이자율을 연복리하는 것과 9.75%를 분기 복리로 하는 것, 또는 8.60%를 일별 복리로 하는 것 중에서 어느 것이 가장 유리한가? 이런 혼란스러운 상황을 다루기 위해서 표면이자율(또는 제시이자율)과 연평균이자율(APR)을 구별함으로써 모든 이자율을 비교가능한 상태로 만들 수 있다. APR은 실효이자율(effective annual rate)라고도 알려져 있는데 제시이자율을 사용하여 연단위 복리계산으로 동일한 수익률을 얻을 수 있는 이자율을 말한다.

예를 들어 건축업자가 12% 이자율(연평균이자율 12.68%)로 30년 Mortgage(월별지급조건)를 제공하는 건축자금을 조달하려 한다. 은행은 8% 이자율을 분기별 복리조건(연평균이자율 8.24%)의 예금을 광고하고 있다. 두 경우에 제시된 이자율은 모두 ( ) 내에 연평균이자율(APR)로 변환되어 함께 밝히고 있다. 계산과정을 보기 위하여 은행예금의 경우를 살펴보자. 미래가치이자요소표를 찾아보면 8% 이자율로 1년을 분기 복리로 계산한 값은 1.0824($FVIF_{2,4}$ = 1.0824)이다. 따라서 APR은 8.24%이다. 왜냐하면 1원을 8.24% 연복리로 계산하면 1.0824원이 되기 때문이다. 비슷하게 연12%를 월단위로 복리계산한다면(월1%) 연 12.68%와 크기가 같다는 것을 알 수 있다($FVIF_{1,12}$ = 1.1268).

 응용 예

식(2.5)를 이용하여 연복리 9%인 예금, 분기 복리 8.75%인 예금, 일복리 8.60%인 예금 중에서 어느 경우가 가장 수익이 좋은지 답할 수 있다. 첫 번째 예금은 제시이자율이 그대로 연평균이자율이 된다.

$$\begin{aligned} \text{APR} &= FVIF_{9,1} - 1 \\ &= 1.09 - 1 \\ &= 9\% \end{aligned}$$

8.75%를 분기별로 복리계산하는 예금의 연평균이자율은 9.04%이다.

$$\begin{aligned} \text{APR} &= FVIF_{\frac{8.75}{4},4} - 1 \\ &= (1.021875)^4 - 1 \\ &\fallingdotseq 9.04\% \end{aligned}$$

8.60%를 일별로 복리계산하는 예금의 연평균이자율은 8.98%이다.

$$\begin{aligned} \text{APR} &= FVIF_{\frac{8.60}{365},365} - 1 \\ &= (1.0002356)^{365} - 1 \\ &\fallingdotseq 8.98\% \end{aligned}$$

따라서 가장 높은 수익을 제공하는 예금은 8.75%를 분기복리로 계산하는 예금이다.

일반적으로 제시이자율 r, 연간 m번 이자지급이 이루어지는 경우 다음 공식에 의해 연평균이자율(APR)을 계산할 수 있다.

$$\begin{aligned} \text{APR} &= \left(1 + \frac{r}{m}\right)^m - 1 \\ &= FVIF_{\frac{r}{m},m} - 1 \end{aligned} \tag{2.5}$$

SECTION 2 현재가치(present value)

대부분의 금융의사결정은 현재의 현금과 미래의 현금을 교환하는 행위가 수반된다. 이러한 교환행위를 적절히 평가하기 위해서 미래현금흐름의 오늘의 가치, 즉 현재가치(PV)를 계산하는 방법을 익혀야 한다. 미래에 1원을 현재가치로 환산하면 얼마의 가치를 가지는지가 핵심이다. 이를 알기 위해서는 미래의 1원과 똑같은 가치를 지녀서 무차별해지는 현재의 금액이 얼마인지 찾아내야 한다. 미래의 현금을 현재가치로 환산하는 과정은 할인(discounting)이라고 한다. 현재가치를 계산하기 위해서 사용되는 이자율을 할인율(discount rate)이라고 한다.

1. 화폐의 기회비용(opportunity cost of money)

현재의 현금과 미래의 현금 간의 교환비율은 현금이 지불되거나 회수될 때까지 기다리는데 대한 비용에 의해 결정된다. 이런 화폐의 기회비용은 현금이 투자될 수 있는 이자율에 따라 결정된다. 그 이유를 알아보기 위하여 만약 연복리로 8%의 위험이 없는 수익을 올릴 수 있다고 가정해보자. 이런 경우 1년 후에 현재 투자한 1원에 대해 1.08원을 가질 수 있다. 5년 후에는 당신의 1원은 1.47원으로 늘어나 있을 것이다. 따라서 연8%의 수익으로 자금을 투자할 수 있는 한 5년 후의 1.47원을 받거나 오늘 1원을 받게 되는 것에 대해서 똑같다는 생각을 가져야 한다. 이 경우 5년 후 받게 되는 1.47원의 현재가치는 1원이 된다.

다른 예로 만약 내년에 1,200만원짜리 자동차를 사고 싶다고 가정해보자. 1년 후 이 차를 사기 위해서는 연8%의 예금에 돈을 얼마나 넣어야 하는가? 만약 오늘 예금한 돈의 크기를 PV라고 한다면 1년이 지나서 그 예금은 $PV(1.08)$만큼 되어 있을 것이다. 이 금액을 자동차구매에 필요한 1,200만원과 같도록 놓으면 해답은 PV = 1,111만원이 될 것이다. 그 의미는 지금 1,111만원을 8%의 수익률로 투자한다면 1년 후에 1,200만원이 되며, 역으로 1년 후 1,200만원의 현재가치를 8%로 할인한다면 1,111만원이 된다는 것이다. 동일한 식으로 계산해 보면 1년 후의 1원은 현재가치로 $\frac{1}{1.08}$ = 0.9259원이 된다. 할인율이 8%라면 4년 후의 1원은 현재시점에서 얼마의 가치를 가지는가? 답은 0.735원인데 다음과 같은 과정을 통해 확인해 볼 수 있다.

오늘	1년 후	2년 후	3년 후	4년 후
			0.9259 --- 8% ---	1.00
		0.8573 --- 8% ---	0.9259	
	0.7938 --- 8% ---	0.8573		
0.7350 --- 8% ---	0.7938			

식(2.2)를 재배열하면 미래현금흐름과 현재가치 사이의 일반적인 관계식을 찾아볼 수 있다.

$$PV = FV_n \times \frac{1}{(1+r)^n} \tag{2.6}$$

위 식에서 $\frac{1}{(1+r)^n}$ 항은 현재가치이자요소라 하며 $PVIF_{r,n}$으로 쓴다. 다행히 $PVIF$값은 $FVIF$ 값과 마찬가지로 다양한 이자율 r과 기간 n에 대해서 현재가치이자요소표(PVIF)[5]표를 통해 그 값을 찾아볼 수 있다. 예를 들어 할인율이 9%일 때 7년 후의 1원의 가치를 현재가치이자요소표를 통해 찾아보면 0.5470임을 알 수 있다.

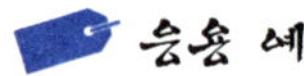

2000년에 세종기업은 실적이 매우 좋았다. 이에 크게 기뻐한 대주주는 연말에 전종업원을 초청하여 파티를 개최하였다. 이 자리에서 그는 파티일 현재 회사에 고용된 모든 종업원에게 1인당 100만원의 특별선물을 5년 후에도 회사에 근무하고 있어야 한다는 조건으로 지불할 것이라고 말했다. 박수갈채가 터져 나왔지만 일부 종업원들은 그 제안이 가지고 있는 불이익에 대해서 쑥덕거리고 있었다. 만약 5년짜리 무위험국채의 수익률이 12%라면 5년 후에 준다는 100만원은 지금 현재시점에서 어느 정도의 가치를 가질까?

풀 이

현재가치이자요소표를 통해서 $PVIF_{12,5} = 0.5674$ 임을 알 수 있다. 따라서 5년 후에 받게 되는 100만원의 현재가치는 할인율이 12%인 경우 567,400원 정도가 된다.

5) 부록 〈표 2〉 참조

할인율이 커짐에 따라 미래에 받게 되는 현금의 기회비용은 커지게 되고 따라서 현재가치는 줄어들게 된다. 같은 현금이라도 더 먼 미래에 받게 될수록 현재의 가치는 더욱 작아진다. 이런 특징은 [그림 2-2]에 잘 나타나고 있다. 상대적으로 할인율이 높아질수록, 또한 보다 먼 미래에 받게 될수록 현금의 현재가치는 작아진다. 예를 들어 할인율이 3%이고 10년 후에 받게 되는 1원의 가치는 0.74이지만, 만약 할인율이 15%로 오른다면 0.25보다 낮아지게 된다. 비슷하게 4% 할인율로 5년 후에 받게 되는 1원은 오늘 0.82원의 가치가 되지만 똑같은 금액을 50년 후에 받게 된다면 할인율 4%일 때 그 가치는 불과 0.14원이 될 뿐이다. 만약 할인율이 15%이고 50년 후에 받게 되는 1원은 오늘 가치로 보면 거의 없는 것과 같다.

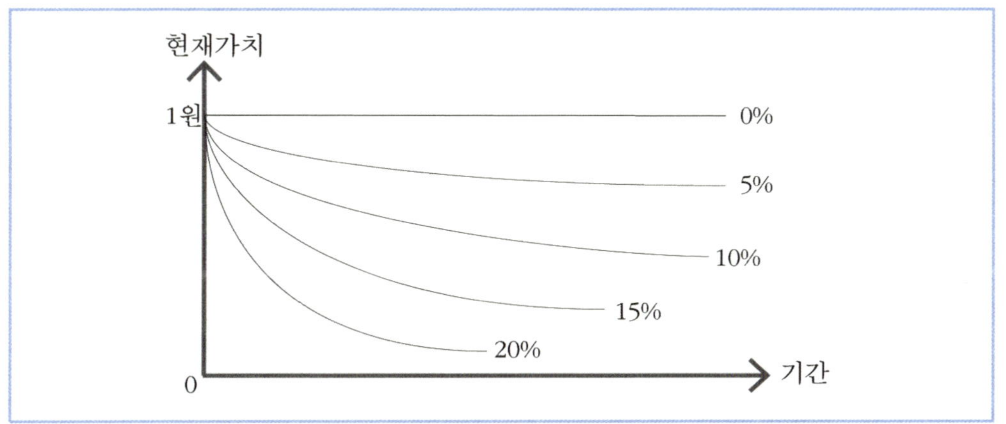

[그림 2-2] 상이한 이자율과 기간에 따른 1원의 현재가치

2. 할인적용기간(discounting interval)

만약 할인이 1년에 1회 이상 일어난다면 현재가치 공식은 수정되야 하며, 미래가치에 대해서 했던 것과 비슷한 방식을 따라 식(2.6)은 다음과 같이 변형된다.

$$PV = FV_n \times \frac{1}{\left(1 + \frac{r}{m}\right)^{(n \times m)}} \tag{2.7}$$

m : 1년당 할인 횟수

예를 들어 5년 후에 받게 되는 1원의 현재가치를 8%의 할인율로 분기 할인하는 경우로 구해보면 다음과 같이 0.6730원이 된다.

$$PV = 1 \times \frac{1}{\left(1+\frac{0.08}{4}\right)^{(5\times 4)}}$$

$$= 1 \times \frac{1}{(1.02)^{20}}$$

$$= 0.6730$$

이 값은 단순히 연단위로 할인했을 때의 현재가치인 0.6806원과 비교된다. 할인적용 기간이 짧을수록 투자에 대한 유효수익률은 커질 것이고, 따라서 미래현금흐름의 현재가치는 작아질 것이다. 주어진 이자율 하에서 연속할인의 경우에 미래현금의 현재가치는 최소화될 것이다. 연속할인은 m이 무한대로 커지는 것인데, 식 (2.4)로부터 이 자요소가 $e^{-(r\times n)}$ 이 되는 것을 알 수 있다.

$$PV = FV_n \times e^{-(r\times n)} \tag{2.8}$$

식(2.8)에 의하면, 5년 후 1원의 현재가치는 8%의 연속할인을 적용한다면 다음과 같이 0.6703원이 된다.

$$PV = 1 \times e^{-(0.08\times 5)}$$

$$= 1 \times e^{-0.40}$$

$$= 1 \times 0.6703$$

$$= 0.6703\text{원}$$

예상한대로 이 값은 연단위 할인 또는 반년 단위 할인을 적용한 값보다 작다. 사실상 다른 어떤 기간을 적용한 할인 값보다 작다.

SECTION 3 연금의 가치계산

연금(annuity)이란 특정한 기간 동안 매기 동일하게 발생한 현금흐름을 말한다. 매기 초에 지불이 이루어지면 기초지급연금이라 한다. 일부 리스계약과 연금저축 중에는 기초지급연금 형태가 발생한다. 좀 더 일반적인 형태는 기말지급연금으로 현금 지불이 매기 말에 이루어진다. 본서에서는 별도의 언급이 없는 이상 연금은 기말지급연금을 의미한다. 기말지급연금이 발생하는 예로는 반년마다 이자를 지불하는 채권, 대출기간 동안 매월 동일한 금액을 갚아야 하는 부동산대출, 그리고 매년 일정한 금액을 적립하여 감채기금을 만들어 채권을 상환하거나 우선주를 회수하는 행위 등이다.

1. 연금의 미래가치(future value of annuity)

만약 매년 100만원의 연금을 3년 동안 받아서 9% 이자율을 주는 예금에 가입하였다면 3년 뒤에 얼마가 될까? 그 답은 [그림 2-3]에서와 같이 구할 수 있다.

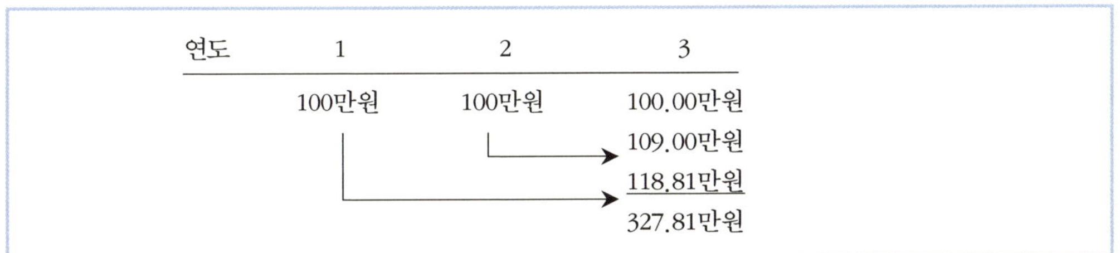

[그림 2-3] 9%복리로 3년간 100만원을 받는 연금의 미래가치 계산

처음 100만원은 1년 말에 투자가 이루어지고 따라서 2년간 복리로 계산된다. 2년 말에 받은 100만원은 1년간의 이자만 발생한다. 그리고 3년 말에 받은 100만원은 아무런 이자가 발생하지 않는다. 연금의 미래가치이자요소표(FVIFA)[6]를 이용하여 1, 2, 3년 말에 받은 100만원의 미래가치가 각각 118만 8,100원, 109만원, 100만원임을 알 수 있다. 연금의 미래가치(FVA)는 매기 지불되는 금액의 미래가치의 단순한 합이므로 이 사례에서 연금의 미래가치는 327만 8,100원이다.

6) 부록 〈표 3〉 참조

n기간 지속되는 연금의 미래가치 FVA_n의 수학적 공식은 매기말에 지급되는 금액을 L, 복리계산되는 이자율을 r이라고 할 때 다음과 같다.

$$\begin{aligned} FVA_n &= \text{1기 지불액의 미래가치} + \text{2기 지불액의 미래가치} + \cdots \\ &\quad + \text{n-1기 지불액의 미래가치} + \text{n기 지불액의 미래가치} \\ &= L(1+r)^{(n-1)} + L(1+r)^{(n-2)} + \cdots + L(1+r)^1 + L(1+r)^0 \\ &= L[(1+r)^{(n-1)} + (1+r)^{(n-2)} + \cdots + (1+r)^1 + 1] \\ &= L[FIVF_{r,n-1} + FVIF_{r,n-2} + \cdots + FVIF_{r,1} + 1] \\ &= L\sum_{t=1}^{n} FIVF_{r,n-t} \\ &= L \times FVIFA_{r,n} \end{aligned} \tag{2.9}$$

단, $\sum$은 처음 항부터 n번째 항까지의 합을 의미한다. 〈식 2.9〉의 $FVIFA_{r,n}$항을 연금의 미래가치이자요소라고 한다. 이 요소는 다음과 같은 공식에 의해 직접 산출할 수 있다. 이 공식은 등비급수의 합으로부터 유도된 것이다.

$$\begin{aligned} FVIFA_{r,n} &= \sum_{t=1}^{n} (1+r)^{(t-1)} \\ &= \frac{(1+r)^n - 1}{r} \end{aligned}$$

또 하나의 방법은 식(2.9)를 보면 연금의 미래가치이자요소는 단순히 0 시점부터 $n-1$ 시점까지 미래가치이자요소의 합과 같다는 것을 이용하는 것이다.

$$FVIFA_{r,n} = \sum_{t=1}^{n} FIVF_{r,n-t} \tag{2.10}$$

예를 들면 3년간 9% 연금의 미래가치이자요소인 $FVIFA_{9,3}$ 은 기간 0, 1, 2의 미래가치이자요소의 합일 뿐이다. 미래가치이자요소표를 참조하면

$$\begin{aligned} FVIFA_{9,3} &= 1 + 1.0900 + 1.1881 \\ &= 3.2781 \end{aligned}$$

임을 알 수 있다. 기간 0 의 $FVIF$ 인 $(1.09)^0$은 단순히 1임에 주의하자.

좀 더 쉬운 방법은 연금의 미래가치이자요소표를 찾아보는 것이다. 이 표의 항목은 식(2.10)의 r,n 을 통해 찾을 수 있다. 3년간 100만원의 연금의 미래가치를 구하기 위해서 표를 통해 9%의 연금미래가치이자요소를 구해 보면 3.2781이며, 여기에 100만원을 곱하면 327만 8,100원으로서 앞에서 구한 값과 같다.

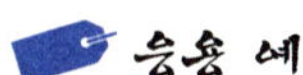

만약 당신이 60세에 은퇴하기로 계획하고, 31세에 시작하여 30년 동안 매년 100만원을 비과세되는 퇴직연금에 넣기로 하였다면 매년 이자율을 7%라 할 때 은퇴시 얼마를 기대할 수 있을까? 또 7%의 이자율로 은퇴시 1억을 받으려면 매년 얼마를 불입해야 할까?

풀 이

연금의 미래가치이자요소 표로부터 $FVIFA_{7,30}$ ≒ 94.460임을 알 수 있다. 따라서 30년 후의 연금의 가치는 94.460 × 100만원 = 9,446만원이다. 은퇴시 1억을 받기 위해 적립해야 하는 금액은 식(2.9)를 이용하여 구할 수 있다.

$$L = \frac{FVA_n}{FVIFA_{r,n}} = \frac{100,000,000}{94.460} = 1,058,649\text{원}$$

따라서 30년간 매년 1,058,649원을 불입하는 연금의 미래가치는 1억원이다.

2. 연금의 현재가치(present value of annuity)

연금의 현재가치(PVA)는 단순히 매년 발생하는 연금의 현재가치의 합이다. 그 이유는 모든 현금흐름의 합의 현재가치는 각 현금흐름의 현재가치의 합과 같기 때문이다. 따라서 앞에서 계산해 보았던 예에서 3년간 100만원의 연금의 현재가치를 9%의 이자율로 계산하려면 1, 2, 3년 말에 받은 100만원의 현재가치를 구하면 된다. 이 값은 각각 91.74만원, 84.17만원. 77.22만원이며, 그 합은 253.13만원이다. 세부적인 계산내역은 〈표 2-2〉에 있다.

〈표 2-2〉 할인율 9%, 100만원의 3년짜리 원금의 현재가치 계산

(단위 : 원)

연도	연금	현재가치이자요소	현재가치
1	1,000,000	0.9174	917,400
2	1,000,000	0.8417	841,700
3	1,000,000	0.7722	772,200
합 계			2,531,300

일정한 현금 L을 n년 동안 매기 말에 지급하는 연금의 현재가치를 PVA_n이라고 하면 그 일반공식은 다음과 같이 구할 수 있다.

PVA_n = 1기 지급액의 현재가치 + 2기 지급액의 현재가치 +⋯+ n기 지급액의 현재가치

$$= \frac{L}{(1+r)} + \frac{L}{(1+r)^2} + \cdots + \frac{L}{(1+r)^n}$$

$$= L\left[\frac{1}{(1+r)} + \frac{1}{(1+r)^2} + \cdots + \frac{1}{(1+r)^n}\right]$$

$$= L(PVIF_{r,1} + PVIF_{r,2} + \cdots + PVIF_{r,n}) \quad (2.11)$$

$$= L \times PVIFA_{r,n}$$

$PVIFA_{r,n}$의 값은 다음 공식을 이용하여 계산할 수 있다.

$$PVIFA_{r,n} = \sum_{t=1}^{n} \frac{1}{(1+r)^t}$$

$$= \frac{[(1+r)^n - 1]}{r(1+r)^n}$$

또 다른 방법은 식(2.11)에 있는 것처럼 개별 현재가치이자요소를 모두 더하여 구한다. 시간을 절약하기 위해서 이런 계산을 모두 해놓은 연금의 현재가치이자요소표(PVIFA)[7]를 이용할 수 있다. 이 표는 이자율과 기간에 따라 정리가 되어 있으며, 예를 들어 3년간 9%의 연금의 현재가치이자요소는 2.5313이다. 이 값을 100만원에 곱

7) 부록 〈표 4〉 참조

하면 253만 1,300원을 구할 수 있는데 이 금액은 개별금액의 현재가치를 더하여 계산한 값과 동일하다.

제2장

응용 예

2010년에 세종문화재단은 2억원 규모의 상금을 걸고 논문을 공모하였다. 상금 2억원은 매년 말에 1,000만원씩 20년간 지급하는 방법으로 제공된다. 2000년의 이자율이 7%라면 세종문화재단은 이 상금을 지급하기 위해 얼마의 자금을 조달하여야 하는가?

풀 이

식(2.11)과 연금의 현재가치이자요소표를 이용하면 20년간 1,000만원 받는 연금의 현재가치는 다음과 같이 구할 수 있다.

$$\begin{aligned} PVA_{20} &= 10{,}000{,}000 \times PVIFA_{7,20} \\ &= 10{,}000{,}000 \times 10.5940 \\ &= 105{,}940{,}000\text{원} \end{aligned}$$

세종문화재단은 2억원의 상금의 자금으로 1억 594만원이 필요하다. 신문지상 등 매스컴에서 말하는 상금액은 실제가치의 거의 두 배이다.

현재가치이자요소표는 일정한 기간 동안 동일한 지급조건을 포함하는 계약을 평가하여 비교할 때도 이용될 수 있다.

응용 예

운동선수 A씨는 25년 동안 매년 1억원을 받는 조건으로 계약을 맺었고, 운동선수 B씨는 10년 동안 1억 5천만원을 받는 조건으로 계약을 맺었다. 매스컴에서는 A씨는 25억짜리 계약을 맺었고, B씨는 15억짜리 계약을 맺었다고 보도하였다. 누가 더 유리한 계약을 맺었는가?

풀 이

이 문제는 화폐의 기회비용인 이자율이 얼마인지를 모르면 미래가치의 합을 현재가치로 할인할 수 없기 때문에 대답할 수 없다. 만약 할인율이 10%라고 가정하면, 연금의 현재가치이자요소표를 통하여 $PVIFA_{10,10}$ = 6.1446 이고 $PVIFA_{10,25}$ = 9.0770 을 알 수 있다. B씨의 15억짜리

계약은 1.5억 × 6.1446 = 9억 2,169만원의 가치가 있는 반면, A씨의 25억짜리 계약은 1억 × 9.0770 = 9억 770만원이다. B씨의 계약이 더 유리한 것이다. 그러나 할인율이 8%로 떨어졌다면 B씨의 계약은 1.5억 × 6.7101 = 10억 651만 5천원이고, A씨의 계약은 1억 × 10.6748 = 10억 674만 8천원으로서 A씨의 계약이 더 유리하게 된다.

식(2.11)을 바꿔서 정리하면 연금의 현재가치가 주어졌을 때 지불금액이 얼마가 되어야 하는지 하는 문제를 풀 수 있다. 이런 형태의 문제는 연금계획수립, 교육자금, 부동산임대료지불 등을 위해 지불계획을 수립할 때 자주 발생하는 문제이다. 예를 들어 대학원에 진학하기 위해 2억 5천만원을 저축해 두었다고 하자. 또 내년에 대학원 과정이 시작하고 약4년이 걸린다고 하자. 8%의 이자율로 투자가 가능하다고 할 때 매년 얼마의 돈을 찾아서 쓸 수 있는가? (4년 말에 투자금액의 잔고는 0이 된다)

식(2.11)의 양변을 $PVIFA_{r,n}$으로 나누면

$$L = \frac{PVA_n}{PVIFA_{r,n}} \tag{2.12}$$

연금의 현재가치이자요소표에 의하면 위 문제에서 $PVIFA_{8,4}$ = 3.3121이며, 이 값을 식(2.12)에 대입하면 답을 구할 수 있다. 초기투자금액 2억 5천만원인 경우 매년 7,548만원을 쓸 수 있으며, 4년 말에는 한 푼도 남지 않게 된다.

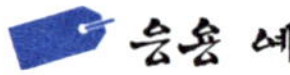

주간 세종은 1년에 1만 7천원, 또는 3년에 4만 4천원을 지불해야 하는 2가지 구독 조건을 가지고 있다. 만약 이자율이 6%라면 어떤 조건이 유리한가?

풀이

1년 구독조건으로 3년간 지속한다면 1만 7천원을 지불한 후 매년 1만 7천원을 지불하는 연금을 구입하는 것과 동일한 것이다.(왜냐하면 첫 번째 지불은 연초에 이루어질 것이기 때문에 이것은 3년 초기지급연금과 동일하다.) 따라서 1년 구독조건을 3년간 구독하는 것의 현재가치는 다음과 같이 계산된다.

$$\begin{aligned} PV &= 17{,}000 + 17{,}000 \times PVIFA_{6,2} \\ &= 17{,}000 + 17{,}000 \times 1.8334 \\ &= 48{,}168\text{원} \end{aligned}$$

따라서 3년에 4만 4천원인 계약이 훨씬 좋은 구독조건이다.

차입금상환문제도 식(2.12)를 이용하여 풀 수 있는 예이다. 기업이 10%의 복리로 5년 동안 15억원을 차입하였다고 하자. 상환원금과 이자액이 5년간 매년 일정한 금액으로 지급되어야 한다. 매년 상환해야 할 지급액은 얼마인가?

다시 식(2.12)를 이용하여 매년 지급액 L을 구해보자.

$$L = \frac{15\text{억}}{PVIFA_{10,5}}$$
$$= \frac{15\text{억}}{3.7908}$$
$$\fallingdotseq 3\text{억 } 9{,}569\text{만원}$$

〈표 2-3〉은 차입금상환계획표를 보여주고 있다. 매년 지불액은 이자와 상환원금의 항목으로 구분하여 표시되어 있다. 이자부분의 금액은 미상환원금에 이자율을 곱한 금액이고, 원금상환액은 매년의 지불금액에서 이자지불금액을 차감한 금액이다. 예를 들어 3년도의 이자지불액은 2년 말의 잔여원금액인 9억 8,403만원에 이자율 10%를 곱한 금액인 9,840만원이다. 지급액 중 나머지 2억 9,729만원(= 39,569만원 - 9,840만원)으로 차입금의 원금을 상환한다. 따라서 3년 말의 잔여원금은 9억 8,403만원 - 2억 9,729만원 = 6억 8,674만원이 된다. 이자가 차지하는 부분은 시간이 경과함에 따라 점점 줄어들게 된다. 이런 형태의 차입금 상환은 부동산담보대출금의 상환과도 유사하다. 다만 이 경우에는 연단위의 상환이 아니라 월단위의 상환이 이루어지는 점이 다르다.

〈표 2-3〉 차입금 상환계획

(단위 : 만원)

연도	지급액	이자지급액	원금상환액	잔여원금
1	39,569	15,000	24,569	125,430
2	39,569	12,543	27,026	98,403
3	39,569	9,840	29,729	68,674
4	39,569	6,867	32,702	35,972
5	39,569	3,597	35,972	
	197,848	47,848	150,000	

* 반올림 오차 있음.

매년 상환액 3억 9,569.62만원을 알고 있다면 식(2.11)을 이용하여 이자율을 알아낼 수 있다.

$$PVIFA_{r,n} = \frac{PVA_n}{L} \tag{2.13}$$

여기서 $PVA_5 = 15$억이고 $L = 3$억 9,569.62만원이므로 식(2.13)에 대입하면 $PVIFA_{r,5} = 3.7908$임을 알 수 있으며 연금의 현재가치이자요소표에서 이 값에 대응하는 이자율을 찾아보면 10%임을 알 수 있다.

3. 연금의 지급기간(payment interval of annuity)

반년 지급조건의 채권이자처럼 연금의 할인기간 또는 복리계산 기간이 1년보다 짧아진다면 연금의 현재가치와 미래가치 공식은 수정되어야 한다.

$FVA_{n,m}$를 1년에 m번 복리한 n년 연금의 미래가치라고 하고, $FVIFA_{r,n,m}$를 이러한 연금의 미래가치이자요소라고 하자. r은 명목상의 연이자율이다. 마찬가지로 $PVA_{n,m}$은 이 연금의 현재가치라고 하고, $PVIFA_{r,n,m}$은 연금의 현재가치이자요소이다. 수정된 공식은 각각 다음과 같다.

$$FVA_{n,m} = L \times FVIFA_{r,n,m} \tag{2.14}$$

$$PVA_{n,m} = L \times PVIFA_{r,n,m} \tag{2.15}$$

L은 연금액이다. 이 식에 의하면 현재가치와 미래가치이자요소는 이자율을 $\frac{r}{m}$으로, 기간의 수를 $n \times m$으로 해서 표로부터 찾을 수 있다. 다시 말하면 $FVIFA_{r,n,m} = FVIFA_{\frac{r}{m},n \times m}$이고, $PVIFA_{r,n,m} = PVIFA_{\frac{r}{m},n \times m}$이다.

응용 예

어떤 기업이 2년간 매달 5천만원에 1만평을 임차하는 계약을 체결했다고 하자. 이자율이 12%라면 이 계약의 현재가치는 얼마인가?

풀이

연금의 현재가치이자요소표를 찾아보면 24기간(월 단위)동안 매 기간(월)에 1%의 이자율에 대한 현재가치이자요소는 21.2434이다. 이를 공식에 적용하면 임차계약의 현재가치는 10억 6,217만원이 된다. 그러나 동일한 조건의 계약이 매월이 아니라 매년 말에 이루어진다면 현재가치는 6억 × $PVIFA_{12,2}$ = 6억 × 1.6901 즉, 10억 1,406만원으로 그 차이는 4,811만원이 된다.

응용 예

현대자동차는 판매에 박차를 가하기 위하여 몇개 모델에 대해서 저렴한 이자율을 제시할 것이라고 발표하였다. 현대자동차는 1,400만원 상당의 자동차에 대해서 7%의 이자율로 36개월 할부상환을 제시하였다. 또 하나의 대안으로 자동차당 75만원을 환불해 주는 조건을 제시하였다. 이런 형태의 대부에 대한 시장이자율이 12%라면 소비자는 환불조건을 받아들여야 하는가? 아니면 현대자동차의 특별할부조건을 받아들여야 하는가?

풀이

먼저 현대자동차의 특별할부조건의 절감액을 계산하기 위해서는 7% 이자율로 36개월 할부상환시 월상환액이 얼마인지 계산하고, 이 월상환액이 12%의 시장이자율 상황에서 얼마의 가치를 가지는지 계산해야 한다.

1,400만원의 36개월(7% 이자율의 경우) 할부시 월상환액 L을 다음과 같이 계산한다.

$$L = \frac{1{,}400\text{만원}}{PVIFA_{\frac{7}{12},36}} = \frac{1{,}400\text{만원}}{32.3865} = 43\text{만 } 2{,}280\text{원}$$

$PVIFA_{\frac{7}{12},36}$은 계산기를 이용하여 구한다.

매월 43만 2,280원씩 36개월 동안의 연금의 시장가치를 시장이자율 12%를 적용하여 구한다.

$$PVA_{1,36} = 432{,}280 \times PVIFA_{1,36} = 432{,}280 \times 30.1075 = 13{,}014{,}870\text{원}$$

따라서 1,400만원을 7% 이자율로 36개월 할부 상환하는 현대자동차의 특별할부조건을 12% 이자율로 환산하면 1,301만 4,870원이다. 이 금액의 차이는 98만 5,130원이므로 환불금 75만원보다 크다. 따라서 소비자는 특별할부상환조건을 받아들이는 것이 유리하다.

식(2.15)는 대부금의 주기적인 상환금액이 주어졌을 때 실질이자율을 찾기 위해서도 사용할 수 있다.

$$PVIFA_{r,n,m} = \frac{PVA_{n,m}}{L} \tag{2.16}$$

$PVA_{n,m}$과 L을 알면 $PVIFA$의 표를 통해 기간이자율을 찾을 수 있다.

응용 예

5년간 1억의 대출액을 매월 222만 4,450원씩 갚아야 한다면 이 대출에 대한 이자율은 얼마인가?

풀이

식(2.16)을 적용해 보면 다음과 같다.

$$PVIFA_{r,60} = \frac{1억}{2,224,450} = 44.9549$$

$PVIFA_{r,60}$ = 44.9550이다. 명목상의 이자율은 12%이며, 매월 대출금을 상환해야 하는 복리를 감안하면 연평균이자율은 12.68%이다.

4. 영구연금(perpetuity)

대부분의 연금은 예를 들면 12%의 이자율로 30년 만기의 주택대출 등과 같이 기한이 정해져 있다. 그러나 어떤 연금은 실질적인 면에서 보면 영구적인 성격을 갖는다. 영구연금은 지불이 계속 이루어져서 무한히 지속되는 현금흐름이 발생한다. 매년 1원의 지불이 영구히 이루어지는 영구연금의 현재가치는 식(2.11)의 식에서 마지막 기간을 나타내는 n 을 무한히 크게 하여 공식을 계산할 수 있다. 영구연금의 현재가치이자요소는 $\frac{1}{r}$ 이 됨을 알 수 있다. 매년 L 원이 발생하는 영구현금의 현재가치 PVA_{*}

는 다음과 같이 계산된다.

$$PVA_* = \frac{L}{r} \tag{2.17}$$

영구연금의 전형적인 예는 영국의 영구채(British Consol)로서 과거의 부채를 청산하기 위해 18세기와 19세기 사이에 영란은행(the Bank of England)에서 만들어낸 금융상품이다. 영구채는 만기가 없으며 고정이자를 영구히 지불한다는 영국정부의 의무를 담고 있다. 매년 50파운드를 지불하는 영구채와 10%의 요구수익률을 생각하자. 식(2.17)을 사용하여 이 영구채의 가격을 계산해 보면 $\frac{50}{0.10}$ = 500파운드임을 알 수 있다. 동시에 만약 매년 50파운드를 지불하는 영구채의 가격이 500파운드에 거래되고 있었다면 10%의 요구수익률을 계산할 수 있다. 일반적으로 영구채의 가치가 PVA_*이고 매년 L의 이자가 지불되고 있다면 수익률 r은 다음과 같이 계산된다.

$$r = \frac{L}{PVA_*} \tag{2.18}$$

식(2.18)은 영구연금의 또 다른 예인 우선주의 수익률을 계산하는 경우에도 사용된다. (우선주란 보통주와는 달리 매년 배당이 우선적으로 이루어지는 주식이다.) 주당 거래가격이 6만원인 우선주에 대해 매년 6천원의 배당이 이루어진다면 수익률은 $\frac{6,000}{60,000}$ = 10%가 된다.

SECTION 4 불규칙한 현금흐름의 현재가치

비록 수많은 재무의사결정 문제가 매 기간 동일한 현금흐름을 가정하고 있지만, 사실 그런 경우는 정상적이라기보다는 예외적이라고 할 수 있다. 보통주 투자에서 얻을 수 있는 배당금 지불액은 기간이 경과함에 따라 변동하고 있다. 왜냐하면 주주를 대신하여 기업에 의해 이루어진 투자결과는 고정적인 결과를 가져오지는 않기 때문이다. 새로운 공장과 설비에 투자할 것인지 또는 새로운 광고계획을 실행에 옮길지를 결정하려는 기업은 불규칙한 현금흐름의 현재가치를 추정해야 한다.

예를 들어 수명이 6년인 새로운 기계에 대한 투자를 생각해보자. 이 기계를 도입하면 〈표 2-4〉과 같이 미래현금흐름이 이루어질 수 있다고 한다. 초기에 기계를 통해 매년 5억의 현금유입이 이루어지지만 시간이 경과함에 따라 유지와 보수에 필요한 경비가 증가하게 된다. 할인율이 12%라고 가정하고 이 신기계 투자안의 현재가치를 단순한 규칙을 이용하여 계산할 수 있다. 단순한 규칙은 "미래 현금흐름의 현재가치는 개별현금의 현재가치를 합한 것과 같다" 는 것이다. 〈표 2-4〉에서 보는 것처럼 매년의 현금유입액에 적절한 현재가치이자요소를 곱한 후 개별가치를 모두 더하여 전체적인 가치인 15억 9,135만 9천원을 구할 수 있다.

〈표 2-4〉 불규칙한 현금흐름의 현재가치 계산

(단위 : 원)

연도	현금유입(A)	현재가치이자요소(B)	현재가치(A × B)
1	500,000,000	0.8929	446,450,000
2	470,000,000	0.7972	374,684,000
3	420,000,000	0.7118	298,956,000
4	350,000,000	0.6355	222,425,000
5	260,000,000	0.5674	147,524,000
6	200,000,000	0.5066	101,320,000
합계			1,591,359,000

매스컴에서 보도되는 수십억원 상당의 스포츠 중계계약의 가치를 따져보는 것도 또 하나의 적용 사례로 적합하다. 이런 계약은 총액만이 공개되기 때문에 계약의 실질가치가 부풀려져 있는 경우가 많다.

KPG는 2003년 경기 중계에 따른 장기계약을 주요 TV 방송국과 체결하였다. 계약에 따르면 2003년부터 2009년까지 125억원을 지불받도록 되어 있었다. 그러나 〈표 2-5〉를 보면 그 계약의 지불구조는 현재가치가 매우 작다는 것을 알 수 있다. 지불은 매년 연말에 이루어지며, 12%의 수익률로 계산한 것이다.

〈표 2-5〉 불규칙한 현금흐름의 현재가치 계산

(단위 : 원)

연도	지불액(A)	현재가치이자요소(B)	현재가치(A × B)
2003	500,000,000	0.8929	446,450,000
2004	1,500,000,000	0.7972	1,195,800,000
2005	1,500,000,000	0.7118	1,067,700,000
2006	2,000,000,000	0.6355	1,271,000,000
2007	2,000,000,000	0.5674	1,134,800,000
2008	2,500,000,000	0.5066	1,266,500,000
2009	2,500,000,000	0.4523	1,130,750,000
합계	12,500,000,000		7,513,000,000

〈표 2-5〉의 현재가치 금액은 방송계 사람들이 매년 지불액의 현재가치를 비슷하게 되도록 계약을 만들었다는 것을 보여주고 있다. 계약의 실제가치는 보도된 가치보다 훨씬 작은 75억원 정도이다.

일반적으로 불규칙한 현금흐름의 현재가치 공식은 〔현금흐름의 합의 현재가치 = 기간 1의 현금흐름의 현재가치 + 기간 2의 현금흐름의 현재가치 + … + 기간 n의 현금흐름의 현재가치〕로 나타낼 수 있다.

$$PV = \frac{C_1}{1+r} + \frac{C_2}{(1+r)^2} + \cdots + \frac{C_n}{(1+r)^n}$$

$$= \sum_{t=1}^{n} \frac{C_t}{(1+r)^t} \qquad (2.19)$$

(식 2.19)는 할인현금흐름(discounted cash flow) 공식이라고 한다. 이 공식은 어떤 자산 또는 투자의 현재가치를 찾는데 사용할 수 있다. 예컨대 주식 또는 채권, 새로운 기계, 새로운 유전공학 기술에 대한 특허권, 또는 스타들의 장기계약 등의 현재가치를 계산할 때 등 모든 자산과 투자의 현재가치 계산에 쓰인다.

 응용 예

정의(주)는 동기(주)를 매입하기 위해 8억원을 제시하였고, 지불조건은 다음과 같다. 협상체결시 1억원을 지불하며, 그로부터 20년간 매년 2천만원을 지불하고, 지불기간 중에 발생하는 물가상승을 고려하여 5, 10, 20년에 각각 5천만원, 1억원, 1억 5천만원을 지불한다. 이자율이 14%인 경우 이 8억원의 지불제안 가치는 얼마인가?

풀이

이 제안은 연금형태와 불규칙한 현금흐름이 섞여 있는 형태로서 다음과 같이 계산할 수 있다.

$$PV = 1 + 0.5 \times PVIF_{14,5} + 1 \times PVIF_{14,10} + 1.5 \times PVIF_{14,20} + 0.2 \times PVIFA_{14,20}$$
$$= 1 + 0.5 \times 0.5194 + 1 \times 0.2697 + 1.5 \times 0.0728 + 0.2 \times 6.6231$$
$$= 2억\ 9{,}632만원$$

정의(주)의 8억원짜리 제안은 실제로 동기(주) 주주에게 3억원에도 미치치 못하는 가치를 가지는 제안이다.

SECTION 5 화폐의 기회비용의 결정요인

지금까지 다양한 공식과 응용 예를 제시하면서 이자율은 주어진 것으로 받아들였다. 하지만 금융관련 출판물을 읽거나 뉴스를 보면 이자율의 변동성이 매우 심한 것을 알 수 있다. 앞에서 이자율은 화폐의 기회비용에 따라 결정된다는 것을 논의했었다. 그렇다면 이자율 크기를 결정하는 요인은 무엇이며 무엇 때문에 이자율 수준은 변동하는가?

이자율의 결정요인을 이해하기 위해서는 이자율의 경제적 기능을 이해해야 한다. 이자율은 화폐의 사용을 한 시점에서 다른 시점으로 변경하는데 따르는 대가(또는 가격)이다. 화폐의 사용은 좀 더 구체적으로 나타내면 화폐로 표시한 재화나 서비스의 청구권을 말한다. 차입자는 자신의 현재수입보다 더 많이 소비하고 싶어서 자신의 미래수입의 일부를 포기하고 돈을 빌린다. 대부자는 자신의 현재수입의 일부를 포기하고 미래에 보다 많은 수입을 얻기 위해 돈을 빌려준다. 시장이자율은 차입자와 대출자 사이에 소유권이 바뀌는 미래수입의 양을 나타낸다.

물론 차입자와 대부자에게 중요한 것은 실질이자율이다. 대부자에게는 실질이자율이 현재의 수입을 절약하고 투자하여 미래에 받을 것으로 기대하는 재산의 증가비율과 같아야 한다. 반대로 차입자는 절약하거나 투자하지 않고, 현재 소비를 택하면서 예상하는 재산의 감소비율이 실질이자율이어야 한다. 이런 관점에서 실질이자율은 기회비용이다. 즉 실질이자율은 포기한 미래소비에 대한 현재소비의 상대가격이다. 결과적으로 실질이자율은 미래에 소비재나 서비스를 제공할 수 있는 내구재(자본재) 대신에 현재 소비되는 재화를 생산하기 위해 투입된 자원의 비율에 영향을 준다. 이러한 논의를 바탕으로 하여 위험의 수준이 일정할 때 화폐의 기회비용에는 다음과 같은 네 가지 요인이 결정적인 요인이며 이 견해는 여러 연구에서 지지를 받고 있다.

1. 자본의 생산성

투자자들은 소비재나 서비스를 생산하는 자본재, 부동산과 같은 실물자산, 또는 화폐로 표시되어 있는 금융자산 중에서 어디에 투자할 것인가를 선택할 수 있다. 균형에서는 자본자산에 대한 투자로부터의 화폐수입(소비재와 서비스를 화폐로 환산한 수입)은 은행예금과 기업증권과 같은 금융자산에 투자해서 받은 화폐수입과 같아야 한다. 그렇지 않다면 투자자들은 차익거래기회를 가지게 된다.

예를 들어 금융자산으로부터는 8%의 수익이 있고, 자본자산으로부터는 추가적인 위험부담 없이 10%의 수익이 있다면, 투자자들은 금융자산을 팔고 자본자산을 살 것이다. 이런 경제행위가 일어나면 자본재의 수익률은 떨어지고 금융자산의 수익률은 올라가게 된다. 이런 과정은 양쪽 투자의 기대수익률이 동일해질 때까지 계속될 것이다.

투자자들이 한없이 어리석지 않다면 시간이 흘러가면 금융자산의 평균수익률은 자본자산의 평균수익률과 거의 같아져야 한다. 이런 사실을 이해한다면 1626년에 인디언들이 맨하탄 섬(Manhattan)을 팔고 받은 24달러가 현재 그 땅이 갖고 있는 가치와 거의 같다는 사실이 이해가 될 것이다. 구체적으로 만약 일정한 기간 중 금융자산의 평균수익률이 6%라면 그 기간 중 토지도 연평균 6% 비율로 가치가 증가했을 것이다. 만약 토지가 8% 비율로 가치가 높아졌다면 투자자들은 금융자산을 팔고 토지를 매입할 것이다. 금융자산의 수요가 줄어들어서 수익률(투자자들이 그 자산을 계속 보유하도록 하기 위해 필요한 수익률)이 올라가고 토지는 수요가 증가하면서 기대수익률이 내려가게 된다. 따라서 균형에서는 이런 차익거래과정을 통해 동일한 위험을 가진 토지와 증권의 기대수익률은 동일해질 수밖에 없다.

기술혁신 등과 같은 이유로 자본투자가 보다 많은 양의 재화와 서비스를 생산하게 되고 이에 따라 자본자산의 수익률이 높아진다면 금융자산의 기대수익률도 또한 높아져야 한다. 화폐의 기회비용과 자본의 물적 생산성 사이의 연결 관계를 이해할 수 있는 또 다른 방법은 자본의 생산성이 증가하면 오늘의 소비와 미래소비간의 상대적 기회비용도 올라간다는 사실을 깨닫는 것이다. 그 결과 이자율은 높아진다.

2. 소비자의 조바심

대부분의 사람들은 지금 당장 새 차, 새 집, 새 옷을 가지려고 하며, 나중으로 미루려 하지는 않는다. 그러나 주식과 채권 등 자본재에 투자하려는 사람은 현재 소비 중 일부를 뒤로 미뤄야 한다. 이런 희생을 이끌어내기 위해서는 투자자에게 수익으로 보상해야 한다. 즉 미래에 받게 될 화폐의 가치는 오늘 포기한 가치보다 커야만 한다. 소비자들의 조바심이 많을수록 현재 포기한 소비에 대해 더 많은 보상을 요구하게 된다. 바꿔 말하면 투자로부터 받게 되는 이자의 일부분은 기다림에 대한 수익인 것이다. 인내가 미덕이고 보상받아야 한다는 생각이 발전하여 기본적인 금융원리가 되었다.

3. 기대인플레이션

기대인플레이션이라는 주제는 매우 중요해서 별도로 다시 한 번 논의하게 될 것이다. 여기서는 금융자산의 수익률은 화폐로 표시된 자본재 수익률과 같아야 한다는 사실을 우선 살펴보고자 한다. 인플레이션은 전반적인 물가수준을 높인다는 점을 기억하자. 인플레이션은 생산된 소비재의 화폐가격이 오르는 것을 의미한다. 따라서 자본재의 수익률은 두 요인 즉, 소비재 생산량의 증가와 소비재 가격의 증가로 구성된다. 예를 들면 자본의 물적 생산성이 4%라면 오늘 1원을 투자했을 때 1년 뒤에는 1.04원의 가치를 지닌 재화를 산출하게 된다. 그런데 가격이 5% 오른다면 오늘 1원의 가치를 지닌 재화는 1년 뒤 1.05원에 팔 수 있게 된다. 따라서 인플레이션이 없다면 1.04원에 팔릴 물건이 5%의 인플레이션이 있다면 1.04 × 1.05 ≒ 1.09원에 팔릴 것이다. 그 결과, 화폐로 환산하면 9%의 수익률이 발생한다.

금융자산에 투자했을 때의 수익률이 자본재에 투자했을 때의 수익률과 비슷해지기

위해서는 이자율에 기대물가상승률이 포함되어야 한다. 인플레이션이 없을 때의 이자율이 4%이고 5%의 인플레이션의 예상된다면 시장이자율은 약9%가 된다.

4. 세 금

세금은 인플레이션과 같은 방식으로 작용한다. 이자 지불액이 세금공제 항목이라면 이를 통해 차입자는 자신이 포기해야 하는 미래수입이 줄어들 것이라는 것을 알게 된다. 세율이 올라가면 차입자에게 세후비용은 줄어든다. 차입자는 세율이 올라가면 보다 높은 이자율을 부담할 수 있게 된다. 왜냐하면 세후비용이 더 커지지 않기 때문이다. 예를 들어 20%의 세율을 적용받는 차입자를 생각해보자. 10% 이자율에 대한 세후비용은 8%(0.80 × 0.10 = 0.08)이다. 만약 이 차입자의 세율이 50%가 된다면 차입에 대한 세후비용이 더 커지지 않고 16%의 이자율(0.50 × 0.16 = 0.08)까지 지불할 수 있게 된다. 일반적으로 세전이자율은 r_B, 세후이자율은 r_A, 차입자의 세율은 t_b라고 하면 $r_A = r_B(1-t_b)$ 의 관계가 성립한다.

대부자도 유사한 방식으로 생각하게 된다. 세율이 오르면 동일한 세후 수입을 얻기 위해 더 높은 세전이자율을 필요로 하게 된다. 자금의 공급자와 수요자 모두 세율이 오를 때 더 높아진 이자율에 기꺼이 동의하기 때문에 이자율은 상승하게 된다.

세금이 이자율에 영향을 미친다는 사실은 과세채권과 면세채권의 이자율 차이(스프레드)로 설명할 수 있다. 세율이 내리면 이자율 차이가 줄어들고, 세율이 높아지면 이자율 차이가 커진다. r_T를 과세채권의 이자율, r_{TE}를 면세채권의 이자율, t_P를 투자자의 개인소득세율이라고 할 때 투자자가 두 형태의 채권사이에 무차별하기 위해서는 세후수익률이 같아야 한다.

$$r_{TE} = r_T \times (1-t_P)$$

개인소득세율 t_P가 오르면 $r_T = \dfrac{r_{TE}}{(1-t_P)}$이 올라야 하고, 따라서 $r_T - r_{TE}$는 커진다. 〈표 2-6〉은 면세채권의 이자율이 오르면 세후수익률이 일정하도록 하기 위해 개인의 세율에 따라 과세채권의 세전이자율이 얼마나 올라야 하는지를 나타낸 표이다. 예를 들어 세율 40%를 적용받는 투자자는 6%의 면세채권과 동일한 세후수입을 얻기 위해서 10%의 과세채권에 투자해야 하는 것이다.

〈표 2-6〉 면세채권 수익률과 동일한 세후수입을 얻기 위한 과세채권의 수익률

(단위 : %)

면세채권 수익률(r_{TE})	적용세율(t_P)				
	20	30	40	50	60
4	5.00	5.71	6.67	8.00	10.00
5	6.25	7.14	8.33	10.00	12.50
6	7.50	8.57	10.00	12.00	15.00
7	8.75	10.00	11.67	14.00	17.50

SECTION 6 이자율과 인플레이션

이제까지 현재의 화폐와 미래의 화폐는 날짜를 제외하고는 동일한 것처럼 이야기해 왔다. 그러나 인플레이션이 있는 상황이라면 이야기는 달라진다. 예를 들어 1967년에서 1982년 사이에 미국의 물가는 세 배가 되었다. 즉 1967년에 1달러에 살 수 있던 것이 1983년에는 3달러를 주어야 했다. 그러나 이것은 1984년 2,700%가 뛰어오른 볼리비아의 상황에 비교하면 새 발의 피다. 1페소 하던 물건이 그 해 말에는 28페소가 되었던 것이다. 1984년 말 1페소를 받은 사람은 연초에 비해 $\frac{1}{28}$의 물건을 살 수 있었던 것이다. 1985년에는 인플레이션이 더욱 가속화되어서 1985년 1월에만 80%의 인플레이션이 있었는데 이를 연율로 환산하면 115,600%나 된다.

$$\begin{aligned}\text{연간 인플레이션율} &= [(1 + \text{월간 인플레이션율})^{12} - 1] \times 100 \\ &= [(1.80)^{12} - 1] \times 100 \\ &\fallingdotseq 115{,}600\%\end{aligned}$$

일반적으로 0시점에서의 구매력과 비교하여 n시점에서의 100원의 구매력은 아래와 같이 계산할 수 있다.

$$0\text{시점과 비교한 } n\text{시점의 100원의 구매력} = \frac{100}{(1 + \text{연간 인플레이션율})^n}$$

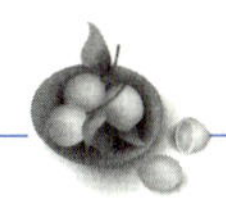

응용 예

1966년 초 거의 1,000이었던 다우존스지수(DJIA)는 16년간 제자리를 유지하다가 1982년 8월부터 폭등을 시작하였고, 1986년 6월에는 1,900에 마감되었다. 20년간 연평균 인플레이션이 5%였다면 1986년 6월 다우의 인플레이션 조정가치는 얼마인가?

풀이

1966년 1달러인 물건이 연 5%의 인플레이션이 20년간 지속되었다면 1986년에는 $1 \times (1.05)^{20}$ = 2.6533이 되었을 것이다. 반대로 1986년 1달러는 1966년에는 $\frac{1}{2.6533}$ = 0.3769 정도의 가치였을 것이다. 따라서 1986년 1900의 다우지수의 가치는 1966년으로 환산하면 1900 × 0.3769 = 716 정도로서 1966년 정점에 비해 30% 정도 낮은 수준이다.

인플레이션으로 인한 구매력 손실은 미래현금흐름의 현재가치에 영향을 주어야 한다. 투자자로서 그리고 경영자로서 우리는 지금까지 검토한 현재가치와 미래가치 공식을 인플레이션을 고려하는 경우 어떻게 수정해야 하는지 고민해야 한다.

그러나 놀랍게도 어떠한 수정도 필요하지 않다. 모든 공식은 개인이 직면한 투자기회와 소비선호와 함께 기대인플레이션도 고려한 것이다. 공식에서 사용된 이자율 또는 할인율은 대부 또는 투자기간 중의 기대인플레이션에 대한 조정을 포함하고 있기 때문이다.

■ 피셔 효과(Fisher effect)

경제학자 어빙 피셔(Irving Fisher)는 명목 또는 현행이자율 R, 실질 또는 인플레이션조정이자율 r, 기대인플레이션율 l 사이에 다음과 같은 관계가 있다고 하였다.

명목대출상환요구액 = 실질대출상환액 × 인플레이션 조정

$$(1 + R) = (1 + r) \times (1 + l)$$

곱해진 괄호를 계산한 후 양변에서 1을 빼면 다음과 같이 정리된다.

명목요구이자율 = 실질요구이자율 + 기대인플레이션율 + 곱셈항목

$$R = r + l + rl \tag{2.20}$$

식(2.20)에서 곱셈항목인 rl을 생략한 식인 $R = r + l$이 많이 사용되고 있다.

곱셈항목은 인플레이션의 영향을 고려한 명목이자율의 조정항목으로서 인플레이션이 비교적 낮은 경우에는 무시할 만큼 작은 숫자이다. 보통 실질요구이자율은 2% 또는 4% 정도로 작기 때문에 인플레이션이 작다면 그 곱한 값은 미미하다. 하지만 인플레이션이 높은 경우에는 근사치인 $R = r + l$ 은 잘 맞지 않는다.

식(2.20)로 알려진 피셔효과에 따라 차입자와 대부자 모두 기대인플레이션율을 명목이자율(현재 화폐와 미래 화폐의 교환비율)에 포함하여 고려하고 있다. 대부계약에서 두 계약 당사자에게 중요한 것은 실질이자율(현재 재화와 미래 재화의 교환비율)이다. 대부자는 현재 소비를 희생하여 미래에 어느 정도의 재화를 얻을 수 있는가에 관심이 있으며 차입자는 현재에 보다 많은 재화를 얻기 위해 미래에 어느 정도를 희생해야 하는지를 알고 싶어 한다.

예를 들어 합의된 실질이자율이 3%이고 예상인플레이션율이 10%라면 식(2.20)에 따라 명목이자율은 13.3%(실질이자율 3%와 인플레이션 조정치 10.3%의 합)이 된다. 이러한 결과에 숨겨진 논리는 1년 뒤 1원의 구매력은 0.90원이라는 것이다. 따라서 차입자는 대부자에게 원금 1원의 구매력 손실에 대한 보상으로 0.1원을, 3%의 실질이자율을 제공하기 위해 0.03원을, 그리고 이자액 0.03원의 구매력 손실에 대한 보상으로 0.003원을 주어야 한다.

다시 한 번 위의 예를 통하여 피셔효과가 투자자의 구매력을 유지하는데 어떻게 작용하는지를 살펴보자. 실질이자율 3%의 경우 현재 투자된 100원은 인플레이션이 없다면 103원이 산출될 것이다. 그러나 10%의 인플레이션이 있으므로 다음 해에 받아야 할 화폐금액은 구매력이 3% 증가할 수 있도록 10%에 의해 증가해야 한다. 즉 오늘 투자한 100원은 실질이자율 3%를 반영하여 $103 \times 1.10 = 113.30$원(명목이자율 13.3%)이 되어야 한다. 내년의 113.30원을 현재화폐의 구매력으로 환산하면 $\frac{113.30}{1.10} = 103$이 되며, 이것은 실질이자율 3%가 반영된 것이다.

주의할 점은 식(2.20)은 실질이자율 3%를 보장하지 않는다는 사실이다. 13.3%의 명목이자율은 기대인플레이션율에 대한 보상이다. 사실상 실제 인플레이션율이 10% 이상이라면 실질이자율은 3%보다 작아지며, 반대로 실제 인플레이션율이 10% 이하라면 실질이자율은 3%보다 커진다. 역사적 증거에 의하면 피셔효과는 현실세계에 대한 합리적 근사치이며 명목이자율의 변화의 대부분은 인플레이션 기대치의 변화에 따른 것이라고 한다.

연습문제

1. 이자율이 연 10%라고 가정할 때, 다음 현금흐름의 현재가치를 계산하여 큰 것으로부터 순위를 정하라.
   a) 3년 후에 2,000만원을 지급받는다.
   b) 1년 후부터 매년 690만원 씩 3년간 지급받는다.
   c) 1년 후에는 700만원을 지급받고 3년 후에는 1,200만원을 지급받는다.

2. 다음 현금흐름의 현재가치를 계산하여 세 가지 경우의 우선순위를 정하라. 단, 이자율은 연 9%이다.
   a) 1년 후 8,000만원을 지급받는다.
   b) 5년 후 1억 5,000만원을 지급받는다.
   c) 지금(t = 0)부터 매년 말 1,000만원 씩 15회 지급받는다.

3. 김선달씨는 명예퇴직을 조건으로 다음과 같은 세 가지 보상안 중에서 하나를 선택해야 할 처지에 놓여 있다. 12%의 이자율을 적용할 때 A, B, C 세 가지 보상안의 우선순위는?
   a) 현금 2억원을 지금 일시에 받는다.
   b) 현금 1억원을 지금 받고, 1년 후부터는 매년도 말에 1,500만원 씩 영구히 지급받는다.
   c) 1년 후부터 매년 말 3천만원 씩 10년 동안 지급받는다.

4. 이자율이 10%일 때 다음의 두 현금흐름 A와 B의 현재가치가 동일하도록 현금흐름 B의 연금의 크기를 구하라. (즉, $CF_1 = CF_2 = CF_3 = CF$)

(단위 : 원)

연도 말	현금흐름 A	현금흐름 B
1	20,000	CF_1
2	40,000	CF_2
3	100,000	CF_3

5. 1년 후부터 매년 일정금액을 10년간 납입하면 11년 후부터는 매년 1,000만원 씩의 연금을 10년간 지급받는 저축상품이 있다. 이자율이 10%라고 하면, 매년 얼마 씩 납입해야 할까?

6. (주)BK는 시가 4억원인 토지를 매입하였다. 그 중 2억원은 계약시점에 현찰로 지불하였으며, 나머지 2억원은 매년 41,071,304원 씩 20년 동안 지불하기로 하였다. 이 때 적용된 이자율은 연 몇%인가? 단, 이자율은 정수 %이다.

7. 10년 후 원금에 2배를 주는 투자안의 수익률은 얼마인가? 또 연 9%의 이자율로 15,000원을 투자했다면 30,000원이 되는데 걸리는 기간은?

8. 예금이자가 년 10%이며, 1,000만원을 예금하여 매달 일정한 이자를 받도록 되어있다. 이 예금의 실효이자율은?

9. 3년간 3,000만원을 받는 계약을 체결했다. 계약 즉시 300만원을 받고, 계약 후 첫해말에 800만원, 다음 해말에 900만원, 마지막 해말에 1,000만원을 받는다. 이자율이 15%라면 이 계약의 실제가치는?

10. 이자율이 10%이며, 향후 변동하지 않는다고 가정하자. 지금 500만원, 2년 후에 1,000만원, 그리고 4년 후에 2,500만원을 저축하고, 3년 후와 5년 후에 1,000만원 씩을 각각 인출한다면, 남은 금액의 현재가치는 얼마나 될까?

제3장 채권과 주식의 가치계산

시장에서 거래되는 모든 자산들은 각기 나름대로의 가격을 갖는다. 그리고 그 가격들의 결정원리는 각 자산의 특성에 따라 차이를 보인다. 부동산과 공산품의 가격이 서로 다른 원리에 의해 결정되듯이 채권이나 주식의 가격도 나름대로의 원리에 의해 결정된다. 그러나 모든 자산에는 공통적인 평가방법이 존재한다. 자산이 가치를 가지려면 그 자산을 보유한 사람에게 무언가 미래에 효익을 주어야 하며 그 효익의 크기가 자산의 가치를 결정하는 것이다. 효익은 인간에게 주관적인 만족을 주는 것이므로 그 크기를 재는 것은 거의 불가능하다. 따라서 일반자산의 가치를 측정하는 것은 어렵기 때문에 먼저 그 자산의 효익의 크기를 화폐액으로 평가하는 작업이 필요하다. 자산중에서 채권과 주식은 그 효익이 금전임으로 가장 쉽게 그 가치를 평가할 수 있다.

제3장에서는 채권과 주식의 가치를 평가하는 모형에 대하여 알아보고자 한다. 경제환경의 변화는 반드시 이들 증권의 가격에 영향을 미친다. 기업의 경영성과나 경영자의 중요한 의사결정도 이들 증권의 가격에 영향을 미친다. 본장에서 다루는 평가모형들은 채권이나 주식의 가격을 결정하는 주된 요소가 무엇이며, 이들 요소가 변동할 때 채권이나 주식의 가격은 어떠한 영향을 받는지 알 수 있게 해 준다.

SECTION 1 채권(bond)

1. 채권의 가치평가

(1) 채권가치의 결정 요인

일반적으로 증권의 가치는, 그것이 파생증권(derivative securities)인 경우를 제외하고는, 그것을 소유함으로써 기대되는 현금흐름을 현재가치화한 것이라고 할 수 있다. 따라서 어떤 채권이나 주식의 가치를 계산하기 위해서는 먼저 그 증권을 보유함으로써 예상되는 모든 현금흐름의 크기를 측정해야 한다. 그런 다음에는 측정된 현금흐름을 그것이 갖는 위험수준을 고려한 적절한 할인율로 할인하여 현재가치를 구해야 한다. 이렇게 구한 현재가치가 바로 그 증권의 가치이다.

발행시장(primary market)에서 채권은 보통 액면가에 가까운 가격으로 투자자에게 매각된다. 일단 발행된 채권은 유통시장(secondary market)에서 수시로 가격변동을 경험하게 되는데, 그 원인은 요구수익률의 변동에 있다. 그리고 요구수익률은 시장의 이자율 수준이나 발행주체의 신용도에 의해 직접적으로 영향을 받는다. 채권의 가격이 변동한다는 것은 채권으로부터 예상되는 현금흐름의 현재가치가 바뀐다는 것을 의미한다. 채권의 가격, 즉 현재가치는 다음과 같이 구한다.[8)]

$$B_0 = \sum_{t=1}^{n} \frac{I}{(1+k_d)^t} + \frac{F}{(1+k_d)^n} \tag{3.1}$$

여기에서 B는 채권의 현재가치를, I는 매기에 지급되는 이자를, F는 액면가(face value)를, k_d는 요구수익률(required rate of return)[9)]을, 그리고 n은 만기까지 남은 기간을 나타낸다. 이자는 액면가에 표면이자율[10)]을 곱한 것이다. 채권의 만기는 시간이

---

8) 본래 가치와 가격은 그 의미하는 바가 다르다. 가치는 주관적인 개념인 반면에 가격은 객관적인 개념이다. 시장에서 형성되는 어떤 자산의 가격은 시장참가자들이 제시하는 수많은 가치들이 경합한 결과라고 볼 수 있다. 다시 말해서 어떤 자산의 가격은 주관적인 가치들을 평균한 것이라고 볼 수 있다. 그러므로 본서에서는 편의상 이들 용어를 구분하지 않고 사용하고자 한다.

9) 요구수익률은 앞에서 배운 할인율과 같은 개념이다.

10) 채권증서에는 액면가에 적용하는 연간이자율을 반드시 명시하게 되어 있다. 이러한 이자율을 표면이자율이라고 한다. 이자지급일에 채권자는 채권증서에 붙어 있는 해당 기간의 쿠폰(coupon :

경과함에 따라 점차로 짧아진다. 채권을 처음 발행할 당시의 만기를 본래만기(original maturity)라고 하고 유통 중에 있는 채권의 만기를 실효만기(effective maturity)라고 한다.

액면가가 10,000원이고, 만기가 5년, 그리고 표면이자율이 15%인 채권의 가치는 다음과 같이 계산된다.[11)]

$$B_0 = \frac{1,500}{(1+k_d)} + \frac{1,500}{(1+k_d)^2} + \frac{1,500}{(1+k_d)^3} + \frac{1,500}{(1+k_d)^4} + \frac{1,500}{(1+k_d)^5} + \frac{10,000}{(1+k_d)^5}$$

$$= \sum_{t=1}^{5} \frac{1,500}{(1+k_d)^t} + \frac{10,000}{(1+k_d)^5}$$

$$= 1,500 \times \text{PVIFA}(k_d,\ 5\text{년}) + 10,000 \times \text{PVIF}(k_d,\ 5\text{년})$$

제 3 장

만약 이 채권에 적용될 적당한 요구수익률이 15%라고 하면 이 채권의 가치는 다음과 같다.

$$B_0 = 1,500 \times \text{PVIFA}(15\%,\ 5\text{년}) + 10,000 \times \text{PVIF}(15\%,\ 5\text{년})$$

$$= (1,500 \times 3.3522) + (10,000 \times 0.4972)$$

$$= 10,000\text{원}$$

(2) 채권가치의 변동 요인

앞에서 본 채권의 가치는 액면가와 똑 같은 10,000원이다. 표면이자율과 요구수익률이 동일한 경우에는 계산의 원리상 채권의 가치가 항상 액면가와 같아지게 된다. 그러나 채권의 요구수익률은 시장의 상황에 따라 부단히 변하므로 표면이자율과 요구수익률이 같아지는 경우는 극히 예외적이라고 할 수 있다. 따라서 채권의 가치는 보통 액면가와 달라지게 되는데, 채권의 요구수익률이 표면이자율보다 높으면 채권의 가치는 액면가보다 낮아지고, 반대로 채권의 요구수익률이 표면이자율보다 낮으면 채권의 가치는 액면가보다 높아진다.

이표)을 제시함으로써 이자지급을 위탁받은 금융기관으로부터 이자를 지급받는다. 이러한 이유로 표면이자율을 영미에서는 쿠폰이자율(coupon rate : 이표이자율)이라고 부른다. 그러나 최근에는 쿠폰이 점차 사라지고 그 대신 등록된 채권자들에게 이자가 자동으로 지급되는 시스템으로 바뀌고 있다.

11) 계산의 편의상 채권의 이자는 1년에 1회 지급된다고 가정한다.

만약 채권의 요구수익률이 15%로서 불변이면 1년 후에 이 채권의 가치는 어떻게 될까? 1년 후의 채권의 가치는 다음과 같이 계산된다.

$$
\begin{aligned}
B_0 &= 1{,}500 \times \text{PVIFA}(15\%,\ 4\text{년}) + 10{,}000 \times \text{PVIF}(15\%,\ 4\text{년}) \\
&= 1{,}500 \times 2.8550 + 10{,}000 \times 0.5718 \\
&= 10{,}000\text{원}
\end{aligned}
$$

계산 결과에서 보듯이 채권의 가치는 여전히 10,000원으로서 전혀 변동이 없다. 즉 요구수익률에 변동이 없으면 채권의 가치는 시간의 경과에 상관없이 항상 액면가를 유지하게 된다. 하지만 채권의 요구수익률은 시장의 상황이나 발행주체의 신용도에 따라서 달라지므로 채권의 가치는 빈번히 변화하게 된다.

이와 같은 채권가격의 움직임을 이해하기 위하여 앞에서 예를 든 채권의 요구수익률이 발행 1년 후에 10%와 20%로 각각 변하는 경우를 살펴보자. 요구수익률을 10%와 20%로 바꾸어 넣고 만기까지의 기간을 4년으로 하여 채권가치를 계산하면 다음과 같다.

요구수익률이 10%인 경우 :

$$
\frac{1,500}{(1+0.1)} + \frac{1,500}{(1+0.1)^2} + \frac{1,500}{(1+0.1)^3} + \frac{1,500}{(1+0.1)^4} + \frac{10,000}{(1+0.1)^4} = 11{,}584.9\text{원}
$$

요구수익률이 20%인 경우 :

$$
\frac{1,500}{(1+0.2)} + \frac{1,500}{(1+0.2)^2} + \frac{1,500}{(1+0.2)^3} + \frac{1,500}{(1+0.2)^4} + \frac{10,000}{(1+0.2)^4} = 8{,}705.6\text{원}
$$

요구수익률이 10%로 하락한 경우에는 채권가치가 1,584.9원 상승하였다. 즉 이 채권은 프리미엄을 더하여 액면가 이상으로 거래된다. 그러나 요구수익률이 20%로 상승한 경우에는 오히려 액면가보다 1,294.4원 낮은 할인된 가격으로 거래된다. 또한 이렇게 액면가로부터 이탈된 채권가격은 요구수익률의 추가적인 변동이 없어도 만기일이 가까워질수록 꾸준히 액면가에 접근하는 행태를 보인다.

[그림 3-1]은 발행 1년 후에 10%와 20%로 바뀐 요구수익률이 그 후 그대로 유지된다는 가정 하에서 시간의 경과에 따라 채권의 가치가 변하는 모습을 보여 주고 있다.

1년 후에 이 채권의 요구수익률이 10%로 하락하고 나서 그 수준을 그대로 유지한다면, 11,584.9원을 주고 이 채권 한 단위를 매입한 투자자는 다시 1년이 경과한 후에

341.5원이 낮아진 11,243.4원을 받고 매각할 수가 있다. 이 경우에 투자자의 수익은 얼마가 될까? 결론부터 말한다면, 이 투자자는 채권을 매입할 때 적용했던 요구수익률 10%와 동일한 수준의 수익을 올리게 된다. 이 투자자는 11,584.9원을 주고 매입한 채권을 11,243.4원에 매각할 수 있기 때문에 341.5원의 손실을 보게 된다. 그러나 1,500원의 이자소득을 올리기 때문에, 종합적으로 보면 10%의 수익을 올리게 된다. 즉, -2.95%의 자본소득(capital gains yield)과 12.95%의 이자소득(interest yield 또는 current yield)을 합한 결과가 10%이다.

$$\text{자본소득} = \frac{-341.5}{11,584.9} = -0.0295 \qquad = -2.95\%(\text{자본손실})$$

$$\text{이자소득} = \frac{1,500}{11,584.9} = 0.1295 \qquad = \underline{12.95\%}$$

$$10.00\%$$

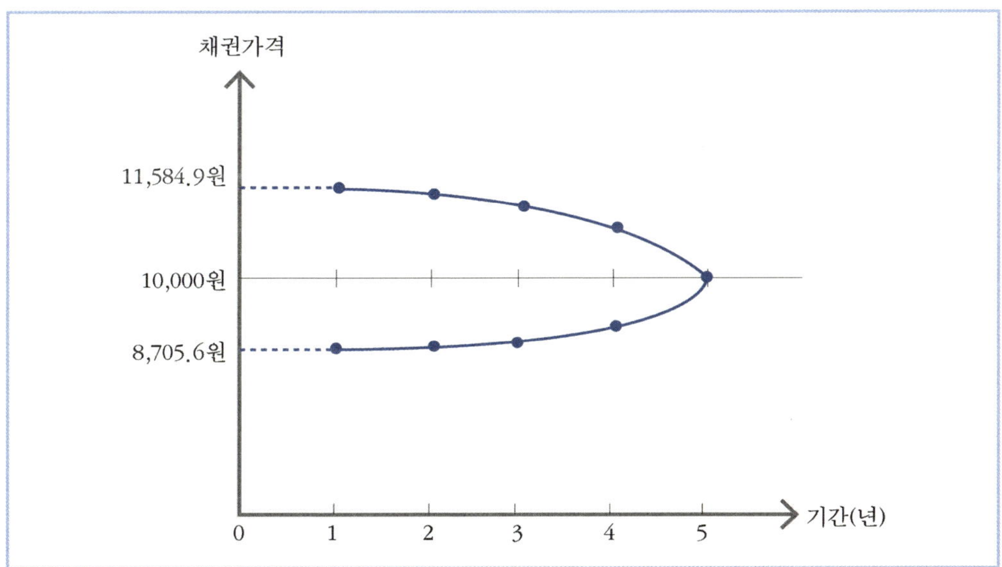

[그림 3-1] 채권가격의 시간경과에 따른 변화

1년 후의 이자율 변동	채 권 가 격(원)				
	1년 후	2년 후	3년 후	4년 후	5년 후
5% 하락	11,584.9	11,243.4	10,867.8	10,454.5	10,000
5% 상승	8,705.6	8,946.8	9,236.1	9,583.3	10,000

한편, 1년 후에 이 채권의 요구수익률이 20%로 상승하고 나서 그 수준을 그대로 유지한다면, 8,705.6원을 주고 이 채권 한 단위를 매입한 투자자는 다시 1년이 경과한 후에 241.2원이 더 높은 8,946.8원을 받고 매각할 수가 있다. 이 경우에 투자자는 기대했던 대로 20%의 수익을 올리게 된다. 20%의 수익 역시 이자소득과 자본소득으로 나뉘어진다.

자본소득 = 241.2/8,705.6 = 0.0277 = 2.77%
이자소득 = 1,500/8,705.6 = 0.1723 = 17.23%
20.00%

그러나 채권의 요구수익률은 수시로 변하기 때문에 투자 당시에 기대했던 대로 수익을 올린다는 것은 현실적으로 거의 불가능하다. 앞에서 예로 든 채권을 발행 당시에 10,000원을 주고 매입한 투자자가 1년 후에 이 채권을 매각하는 경우를 보자. 이때 요구수익률이 20%로 상승한다고 가정하자. 이 경우에 채권의 실현된 수익률은 다음과 같이 2.06%가 된다. 이것은 당초에 예상했던 15%보다 훨씬 낮은 수익률이다.

이자소득 = 1,500/10,000 = 0.15 = 15.00%
자본소득 = (8,705.6 - 10,000)/10,000 = - 0.1294 = - 12.94%
2.06%

2. 만기수익률(yield to maturity)과 콜수익률(yield to call)

(1) 만기수익률의 계산

앞에서는 어떤 채권의 요구수익률이 주어질 때 채권의 가격이 어떻게 결정되는지 알아보았다. 일단 채권의 요구수익률이 정해지면 채권의 가격은 자동적으로 결정된다. 즉, 요구수익률과 채권가격은 반비례적으로 움직이며 동전의 양면과 같다고 볼 수 있다.

한편 만기수익률은 현재의 시장가격을 주고 채권을 매입하여 만기까지 보유할 때 어느 정도의 복리수익률을 얻게 되느냐 하는 개념의 수익률이다. 요구수익률이 주관적인 채권가치를 계산하는데 사용되는 개념인 반면, 만기수익률은 투자수익률을 측정하는데 사용되는 객관적이고도 실무적인 수익률 개념이라고 할 수 있다.[12] 액면가가

12) 매스컴을 통하여 접하는 채권수익률이라는 용어는 여기에서 설명하는 만기수익률을 가리킨다.

10,000원, 표면이자율이 8%, 그리고 만기가 3년인 채권의 시장가격이 9,600원이라고 할 때, 이 채권의 만기수익률은 얼마일까? 이 채권의 만기수익률은 다음의 식에서 양변을 같게 하는 k_d와 같다.

$$9{,}600 = \frac{800}{(1+k_d)} + \frac{800}{(1+k_d)^2} + \frac{800}{(1+k_d)^3} + \frac{10{,}000}{(1+k_d)^3} \tag{3.2}$$

제3장

보통 만기수익률은 시행착오법(trial and error method)을 사용하여 구한다. k_d가 9%일 때 우변의 값은 9,746.9원으로서 9,600원보다 크다. k_d가 10%일 때는 우변의 값이 9,502.6원으로서 9,600원보다 작다. 따라서 k_d가 9%와 10% 사이의 값을 갖는다는 것을 알 수 있다. 보간법을 사용하여 k_d의 값을 구하면 9.60%를 얻는다.

$$k_d = 9 + \frac{9{,}746.9 - 9{,}600.0}{9{,}746.9 - 9{,}502.6} = 9.60\%$$

(2) 만기수익률의 가정

앞에서 계산된 만기수익률을 채권의 수익률로 보는 데에는 다음과 같은 가정들이 내재하고 있다. 첫째, 채권 발행주체의 채무불이행 위험이 없다는 가정이다. 만일 채무불이행 사태가 발생한다면, 예상보다 작은 현금흐름으로 인하여 실제 수익률은 만기수익률보다 낮아지게 된다. 둘째, 매기에 발생하는 이자를 만기수익률과 동일한 수익률로써 계속적으로 만기까지 재투자한다는 가정이다. 만일 이자의 재투자수익률이 만기수익률보다 낮아진다면, 채권의 실제 수익률은 만기수익률보다 낮아지게 된다. 앞에서 예를 든 채권을 사용하여 이에 대하여 설명을 해 보자. 만기수익률은 복리수익률 개념이므로, 만기수익률이 9.60%라고 하는 것은 투자액 9,600원이 3년 후에 $9{,}600(1+0.096)^3 = 12{,}639$원이 된다는 것을 의미한다. 그런데 만기수익률 9.60%는 식 (3.2)를 만족시키는 k_d이므로, 이 식의 양변에 $(1+0.096)^3$을 곱하면 다음과 같은 관계가 성립된다.

$$9{,}600 \times (1 + 0.096)^3 = 800 \times (1 + 0.096)^2 + 800 \times (1 + 0.096) + 10{,}800$$

이 식에서 $800(1+0.096)^2$원은 1년 후에 받을 이자 800원을 9.60%의 복리로 투자했을 경우의 만기시 종가이고, $800(1+0.096)$원은 2년 후에 받을 이자 800원의 만기시 종가이다. 10,800원은 만기시에 지급받을 이자와 원금의 합계이다. 그러므로 매기에 지급받는 이자가 9.60%와 다른 수익률로써 재투자된다면, 최초의 투자액 9,600원은 3년 후에 12,639원과는 차이를 보이게 된다. 즉, 수익률이 9.60%와 달라지게 된다.

(3) 콜수익률(yield to call)

어떤 채권들은 만기가 도래하기 전에라도 발행주체가 원하면 미리 정해진 상환가격(call price)[13)]을 주고 이를 투자자들로부터 되살 수가 있다. 이러한 채권들을 상환가능채권(callable bonds)이라고 한다. 예를 들어 어떤 기업이 만기가 10년, 표면이자율이 15%인 상환가능채권을 발행하였다고 하자. 그리고 이 채권에 대해서는 발행한지 5년 후에 상환권을 행사할 수 있다고 하자. 이 채권을 발행한지 5년이 경과한 뒤에 마침 시장의 수익률이 하락한 결과 만기 5년 채권의 수익률이 10%로 하락하였다고 하자. 시장의 상황이 이와 같다면, 당해 기업은 표면이자율이 10%인 채권을 신규로 발행하여 기존의 상환가능채권을 대체함으로써(즉 상환함으로써) 이자지출을 크게 줄일 수가 있을 것이다.

그러므로 시장 이자율이 상환가능채권의 표면이자율보다 현저히 낮은 상황이 상환개시일 이전에 전개된다면, 이 채권의 만기수익률과는 별도로 콜수익률을 계산할 필요가 있다. 왜냐하면 그 채권을 발행한 기업이 만기 이전에 상환권을 행사할 가능성이 그만큼 크기 때문이다. 이러한 채권에 대해서는, 계약상 상환이 개시될 수 있는 시점을 만기로 보고, 원금 대신 상환가격을 만기시의 지불금액으로 하여 만기수익률과는 다른 별도의 수익률을 계산한다. 이렇게 계산된 수익률을 콜수익률이라고 한다.

예를 들어 액면가가 10,000원, 표면이자율이 15%, 만기까지 남은 기간이 7년, 상환가격이 10,200원, 그리고 시장가격이 10,428원인 채권의 만기수익률은 14.82%이다. 만약 상환개시일까지 남은 기간이 2년이라면, 이 채권의 콜수익률은 다음 식에서 구하는 k_c이다.

$$10{,}428 = \frac{1{,}500}{(1+k_c)} + \frac{1{,}500}{(1+k_c)^2} + \frac{10{,}200}{(1+k_c)^2}$$

시행착오법을 사용하여 위의 식을 만족시키는 k_c값을 구하면 13.36%를 얻는다. 이것은 만기수익률 14%보다 낮다. 그러므로 이 채권의 만기수익률이 비록 14%라고 하더라도 실제 투자수익률은 이보다 낮은 13.36%에 그칠 수 있다는 것을 투자자는 염두에 두어야 한다.

---

13) 예를 들어 액면가에 1년치 이자를 더한 금액.

(4) 이자의 분할지급을 고려한 만기수익률 계산

채권이자는 분할하여 지급되는 것이 보통이다. 미국의 경우에는 대개 연 2회로, 그리고 한국의 경우에는 대개 연 4회로 나누어 지급된다. 이러한 경우에는 계산이 좀 더 복잡해질 뿐이며, 앞에서 배운 것과 동일한 방법으로 만기수익률을 구하면 된다. 편의상 이자를 연 2회로 분할하여 지급하는 경우에 대하여 생각해 보기로 한다.

어떤 채권의 액면가가 10,000원, 표면이자율이 6%, 만기까지 남은 기간이 2년, 그리고 시장가격이 9,400원이라고 가정할 때 만기수익률은 얼마일까? 이에 대한 답을 구하려면, 우선 다음의 등식을 만족시키는 할인율 $\frac{k_d}{2}$를 구하여야 한다.

$$9{,}400 = \frac{300}{(1+\frac{k_d}{2})} + \frac{300}{(1+\frac{k_d}{2})^2} + \frac{300}{(1+\frac{k_d}{2})^3} + \frac{300}{(1+\frac{k_d}{2})^4} + \frac{10{,}000}{(1+\frac{k_d}{2})^4}$$

시행착오법으로 $\frac{k_d}{2}$를 구하면, 4.68%를 얻는다.[14] 그런데 이 수치는 6개월에 대한 것이므로 여기에 2를 곱함으로써 1년 기준 만기수익률을 얻는다. 따라서 1년 기준 만기수익률 k_d는 9.36%이다.

3. 이자율위험(interest rate risk)과 재투자율위험(reinvestment rate risk)

(1) 이자율위험

시장이자율은 항상 변한다. 그리고 이러한 이자율의 변동은 채권의 수익률에 영향을 미치게 되고, 결과적으로 채권투자자는 이자율의 변동으로 인하여 두 가지 형태의 위험을 강요받는다. 우선 이자율의 상승은 이미 발행되어 시장에서 거래되고 있는 채권의 가격을 하락시킨다. 이것을 이자율위험 또는 가격위험(price risk)이라고 한다. 이러한 이자율위험은 실효만기가 긴 채권일수록 더 크게 나타난다. 즉 표면이자율이 동일한 채권이라 하더라도, 만기까지 남은 기간이 긴 채권일수록 이자율 변동에 대한

---

14) $\frac{k_d}{2}$ 대신에 4%를 집어넣고 우변의 값을 구하면, 9,637원을 얻는다. 그리고 $\frac{k_d}{2}$ 대신에 5%를 집어넣고 우변의 값을 구하면, 9,291원을 얻는다. 그러므로 보간법을 사용하여 $\frac{k_d}{2}$를 구하면, $\frac{k_d}{2}$ = 4% + $\frac{9{,}637-9{,}400}{9{,}637-9{,}291}$ = 4.68%이다.

가격 변동폭이 크게 나타난다.

〈표 3-1〉은 액면가와 표면이자율이 각각 10,000원과 15%로서 동일한 두 채권의 실효만기가 각각 1년과 5년인 경우, 수익률의 등락에 따라 채권가격이 어떻게 반응하는지를 보여 주고 있다. 수익률이 15%일 때는 채권가격이 모두 10,000원으로서 같지만, 수익률이 20%로 상승하면 5년 만기 채권의 가격은 8,505원으로 하락하고, 1년 만기 채권의 가격은 9,583원으로 하락한다. 즉, 만기가 긴 채권의 가격 하락폭이 훨씬 더 크다. 하지만 수익률이 10%로 하락하면 5년 만기 채권의 가격은 11,895원으로서 1년 만기 채권의 가격 10,455원보다 훨씬 큰 가격상승을 보인다.

〈표 3-1〉 만기와 채권 가격변동폭과의 관계

10,000원, 표면이자율: 15%, 이자지급: 연 1회						
만기수익률		5%	10%	15%	20%	25%
채권가격(원)	1년 만기	10,952	10,455	10,000	9,583	9,200
	5년 만기	14,330	11,895	10,000	8,505	7,311

(2) 재투자율위험

다음으로 이자율의 하락은 채권에 지급되는 이자의 재투자수익률을 떨어뜨려 당초에 기대했던 투자수익률을 달성할 수 없게 한다. 이것을 재투자율위험이라고 한다. 이러한 위험은 목표 투자기간이 얼마나 남아있느냐에 따라서 그 크기가 결정된다. 목표 투자기간이 짧을수록 재투자율위험은 줄어든다. 왜냐하면 재투자로 인한 손실은 재투자기간이 짧을수록 줄어들기 때문이다.

어떤 투자자가 〈표 3-1〉에서 예를 든 5년 만기 채권을 매입할 때 만기수익률이 15%였다고 하자. 그런데 채권을 매입한 지 1년 후에 시장이자율이 하락하였고, 동시에 이 채권과 동등한 위험을 가진 채권의 수익률이 10% 수준으로 하락하였다고 하자. 그리고 이러한 수익률 수준은 만기까지 4년간 그대로 유지될 것으로 전망된다고 하자. 만일 이 투자자의 투자 목표기간이 당초에 5년이어서 이 채권을 그대로 만기까지 보유한다면 이 투자자의 최종적인 투자결과(투자수익)는 어떻게 될까? 이 투자자는 다음의 계산에서 보는 바와 같이 19,158원을 갖게 된다.[15]

15) 거래비용을 무시하고, 이자는 모두 10% 수익률로 재투자한다고 가정한다. 수익률이 하락하였기 때문에 이 투자자가 보유하고 있는 채권의 가격은 1년 후의 시점에 11,585원으로 상승한다. 만일

$$1{,}500 \times (1+0.1)^4 + 1{,}500 \times (1+0.1)^3 + 1{,}500 \times (1+0.1)^2 + 1{,}500 \times (1+0.1)$$
$$+ 1{,}500 + 10{,}000$$
$$= 1{,}500 \times \text{FVIFA}(10\%,\ 5\text{년}) + 10{,}000$$
$$= 1{,}500 \times 6.1051 + 10{,}000$$
$$= 19{,}158\text{원}$$

그러나 이것은 수익률이 변하지 않고 계속 15% 수준을 유지할 경우에 갖게 되리라고 기대되었던 금액 $10{,}000 \times (1 + 0.15)^5$ = 20,114원보다 956원이나 적은 금액이다. 그러므로 956원이 바로 재투자수익률의 하락으로부터 발생한 손실이다.

이와 같이 시장이자율의 하락이 재투자수익률을 감소시키지만, 투자자의 투자 목표기간이 짧은 경우에는 투자자에게 미치는 영향이 그만큼 감소한다. 만일 앞에서 예를 든 투자자의 투자 목표기간이 1년이어서 수익률의 상승과 때를 맞추어 종료되었다면, 이 투자자에게는 재투자율위험이 전혀 문제가 되지 않는다. 오히려 이 투자자는 수익률의 상승에 따른 채권의 가격상승으로 예상보다 훨씬 더 높은 수익을 올리게 된다.[16] 결론적으로 재투자율위험은 장기 투자자에게 중요하며 단기 투자자에게는 그다지 중요하지 않다고 할 수 있다.

SECTION 2 주식(stock)

1. 보통주의 가치평가

(1) 보통주 평가의 특성

보통주의 가치를 측정하는 방법은 기본적으로 채권이나 우선주의 가치를 평가하는 방법과 같다. 따라서 보통주를 소유함으로써 미래에 얻을 것으로 예상되는 소득을 현

이 투자자가 높아진 가격에 보유중인 채권을 매각하고, 그 수익을 다시 채권에 투자한다 해도 동일한 결과를 얻게 된다. 즉, 1년 후에 받는 이 자 1,500원을 재투자한 수익 $1{,}500(1+0.1)^4$에 채권투자수익 $11{,}585(1+0.1)^4$를 더하면 19,158원이 된다.

16) $\dfrac{1{,}500+11{,}585}{10{,}000} - 1 = 30.85\%$

제 3 장

재가치로 환산하여 얻은 크기가 바로 보통주의 가치이다. 그러나 주식의 가치를 평가하는 작업이 채권이나 우선주의 가치를 평가하는 작업보다 훨씬 더 복잡하고 어려운데, 이는 주식이 갖는 다음과 같은 특성 때문이다.

첫째, 보통주에 투자하게 되면 두 가지 형태의 소득을 기대하게 된다. 그 하나는 정기적으로 지급되는 배당소득이고, 또 다른 하나는 보유기간 동안에 주가가 변동함으로써 발생하는 자본소득(또는 손실)이다. 이들 소득은 궁극적으로는 기업의 수익의 크기에 의해 결정되는데, 이를 예측하는 일은 매우 어려운 작업이다. 기업은 발생한 수익을 전액 주주들에게 배당의 형태로 지급할 수도 있고, 또는 그 일부를 재투자를 위해 기업 내부에 남겨둘 수도 있다. 재투자가 효율적으로 이루어지게 되면 미래의 배당액이 더 커질 뿐만 아니라 주가도 더욱 높아지게 된다.

둘째, 보통주 배당액은 일정하지 않으며, 시간이 경과함에 따라 그 크기가 달라질 수 있다. 따라서 채권이나 우선주의 가치를 평가할 때 사용하는 단순한 연금계산 방식은 적용하기 어려우며, 일정한 가정 하에서 보다 복잡한 모형을 도입할 필요가 있다.

그러나 이러한 특성들은 보통주 가치계산의 과정을 좀 더 복잡하게 할 뿐 기본적으로는 현재가치 계산방법이 그대로 적용된다. 논의를 쉽게 하기 위해 단일기간 평가모형부터 살펴보자.

(2) 단일기간 평가모형(single-period valuation model)

특정 기업의 보통주를 매입하여 1년 동안만 보유한 후 이를 매도하려고 하는 투자자가 있다고 하자. 이 주식의 1년 후에 예상되는 배당액이 D_1, 1년 후에 예상되는 가격이 P_1, 그리고 이 주식의 요구수익률이 k_e라고 가정한다면, 투자자의 입장에서 볼 때 이 주식의 가치는 얼마가 적당할까? 다시 말해서 이 투자자는 이 주식에 대해 얼마를 지불하고자 하겠는가? 이 투자자가 지불하고자 하는 가격 P_0는 다음과 같이 미래의 현금흐름을 할인함으로써 구할 수 있다.

$$P_0 = \frac{D_1}{(1+k_e)} + \frac{P_1}{(1+k_e)} \tag{3.3}$$

예를 들어 (주)BK하이텍의 1년 후 예상되는 배당액과 주가가 각각 1,500원과 20,000원이고, 투자자가 이 주식에 대하여 요구하는 수익률이 15%라고 한다면, 이 주식의 가치는 다음과 같다.

$$P_0 = \frac{1,500}{(1+0.15)} + \frac{20,000}{(1+0.15)} = 18,696\text{원}$$

달리 표현한다면, 이 주식을 18,696원에 매입하여 1년 동안 보유한 후 1,500원의 배당액을 지급받은 투자자가 다시 이 주식을 20,000원에 매도하는 경우 그의 수익률은 15%가 된다.

(3) 2기간 평가모형(two-period valuation model)

투자기간을 좀 더 연장하여 2년이라고 가정해 보자. 이 경우에 투자자는 2회의 배당액 D_1, D_2와 2년 후의 주식 매도액 P_2를 받게 된다. 따라서 이 주식의 가치는 식 (3.3)을 다음과 같이 변형시켜서 계산할 수 있다.

제 3 장

$$P_0 = \frac{D_1}{(1+k_e)} + \frac{D_2}{(1+k_e)^2} + \frac{P_2}{(1+k_e)^2} \qquad (3.4)$$

앞에서 예로 든 (주)BK하이텍의 주식을 2년간 보유한다고 가정하자. 2년 동안 예상되는 배당액은 각각 1,500원씩이고 2년 후에 이 주식의 예상되는 가격은 24,000원이라고 하자. 요구수익률 15%를 적용할 때 이 주식의 가치는 다음과 같다.

$$P_0 = \frac{1,500}{(1+0.15)} + \frac{1,500}{(1+0.15)^2} + \frac{24,000}{(1+0.15)^2} = 20,586\text{원}$$

(4) 일반배당평가모형(general dividend valuation model)

주식의 보유기간을 n년으로 연장하게 되면, 투자자에게 돌아가는 현금흐름은 n회의 배당액과 주식 매도액 P_n으로 구성된다. 따라서 주식의 가치를 구하는 일반식은 다음의 식으로 나타낼 수 있다.

$$\begin{aligned} P_0 &= \frac{D_1}{(1+k_e)} + \frac{D_2}{(1+k_e)^2} + \cdots + \frac{D_n}{(1+k_e)^n} + \frac{P_n}{(1+k_e)^n} \\ &= \sum_{t=1}^{n} \frac{D_t}{(1+k_e)^t} + \frac{P_n}{(1+k_e)^n} \qquad (3.5) \end{aligned}$$

여기에서 기업이 영속적으로 존재한다고 가정하면 n년 후의 주가 P_n은 다음과 같이 결정된다.

$$P_n = \frac{D_{n+1}}{(1+k_e)} + \frac{D_{n+2}}{(1+k_e)^2} + \cdots + \frac{D_\infty}{(1+k_e)^\infty} \tag{3.6}$$

따라서 식(3.5)는 다음과 같이 배당액과 요구수익률만의 함수로 나타낼 수 있다.

$$\begin{aligned} P_0 &= \frac{D_1}{(1+k_e)} + \frac{D_2}{(1+k_e)^2} + \cdots + \frac{D_\infty}{(1+k_e)^\infty} \\ &= \sum_{t=1}^{\infty} \frac{D_t}{(1+k_e)^t} \end{aligned} \tag{3.7}$$

식(3.7)을 일반배당평가모형이라고 한다. 이 식이 의미하는 것은 보통주의 가치를 결정하는 현금흐름은 궁극적으로는 미래에 예상되는 배당액이라는 점이다. 장차 지급될 배당액을 예상한 후 이를 적절한 요구수익률로 할인하면 보통주의 가치가 계산된다는 것이다. 한편 이 식은 경영자의 재무적 의사결정에 명확한 기준을 제시해 준다. 제1장에서 논의된 것처럼 기업의 목표가 주주의 부(보통주의 가격에 의해 측정됨)를 극대화하는 것이라고 본다면, 경영자는 재무적 의사결정을 행함에 있어서 무엇보다도 그것이 배당의 크기와 요구수익률의 크기에 미치는 영향이 어떠할 것인지 신중히 판단하여야 한다.

2. 일반배당평가모형의 수정

식(3.7)을 사용하기 위해 장기적 현금흐름인 예상 배당액을 매기마다 일일이 구하는 일은 너무나 어려울 뿐만 아니라 그 정확성에도 한계가 따른다. 따라서 이러한 실행상의 어려움을 극복하기 위해서는 배당액이 일정한 패턴을 따른다는 가정을 할 필요가 있다.

(1) 무성장모형(zero-growth model)

이는 배당액이 변함없이 영구히 일정($D_t = D$)하다고 가정하는 모형으로서, 식(3.7)은 영구연금의 현재가치를 구하는 식과 같게 된다. 즉,

$$P_0 = \frac{D}{k_e} \tag{3.8}$$

만일 (주)BK하이텍의 보통주에 대한 예상배당액이 연간 2,000원씩 변함없이 지급될 것으로 예상되고 투자자의 요구수익률이 16%라고 하면, 이 주식의 가치는 $\frac{2,000}{0.16}$ = 12,500원이 된다.

그러나 이렇게 배당액이 매년 일정한 경우는 거의 없다. 배당의 원천은 기업의 수익(주당이익)이며, 수익이 증가함에 따라 배당액도 증가하게 되어 있다. 기업의 수익을 증가시키는 요인들로서는 다음과 같은 것들을 들 수 있다.

- **인플레이션** : 기업의 생산량(output)이 일정한 경우 제품의 판매가격과 생산비가 동일한 비율로 상승하게 되면, 주당이익 역시 같은 비율로 증가한다.
- **전년도 수익의 유보에 의한 재투자** : 기업이 전년도 수익중 일부가 재투자의 목적으로 계속 내부 유보가 되고 투자로 이어지면, 주당 투자금액이 점차로 증가하게 된다. 그 결과 생산성이 불변인 경우에도 주당이익은 계속 증가하게 된다.
- **매출액 증가와 생산성 향상** : 기업의 매출액이 증가하거나 생산성이 향상되면 자기자본에 대한 수익률(return on equity)은 그만큼 높아진다.

제3장

따라서 보통주에 대한 배당액은 기업마다 그 정도가 다를지라도 매년 어느 정도 성장한다고 볼 수 있다. 일반적으로 소규모의 벤처기업이나 첨단산업에 종사하는 기업들의 보통주의 경우에는 배당의 성장기회가 많은 반면, 이미 성장해 있는 대기업이나 사양산업에 속해 있는 기업들의 보통주의 경우에는 배당의 성장기회가 상대적으로 적다.

(2) 항상성장모형(constant growth model)

배당액이 매년 일정한 비율 g로 성장할 것으로 예상된다면, 그리고 최근년도의 배당액이 D_0라고 가정한다면, t년 후의 배당액은 $D_0(1+g)^t$가 된다. 이렇게 배당액이 일정한 비율로 성장하는 경우에는 다음의 식(3.9)를 사용하여 주식의 가치를 계산할 수 있다.

$$P_0 = \frac{D_0(1+g)}{(1+k_e)} + \frac{D_0(1+g)^2}{(1+k_e)^2} + \cdots + \frac{D_0(1+g)^\infty}{(1+k_e)^\infty}$$

$$= \frac{D_0(1+g)}{k_e - g} = \frac{D_1}{k_e - g} \; (k_e > g) \qquad (3.9)$$

예를 들어 D_0가 2,000원, 성장율 g가 10%, 그리고 k_e가 18%라고 가정하면, 이 주식의 가치는 27,500원이 된다.

$$P_0 = \frac{2,000(1+0.1)}{0.18-0.1} = 27,500\text{원}$$

항상성장모형은 이를 개발하고 보급시킨 고든(M. Gordon)의 이름을 붙여 고든모형(Gordon Model)이라고 부르기도 한다. 식(3.8)은 식(3.9)의 특수한 경우라고 볼 수 있다. 왜냐하면 g가 영(0)일 때 식(3.9)에서 D_1은 D_0와 같게 되고, 분모는 k_e가 되므로, 이는 결국 식(3.8)과 같아지기 때문이다. 그러나 식(3.9)를 주식의 평가에 사용하기 위해서는 항상 요구수익률 k_e가 배당성장율 g보다 크다는 것이 전제되어야만 한다. 만일 g가 k_e보다 큰 경우에는 P_0가 음의 값을 취하게 되어 현실적으로 아무런 의미를 갖지 못하기 때문이다.

(3) 항상성장주식(constant growth stock)의 요구수익률

식(3.9)를 k_e에 대하여 풀면, 항상성장주식의 요구수익률(기대수익률) k_e를 결정하는 요인이 무엇인지 알아볼 수 있다.

$$k_e = \frac{D_1}{P_0} + g \tag{3.10}$$

요구수익률 = 예상배당소득률 + 예상성장률

식(3.10)은 요구수익률이 그 주식의 예상되는 배당소득 D_1과 배당의 예상성장율 g에 의해 결정된다는 것을 보여 준다. 그러므로 주식의 가격이 27,500원이고, 예상배당액 D_1이 2,000(1 + 0.1) = 2,200원, 그리고 예상성장율 g가 10%인 경우 이 주식의 요구수익률 k_e는 $\frac{2,200}{27,500}$ + 0.1 = 18%가 된다.

한편 투자기간이 1년인 경우 주식의 요구수익률을 다음 식을 이용하여 측정할 수 있다.

$$k_e = \frac{D_1}{P_0} + \frac{P_1 - P_0}{P_0} \tag{3.11}$$

요구수익률 = 예상배당소득률 + 예상자본소득률

식(3.10)과 식(3.11)을 비교해 보면, 배당이 일정한 비율로 성장하는 경우 성장율 g는 예상되는 자본소득의 크기와 같다는 것을 알 수 있다. 식(3.11)로부터 1년 후에 예상되는 주식가격 P_1을 구해 보자. 먼저 식(3.11)을 P_1에 대하여 풀면 다음과 같은

식을 얻는다.

$$P_1 = k_e \times P_0 - D_1 + P_0 \qquad (3.12)$$
$$= (1 + k_e) \times P_0 - D_1$$

여기에 앞에서 든 예의 수치들을 대입하면,

$$P_1 = (1 + 0.18) \times (27,500) - 2,000 \times (1 + 0.1)$$
$$= 30,250\text{원}$$

27,500 × (1 + 0.1) = 30,250원은 예상되는 자본소득이 배당액의 예상성장률 g와 같은 10%라는 것을 보여주고 있다. 이와 같이 항상성장모형에서는 자본소득이 매년 일정한 비율로 발생한다고 가정한다. 이는 주가가 매년 일정한 비율로 상승한다는 것을 의미한다.

(4) 변동성장모형(non-constant growth model)

기업은 보통 성장 초기에는 매우 높은 성장률을 보이다가 점차로 성장률이 둔화되는 패턴을 보인다. 그 이유는 규모가 작은 기업일수록 조직 및 생산의 효율성이 높을 뿐만 아니라, 시장의 변화에 신속히 대응할 수 있기 때문이다. 제품의 주기(product cycle) 또한 기업의 성장률이 주기적인 패턴을 보이게 하는 중요한 요소이다. 새로운 제품이 시장에 도입되는 초기에는 어느 정도 독점적인 지위를 누리지만, 시간이 지남에 따라 경쟁도 심화되고 독점적인 지위는 점차로 약화된다. 경기의 변동(business cycle) 역시 주기적인 기업 성장률의 원인이 된다. 경기가 좋을 때는 대부분의 기업이 높은 성장률을 보이지만, 경기가 하강하게 되면 일반적으로 기업의 수익성은 현저히 나빠지게 된다.

기업의 수익성 및 배당의 성장률이 일정하지 않고 불규칙한 패턴을 보이게 되면, 주식의 가치는 식(3.7)을 이용해서 구해야 한다. 그러나 일정 기간 동안 비정상적으로 높은 성장률을 보이다가 다시 일정한 수준의 안정적인 성장률을 보일 것으로 예상되는 경우에는 다음의 절차를 이용하여 주식의 가치를 구할 수 있다.

(1) 비정상 성장기간에 지급될 것으로 예상되는 배당액의 현재가치를 구한다.
(2) 비정상 성장기간이 끝나는 시점의 예상주가를 구하고 다시 이의 현재가치를 구한다.
(3) 이들 현재가치를 합산한다.

예를 들어 보자. 수익 및 배당액이 처음 3년 동안 30%의 높은 성장률을 보이다가 그 이후에는 계속 10%의 안정적인 성장률을 보일 것으로 예상되는 주식이 있다고 하자. 이 주식에 대한 요구수익률이 20%이고, D_0가 1,500원이라고 하면 이 주식의 가치는 얼마일까? 먼저 3년 동안의 예상배당액에 대한 현재가치를 구한다.

$$\frac{1,500(1+0.3)}{(1+0.2)} + \frac{1,500(1+0.3)^2}{(1+0.2)^2} + \frac{1,500(1+0.3)^3}{(1+0.2)^3} = 5,292\text{원}$$

그런 다음에는 3년 후의 예상주가를 구하고, 다시 이것의 현재가치를 구한다.

$$3\text{년 후의 예상주가} = \frac{1,500 \times (1+0.3)^3 \times (1+0.1)}{(0.2-0.1)} = 36,250\text{원}$$

$$\text{현재가치} = \frac{36,250}{(1+0.2)^3} = 20,978\text{원}$$

고속성장을 보이는 처음 3년 동안의 예상배당액의 현재가치 합계는 5,292원이다. 그리고 그 이후에 영구히 지급될 것으로 예상되는 안정적인 배당액의 현재가치를 3년 후의 시점을 기준으로 하여 산출한 금액(3년 후의 주가)은 36,250원이다. 다시 20%의 할인율을 적용하여 36,250원의 현재가치를 구하면 20,978원이 산출된다. 따라서 이 주식의 가치는 5,292원에 20,978원을 더한 26,270원이다. [그림 3-2]는 이러한 계산과정을 알기 쉽게 보여 주고 있다.

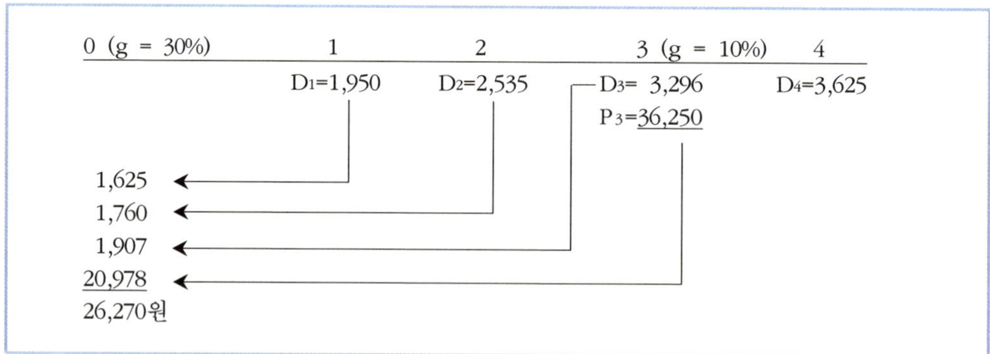

[그림 3-2] 변동성장모형을 이용한 주식가치 계산

3. 우선주의 평가

우선주는 채권과 주식의 특성이 혼합된 특수한 형태의 증권이다. 우선주에 주어지는 우선배당액(preferred dividends)은 그 액수가 고정적인 동시에 보통주의 배당이 지급되기 전에 우선적으로 지급된다는 점에서 채권에 대한 이자지급과 비슷하다. 그런가 하면 우선배당액은 발행기업의 영업성과가 나쁠 때는 기업이 도산하지 않더라도 지급이 보류될 수 있고, 어떤 것들은 만기가 없이 영구히 기업자산에 귀속된다는 점에서 주식과 비슷하다.

우선주를 소유하게 되면 보통은 정기적이고 고정적인 배당을 받게 된다. 만일 배당이 영구적으로 지속된다면, 우선주를 소유하는 데서 얻는 과실은 영구연금을 지급받는 것과 같다. 이러한 경우에 우선주의 가치는 다음과 같이 계산된다.

$$V_{ps} = \frac{D_{ps}}{k_{ps}} \tag{3.13}$$

여기에서 V_{ps}는 우선주의 가치이고, D_{ps}는 우선배당액이며, k_{ps}는 우선주의 요구수익률이다. 예를 들어 어떤 우선주의 우선배당액이 1,200원이고 요구수익률이 15%인 경우에 이 우선주의 가치는 8,000원이 된다.

$$V_{ps} = \frac{1,200}{0.15} = 8,000\text{원}$$

한편, n년 후에 상환가능한 우선주(callable preferred stock)의 가치는 어떻게 평가할 것인가? 이 경우에는 채권의 경우와 비슷한 방법을 사용하면 된다.

$$V_{ps} = \sum_{t=1}^{n} \frac{D_{ps}}{(1+k_{ps})^t} + \frac{\text{콜가격}}{(1+k_{ps})^n} \tag{3.14}$$

만일 7년 후에 상환이 가능한 어떤 우선주의 우선배당액이 960원, 요구수익률이 10%, 그리고 콜가격이 8,000원이라면, 이 우선주의 가치는 8,779원이 된다.

$$V_{ps} = \sum_{t=1}^{7} V_{ps} = \sum_{t=1}^{7} \frac{960}{(1+0.1)^t} + \frac{8,000}{(1+0.1)^7} = 8,779\text{원}$$

연습문제

1. 채권의 만기수익률(yield to maturity)이 암묵적으로 가정하는 것은?

2. 이자율 변동에 따른 채권의 가격위험(price risk)과 재투자율위험(reinvestment rate risk)에 대하여 설명하라.

3. 다음의 자료에 근거하여 채권의 가격을 계산하라.
   a) 액면가 : 10,000원, 표면이자율 : 12%, 만기 : 3년, 시장이자율(만기수익률) : 14%
      단, 이자는 연 1회씩 매년 말에 지급된다.
   b) 매년 말 10만원을 지급하는 영구채권이 있다. 시장이자율이 10%라면?
   c) 액면금액이 1억이고 만기가 10년인 순수할인채권이 있다. 시장이자율이 역시 10%라면?

4. 다음의 자료에 근거하여 채권의 만기수익률을 구하라.
   a) 액면가 : 10,000원, 시장가격 : 9,332.6원, 만기 : 2년, 표면이자율: 10%(단, 연 2회 5%씩 분할 지급)
   b) 액면가 : 100,000원, 시장가격 : 91,500원, 만기 : 2년, 표면이자율: 12%
      단, 이자는 연 1회씩 매년 말에 지급된다.

5. 주식 A의 배당이 1년 후 1,000원, 2년 후 1,500원, 3년 후 1,800원, 그리고 3차년도 말 주식 가격이 35,000원으로 예상되면 이 주식의 가치는 얼마인가? 단 주식투자자의 요구수익률은 8%이다.

6. (주)은성의 전년도 배당액(D_0)은 주당 2,500원이며 매년 8%씩 성장할 것으로 예상된다. (주)은성의 주식에 대한 요구수익률이 18%라고 하면 주당 가격은 얼마가 적당할까?

7. 매년 12,000원의 배당을 실시하는 기업이 있다. 요구수익률이 12%라면 이 주식의 가치는 얼마인가?

8. (주)금강의 현재 주식가격은 100,000원이며, 금년 말에는 5,000원의 배당이 예상된다. 지금까지 배당성장율이 5%였고 향후 이 수준을 계속 유지할 것으로 예상된다면, (주) 금강의 자기자본비용(k_e)는 얼마가 될까?

9. (주)평화의 전년도 배당액(D_0)은 2,000원이었다. 그리고 (주)평화의 배당액은 앞으로 2년 동안 매년 20% 씩 증가하다가 그 이후에는 10%씩 증가할 것으로 예상된다. (주)평화의 적정주가를 산출하라. 단, (주)평화의 요구수익률은 18%이다.

10. 우선배당액이 2,000원인 (주)대륙의 우선주에 대한 요구수익률이 15%일 때, 이 우선주의 적정주가를 산출하라.

제4장

경영자가 주주가치를 극대화하기 원한다면, 그 기업의 강점을 강화하고 약점을 보완하기기 위해 노력하여야 한다. 재무제표는 기업의 재무적 상태에 대한 보고서이고, 재무제표 분석은 기업의 경영 성과를 동종 산업 내 다른 기업의 성과와 비교함으로써 이루어진다. 이것은 경영자에게 기업의 취약한 부분을 인식하도록 도와주고, 이 때에 성과 개선을 위한 행동이 무엇인지를 알려준다. 본 장에서는 경영자 또는 투자자가 기업의 현재 재무상태를 평가하는 방법을 알아보고, 경영자들이 미래에 좀 더 나은 상황으로 기업을 개선하기 위해 할 수 있는, 다시 말하면 주가를 올릴 수 있는 조치들에 대해서 살펴볼 것이다. 본장의 대부분은 이미 알고 있는 회계의 개념들을 복습해야 한다. 그러나 회계는 재무제표가 어떻게 만들어지느냐에 초점을 두고 있는 반면에, 재무관리에서는 재무제표가 기업의 성과를 개선하기 위해 경영자에게 어떻게 사용되어지고, 또 기업의 주식 가치를 평가하기 위해 투자자에게 어떻게 사용되어지는지에 초점을 둔다.

SECTION 1 주요 재무제표

주주들이 기업에서 제공받는 다양한 보고서들 중에서 재무제표[17]는 가장 중요한 자

17) 우리나라는 2011년부터 상장기업은 국제회계기준을 적용하여 재무제표를 작성해야 하며, 이를 한국채택국제회계 기준(K-IFRS)이라고 불린다. 그러나 K-IFRS에 의한 재무비율분석이 정리되고 있는 상황이기 때문에 본서에서는 비상장기업이 사용하고 있는 일반기업회계기준에 의해 재무비율 분

료이며 이들 자료는 기업의 재무상태나 경영성과를 집약적으로 표시하는 공시자료이다. 재무제표는 투자자와 채권자가 기업의 가치나 채무이행능력을 평가할 수 있도록 자산, 부채, 자본, 수익, 비용 및 현금흐름에 관한 정보를 제공한다. 재무제표는 재무상태표, 손익계산서[18], 현금흐름표, 자본변동표로 구성되며, 주석을 포함한다. 재무제표의 상세한 내용들은 회계원리, 경영분석, 재무제표분석론 등을 통해 학습하게 될 것이므로 여기서는 재무상태표, 손익계산서, 현금흐름표, 자본변동표의 주요 내용만을 살펴보고자 한다.

1. 재무상태표

재무상태표(statement of financial position)는 일정 시점 현재 기업이 보유하고 있는 경제적 자원인 자산과 경제적 의무인 부채, 그리고 자본에 대한 정보를 제공하는 재무보고서로서, 정보이용자들이 기업의 유동성, 재무적 탄력성, 수익성과 위험 등을 평가하는 데 유용한 정보를 제공한다. 재무상태(financial position)란 기업경영활동에 필요한 자산과 이러한 자산을 취득하기 위한 재원인 자본과 부채의 관계를 말한다. 재무상태표가 재무상태를 명확히 보고하기 위해서는 '재무상태표일 현재'의 모든 '자산, 부채 및 자본'을 적정하게 표시하여야 한다. 재무상태표의 차변인 자산은 기업이 조달한 자본을 어떻게 활용하고 있는가를 보여주며, 대변인 부채 및 자본은 기업이 어떻게 자본을 조달하였는가 즉, 자본구조를 보여준다. 이 때에 자산총계와 부채 및 자본총계의 합계는 일치하여야 한다.

재무상태표는 기업의 자산을 성격과 기능 및 유동성에 따라 구분하고, 부채를 성격 및 유동성에 따라 구분하며, 자본을 그 원천별로 구분하는 것이 중요하다. 왜냐하면, 각각의 성격과 기능에 따라 기업의 안정성, 활동성, 미래의 수익창출 잠재력, 채무변제능력, 배당지급능력 등에 미치는 영향이 다르기 때문이다. 재무상태표의 자산항목의 나열방식은 유동성이 높은 순서로 위로부터 배치하는데 이를 유동성배열법이라 한다.

재무상태표는 기본적으로 자산, 부채, 자본의 세 기본요소로 구성되며, 자산은 유동자산과 비유동자산으로, 부채는 유동부채와 비유동부채로, 자본은 자본금, 자본잉여금,

---

석을 하고 있다.

18) 한국채택 국제회계기준(K-IFRS)을 적용받는 상장기업은 포괄손익계산서(성격별, 기능별로 2개의 다른 양식이 있음)를 작성해야 하며, 비상장기업은 현재 본서에서 소개하는 손익계산서 양식을 사용하고 있다.

자본조정, 기타포괄손익누계액 및 이익잉여금으로 다시 구분된다. 재무상태표의 기본 양식은 〈표 4-1〉와 같다.[19]

〈표 4-1〉 재무상태표 양식

재 무 상 태 표

제x기 20xx년 x월 x일 현재
제x기 20xx년 x월 x일 현재

기업명 (단위 : 원)

과 목	당기		전기	
자 산				
유동자산		×××		×××
당좌자산		×××		×××
재고자산		×××		×××
비유동자산		×××		×××
투자자산		×××		×××
유형자산		×××		×××
무형자산		×××		×××
기타비유동자산		×××		×××
자산 총계		×××		×××
부 채		×××		×××
유동부채		×××		×××
비유동부채		×××		×××
부채 총계		×××		×××
자 본		×××		×××
자본금		×××		×××
자본잉여금		×××		×××
자본조정		×××		×××
기타포괄손익누계액		×××		×××
이익잉여금(또는 결손금)		×××		×××
자본 총계		×××		×××
부채 및 자본 총계		×××		×××

19) 유동성 배열법에 의한 방식이며, 유동성 구분법의 경우는 자산과 부채를 비유동-유동의 순서로 표시한다.

제4장

2. 손익계산서

손익계산서(statement of income)는 일정기간 동안 기업의 경영성과를 나타내는 보고서로서 당해 영업기간 동안에 발생한 모든 수익과 이에 대응되는 비용을 나타내는 재무보고서이다. 손익계산서는 회계정보의 이용자로 하여금 기업의 수익성을 판단하는 데 유용한 정보를 제공해 준다. 재무상태표는 일정 시점에서 기업의 재산 상태를 정태적으로 나타내는 반면, 손익계산서는 일정 기간 동안 기업의 경영실적을 동태적으로 보여준다고 할 수 있다. 손익계산서의 기본양식은 〈표 4-2〉와 같다.

(1) 수 익

수익이란 기업의 경영활동과 관련된 재화의 판매 또는 서비스의 제공 등에 대한 대가로 발생하는 자산의 유입 또는 부채의 감소이다. 예를 들면 재화를 공급한 대가로서 현금이나 매출채권이 증가하게 된다. 또한 기업은 차입금을 갚기 위하여 재화를 채권자에게 공급할 수 있으며 그 결과로 부채가 감소된다.

(2) 비 용

비용이란 기업의 경영활동과 관련한 재화의 판매 또는 서비스의 제공 등에 따라 발생하는 자산의 유출이나 사용 또는 부채의 증가이다. 비용은 기업의 주요 경영활동의 결과로서 발생하였거나 발생할 현금유출액을 나타내며, 경영활동의 종류와 당해 비용이 인식되는 방법에 따라 매출원가, 판매비와 관리비(급여, 임차료, 감가상각비 등), 이자비용, 법인세비용 등과 같이 다양하게 구분될 수 있다.

(3) 구분계산의 원칙

손익계산서[20]는 매출총손익, 영업손익, 법인세비용차감전 손익, 당기순손익, 주당손익을 구분하여 보고하는 방식으로 작성[21]하여야 한다. 다만, 제조업, 판매업 및 건설업 이외의 업종에 속하는 기업(예 : 금융기관 등)은 매출총손익의 구분표시를 생략할 수 있다. 구분표시를 하는 이유는 기업의 다양한 활동, 거래 및 회계는 기업의 안정성, 위험도, 예측가능성에 미치는 영향이 다르기 때문에 기업이 실제 달성한 경영성과

---

20) 중단사업손익이 없을 경우임

21) 중단사업손익이 있을 경우에는 법인세비용차감전계속사업손익, 계속사업손익법인세비용, 계속사업손익, 중단사업 손익(법인세효과), 당기순손익의 등의 순으로 작성된다.

를 이해하고 미래 경영성과를 예측하는 데 도움을 줄 수 있도록 기업의 경영성과에 영향을 미치는 요소를 적절히 공시하도록 하고 있다.

〈표 4-2〉 손익계산서 양식(중단사업손익이 없을 경우)

<u>손 익 세 산 서</u>

제x기 20xx년 x월 x일부터 20xx년 x월 x일까지
제x기 20xx년 x월 x일부터 20xx년 x월 x일까지

기업명 (단위 :원)

과 목	당기		전기	
매출액		xxx		xxx
매출원가		xxx		xxx
매출총이익(또는 매출총손실)		xxx		xxx
판매비와 관리비(감가상각비)		xxx		xxx
영업이익(또는 영업손실)		xxx		xxx
영업외 수익		xxx		xxx
영업외 비용(이자비용)		xxx		xxx
법인세비용차감전순손익		xxx		xxx
법인세비용		xxx		xxx
당기순이익(또는 당기순손실)		xxx		xxx

제 4 장

3. 현금흐름표

현금흐름표(statement of cash flows)는 일정기간 동안 기업이 조달한 현금의 내역과 조달된 현금의 운용내역을 영업활동, 투자활동 및 재무활동으로 나누어 정리한 재무보고서이다. 현금흐름표의 기본양식은 〈표 4-3〉와 같으며, 일정기간 동안 기업의 현금조달 및 운용상황을 다음 세 가지 부문으로 나누어 정보를 제공하여 주는데 세 부문은 제품생산, 구매 및 판매활동 등의 영업활동부문, 투자자산 및 고정자산의 취득과 처분 등의 투자활동부문, 소요자금의 차입 및 상환, 신주발행이나 배당금지급 등의 재무활동부문으로 구성된다. 현금흐름표는 기업의 영업, 투자 및 재무활동에 의하여 발생되는 현금의 흐름에 관한 전반적인 정보를 상세하게 제공해 줌으로서 기업의 자산, 부채 및 자본의 변동을 가져오는 현금흐름거래에 관한 정보를 제공해준다.

〈표 4-3〉 현금흐름표 양식

현 금 흐 름 표

제x기 20xx년 x월 x일부터 20xx년 x월 x일까지

기업명 (단위 :원)

Ⅰ. 영업활동으로 인한 현금흐름		×××
1. 당기순손익	×××	
2. 현금의 유출이 없는 비용 등의 가산	×××	
3. 현금의 유입이 없는 수익 등의 차감	(×××)	
4. 영업활동으로 인한 자산·부채의 변동	×××	
Ⅱ. 투자활동으로 인한 현금흐름		×××
1. 투자활동으로 인한 현금유입액	×××	
2. 투자활동으로 인한 현금유출액	(×××)	
Ⅲ. 재무활동으로 인한 현금흐름		×××
1. 재무활동으로 인한 현금유입액	×××	
2. 재무활동으로 인한 현금유출액	(×××)	
Ⅳ. 현금의 증가(감소)		×××
Ⅴ. 기초의 현금		×××
Ⅵ. 기말의 현금		×××

4. 자본변동표

자본변동표(statement of change in equity)는 기업에 대한 자본의 크기와 그 변동에 관한 정보를 제공하는 재무보고서로서 여기에는 소유주의 투자와 소유주에 대한 분배, 그리고 포괄이익(소유주와의 자본거래를 제외한 모든 원천에서 인식된 자본의 변동)에 대한 정보가 포함된다. 소유주의 투자는 현금, 재화 및 용역의 유입, 또는 부채의 전환에 의해 이루어지며, 그에 따라 기업의 자본이 증가하게 된다. 소유주에 대한 분배란 현금배당 또는 자기주식 취득을 말한다. 그에 따라 기업의 자본이 감소하게 된다. 이러한 거래에 대한 정보는 기업의 재무적 탄력성, 수익성 및 위험 등을 평가하는 데 유용하다. 자본변동표의 기본양식은 〈표 4-4〉와 같다.

끝으로 기업의 재무상태표, 손익계산서, 자본변동표, 현금흐름표의 상호관계는 [그림 4-1]과 같이 나타낼 수 있다.

〈표 4-4〉 자본변동표 양식

자 본 변 동 표

당기 20xx년 x월 x일부터 20xx년 x월 x일까지
전기 20xx년 x월 x일부터 20xx년 x월 x일까지

기업명 (단위 : 원)

구 분	자본금	자본 잉여금	자본조정	기타포괄 손익누계액	이익 잉여금	총계
20××.×.×.(보고금액)	×××	×××	×××	×××	×××	×××
회계정책변경누적효과					(×××)	(×××)
전기오류수정					(×××)	(×××)
수정후 이익잉여금					×××	×××
연차배당					(×××)	(×××)
기타이익잉여금처분액					(×××)	(×××)
처분후 이익잉여금					×××	×××
중간배당					(×××)	(×××)
유상증자(감자)	×××	×××				×××
당기순이익(손실)					×××	×××
자기주식 취득			(×××)			(×××)
매도가능증권평가손익				(×××)		(×××)
20××.×.×.	×××	×××	×××	×××	×××	×××

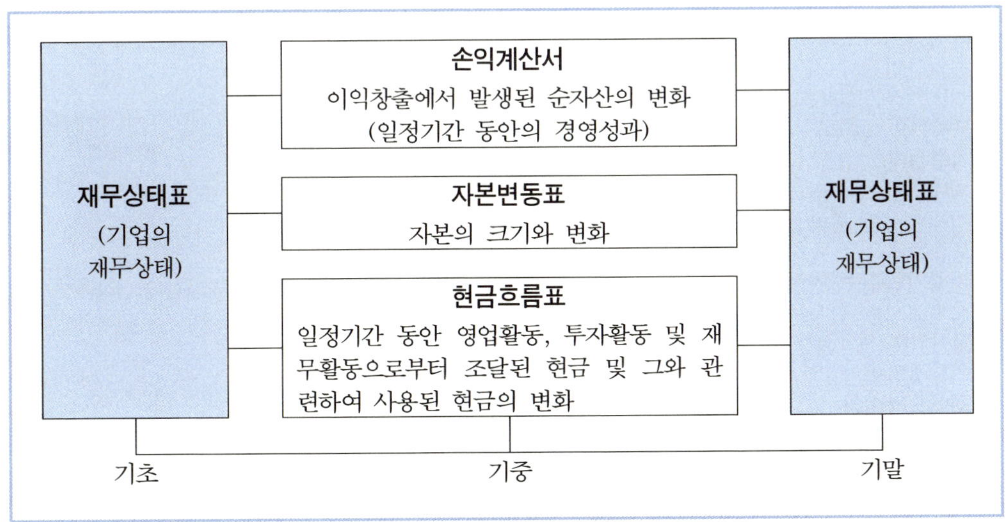

[그림 4-1] 재무제표의 상호관계

제 4 장

〈참 고〉

K-IFRS 포괄손익계산서 양식(기능별 분류법 예시)[22]

당기 20xx년 x월 x일부터 20xx년 x월 x일까지
전기 20xx년 x월 x일부터 20xx년 x월 x일까지

기업명 (단위 :원)

과 목	당기		전기	
수익(또는 매출액)		×××		×××
매출원가		(×××)		(×××)
매출총이익		×××		×××
판매비		(×××)		(×××)
관리비		(×××)		(×××)
기타수익		×××		×××
기타비용		(×××)		(×××)
금융수익		×××		×××
금융비용		(×××)		(×××)
기타비용		(×××)		(×××)
관계기업투자손익		×××		×××
법인세비용차감전순이익		×××		×××
법인세비용		(×××)		(×××)
계속사업순손익		×××		×××
중단영업순손익		×××		×××
당기순손익		×××		×××
기타포괄손익		×××		×××
재평가잉여금	×××		×××	
매도가능증권평가손익	×××		×××	
지분법자본변동	×××		×××	
확정급여제도의 보험수리적 손익	×××		×××	
해외사업장의 재무제표환산손익	×××		×××	
현금흐름위험회피 파생상품 평가손익	×××		×××	
총포괄손익		×××		×××
당기순손익				
지배기업주주 귀속분		×××		×××
비지배지분 귀속분		×××		×××
총포괄손익				
지배기업주주 귀속분		×××		×××
비지배지분 귀속분		×××		×××
주당이익(단위 : 원)				
기본주당이익		×××		×××
희석주당이익		×××		×××

22) K-IFRS에 의한 포괄손익계산서 양식(기능별 분류법)이며, 다른 형태로 성격별 분류법에 의한 양식도 있는 바, 이에 대해서는 IFRS 관련책자를 참고하기 바란다. 아울러 국제회계기준에서는 포괄손익계산서의 분류기준에 대해 명확한 규정은 없으며, 이는 회사의 상황에 따라 선택의 기준이 다를 수 있기 때문이다.

SECTION 2 재무비율분석

재무제표는 어떤 회사의 일정한 시점의 재무현황과 과거 기간 동안의 회사의 경영 실적에 관한 보고이다. 그러나 재무제표의 실질적인 가치는 재무제표가 미래의 순이익과 배당을 예측하는데 도움을 준다는데 있다. 즉, 투자자의 관점에서의 미래 예측은 재무제표의 분석이 전부라고도 할 수 있지만, 경영진의 입장에서는 미래의 상황을 예상하는 방법일 뿐만아니라 특히 미래의 경영 방향에 영향을 미칠 것으로 예상되는 상황의 출발점이 된다는 점에서 더욱 유용하다. 기업의 안정측면에서 유동성비율, 레버리지비율을 살펴보고, 수익적 측면의 수익성비율 및 생산성비율, 그리고 자본운용측면의 활동성비율 등을 살펴보고자 한다.

1. 유동성비율(liquidity ratios)

유동성(liquidity)이란 단기에 현금화될 수 있는 가능성을 의미하며, 유동성 평가를 통하여 단기채무에 대한 지급능력을 측정하고 평가하는데 분석의 목적이 있다. 이 때문에 유동성비율을 단기채무지급능력비율이라고도 한다. 따라서 유동성비율에 대해서는 기업에 운전자금을 대출한 금융기관이나 신용으로 상품을 공급한 상품공급자와 같은 단기신용공여자가 큰 관심을 갖게 된다.

1) 유동비율(current ratio)

유동비율은 유동자산을 유동부채로 나누어 산출한다. 유동자산은 만기가 다가오는 채무를 지급할 재원이 되기 때문에 유동비율이 높을수록 단기채권자의 안전도는 향상된다고 볼 수 있다. 다시 말하면, 1년 이내에 현금화하여 단기채무 지급에 충당할 수 있는 유동자산이 단기채무의 몇 배가 되는가를 나타내는 지표이다.

따라서 유동비율이 높을수록 채무자로서의 단기지급능력이 양호하다고 평가하며, 실무적으로는 200%이상이 되면 채권자의 입장에서 안전한 수준으로 평가된다. 그러나 유동자산의 운용수익이 대체로 낮으므로 경영자의 입장에서 과다한 유동성 확보는 반드시 바람직하다 고는 할 수 없으며 유동성과 수익성을 동시에 적절히 확보할 수 있는 수준의 유동자산의 보유가 필요하다고 할 수 있다.

〈표 4-5〉 요약 재무상태표

제x기 2010년 1월 1일부터 2010년 12월 31일까지
제x기 2009년 1월 1일부터 2009년 12월 31일까지

기아자동차(주) (단위 : 백만원)

자 산	당 기	전 기	부채 및 자본	당 기	전 기
자 산			부 채		
Ⅰ. 유동자산	4,584,162	4,308,703	**Ⅰ. 유동부채**	6,288,502	5,845,626
(1)당좌자산	3,639,050	3,509,562	매입채무	3,106,408	2,404,887
현금 및 현금성자산	975,506	1,442,031	차 입 금	1,388,541	1,734,675
매출채권	1,172,095	1,248,433	기 타	1,793,553	1,706,064
기 타	1,491,449	819,098	**Ⅱ. 비유동부채**	2,675,700	3,719,575
(2)재고자산	945,112	799,141	사 채	1,071,710	1,637,405
Ⅱ. 비유동자산	14,041,249	12,632,893	장기차입금	423,620	1,108,187
(1)투자자산	6,201,276	4,947,656	기 타	1,180,370	973,983
(2)유형자산	6,402,104	6,294,001	**부 채 총 계**	8,964,202	9,565,201
토 지	2,731,172	2,731,172	자 본		
건 물	1,065,235	1,071,718	**Ⅰ. 자본금**	2,101,772	2,054,355
기계장치	1,781,411	1,613,222	**Ⅱ. 자본잉여금**	1,808,009	1,761,403
기 타	824,286	877,889	**Ⅲ. 자본조정**	(14,515)	(2,249)
(3)무형자산	1,216,192	1,074,110	**Ⅳ. 기타포괄손익누계액**	1,282,095	1,197,566
(4)기타비유동자산	221,677	317,126	**Ⅴ. 이익잉여금**	4,483,848	2,365,320
			자 본 총 계	9,661,209	7,376,395
자 산 총 계	**18,625,411**	**16,941,596**	**부채와 자본총계**	**18,625,411**	**16,941,596**

자료 : 기아자동차(주) 감사보고서(2011.2.22)에서 작성

$$\text{유동비율}(\%) = \frac{\text{유동자산}}{\text{유동부채}} \times 100$$

$$= \frac{4,584,162}{6,288,502} \times 100 = 72.9(\%)$$

〈표 4-6〉 요약 손익계산서

제x기 2010년 1월 1일부터 2010년 12월 31일까지
제x기 2009년 1월 1일부터 2009년 12월 31일까지

기아자동차(주) (단위 : 백만원)

과 목	당기		전기	
Ⅰ. 매출액		23,261,428		18,415,739
Ⅱ. 매출원가		17,931,607		13,824,362
Ⅲ. 매출총이익		5,329,821		4,591,377
Ⅳ. 판매비와 관리비		3,649,626		3,446,904
급여	753,149		677,575	
지급임차료	17,217		16,144	
감가상각비	33,897		31,367	
광고선전비	133,324		100,393	
기타	2,712,039		2,621,425	
Ⅴ. 영업이익		1,680,195		1,144,473
Ⅵ. 영업외수익		1,502,795		1,444,153
이자수익	127,231		132,273	
배당금수익	91		7,218	
임대료	6,706		1,007	
기타	1,368,767		1,303,655	
Ⅶ. 영업외비용		407,257		889,049
이자비용	202,978		343,960	
기타	204,279		545,089	
Ⅷ. 법인세비용차감전순이익		2,775,733		1,699,577
Ⅸ. 법인세비용		521,422		249,317
Ⅺ. 당기순이익		2,254,311		1,450,260

자료 : 기아자동차(주) 감사보고서(2011.2.22)에서 작성

2) 당좌비율(quick ratio)

유동비율의 분자인 유동자산에 포함된 재고자산은 유동성이 높은 자산으로 간주하기 곤란하다. 그러므로 채무의 상환에 쉽게 이용될 수 있는 자산에 초점을 두기 위하여 당좌비율 또는 산성검사비율(acid-test ratio)이 제안되었다. 이 비율은 특히 경기변동에 민감한 재고자산이나 진부화의 속도가 높은 재고자산을 갖는 기업의 유동성을

파악하는데 효과적이다. 당좌비율의 분자는 현금 및 현금성자산, 단기투자자산, 매출채권 등의 당좌자산을 포함하고, 분모는 유동부채가 된다.

$$당좌비율(\%) = \frac{당좌자산}{유동부채} \times 100$$

$$= \frac{3,639,050}{6,288,502} \times 100 = 57.86(\%)$$

3) 현금흐름비율(cash ratio)

기업의 유동성평가에서 동태적인 요소를 고려하기 위하여 제안된 재무비율 중 대표적인 것이 영업비용 방어기간(interval measure)이라 할 수 있다. 이 비율은 당좌자산을 1일평균현금영업비지출액으로 나누어 계산하는데, 당좌자산은 현금 및 현금성자산, 단기투자자산, 매출채권 등 매일 매일의 영업비 지출에 바로 충당할 수 있는 준현금자산을 말한다. 1일 평균현금영업비지출액은 총비용에서 당좌자산의 사용을 필요로 하지 않는 감가상각비 등을 차감한 다음 이를 영업일수로 나누어 계산한다.

$$영업비용방어기간 = \frac{당좌자산}{1일평균현금영업비지출액}$$

$$= \frac{3,639,050}{59,590} = 61(일)$$

* 1일평균현금영업비지출액 = (매출원가 + 판매비와 관리비 + 지급이자 - 감가상각비) ÷ 365

여기서 영업비용 방어기간이 길다는 것은 추가적인 현금유입이 없어도 오랫동안 정상적인 영업활동을 유지할 수 있음을 의미한다.

4) 기타의 유동성 비율

① **순운전자본 대 총자본비율** : 순운전자본은 유동자산에서 유동부채를 차감한 것으로, 단기채무를 지급하고 나서 유동자산에서 얼마나 여유가 있는지를 절대적 크기로 나타낸다. 순운전자본의 여유가 많은 기업은 그만큼 단기채무지급능력이 크다고 볼 수 있으므로 이 비율이 높다.

$$순운전자본\ 대\ 총자본비용(\%) = \frac{유동자산 - 유동부채}{총자본} \times 100$$

$$= \frac{4,584,162 - 6,288,502}{18,625,411} \times 100 = -9.15(\%)$$

② **매출채권 대 매입채무비율** : 이 비율은 기업간 신용관계를 나타내는 매출채권을 매입채무로 나누어 계산한 것으로 기업의 자금관리에 유용한 지표가 된다. 비율이 100%를 초과하면 여신초과를 의미하고 100%에 미달하면 수신초과를 나타낸다. 대체로 이 비율이 높을수록 기업의 유동비율은 높게 나타나지만 매출채권의 과다보유는 자금사정의 악화를 불러일으키는 원인이 될 수 있다. 따라서 매출채권 대 매입채무비율은 유동비율의 보조지표로 이용되어야 한다.

$$매출채권\ 대\ 매입채무비율(\%) = \frac{매출채권}{매입채무} \times 100$$

$$= \frac{1,172,095}{3,106,408} \times 100 = 37.73(\%)$$

〈표 4-7〉 요약 현금흐름표

제x기 2010년 1월 1일부터 2010년 12월 31일까지
제x기 2009년 1월 1일부터 2009년 12월 31일까지

기아자동차(주) (단위 : 백만원)

과 목	당 기		전 기	
Ⅰ. 영업활동으로 인한 현금흐름		3,036,798		2,499,220
(1) 당기순이익	2,254,311		1,450,260	
(2) 현금의 유출이 없는 비용등의 가산	1,469,596		1,327,760	
■ 감가상각비	412,276		429,251	
■ 퇴직급여	306,786		254,185	
(3) 현금의 유입이 없는 수익등의 차감	(1,155,665)		(984,204)	
■ 지분법이익	1,109,380		882,093	
(4) 영업활동으로 인한 자산부채의 변동	468,556		660,404	
■ 매출채권의 감소(증가)	58,483		(246,048)	
■ 재고자산의 감소(증가)	(152,962)		220,930	
■ 매입채무의 증가(감소)	701,559		598,736	
Ⅱ. 투자활동으로 인한 현금흐름		(1,845,814)		(1,229,455)
(1) 투자활동으로 인한 현금유입액	132,084		392,520	
■ 장기대여금의 회수	101,955		354,390	
(2) 투자활동으로 인한 현금유출액	(1,977,898)		(1,621,975)	
■ 단기금융상품의 증가	810,000		365,000	
■ 건설중인 자산의 증가	564,740		313,417	
■ 개발비의 증가	358,515		355,167	
Ⅲ. 재무활동으로 인한 현금흐름		(1,657,509)		(739,606)
(1) 재무활동으로 인한 현금유입액	627,205		1,541,933	
■ 외화장기차입금	174,575		-	
■ (신주인수권부)사채의 발행	198,865		989,092	
(2) 재무활동으로 인한 현금유출액	(2,284,714)		(2,281,539)	
■ 유동성사채의 상환	872,284		700,000	
■ (유동성)장기차입금의 상환	1,070,671		192,586	
■ 배당금의 지급	96,992		-	
Ⅳ. 현금의 증가(Ⅰ+Ⅱ+Ⅲ)		(466,525)		530,159
Ⅴ. 기초의 현금		1,442,031		911,872
Ⅵ. 기말의 현금		975,506		1,442,031

자료 : 기아자동차(주) 감사보고서(2011.2. 22)에서 작성(과목은 중요한 항목만 게재)

2. 레버리지비율(leverage ratios)

레버리지비율 또는 장기지급능력비율은 조달한 자본 중에서 타인자본에 의존하는 정도와 장기채무에 대한 원금과 이자를 지급할 수 있는 능력을 측정하는 비율이다. 즉 기업의 부채의존도를 측정하는 척도이다. 레버리지비율은 다음의 세 가지 의미를 갖는다.

첫째, 채권자의 입장에서 볼 때 소유자(주주)가 제공하는 자본은 채권에 대한 안전도를 나타낸다. 소유자가 총자본의 일부만을 제공하는 경우 기업의 위험은 채권자가 부담하게 된다.

둘째, 부채를 발행하여 자금을 조달함으로써 소유자는 일정한 투자로 기업을 지배할 수 있는 이점을 갖는다

셋째, 기업의 총자산순이익률이 양(+)의 값을 갖는 경우 소유주에게 귀속되는 자기자본순이익률은 양(+)의 방향으로 확대되며, 반대의 경우에는 음(-)의 방향으로 확대된다. 일반적으로 부채의존도가 높은 기업일수록 경기상황에 따라 소유자에게 귀속되는 세후순이익의 변동폭이 확대되는 레버리지효과에 의해 재무위험이 증대된다.

1) 부채자본비율(debt-equity ratio)

부채자본비율은 타인자본인 유동부채와 비유동부채의 합인 총부채를 자기자본으로 나누어 산출하는 것이 보통이다. 자기자본에는 소유자(주주)가 불입한 자본금, 자본잉여금, 자본조정, 기타포괄손익누계, 이익잉여금 등이 포함된다. 이 비율이 높다는 것은 채권자의 입장에서 볼 때 원금과 이자에 대한 채무불이행 위험이 높다는 것을 의미한다.

$$* \text{부채자본비율}(\%) = \frac{\text{총부채}}{\text{자기자본}} \times 100 = \frac{8,964,202}{9,661,209} \times 100 = 92.78(\%)$$

$$* \text{부채비율}(\text{debt ratio}, \%) = \frac{\text{총부채}}{\text{총자본}} \times 100 = \frac{8,964,202}{18,625,411} \times 100 = 8.13(\%)$$

제 4 장

2) 자기자본비율(equity ratio)

자기자본비율은 자기자본을 총자본(부채와 자본총계)으로 나누어 계산한다. 이 비율이 높다는 것은 채권자의 입장에서 원금과 이자에 대한 안전도가 그 만큼 보장된다는 것을 의미한다.

$$\text{자기자본비율}(\%) = \frac{\text{자기자본}}{\text{총자본}} \times 100$$

$$= \frac{9,661,209}{18,625,411} \times 100 = 51.87(\%)$$

3) 이자보상비율(interest coverage ratio)

이자보상비율은 이자지급능력을 나타내는 비율로서 영업이익 또는 이자 및 법인세차감전이익을 이자비용으로 나누어 계산한다. 이 비율은 정상적인 경영상태에서 이자비용을 지급할 수 있는 기업의 능력을 나타낸다. 이 때 이자비용은 법인세비용차감전이익에서 지출이 되기 때문에 법인세의 영향을 받지 않는다.

$$\text{이자보상비율}(\text{배}) = \frac{\text{영업이익}}{\text{이자비용}}$$

$$= \frac{1,680,195}{202,978} = 8.28(\text{배})$$

4) 비유동비율(non-current ratio)과 비유동장기적합율(non-current assets to stockholders' equity and non-current assets)

비유동비율은 조달된 자기자본이 비유동자산에 어느 정도 투입되어 운용되고 있는가 하는 자본의 고정화 정도를 나타내는 비율이다. 이는 일반적으로 100% 이하를 양호한 상태로 보는데 원칙적으로 비유동자산은 자기자본으로 충당하는 것이 기업의 장기적 안정성 면에서 바람직하다는 견해에서 비롯된 것이다. 그러나 거액의 설비투자를 필요로 하는 특수업종(예 : 장치산업에 속한 기업들)의 경우에는 소요자금의 상당액을 부채로 조달하는 것이 불가피하므로, 비유동장기적합율로 분석한다.

비유동장기적합율은 자기자본과 비유동부채의 얼마 정도가 비유동자산에 투자되어

운용되고 있는가를 나타내는 지표로서, 비유동비율과 함께 기업안정성을 나타내는 비율이다.

$$비유동비율(\%) = \frac{비유동자산}{자기자본} \times 100$$

$$= \frac{14,041,249}{9,661,209} \times 100 = 145.34(\%)$$

$$비유동장기적합율(\%) = \frac{비유동자산}{자기자본 + 비유동부채} \times 100$$

$$= \frac{14,041,249}{(9,661,209 + 2,675,700)} \times 100 = 113.81(\%)$$

5) 기타 레버리지비율

① **차입금의존도** : 기업의 부채 중에는 외자도입이나 은행차입금, 사채 등 기업의 외부에서 차입형식으로 조달되는 자금의 비중이 높다. 일반적으로 차입금의존도가 높은 기업일수록 금융비용의 부담이 커서 수익성이 낮아지게 되며 장기지급능력이 저하된다.

$$차입금의존도(\%) = \frac{사채 + 외국차관 + 은행\ 및\ 기타\ 장·단기차입금}{총자본} \times 100$$

$$= \frac{2,883,871}{18,625,411} \times 100 = 15.48(\%)$$

② **현금흐름 대 부채비율** : 기업의 부채상환능력은 기업의 현금흐름을 부채총액으로 나눈 비율에 의해서 측정된다. 현금흐름은 당기순이익과 비현금비용인 감가상각비의 합으로 정의되는 것이 보통이다.

$$현금흐름\ 대\ 부채비율(\%) = \frac{당기순이익 + 감가상각비}{총부채} \times 100$$

$$= \frac{(2,254,311 + 33,897)}{8,964,202} \times 100 = 25.53(\%)$$

3. 수익성비율(profitability ratios)

수익성비율은 일정기간 기업의 총괄적인 경영성과를 나타내는 비율로서 자산이용의 효율성과 이익창출 능력을 평가할 수 있는 지표이다. 수익성비율은 일반적으로 이익관련 항목을 투자자본 또는 매출액으로 나누어 계산한다. 이익과 투자자본을 각각 무엇으로 측정하느냐에 따라 수많은 수익성 비율이 나오지만 비율을 구성하는 두 항목은 의미 있는 관계가 있어야 유용한 정보를 얻을 수 있다.

기업의 높은 수익성은 재투자를 통하여 높은 성장을 가능하게 하고 주주들에게 높은 배당지급을 가능하게 하며 채권자들에게는 원금과 이자를 제대로 상환하게 하는 동시에 종업원들에게는 좋은 대우를 가능하게 한다. 그러므로 경영성과를 체계적으로 보이는 수익성비율은 경영자, 투자자, 채권자, 종업원 등 기업의 모든 이해관계자들의 관심을 모으는 비율 중의 하나이다. 한편, 기업의 이익을 나타내는 몇 가지 이익 중에서 분석 목적에 가장 잘 맞는 이익 지표를 선택하는 것이 매우 중요하며 이해관계자별 관심의 초점이 되는 이익이 각기 다르므로 여러 이익지표를 통한 다양한 수익성비율의 비교가 요구된다.

1) 총자산순이익률(net income to total assets), 총자산영업이익률(operating income to total assets)

총자산순이익률은 ROA(return on assets)로도 불리우며, 당기순이익을 총자산으로 나눈 비율로서 총자산을 얼마나 효율적으로 이용하여 영업성과를 올렸는가를 총괄적으로 나타내는 수익성비율의 대표이다. 즉, 총자산에 대하여 얼마만큼의 순이익을 올렸는가를 나타내는 비율이다.

$$\text{총자산순이익률}(\%) = \frac{\text{당기순이익}}{\text{총자산}} \times 100$$

$$= \frac{2,254,311}{18,625,411} \times 100 = 12.10(\%)$$

그러나, 총자산순이익률은 논리적으로 적절한 수익성비율이라 할 수 없다. 그 이유는 순이익은 주주에게 귀속되는 이익이고 총자산은 주주와 채권자 제공한 자본의 총계이기 때문이다. 따라서 제공한 자본과 귀속되는 이익의 관계가 명확한 총자산영업이

익률이 보다 적절하다고 볼 수 있다.

$$\text{총자산영업이익률}(\%) = \frac{\text{영업이익}}{\text{총자산}} \times 100$$

$$= \frac{1,680,195}{18,625,411} \times 100 = 9.02(\%)$$

2) 자기자본순이익률(net income to equity)

자기자본순이익률은 ROE(return on equity)로도 불리며, 당기순이익을 자기자본으로 나눈 비율로서 자기자본을 얼마나 효율적으로 투자하여 순이익을 올렸는가를 나타내는 지표이다. 이는 기업의 주주가 공급한 자본의 수익성을 나타내는 지표로서 주주들이 최소한도로 요구하는 투자수익률보다는 높아야 한다.

제 4 장

$$\text{자기자본순이익률}(\%) = \frac{\text{당기순이익}}{\text{자기자본}} \times 100$$

$$= \frac{2,254,311}{9,661,209} \times 100 = 23.33(\%)$$

3) 매출액영업이익률(operating income to sales), 매출액순이익률(net income to sales)

매출액영업이익률은 영업이익을 매출액으로 나눈 비율로서 기업의 주된 영업활동에 의한 경영성과를 측정하는 지표이다.

$$\text{매출액영업이익률}(\%) = \frac{\text{영업이익}}{\text{매출액}} \times 100$$

$$= \frac{1,680,195}{23,261,428} \times 100 = 7.22(\%)$$

매출액순이익률은 매출액에 대한 당기순이익의 비율이다. 즉, 매출액에 대하여 얼마만큼의 당기순이익을 올렸는가를 나타내는 비율로서 매출마진(margin)이라고도 한다.

$$\text{매출액순이익률}(\%) = \frac{\text{당기순이익}}{\text{매출액}} \times 100$$

$$= \frac{2,254,311}{23,261,428} \times 100 = 9.69(\%)$$

4) 금융비용 대 매출액비율(financial expenses to sales)

금융비용 대 매출액비율은 금융비용이 매출액에서 차지하는 비중을 나타낸다. 금융비용인 이자비용은 대표적인 고정비용 항목으로 기업의 조업도나 영업성과에 관계없이 지급하게 되므로 경영의 안정을 기하고 불황에 대한 저항력을 강화하기 위해서는 이 비율을 낮추는 것이 바람직하다.

$$\text{이자비용 대 매출액비율}(\%) = \frac{\text{이자비용}}{\text{매출액}} \times 100$$

$$= \frac{202,978}{23,261,428} \times 100 = 0.87(\%)$$

4. 활동성비율(activity ratios)

활동성비율이란 기업이 소유하고 있는 재고자산, 유동자산, 비유동자산 등의 자원을 얼마나 효율적으로 이용하고 있느냐를 측정하는 비율로서, 매출액을 각 중요자산으로 나누어 회전율로 표시하는 것이 보통이다. 만약 어떤 기업의 활동성비율이 높다면 이는 투하된 자본이나 자산에 비하여 매출액이 상대적으로 커서 판매활동이 매우 활발하였거나, 아니면 투하된 자본이나 자산을 효율적으로 운영하였기 때문이라 할 수 있다.

최근 기업에서 추구하는 경영혁신전략 중 경량화전략이 있는데 이는 기업의 쓸모없는 군더더기 살을 빼고 꼭 필요한 자산으로 재구성하는 다운사이징(downsizing)전략이나 슬림화 전략이다. 이 경우 일정한 매출액이라 할지라도 자산의 크기를 줄일 경우 해당 자산회전율은 높아지게 되어 효율성은 높아지게 된다. 한편, 활동성비율을 이용하여 얻을 수 있는 정보는 다음과 같다

첫째, 매출채권회전율, 재고자산회전율 등 회전율로 계산되는 활동비율은 영업활동의 순환과정의 각 단계에 얼마 정도의 자금이 묶여 있는가에 대한 정보를 제공한다. 이는 회전율의 역수에 365일을 곱하면 특정자산이 현금화되는 기간을 나타내기 때문이다.

둘째, 회전율은 수익성과 함께 기업의 총괄적인 경영성과를 결정하는 요인이 된다.

그런데 일반적으로 회전율과 수익성은 트레이드오프(trade-off)의 관계에 있으므로, 경영자는 회전율의 분석을 통하여 생산, 투자, 마케팅 등 경영정책의 변화가 기업의 경영성과에 미치는 효과를 예측할 수 있게 된다.

셋째, 재고자산회전율 등은 투자된 자본 1단위에 대하여 매출액이 얼마나 실현되었는가를 나타낸다. 따라서 이 비율은 중요 기업자산의 관리효율성에 대한 정보와 동일산업내의 다른 기업과의 비교시 특정자산에 대한 투자가 적정한지에 관한 정보를 제공한다.

넷째, 신규로 특정산업에 참여하는 기업은 특정자산에 대한 투자규모를 같은 산업의 회전율을 이용하여 예측할 수 있다. 즉, 예상매출액을 특정 자산에 대한 산업평균회전율로 나누면 필요한 투자액을 계산할 수 있게 된다.

제 4 장

1) 총자산회전율(total assets turnover) 및 자기자본회전율(stockholder's equity turnover)

기업이 영업활동에 투하한 자본을 총자본, 자기자본이라고 할 때, 이들 투하자본의 효율적인 활용정도를 나타내는 지표로서 총자산회전율과 자기자본회전율이 있다. 총자산회전율이 높으면 유동자산, 비유동자산 등이 효율적으로 이용되고 있다는 것을 뜻하고, 총자산회전율이 낮으면 과대투자나 비효율적 투자를 하고 있다는 것을 의미한다.

$$총자산회전율(회) = \frac{매출액}{총자산}$$

$$= \frac{23,261,428}{18,625,411} = 1.25(회)$$

$$자기자본회전율(회) = \frac{매출액}{자기자본}$$

$$= \frac{23,261,428}{9,661,209} = 2.41(회)$$

2) 매출채권회전율(receivables turnover) 및 매입채무회전율(payables turnover)

매출채권회전율은 매출액을 매출채권으로 나눈 것으로 매출채권의 현금화속도를 측정하는 지표로서 이 비율이 높다는 것은 매출채권의 현금화속도가 빠르다는 것을 의미한다. 이는 동태적인 측면에서 기업의 유동성이 양호하여 매출채권관리가 효율적으로 이루어지고 있음을 알 수 있다.

$$매출채권회전율(회) = \frac{매출액}{매출채권} = \frac{23,261,428}{1,172,095} = 19.85(회)$$

매입채무회전율은 매출액을 매입채무로 나눈 것으로 매입채무가 얼마나 빨리 원활하게 결제되는가를 나타내어 매입채무의 지급능력상태를 표시하는 비율이다. 매입채무회전율이 높은 경우에는 매입채무에 대한 대금지급이 빠르다는 것을 의미함으로 유동성압박의 가능성도 있다. 따라서 소요자금계획이나 신용정책수립에 매우 유용한 지표이다.

$$매입채무회전율(회) = \frac{매출액}{매입채무} = \frac{23,261,428}{3,106,408} = 7.49(회)$$

3) 매출채권평균회수기간(average collection period)

매출채권평균회수기간(ACP)은 매출채권을 1일 평균매출액으로 나누어 계산하는데 이는 매출채권의 발생에서 회수까지의 평균지속시간을 나타낸다. 매출채권회전율은 매출채권이 1년 동안 몇 번 회전하였는가를 표시하기 때문에 매출채권회수기간은 매출채권회전율과 역의 관계에 있다. 대체로 평균회수기간이 빠를수록 매출채권관리가 효율적으로 이루어지고 있다는 것을 의미하지만, 특정기업의 신용정책에 의한 목표회수기간이나 판매조건 등을 함께 고려하여 최종적인 평가를 내려야 한다. 매출채권평균회수기간은 다음 두 단계로 계산된다.

$$1일평균순매출액(원) = \frac{연간순매출액}{365일} = \frac{23,261,428}{365} = 63,730(백만원)$$

$$\text{매출채권평균회수기간(일)} = \frac{\text{매출채권}}{\text{1일평균순매출액}}$$

$$= \frac{1,172,095}{63,730} = 18.4\text{(일)}$$

4) 비유동자산회전율(noncurrent assets turnover) 및 재고자산회전율(inventories turnover)

비유동자산회전율은 매출액을 비유동자산으로 나눈 비율로서 비유동자산이용의 효율성과 비유동자산에 대한 자본의 고정화 정도를 나타내는 지표이다. 이 비율은 높을수록 비유동자산이용의 효율성이 높은 것을 나타낸다. 그러나 기계와 설비가 노후화되고 감가상각으로 인하여 장부가치가 매우 낮게 표시된데 기인할 수도 있으므로 주의해야 한다. 비유동자산회전율을 분석할 때 회계처리방법의 차이, 리스기계·장비, 작업의 노동집약도 차이로 인하여 기업간 상호비교시 어려움이 있을 수 있다.

$$\text{비유동자산회전율(회)} = \frac{\text{매출액}}{\text{비유동자산}}$$

$$= \frac{23,261,428}{14,041,249} = 1.66\text{(회)}$$

재고자산회전율은 매출액을 재고자산으로 나눈 비율로서 재고자산이 일정기간 동안에 몇 번이나 회전하였는가를 측정하는 것이다. 재고자산회전율이 낮다는 것은 매출액에 비하여 과대한 재고를 소유하고 있다는 것이며, 높다는 것은 적은 재고자산으로 생산 및 판매활동을 효율적으로 수행하여 재고자산관리가 효율적으로 이루어지고 있다는 것이다. 그러나 재고자산회전율이 산업평균 등에 비하여 지나치게 높을 경우에는 적정재고수준을 유지하지 못함으로써 긴급수요에 대처할 능력에 문제점이 있을 수 있다. 한편 재고자산회전율을 산출하는데 있어서 주의하여야 할 두 가지가 있다.

첫째, 계절성이 높은 제품에 관한 문제이다. 이는 계절성이 높은 제품을 생산하는 기업일 경우 일정시점의 잔액을 나타내는 재무상태표의 재고자산 자료로 회전율을 구한다면 실제의 평균적인 회전율을 나타내지 못한다는 점이다. 이 경우에는 연평균 재고자산 자료를 이용하여 회전율을 구하여야 한다.

둘째, 재고자산의 회계처리방법의 다양성에 따른 문제이다. 이는 경기변동에 따른 선입선출법(FIFO), 후입선출법(LIFO) 등 재고자산의 회계처리방법의 차이에 따라 회전율이 달라질 수 있음을 의미한다. 예를 들어 인플레이션시 선입선출법을 적용하는 경우는 재고자산이 과대 계상되어 후입선출법을 적용하는 경우의 재고자산회전율보다 낮게 된다는 점이다.

$$재고자산회전율(회) = \frac{매출액}{재고자산}$$

$$= \frac{23,261,428}{945,112} = 24.61(회)$$

5. 성장성비율(growth ratios)

성장성비율은 일정기간 중에 기업의 경영규모 및 경영성과가 얼마나 증대되었는가를 나타내는 비율로서, 일반적으로 재무제표 각 항목에 대한 일정기간 동안의 증가율로 측정된다. 성장성비율은 기업의 경쟁력이나 성장잠재력 그리고 수익창출능력 등을 간접적으로 알려 주는 지표이다.

기업의 외형이나 자산규모, 그리고 주당이익이나 주당배당의 성장속도를 파악할 경우 기업의 이해관계자는 다음과 같은 중요한 정보를 얻게 된다.

첫째, 특정기업의 외형이나 자산규모의 성장률이 같은 산업내의 다른 기업에 비하여 높다는 것은 그 만큼 연구개발, 마케팅전략 등의 면에서 강한 경쟁력을 갖고 있다는 것을 의미한다.

둘째, 주당이익이나 주당배당의 성장률이 높다는 것은 투자자가 높은 시세차익을 기대할 수 있다는 것을 의미한다.

1) 총자산증가율(growth rate of total assets)

총자산증가율은 기업에 투하 운용된 총자산이 그 해에 얼마나 증가하였는가를 나타내는 비율로서 기업의 전체적인 성장규모를 측정하는 지표가 된다.

$$총자산증가율(\%) = \frac{당기총자산증가액}{전기말총자산} \times 100$$

$$= \frac{(18,625,411 - 16,941,596)}{16,941,596} \times 100 = 9.94(\%)$$

2) 매출액증가율(growth rate of sales)

매출액증가율은 전년도 매출액에 대한 당해연도 매출액의 증가율로서 기업의 외형적 신장세를 나타내는 대표적인 지표이다. 경쟁기업보다 빠른 매출액증가율은 결국 시장점유율의 증가를 의미하므로 경쟁력변화를 나타내는 척도의 하나가 된다.

$$\text{매출액증가율}(\%) = \frac{\text{당기매출증가액}}{\text{전기매출액}} \times 100$$

$$= \frac{(23,261,428 - 18,415,739)}{18,415,739} \times 100 = 23.31(\%)$$

3) 주당이익성장율(growth rate of earning/share)

주당이익성장율은 주식투자자에게 기업의 미래이익 창출능력과 그에 따라 기대되는 주가상승 전망에 관한 정보를 제공한다. 즉 주당이익성장율이 높을수록 주가상승 전망은 밝다.

$$\text{주당순이익증가율}(\%) = \frac{\text{당기주당이익증가액}}{\text{전기주당이익}} \times 100$$

$$= \frac{(5,752 - 3,949)}{3,949} \times 100 = 45.66(\%)$$ [23)]

4) 주당배당성장율(growth rate of dividends/share)

주당배당성장율이 높을수록 투자자는 자본이득을 얻을 가능성이 높아진다.

$$\text{주당배당성장율}(\%) = \frac{\text{당기주당배당증가액}}{\text{전기주당배당}} \times 100$$

$$= \frac{(500 - 250)}{250} \times 100 = 100.00(\%)$$ [24)]

23) 당기 및 전기 주당이익은 감사보고서에서 인용

24) 당기 및 전기 배당은 감사보고서에서 인용

6. 생산성비율(productivity ratios)

생산성비율[25]은 투입된 생산요소에 대한 산출량을 나타내는 비율로서 일정한 생산량을 생산하는데 노동력, 원재료 등 생산요소를 얼마나 투입하였는가를 나타내는 개념이다. 즉, 기업활동의 능률과 성과를 측정하고 나아가 그 발생원인을 파악할 수 있는 지표이다. 대부분의 생산성비율분석은 부가가치분석이라 할 만큼 부가가치를 기준으로 파악한다.

부가가치란 생산 및 판매단계에서 기업이 창출한 가치이다. 부가가치의 구성 내용을 보면 노동력사용에 지급한 임금, 생산설비의 이용대가인 지대, 임대료 및 감가상각비, 생산자금의 이용대가인 지급이자, 판매에 따른 조세공과금 및 법인세차감전순이익 등으로 구성되어 있다.

부가가치를 계산하는 방식에는 생산측면에서 파악하는 방법과 분배측면에서 파악하는 방법이 있다. 생산측면에서 파악하는 방법은 기업이 생산한 총가치, 즉 매출액에서 그 생산을 위하여 외부로부터 조달된 기존가치인 중간투입물(원재료비, 부품구입비, 용역비 등)을 차감하여 계산한다. 분배측면에서 파악하는 방법은 부가가치의 구성요소를 파악하여 이들 구성요소를 합산하여 계산하는데 일반적으로 이 방법이 더 많이 쓰인다. 실제로 부가가치의 계산에 있어서 한국은행은 후자인 가산하는 방법을 택하고 있다. 생산성에 관한 지표는 경영합리화의 척도라고 할 수 있으며 생산성 향상으로 얻은 성과에 대한 분배기준이 된다. 근래에는 기업경영의 성과를 부가가치생산성이란 개념으로 측정하는 것이 일반적이다.

1) 부가가치율(gross value added to sales)

부가가치율은 부가가치액을 매출액으로 나눈 비율로서 소득율이라고도 하며 매출액 중 생산활동에 참여한 생산요소에 귀속되는 소득의 비율을 나타내는 지표이다. 부가가치율이 높을수록 생산과정에서의 통합도(integration) 및 능률이 높다는 것을 의미한다.

$$\text{부가가치율}(\%) = \frac{\text{부가가치}}{\text{매출액}} \times 100$$

---

25) 앞에서 제시한 재무상태표와 손익계산서에서 정확한 부가가치를 계산할 수가 없기 때문에, 생산성 비율과 관련된 항목의 재무비율은 개념을 소개하고자 한다.

2) 총자본투자효율(gross value added to total assets)

총자본투자효율은 자본생산성이라고도 불리며 기업에 투하된 총자본이 일년 동안에 어느 정도의 부가가치를 산출하였는가를 나타내는 비율이다. 이 비율 높다는 것은 총자본이 효율적으로 운용되었음을 의미한다. 이 비율이 높게 유지되면 노동생산성 역시 높아지게 된다.

$$총자본투자효율(\%) = \frac{부가가치}{총자본} \times 100$$

3) 노동생산성(productivity of labor)

노동생산성이란 노동력 한 단위당 성과를 나타내는 지표이며 보통 종업원 1인당 부가가치를 의미한다. 이 금액이 높을수록 그만큼 노동력이 효율적으로 이용되어 보다 많은 부가가치를 생산하였음을 나타낸다. 한편, 노동생산성의 증가율, 즉 종업원 1인당 부가가치의 증가율을 측정함으로써 노동생산성의 개선여부를 분석할 수 있다.

$$노동생산성(원) = 종업원1인당부가가치 = \frac{부가가치}{종업원수}$$

한편 노동생산성은 다음과 같이 자본집약도와 총자본투자효율의 곱으로 나타낼 수 있으며, 따라서 노동생산성은 자본집약도와 자본생산성에 의하여 결정됨을 알 수 있다.

$$노동생산성(원) = \frac{부가가치}{종업원수} = \underset{(자본집약도)}{\frac{총자본}{종업원수}} \times \underset{(총자본투자효율)}{\frac{부가가치}{총자본}}$$

4) 자본집약도(total assets per capita)

자본집약도는 종업원 한 사람이 어느 정도의 자본액을 보유하고 있는가를 나타내는 지표로서 총자본을 종업원수로 나눈 지표이다. 노동생산성비율의 보조지표로 이용된다.

$$자본집약도(원) = \frac{총자본}{종업원수}$$

제4장

7. 시장가치비율(market value ratios)

시장가치비율은 기업의 여러 가지 의사결정과 그 결과로 얻어지는 기업의 재무상태와 경영성과에 대하여 증권시장이 어떻게 평가하고 있는가를 나타내는 비율이다. 만약 자본시장이 효율적이라면 증권가격은 관련된 모든 정보를 신속하게 반영하게 된다. 즉 효율적 시장에서 형성되는 주가는 해당기업의 경영전반에 관한 모든 정보를 반영한 것이 된다.

1) 주당순이익(earnings per share : EPS)

주당순이익은 1주당 당기순이익을 나타내는 지표로서 당기순이익을 발행주식수로 나누어 구한다. 순이익은 단순하게 절대금액을 비교·분석하는 것은 큰 의미가 없으며, 기간별 주당순이익을 비교하는 것이 더 유용하다.

$$\text{주당순이익(원)} = \frac{\text{당기순이익}}{\text{발행주식수}}$$

$$= \frac{2,254,311(\text{백만원})}{391,928(\text{천주})} = 5,752(\text{원})$$

2) 주가수익비율(price earnings ratio : PER)

주가수익비율은 현재 주가를 1주당 순이익으로 나눈 비율로서 현재의 주가가 1주당 순이익의 몇 배 수준인가를 나타낸다. 증권분석시 투자자들이 가장 높은 관심을 갖는 지표중의 하나로서 PER가 높다는 것은 주당순이익에 비하여 시장에서 투자자들이 평가하는 주가가 높다는 것을 의미한다.

$$\text{주가수익비율(배)} = \frac{\text{주가}}{\text{주당순이익}}$$

$$= \frac{50,600}{5,752} = 8.80(\text{배}) \quad (\text{* 2010.12.30 주가임})$$

3) 주가 대 장부가치비율(price book-value ratio : PBR)

주가 대 장부가치비율은 현재 주식 가격을 1주당 장부가치로 나눈 비율이다. 주가

순자산비율이라고도 하며 주식의 장부상 가치의 몇 배가 주식시장에서 주가로 평가되고 있는가를 나타낸다. PBR이 낮을수록 주식의 장부가치에 비교하여 현재의 주가가 낮게 평가된 것으로 볼 수 있고 반면 이 비율이 높을수록 주가가 높이 평가된 것이라 볼 수 있다. PER가 기업의 수익성 측면에서 주가를 평가한 지표라면 PBR은 기업의 재무상태 측면에서 주가를 평가하는 지표라고 할 수 있다.

$$\text{주가 대 장부가치비율(배)} = \frac{\text{주가}}{\text{주당장부가치}}$$

$$= \frac{50,600}{\frac{9,661,209(\text{백만원})}{391,928(\text{천주})}} = \frac{50,600}{24,650} = 2.05(\text{배})$$

제4장

4) 배당성향(dividend payout ratio)

배당성향은 기업의 당기순이익 중 배당금으로 지급되는 부분의 비율을 나타내는 지표로 사외 배분율이라고도 한다. 배당성향이 높다는 것은 첫째, 기업의 배당금 지급능력이 높다는 것과 둘째, 높은 PER이 전망됨을 나타낸다.

$$\text{배당성향(\%)} = \frac{\text{배당금}}{\text{당기순이익}} \times 100$$

$$= \frac{198,738}{2,254,311} \times 100 = 8.81(\%)$$

5) 배당수익률(dividend yield)

배당수익률은 주가에 대한 주당배당금의 비율이다. 실제로 주식투자에 있어서 의미가 있는 배당지표는 배당수익률이라 할 수 있다. 이 비율이 높다는 것은 배당성장율이 낮거나 주어진 위험수준에 대하여 주식이 높은 기대수익을 올릴 수 있음을 나타내는 것이다.

$$\text{배당수익율(\%)} = \frac{\text{주당배당액}}{\text{주가}} \times 100$$

6) 토빈의 q비율(Tobin's q ratio)

토빈의 q비율은 기업자산의 시장가치와 자산의 대체원가와의 관계를 나타내는 비율이다. 즉, 부채 및 자기자본의 시장가치의 합계인 자산의 시장가치를 추정 대체원가(replacement cost)로 나누어 계산한다. 이때의 대체원가는 어떤 자산을 현재의 시장가격으로 재구입할 경우 지급하여야 할 원가를 말한다.

토빈에 의하면 q비율이 1보다 크면 기업은 투자를 위한 동기를 갖게 되며 q비율이 1보다 작으면 기업은 투자유인이 없어지게 된다는 것이다. 즉, 기업이 보유하고 있는 자산에 대하여 높은 시장가치가 부여된다는 것은 해당 기업이 유망한 투자기회나 양호한 재무상태를 갖고 있음을 투자자들이 인식한다는 것이다. 높은 q비율을 갖는 기업은 성장 가능한 기업이나 경쟁우위를 지니고 있는 기업을 의미하고, 낮은 q비율을 갖는 기업은 사양산업에 속하거나 경쟁열위에 있는 경우가 많다.

그런데 실무적으로 q비율을 계산하기 위해 필요한 기업자산의 대체원가 산정이 용이하지 않은 어려움이 있다. 기업합병을 위한 의사결정에도 이용되는데 q비율이 1보다 작을수록 기업자산을 직접 취득하는 것보다 기업 매수·합병이 더 경제적임을 의미한다.

$$\text{토빈의 } q\text{비율} = \frac{\text{자산의 시장가치}}{\text{자산의 대체원가}}$$

SECTION 3 레버리지[26] 분석

기업의 위험은 영업위험(business risk) 또는 경영위험과 재무위험(financial risk)으로 구분할 수 있다. 영업위험은 기업의 생산량이나 매출액 변화에 대한 기대영업이익, 곧 이자비용 및 법인세비용 차감전의 이익(earnings before interest and tax : EBIT)[27]의 변동가능성을 나타내고, 재무위험은 부채의 사용의 결정에 따라 보통주 소유자(주주)에게 부가되는 위험을 의미한다.

영업위험을 나타내는 지표를 영업레버리지도(degree of operating leverage : DOL)

26) 영어사전에서 레버리지(leverage)는 지레장치라고 하며, 지레장치는 힘을 크게 만드는 장치를 의미한다. 재무관리에서 레버리지는 위험을 증가시킨다는 의미를 내포하고 있다.

27) 편의상 흔히 영업이익(EBIT)이라고 표기되기도 한다.

라 한다. 이는 재무상태표의 왼쪽 부분인 기업실체로서의 자산운용능력, 즉 사업성을 나타내는 것으로서 고정자산의 보유로 인한 고정비 때문에 발생한다. 타인자본 사용에 의한 고정금융비 부담으로 나타나는 재무위험을 나타내는 지표를 재무레버리지도(degree of financial leverage : DFL)라고 하며, 부채의 기여도 내지는 부채의 손익확대효과를 통한 자본 조달의 유효성을 나타낸다. 영업레버리지도와 재무레버리지도를 곱하게 되면 생산량이나 매출액 증가가 주당 이익에 미치는 영향을 바로 알 수 있는데 이를 결합레버리지도(degree of combined leverage : DCL) 또는 총레버리지도(degree of total leverage : DTL)라고 한다.

1. 영업위험과 영업레버리지

제4장

1) 영업위험

영업위험은 기업이 부채가 없는 경우 기업이 보유하고 있는 자산가치의 변동 가능성을 의미하며, 기업이 보유하고 있는 자산의 가치는 결국 그 자산이 생산해 낼 미래 수익의 불확실성에 의하여 변동된다. 따라서 영업위험은 이자 및 법인세비용 차감전 이익(EBIT)의 변동성, 혹은 자산이익률(ROA)의 변동성을 측정함으로써 평가할 수 있으며, 일반적으로 분산 혹은 표준편차를 이용한다.

예를 들어, 부채가 없는 광진기업과 강남기업의 총자산순이익률(ROA)을 10년간 조사하여 평균값과 표준편차를 측정한 결과, 광진기업의 총자산순이익률(ROA)의 평균값과 표준편차는 각각 5%와 10%이고 강남기업은 15%와 20%로 나타났다. [그림 4-2]을 보면 영업위험을 총자산순이익률(ROA)의 표준편차로 나타낸다면 강남기업의 영업위험이 광진기업의 영업위험보다 높다는 것을 알 수 있다. 총자산순이익률(ROA)의 폭이 좁고 키가 클수록 영업위험이 작으며, 반대로 폭이 넓고 키가 작을수록 영업위험이 크다.

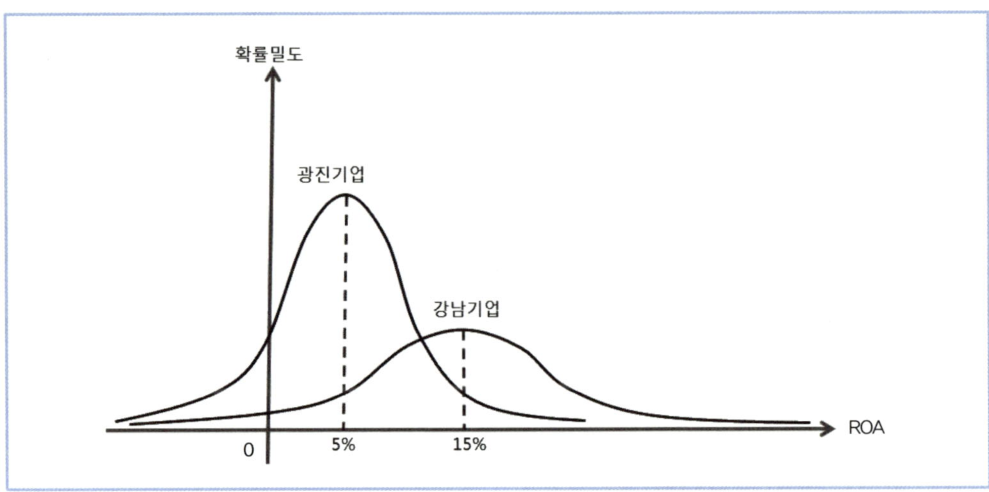

[그림 4-2] 총자산순이익률(ROA)의 확률밀도함수

기업의 영업위험은 개별 기업마다 다를 뿐만 아니라, 산업별로 차이를 보인다. 또한 영업위험은 시간의 흐름에 따라서도 변화한다. 왜냐하면 영업위험에 영향을 미치는 요인들은 개별 기업마다 다르고 산업별로 특징이 있으며, 시간이 흐름에 따라 달라지기 때문이다.

예를 들어 광진기업이 제조업 회사라고 한다면, 광진기업의 영업위험 즉, 총자산순이익률의 변동성에는 금리, 원자재 가격, 환율, 노사관계 등과 같은 요인들이 영향을 미친다. 금리는 시간이 흐름에 따라 변동하고, 원자재 가격도 다른 산업 예컨대 서비스 산업과는 다르게 움직인다. 노사관계도 기업별, 산업별로 조금은 다른 양상을 보일 수 있다.

위에서 언급한 바와 같이 영업위험은 미래의 영업이익 또는 이자 및 법인세차감전이익(EBIT)이 불확실하여 고정비를 보상할 수 없는 위험이라고 하면, 영업위험을 결정하는 주요한 원인을 열거하면 다음과 같다.

- 수요변동가능성(demand variability) : 다른 요인이 일정하다면, 제품에 대한 수요가 안정적일수록 그 기업의 영업위험은 낮아진다.
- 판매가격의 변동가능성(sales price variability) : 판매가격의 변화가능성이 높은 시장에서 제품을 판매하는 기업이 위험에 더 많이 노출되어 있다.
- 원재료가격의 변동가능성(input price variability) : 원재료가격이 매우 불안정한 기업이 더 높은 영업위험을 가진다.

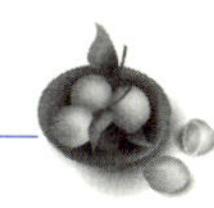

- 원재료가격의 변화에 따른 출고가격의 조정능력 : 다른 요인이 일정하다면 출고가격의 조정능력이 더 클수록 영업위험도 낮아진다.
- 제품의 진부화 속도와 신제품개발 능력 : 고도기술 집약적인 산업, 즉 제약, 컴퓨터산업 등의 회사는 끊임없는 신제품을 요구한다. 제품의 진부화가 빠를수록 기업의 영업위험은 더 크다.
- 영업비용의 고정화 정도(the extent to which costs are fixed) : 고정비의 비중이 높으면 수요가 감소하더라도 고정비는 하락하지 않으므로 상대적으로 높은 영업위험을 갖게 된다.
- 안정된 생산성 : 노동관계가 원만하거나, 생산시설의 고장이 없을수록 영업위험은 낮다.

2) 영업레버리지도

레버리지(leverage)란 지렛대의 사용을 의미하는 것으로 영업레버리지도가 높다는 것은 매출액의 변화에 따른 영업이익(EBIT)의 변동정도가 크다는 것을 의미한다. 어떤 기업의 총비용 중 많은 부분이 고정비라면 그 기업은 높은 영업레버리지를 가진다고 말할 수 있다. 영업레버리지를 측정하기 위해서 사용되는 지표인 영업레버리지도(degree of operating leverage : DOL)는 매출액의 변화율에 대한 영업이익의 변화율로서 계산되며 고정비의 영업이익확대효과라고도 한다.

$$
\begin{aligned}
\text{영업레버리지도} &= \frac{\text{영업이익의 변화율}}{\text{매출량의 변화율}} \\
&= \frac{\Delta EBIT \ / \ EBIT}{\Delta Q \ / \ Q} \\
&= \frac{Q(p-v)}{Q(p-v) \ - \ FC} \\
&= \frac{TR \ - \ VC}{TR \ - \ VC - FC}
\end{aligned}
\qquad (4.1)
$$

$EBIT$	: 영업이익 $(Q(p-v)-FC)$
$\triangle EBIT$	: 영업이익의 변화분$(\triangle Q(p-v))$
Q	: 매출량
$\triangle Q$	: 매출량의 변화분
p	: 제품 단위당 가격

v : 제품 단위당 변동비용
FC : 고정비용

3) 영업레버리지의 특성과 시사점

이상을 요약하여 정리하면 고정비의 부담이 커질수록 매출액의 변화에 따른 영업이익의 변화율이 증대된다는 것이며 그 외에도 다음과 같은 특성이 있다.

첫째, 영업레버리지는 시설의 보유에 따른 고정비의 존재에서 출발한다. 따라서 고정비가 없으면 영업레버리지는 작용하지 않는다.

둘째, 영업레버리지는 고정비가 크고 변동비율이 작을수록 크게 작용한다.

셋째, 영업레버리지도는 영업에서의 경영안전율 역수와 같고 항상 1보다 크다.

넷째, 영업레버리지도는 조업도가 변동함에 따라 그 값도 달라진다. 즉, 매출액이 손익분기점 근처에 있을 때는 영업레버리지 효과가 매우 크고 매출액이 손익분기점에서 멀어질수록 영업레버리지의 효과가 적어진다.

다섯째, 경기국면이 불황에 직면하게 되면 영업레버리지도가 큰 기업일수록 매출액의 감소에 따른 타격이 크다. 즉, 영업레버리지도가 크다는 것은 그만큼 영업상의 위험이 크다는 것을 의미한다.

위와 같은 특성들로 인하여 영업레버리지는 기업의 손익확대에 관한 유용한 정보를 제공하게 된다. 기업측에서는 경기전망과 사업전망에 따라 영업레버리지의 효과가 정반대의 결과를 가져올 수 있으므로 고정비의 부담을 가중시키는 의사결정을 할 때에는 반드시 기업의 영업레버리지도와 영업에 미칠 위험을 충분히 고려해야만 한다.

2. 재무위험과 재무레버리지

1) 재무위험

재무위험(financial risk)은 앞서 정의한 바와 같이 기업이 부채사용을 결정한 결과 보통주 소유자(주주)에게 전가되는 추가적인 위험이며, 영업레버리지가 고정자산의 사용과 관련된 것이라면 재무레버리지는 고정소득증권(fixed income securities), 즉 타인자본과 우선주 등의 사용에 따른 고정금융비(이자비용 등) 때문에 세후순이익의 변화폭이 확대되어 나타나는 것을 말한다. 이와 같이 고정재무비용의 지급으로 인하여 영업이익(EBIT)변화율에 대한 납세후순이익(또는 EPS)의 변화율이 확대되는 작용을 재무

레버리지효과(financial leverage effect)라고 한다.

따라서 부채를 전혀 사용하지 않는 기업은 이론적으로 재무위험이 발생하지 않는다. 또한 재무위험은 부채비율이 증가할수록 같이 증가한다. [그림 4-3]은 기업이 부채비율을 높일수록 재무위험이 증가하고 있는 현상을 보여주고 있다. 재무위험은 부채가 일정비율이상에 이르러 급격히 상승하는 모습이다. 재무위험 곡선 아래의 직선은 영업위험을 나타내고 있다. 영업위험은 부채비율의 증감에 상관없이 일정한 수준에서 변동이 없다. 왜냐하면 영업위험은 부채의 사용 여부에 상관없이 앞에서 설명한 여러 요인에 의하여 영향을 받기 때문이다.

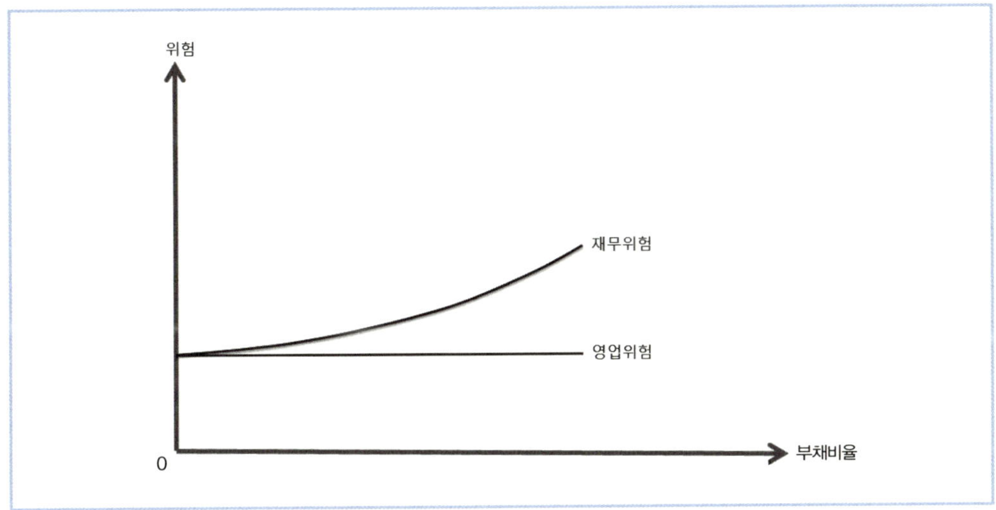

[그림 4-3] 부채비율과 재무위험

필요한 자금을 부채로 조달할 경우, 두 가지 중요한 장점을 가질 수 있다. 먼저, 부채에 지불하는 이자는 세법상 비용으로 분류되기 때문에 법인세 공제를 받을 수 있다. 자기자본이 100%인 기업과는 달리 부채를 사용하는 기업은 부채에 대한 이자를 우선 비용으로 차감한 후 법인세를 납부하게 된다. 따라서 부채를 가지고 있는 기업은 부채가 전혀 없는 100% 자기자본인 기업에 비하여 이자비용의 세금공제 금액만큼의 법인세를 적게 납부하게 되며, 이를 세금효과(tax effect)[28]라고 한다. 둘째로, 이자는 그 금액이 정해져 있기 때문에 기업이 연말에 엄청난 금액의 당기순이익을 올렸다

28) 제11장 〈표 11-1〉 참조

고 하더라도 채권자에게 추가적인 이자를 지불할 필요가 없다. 따라서 부채가 있는 기업은 부채가 없는 기업보다 기업경영의 과실을 더 많이 차지할 수 있다.

그러나 필요한 자금을 부채로 조달할 경우, 단점도 역시 존재한다. 첫째, 기업이 부채를 많이 이용하면 할수록 이에 상응하는 재무위험이 또한 증가하여 채권자들이 요구하는 이자비용은 증가하게 되며, 기업은 과다한 금융비용으로 경영의 어려움을 겪을 수 있다. 둘째, 경기불황 등의 이유로 기업의 매출 혹은 영업이익이 감소할 경우에는 이자비용을 제 때에 지불하지 못하는 상황이 발생할 가능성이 높아진다. 만약 기업이 조그마한 금액이라도 채무이행을 하지 못한다면, 기업은 파산위험에 직면할 수 있다. 따라서 기업은 적정규모의 부채를 이용하여 이자비용의 법인세 공제효과를 누리고 동시에 기업경영의 과실을 더 많이 차지할 수 있어야 하지만, 한편으로는 과다한 부채로 인한 높은 금융비용으로 인한 파산가능성을 경계하여야 한다.

그러면 현재 부채가 없는 기업이 무차입경영을 지속해야 할 것인가, 아니면 재무레버리지를 사용할 것인가? 만약 사용한다면 얼마만큼을 사용해야 하며, 재무레버리지가 높아짐에 따라 주당이익은 어떻게 달라질 것인가? 기업은 부채이용의 장점을 극대화하고 동시에 단점을 극소화하는 최적자본구조(최적부채비율) 또는 기업가치극대화를 유지해야 하며, 이를 위해서는 가중평균자본비용(weighted average cost of capital, WACC)이 최저의 수준이 되도록 해야 한다. 주가 또한 영향을 받게 되는데 주가는 그 주식의 기대미래배당의 현가이므로 재무레버리지가 발생하면 기대배당흐름이나 자기자본에 대한 요구수익률의 어느 한쪽 또는 양쪽 모두가 달라지게 된다. 먼저 자본구조의 변화가 주당이익과 주가에 미치는 효과를 살펴보고, 이어 재무레버리지도에 대해 분석하고자 한다.

2) 주당이익(EPS)에 대한 재무레버리지효과

타인자본의 사용 정도가 달라지면 우선 주당이익이 변화되고, 나아가 주가가 변하게 된다. 부채의 사용정도에 따라 타인자본비용이 다른 두 기업이 있다면 부채사용에 따른 재무레버리지도에 따라서 타인자본비용의 법인세 감세효과를 확인할 수 있다. 기대 주당순이익(EPS)으로 표시되는 수익이 부채사용에 따라 증가되며, 주당순이익의 표준편차로 측정되는 위험 또한 부채의 증가에 따라 일정수준까지 증가되기 때문에 한계수익률과 한계위험이 일치될 때 주가가 극대화될 수 있다.

3) 재무레버리지도

재무레버리지도(degree of financial leverage : DFL)는 다음과 같이 일정수준에서 EBIT의 변화율에 대한 보통주 소유자(주주)에게 귀속되는 순이익의 변화율로 측정한다.

$$
\begin{aligned}
\text{재무레버리지도} &= \frac{EPS\text{의 변화율}}{EBIT\text{의 변화율}} \\
&= \frac{\Delta EPS \ / \ EPS}{\Delta EBIT \ / \ EBIT} = \frac{EBIT}{EBIT - I} \\
&= \frac{Q(p-v) - FC}{Q(p-v) - FC - I} = \frac{TR - VC - FC}{TR - VC - FC - I} \qquad (4.2)
\end{aligned}
$$

상기의 식을 유도하는 과정을 정리하면 다음과 같다.

① $EBIT = Q(p-v) - FC$이고 이자비용과 법인세 차감전 이익이다.

② $EPS = \dfrac{(EBIT - I)(1 - t_c)}{N}$ 이다.

I : 지급이자
t_c : 법인세율
N : 발행주식수

③ I가 일정하면 EPS의 변화율인 ΔEPS는 다음과 같다.

$$\Delta EPS = \frac{\Delta EBIT\ (1 - t_c)}{N}$$

④ EPS의 변화율은 ΔEPS를 당초의 EPS로 나눈 것이다.

$$\frac{\Delta EPS}{EPS} = \frac{\dfrac{\Delta EBIT\ (1 - t_c)}{N}}{\dfrac{(EBIT - I)(1 - t_c)}{N}} = \frac{\Delta EBIT}{EBIT - I}$$

제 4 장

⑤ 재무레버리지는 EPS변화율을 $EBIT$변화율로 나눈 것이다.

$$DFL = \frac{\frac{\Delta EBIT}{EBIT - I}}{\frac{\Delta EBIT}{EBIT}} = \frac{EBIT}{EBIT - I} = \frac{Q(p-v) - FC}{Q(p-v) - FC - I}$$

위의 식(4.2)에서 보듯이 재무레버리지도는 타인자본의 손익확대효과를 나타내는 것으로 부채를 사용하는 한 1보다 크다.

4) 재무레버리지의 특성과 시사점

재무레버리지의 분석을 통하여 알 수 있는 사실은 타인자본 의존도가 높아 고정금융비(이자)의 부담이 커지면 영업이익의 변동이 순이익의 변동을 보다 큰 비율로 확대시킨다는 것이다. 또한, 재무레버리지는 추가소요자금의 원천에 따라 다르게 작용할 수 있다. 보통주를 발행하여 자금을 조달하면 고정금융비를 증가시키지 않으므로 추가적인 재무레버리지는 작용하지 않으나 차입, 우선주발행 등의 경우는 재무레버리지가 작용한다. 따라서 경기전망이 좋은 경우에 차입이나 우선주를 발행하여 자본을 조달하게 되면 재무레버리지가 유리하게 작용하여 보다 큰 주당이익을 가져오게 된다. 반면에 경기전망이 흐린 경우에 있어서는 타인자본의 보유가 재무레버리지를 불리하게 작용하므로 주당이익은 감소하게 된다.

3. 영업레버리지와 재무레버리지의 결합

이미 살펴본 바와 같이 영업레버리지의 영업이익(EBIT) 확대효과와 재무레버리지의 주당순이익(EPS) 확대효과를 결합하게 되면 매출 수준을 조금만 변화시켜도 폭넓은 주당순이익(EPS)의 변화를 가져오게 된다. 일정수준에서의 매출액의 변화가 주당순이익(EPS)의 변화에 미치는 정도를 결합레버리지효과 또는 총레버리지효과(total leverage effect)라고 하는데 영업레버리지도(DOL)와 재무레버리지도(DFL)을 곱하여 결합레버리지도(degree of combined leverage : DCL)를 구할 수 있다.

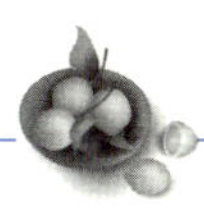

$$결합레버리지도 = DOL \times DFL$$
$$= \frac{Q(p-v)}{Q(p-v)-FC} \times \frac{Q(p-v)-FC}{Q(p-v)-FC-I}$$
$$= \frac{Q(p-v)}{Q(p-v)-FC-I} \quad \text{또는} \quad \frac{Q(p-v)}{EBIT-I} = \frac{TR-VC}{TR-VC-FC-I}$$ [29]

여기서 결합레버리지도의 유용성은 다음의 두 가지로 정리하여 볼 수 있다.

첫째, 매출량의 변화는 부채비율과 상관없이 영업이익(EBIT)에 영향을 주지만, 고정비의 존재로 인한 영업이익(EBIT)의 변화는 궁극적으로 주당순이익(EPS)에 변화를 주게 되어 영업레버리지도는 주주의 이익을 불안정하게 하거나 그와 관련된 자본비용에까지 영향을 미치는 변수로 작용하게 됨을 알려준다.

둘째, 영업레버리지와 재무레버리지 간의 상호관계를 보여준다.

끝으로 지금까지 살펴본 영업레버리지효과와 재무레버리지효과를 [그림 4-4]을 통해 설명하면 다음과 같다. 앞에서 설명한 바와 같이 영업비용 중에서 고정비가 많을수록 매출액 증감에 따른 영업이익 혹은 영업손실의 증감 폭이 확대되는 현상을 영업레버리지효과라고 하며, 기업이 부채를 많이 사용할수록 고정금융비 때문에 영업이익 증감에 따른 당기순이익 혹은 당기손순실의 증감 폭이 확대되는 현상을 재무레버리지효과라고 한다. [그림 4-4]에서 (a)영업레버리지효과에서 고정영업비용이 증가하면 삼각형 받침대가 왼쪽으로 움직이는 결과를 초래하여, 매출액 증감에 따른 영업이익 증감은 더욱 확대되는 현상 — 영업위험의 증가 — 을 보여주고 있다. (b)재무레버리지효과도 동일한 메커니즘으로, 고정금융비용이 증가하면 삼각형 받침대가 왼쪽으로 이동하여 주당순이익(EPS) 증감이 확대되는 현상을 알 수 있다.

29) TR(총수입) = Q(매출량) × p(제품 단위당 가격), VC(변동비) = Q(매출량) × v(제품 단위당 변동비용)임.

(a) **영업레버리지효과**

① 고정영업비용이 적을 때

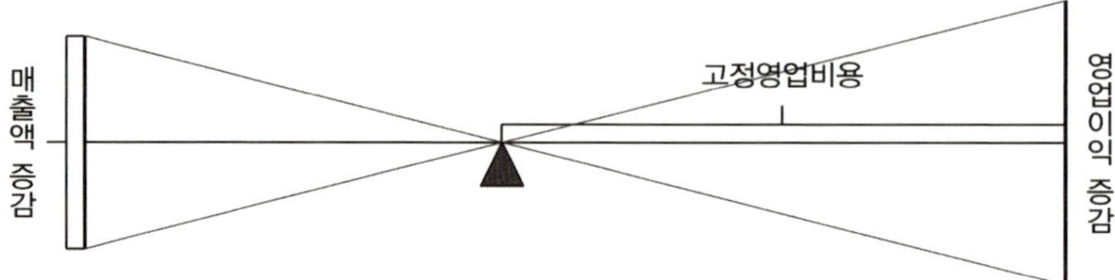

② 고정영업비용이 증가할 때

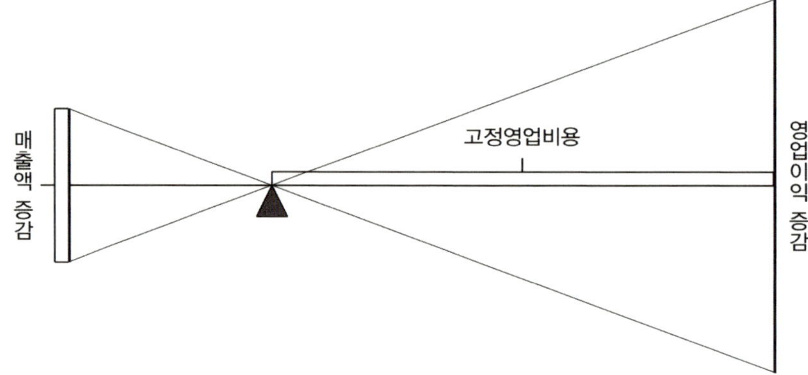

③ (①+②) 고정영업비용의 증가효과 : 영업이익증감폭 확대

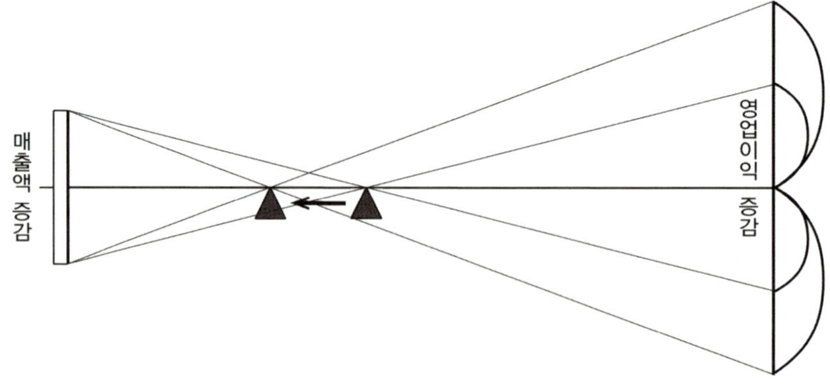

(b) **재무레버리지효과**

④ 고정금융비용의 증가 : 주당순이익증가폭 확대

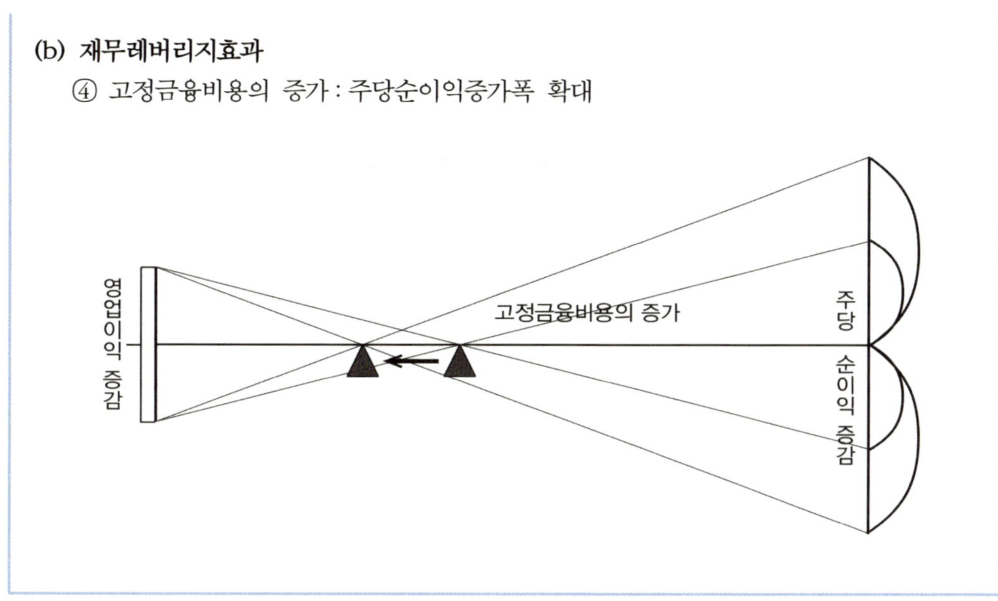

[그림 4-4] 영업레버리지효과와 재무레버리지효과

제 4 장

연습문제

1. 작년에 기린산업(주)의 유동비율(current ratio)은 크게 개선된 반면에 당좌비율(quick ratio) 이 낮아진 것으로 나타났다. 그 이유를 설명하고, 차년도에 자산관리에 있어 어느 부문에 중점을 두어야 하는지 설명하라.

2. 부채자본비율(debt-equity ratio)과 부채비율(debt ratio)이 무엇인지 비교 설명하라.

3. 산기산업(주)의 재무제표에서 매출 150억, 총자산 200억, 부채 150억으로 드러났다. 매출액순이익률이 10%라면 총자산순이익률(ROA)와 자기자본순이익률(ROE)는 얼마인가?

4. 매출채권회전율(receivables turnover)과 매입채무회전율(payables turnover)의 정의를 설명하고, 재무담당최고책임자(Chief Financial Officer)로서 매출채권평균회수기간과 매입채무평균지급기간이라는 차원에서 어떠한 정책이 기업의 유동성을 개선할 수 있는지 설명하라.

5. 삼화유통(주)의 매출액은 100억이고, 재고자산은 15억이다. 재고자산회전율은 얼마이며, 평균재고기간은 몇 일인가?

6. 재무제표를 통해 기업의 성장성과 생산성을 알아볼 수 있는 지표는 어떤 것들이 있는지 간단히 설명하라.

7. 시장가치비율에서 EPS와 PER의 관계에 대해 설명하라. 또 토빈의 q는 무엇을 의미하는가?

8. 승리기업(주)의 요약 재무상태표와 손익계산서를 이용하여 다음의 재무비율을 구하라.

a) 유동비율과 당좌비율
b) 총자산회전율, 재고자산회전율, 매출채권회전율
c) 부채자본비율, 부채비율, 이자보상비율
d) 매출액순이익률, 총자산순이익률, 자기자본순이익률

제4장

요약 재무상태표

제x기 2010년 12월 31일 현재
제x기 2009년 12월 31일 현재

승리기업(주) (단위 : 백만원)

자 산	당 기	전 기	부채 및 자본	당 기	전 기
Ⅰ.유동자산	2,844,051	2,065,838	Ⅰ.유동부채	3,854,692	2,688,461
(1)당좌자산	2,082,613	1,190,061	매입채무	788,833	729,895
현금 및 현금성자산	518,620	151,872	차 입 금	662,967	513,946
매출채권	1,091,283	700,877	기 타	2,402,892	1,444,620
기 타	472,710	337,312	Ⅱ.비유동부채	3,457,903	2,683,823
(2)재고자산	761,438	875,777	사 채	1,673,848	1,392,655
Ⅱ. 비유동자산	5,996,244	4,775,996	장기차입금	1,302,852	868,337
(1)투자자산	2,198,077	1,641,262	기 타	481,204	422,831
(2)유형자산	2,851,846	2,676,850	부 채 총 계	7,312,838	5,372,284
(3)무형자산	23,312	26,560	Ⅰ.자본금	524,616	534,963
(4)기타 비유동자산	923,009	431,324	Ⅱ.자본잉여금	777,023	779,339
			Ⅲ.자본조정	16,378	-36,565
			Ⅳ.이익잉여금	209,440	191,813
			자 본 총 계	1,527,457	1,469,550
자 산 총 계	8,840,295	6,841,834	부채와 자본총계	8,840,295	6,841,834

요약 손익계산서

제x기 2010년 1월 1일부터 2010년 12월 31일까지
제x기 2009년 1월 1일부터 2009년 12월 31일까지

승리기업(주) (단위 : 백만원)

과 목	당 기		전 기	
Ⅰ.매출액		9,939,733		7,502,451
Ⅱ.매출원가		7,028,248		5,817,673
Ⅲ.매출총이익		2,211,485		1,684,778
Ⅳ.판매비와 관리비		1,413,429		1,114,231
(감가상각비)	(349,873)		(44,311)	
Ⅴ.영업이익		798,056		570,547
Ⅴ.영업외수익		1,039,080		186,904
Ⅶ.영업외비용		1,721,264		744,581
(이자비용)	(491,219)		(388,929)	
Ⅷ.법인세비용차감전순이익		115,872		12,870
Ⅸ.법인세비용(20%)		23,174		2,574
Ⅺ.당기순이익		92,698		10,296

9. 레버리지와 관련하여 다음을 설명하라.

a) 영업레버리지(operating leverage)와 영업레버리지도(DOL)
b) 재무레버리지(financial leverage)와 재무레버리지도(DFL)
c) 결합레버리지(combined leverage)와 결합레버리지도(DCL)

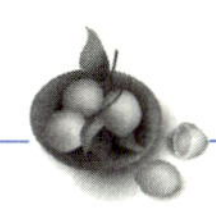

10. 다음은 (주)해원의 손익계산서이다. 현재 매출액은 10억원이며, 변동비는 40%, 고정비는 3억원이다. 또한 고정금융비로 1억을 지불하고 있으며, 법인세는 50%라고 하자.

요약 손익계산서

(단위 : 백만원)

과 목	현 재	매출 20% 증가
매출액	1,000	1,200
변동비(40%)	400	480
고정비	300	300
영업이익(EBIT)	300	420
금융비용(이자)	100	100
세전이익	200	320
법인세(50%)	100	160
당기순이익	100	160

매출액이 10억에서 12억으로 20% 증가할 때,

a) 영업레버리지도(DOL)와 재무레버리지도(DFL)를 각각 구하라.

b) 결합레버리지도(DCL)를 구하고, (영업레버리지 x 결합레버리지)와 같은지를 확인하라.

제4장

제2부

자본예산론

제5장 자본예산의 기초개념과 현금흐름의 추정

기업은 수익성 있는 사업을 찾아내서 공장을 세우고 제품을 생산하여 이를 필요로 하는 소비자에게 제공함으로써 사회에 기여한다. 사업의 수익성을 투자안의 경제성이라고 하며 이러한 사업안의 분석은 기업의 생존에 중요한 능력이다. 사업을 분석하는 단계에서 가장 중요한 첫 번째 단계는 사업과 관련한 현금흐름의 크기와 시기를 추정하는 것이다.

사업에 필요한 투자 지출액과 사업을 통해 들어오는 순현금 유입을 예측하기 위해서는 여러 가지 사정을 고려해야 하며, 많은 개인과 부서가 그 과정에 참여한다. 예를 들면 판매 단위 및 판매 가격은 보통 가격의 탄력성, 광고효과, 경제상황, 경쟁자들의 반응, 소비자 기호의 추이 등에 관한 마케팅 담당자들의 지식에 기초하여 이루어진다. 마찬가지로 필요한 투자자본의 지출은 일반적으로 엔지니어링 및 제품개발 담당자로부터 얻어지며, 반면에 운영비는 원가회계전문가, 생산전문가, 인사전문가, 구매대리인 등에 의해 추정된다.

사업분석 과정에서 재무담당자의 역할은 생산이나 마케팅 부문과 같은 다른 부서와 협력·조정을 하고, 관련된 모든 사람들이 일관된 경제적 가정을 사용하도록 하고, 끝으로 예측에 어떠한 편의(bias)도 발생하지 않도록 하는 것이다. 마지막 항목은 매우 중요하다. 왜냐하면 경영자들은 흔히 애착을 갖는 프로젝트에 감정적으로 치우치기 쉬우며, 나쁜 프로젝트임에도 불구하고 좋은 프로젝트로 보이게 하는 장미빛 예측을 할 수 있다. 주요 변수에 대한 정확한 추정치를 얻는 것은 예측과정에서 가장 중요한 부분이다.

SECTION 1 자본예산의 기초개념

1. 자본예산의 의의와 중요성

자본예산(capital budgeting)이란 기업의 투자결정과 관련된 총괄적인 계획과 평가과정을 의미한다. 기업은 그 실체를 유지·존속 발전시키기 위해서 지속적인 투자활동이 필요하다. 이러한 기업의 투자는 토지·건물 기계설비에 대한 투자와 같이 실물자산에 대한 투자에만 국한되는 것이 아니라, 광고 및 판촉활동, 그리고 연구개발계획에 대한 투자와 같이 지출의 영향이 장기간에 걸쳐 나타나는 모든 투자활동을 포함한다.

기업의 투자결정은 투자의 효과가 장기에 걸쳐 영향을 미치며, 지출의 규모가 대규모라는 점에서 전형적인 전략적 의사결정이며, 이에 따라 기업의 여러 경영의사결정 중에서 가장 중요한 위치를 점하고 있다. 잘못된 투자결정은 기업에 심각한 결과를 초래할 수 있다. 불필요한 투자는 경영자원의 심각한 낭비를 초래할 수 있고, 충분한 투자가 이루어지지 못하는 경우 잠재적인 고객과 시장을 경쟁기업에게 빼앗길 수 있다.

이러한 특성을 갖는 기업투자결정의 총괄적 과정인 자본예산은 다음과 같은 면에서 매우 중요하며, 따라서 자본예산은 신중하고 엄밀하게 수행되어야 한다.

첫째, 최근 기업의 경영환경을 보면 과거와는 달리 사업성 있는 투자기회가 그리 많지 않다. 과거에 기업이 수지가 맞는 투자기회를 많이 갖고 있을 때에는 투자보다는 자금조달이 더 중요한 문제이었다. 자금조달만 이루어지면 경영자의 직관에 따라 엄밀한 분석 없이 조달된 자금의 범위 내에서 투자결정을 하더라도 큰 문제가 없었지만 지금은 상황이 변화하였다.

둘째, 자본예산 의사결정의 효과는 장기간 계속되며 한번 결정하면 유연성을 상실한다. 예를 들면, 10년의 경제적 내용연수를 가진 자산의 구입은 10년 동안 회사를 묶어둔다. 더욱이 자산의 구입은 근본적으로 예상되는 기대매출액과 관련되어 있기 때문에 고정자산을 구입하는 결정은 10년간의 판매예상액과 절대적으로 관련되어 있다.

마지막으로 기업의 자본예산 의사결정은 기업의 전략적 의사결정으로서 새 상품과 서비스, 신 시장으로의 진출 등은 자본지출이 선행되어야 한다. 기업이 너무 과다하게 투자한다면 불필요하게 과다한 비용을 초래하게 된다. 또한 지출을 충분히 하지 않는다면 다음과 같은 2가지 문제가 발생할 수 있다. 우선, 설비가 경쟁력 있는 생산을

할 수 있게끔 현대화되지 않는다. 아울러 설비능력이 부적당하다면 경쟁기업에게 시장의 일부분을 빼앗길 수 있다. 잃어버린 고객을 다시 얻으려면 많은 판매비용, 가격인하, 제품개선비용을 필요로 하며, 이 모든 것은 비용이다. 물론 상품과 서비스가 고객의 욕구를 충족시키지 못한다면 그 결과는 더 심각해 질 수 있다.

2. 투자의 분류

기업의 투자는 종류와 형태가 매우 다양하며, 투자안의 성격에 따라 현금흐름의 예측치에 대한 정확도에 있어 차이가 있을 수 있다. 따라서 기업의 투자안을 일정한 기준에 의거하여 분류하는 것은 투자안 평가의 정확성을 높이고 의사결정의 효율성을 높일 수 있다는 점에서 매우 의미 있는 일이다.

(1) 투자의 목적에 따른 분류

① **대체투자**(replacement investment) : 대체투자란 기초설비의 수명이 다 되었거나 그 효율이 떨어질 때에 새로운 설비로 대체하는 투자를 의미한다. 이러한 투자는 대부분 원가절감을 목적으로 이루어지며, 이 경우 설비의 대체시기가 가장 중요한 과제가 된다. 새로운 투자로부터 기대되는 원가절감액이 투자로 인한 현금유입액이 되며, 이에 대한 정확한 예측치의 계산이 투자평가의 핵심내용이 된다.

② **확장투자**(expansion investment) : 확장투자란 자사제품에 대한 수요의 증가나 시장점유율의 확대에 대처하기 위하여 기존생산능력을 확대할 목적으로 행하여지는 투자를 말한다. 이러한 투자의 현금흐름 추정은 대체투자에 비하여 어려움이 많다. 왜냐하면 대체투자결정의 경우 기대현금 유입액의 추정은 기업내부의 비용분석에서 산출될 수 있으나, 확장투자의 경우에는 기대현금 유입액의 추정이 기업의 외적요인인 매출액의 증가분에 의존해야 하기 때문이다.

효과적인 자본예산은 추가로 배치될 구입자산의 시기를 적기에 맞추고, 또 질을 향상시킨다. 자산을 미리 구입하여 설치할 수도 있지만, 실제로 많은 기업들은 설비가 완전하게 가동하는 시간을 예측하여 새로운 공장의 건설이나 설비주문, 새 제품라인 추가 등을 맞추려고 한다. 만약 매출이 일반시장 수요 증가로 인해 늘어난다면 그 산업의 모든 기업들은 동시에 자본설비를 주문하려고 할 것이다. 이는 납품 지연, 품질 하락, 비용 증가 등을 초래한다. 반대로 기업이 수요증가를 예상하고 이를 충족하기 위하여 시설을 확장했는데 매출이 늘어나지

제5장

않는다면 초과설비와 비정상적으로 높은 비용을 감수해야 한다. 이러한 손실은 기업경영에 결정적인 악영향을 미치며, 심지어는 파산을 초래할 수도 있다. 따라서 정확한 매출예상은 매우 중요하며, 자본설비의 필요성을 잘 예상한 기업은 이러한 문제들을 피할 수 있다.

③ **제품투자**(product investment) : 확장투자는 기존제품의 생산을 확대시키기 위한 투자이나, 제품투자는 새로운 제품을 개발생산하기 위한 투자이다. 이는 다시 제품의 개선(improvement)을 위한 투자와 신제품투자로 구분되며, 신제품투자는 경쟁적인 측면에서 다시 소극적 투자와 적극적 투자로 나눌 수 있다. 일반적으로 신제품에 대한 투자의 분석과 평가에는 많은 불확실성이 내포되어 있기 때문에 상기한 두 가지 종류의 투자보다 훨씬 어렵다고 볼 수 있다.

④ **전략적 투자**(strategic investment) : 전략적 투자란 광고, 연구개발 등 기업의 이미지 개선이나 지속가능경영을 위한 성장잠재력 확충을 위한 투자, 그리고 종업원의 사기증진과 복지향상을 위한 제반투자 등을 말한다. 이와 같은 투자는 투자로부터 기대되는 현금유입이 불명확하고 비교적 장기간에 걸쳐 발생되므로 투자의 정확한 수익성 판단이 상당히 어렵다. 따라서 이런 유형의 투자는 정규자본예산과정에서 제외시켜 평가하기도 한다.

(2) 투자안 간의 상호의존도에 따른 분류

① **상호 배타적인 투자안**(mutually exclusive investments) : 상호 배타적인 투자안들이란 어느 한 투자안이 채택되면 다른 투자안들은 자동적으로 기각되는 투자안들을 말한다. 상호배타적인 투자안들은 동일한 과업을 수행하는 서로 다른 방법들을 의미하는 경우가 많다. 따라서 상호배타적인 투자안들 중에서 가장 우월한 하나의 투자안 만을 선택하는 의사결정이 이루어진다.

② **독립적인 투자안**(independent investments) : 독립적인 투자안들이란 투자안들 간에 서로 직접적인 관련이 없는 투자안들을 말한다. 상호 독립적인 투자안들은 어떤 한 투자안이 채택되어 수행되더라도, 이것이 다른 투자안들의 현금흐름에 전혀 영향을 미치지 않는다. 따라서 상호 독립적인 투자안의 경우에는 개별투자안별로 독립적으로 의사결정을 할 수 있다.

③ **종속적 혹은 인과적인 투자안**(dependent or contingent investments) : 상호 종속적 혹은 인과적 투자안들이란 한 투자안이 채택되면 반드시 다른 투자안이 병행해서

수행되어야 하는 투자안들이라 할 수 있다. 특히 한 투자안에 대한 투자의 결과가 다른 투자안의 현금흐름에 영향을 미치는 경우 이를 상호보완적 투자라고 하며, 이 투자안들에 동시에 투자함으로써 투자가치를 극대화시킬 수 있다.

3. 자본예산의 편성과 단계

기업의 투자결정은 가장 전형적인 전략적 의사결정(strategic decision making) 중의 하나이다. 따라서 기업의 투자에 대한 계획과 평가 과정인 자본예산은 일반적으로 다음과 같은 편성단계를 갖는다.

첫째, 기업의 투자목표를 설정하는 단계이다. 기업의 외부환경을 분석하고, 기업의 내부능력을 감안하여 최고 경영층에 의해 기업목표가 설정되고, 이에 따라 투자목표가 설정되면 이는 구체적으로 하부조직에 시달되어야 한다.

둘째, 투자안의 선정 및 분류단계이다. 기업의 투자목표를 달성하기 위한 투자안들이 각 부문조직으로부터 제안되면, 기업의 전반 관리층에 의한 전략적 검토에 따라 투자 가능한 투자대안들이 선정된다.

셋째, 선정된 투자안의 현금흐름을 추정하는 단계이다. 즉 투자안의 경제성 평가를 위하여 투자평가의 목적에 합당한 수익성 개념인 각 투자안으로부터 기대되는 현금흐름을 추정한다.

넷째, 투자안의 경제성을 평가하는 단계이다. 각 투자안의 현금흐름이 추정되면 소위 자본예산기법(capital budgeting techniques)을 이용하여 투자안의 투자가치를 평가한다.

다섯째, 최적 투자대안의 결정 및 실행, 그리고 사후감독 및 통제의 단계이다.

이상과 같은 다섯 단계 중 첫째와 둘째 단계는 주로 기업의 최고 경영층 내지는 관리층에 의해서 수행되는 단계이고, 세 번째와 네 번째 단계가 주로 재무관리담당자의 고유업무라 할 수 있다. 이하 다음 절에서는 현금흐름의 개념과 추정방법을 먼저 설명하고, 제5장에서는 투자안의 경제성 평가방법을 소개하고자 한다.

SECTION 2 현금흐름의 추정

1. 현금흐름의 개념

투자안의 평가를 위한 현금흐름의 추정은 기본적으로 추정손익계산서[30](pro-forma income statement)로부터 이루어진다. 추정손익계산서란 미래의 영업성과에 대한 현재의 예측치이다. 앞에서 보았듯이 화폐가치는 그것을 평가하는 시점에 따라 차이가 나며, 미래에 발생하게 될 투자수익은 현재 또는 어떤 동일한 시점에서 평가되어야 투자안들 간의 비교평가가 가능하다.

그러나 이와 같은 화폐의 시간적 가치를 고려한 투자의 수익성을 평가하기 위해서는 추정손익계산서상의 회계적 이익을 바로 사용하기가 곤란하다. 왜냐하면 손익계산서상의 수익·비용의 발생시점이 실제 현금의 수입·지출시점과 일치하지 않기 때문이다. 따라서 투자평가를 위해서는 실제 현금의 수입·지출시점과 일치하도록 손익계산서의 회계적 이익을 수정하는 것이 필요하다. 이와 같이 화폐의 시간적 가치를 고려한 투자평가의 목적에 합당하도록 수정된 수입·지출의 개념을 현금흐름(cash flows, CF)이라고 한다.

즉, 현금흐름이란 투자로부터 발생하는 모든 현금의 움직임을 의미하며 투자안의 평가는 이 현금흐름을 기준으로 이루어져야 한다. 투자로 인하여 들어오는 현금흐름을 현금유입(cash inflows)이라 하며, 나가는 현금흐름을 현금유출(cash outflows)이라 한다. 이러한 현금유입과 현금유출의 차를 순현금흐름(net cashflows)이라 하며, 이는 종종 현금흐름과 동의어로 쓰인다.

(순)현금흐름 = 현금유입 - 현금유출

30) 손익계산서의 양식은 제4장 제1절 재무제표 참조. 2011년부터 상장기업에 의무적으로 적용되는 한국채택국제회계계기준(K-IFRS)의 경우는 기존의 손익계산서 대신에 포괄손익계산서(a statement of comprehensive income)라고 명칭을 변경하였으며, 성격별·기능별 분류법에 의한 2종류의 양식 이 있다. 여기서는 설명의 편의를 위해 비상장기업이 사용하는 일반기업회계기준 손익계산서를 이용하고자 한다.

2. 현금흐름 추정시 고려해야 할 사항

이와 같은 투자평가의 목적에 합당한 투자로부터의 현금흐름을 추정하는데는 다음과 같은 기본원칙이 있다.

(1) 증분 기준(incremental basis)

자본예산에서 현금흐름을 추정할 때 증분기준으로 추정해야 한다. 즉, 현금흐름 추정시 새로운 투자의 결과, 추가적으로 증가하거나 감소하는 현금흐름의 크기만을 반영해야 한다. 이 때 주의해야 할 몇 가지 사항은 다음과 같다.

첫째, 매몰원가(sunk cost)는 현금유출이 아니다. 매몰원가는 과거의 의사결정에 의하여 이미 지출된 비용이므로 현재의 의사결정과는 아무런 상관이 없다. 예를 들어 어떤 기업에서 막대한 연구개발비를 들여 신기술을 이미 개발했으며, 이 신기술을 이용한 새로운 투자를 고려한다고 하자. 이 경우 신기술의 연구개발비는 매몰원가로서 현금유출로 인식되어서는 안 된다.

둘째, 투입되는 모든 자원의 기회비용(opportunity cost)은 현금유출로서 고려되어야 한다. 예를 들어 기업이 이미 소유하고 있는 토지에 공장을 지으려고 하는 경우, 이 토지를 다른 용도로 사용할 수 있는 기회를 포기하여야 하므로 적어도 이 토지의 예상매각대금 만큼은 현금유출로 고려되어야 한다.

셋째, 기타 부수효과(side effects)가 고려되어야 한다. 기업의 투자를 촉진하기 위하여 기업의 투자총액 중 일정비율을 납부해야 할 법인세에서 감해주는 투자세액공제(investment tax credit)를 받게 된다면 이같은 투자의 부수효과도 현금흐름추정에 고려되어야 한다.

(2) 지급이자와 배당

지급이자와 배당은 기업의 입장에서 보면 명백히 현금으로 지불되지만, 투자평가시에는 이를 현금유출로 보아서는 안 된다. 지급이자와 배당은 투자의 결과로 발생하는 비용이 아니고, 자본사용의 대가로 자본제공자에게 지불하는 비용이다. 이러한 자본사용의 대가는 미래현금흐름을 할인하는 할인율에 이미 반영되어 있다. 따라서 현금흐름추정시 지급이자와 배당을 현금유출에 포함시키고 할인율에도 반영하면 2중 계산이 된다. 이러한 2중 계산을 방지하기 위하여 투자결정으로 인한 현금흐름의 추정에는 자본조달의 결과로 발생하는 비용인 지급이자와 배당을 현금유출에서 제외시키게 된다.

(3) 세후기준(after-tax basis)

투자로 인한 현금흐름은 법인세 납세후를 기준으로 추정해야 한다. 법인세는 기업이 실제로 지출하는 분명한 현금유출이다. 그런데 법인세는 회계이익을 기준으로 산출되므로 추정손익계산서상 법인세 납부후의 순이익이 영업으로부터 발생하는 현금유입의 중요한 원천이 된다.

〈표 5-1〉 추정손익계산서를 이용한 증분의 세후순이익 계산

매출액의 변동분	$\triangle S$
영업비용의 변동분	$-\triangle O$
감가상각비의 변동분	$-\triangle D_{ep.}$
영업이익의 변동분	$\triangle EBIT$
법인세(법인세율 : tc)	$-\triangle EBIT \cdot t_c$
세후순이익의 변동분	$\triangle EAT = \triangle EBIT(1-t_c)$

(4) 감가상각비·

고정자산에 대한 투자원금(initial investment outlays) 지출은 실제로 투자시점에 이루어지나, 회계상 이는 자본적 지출에 해당되어 내용년수 전체에 걸쳐서 일정한 방법에 따라 비용으로 배분되는데 이를 감가상각비(depreciation)라고 한다. 이는 회계상 해당 회계연도에 비용으로 처리되지만 실제로 현금유출이 이루어지는 것은 아니다.

화폐의 시간적 가치가 중요시되는 투자평가의 성격상 투자원금은 실제 지출되는 시점에서 현금유출로 보는 것이 타당하다. 따라서 감가상각비는 설비의 내용년수 기간중 현금유출로 보아서는 안되며, 현금흐름을 추정하기 위해서는 추정손익계산서의 세후순이익에 감가상각비를 더해 주어야 한다. 즉 영업으로부터 발생하는 증분의 현금흐름(△CF)은 다음과 같이 계산된다.

$$\begin{aligned}\triangle CF &= \triangle EAT + \triangle D_{ep.}\\ &= (\triangle S - \triangle O - \triangle D_{ep.})(1-t_c) + \triangle D_{ep.}\\ &= (\triangle S - \triangle O)(1-t_c) + \triangle D_{ep.} \cdot t_c\end{aligned}$$

여기서 $\triangle EAT$: 세후순이익의 증가분
$\triangle D_{ep.}$: 감가상각비의 증가분
$\triangle S$: 매출액의 증가분
$\triangle O$: 감가상각비가 제외된 영업비용의 증가분
t_c : 법인세율

(5) 현금흐름 추정시 기타 고려사항

① **순운전자본** : 새로운 투자의사결정이 이루어지면 고정자산에 대한 투자뿐만 아니라 현금, 외상매출금, 재고자산과 같은 유동자산이나 외상매입금, 지급어음과 같은 유동부채에 대한 투자도 수반된다. 유동자산에서 유동부채를 뺀 것을 순운전자본이라 하는데, 투자에 따른 이러한 순운전자본의 변화액은 회계처리상 수익이나 비용으로 인식되지 않지만 투자평가의 입장에서는 추가적인 투자금액으로 인식되어야 한다.

여기서 유의해야 할 점은 순운전자본에 대한 투자의 증가액은 실제 비용성격의 현금유출이 발생한 것이 아니고, 단지 기업의 투자재원을 비수익성자산(non-income bearing assets)에 투입했다는 것이다. 따라서 어떤 한 기의 순운전자본의 증가(감소)액은 그 기에 투자(현금유입)로 간주하고 다음 기에 다시 회수(투자)되는 것으로 파악되어야 한다. 즉 순운전자본의 변동액은 투자와 회수의 과정이 반복되어 미회수금액이 내용 년수 말에 모두 회수되게 된다. 따라서 화폐의 시간적 가치를 고려하지 않은 순운전자본에 대한 투자의 증감에 따른 현금흐름의 단순합계는 “0”이 된다.

② **잔존가치** : 잔존가치(salvage value)란 투자된 설비의 내용 년수 말에 이를 매각하여 회수할 수 있는 예상금액을 말한다. 어떤 자산의 잔존가치가 예상될 경우, 투자금액에서 잔존가치를 제외한 나머지 금액만 내용 년수에 걸쳐 감가상각이 된다. 자산의 취득원가에서 감가상각분을 제외한 금액을 장부가액(book value, BV)이라 하는데, 이는 실제 처분가격(disposable price, DP)과 차이가 나는 것이 보통이다.

〈표 5-2〉 순운전자본의 변동과 현금흐름

(단위 : 만원)

년 도	0	1	2	3	4	5
순운전자본 소요예상액						
기 존	5,000	5,500	6,000	6,500	7,000	0
신규투자	7,000	8,000	6,000	6,000	6,000	0
순운전자본의 변동액	2,000	2,500	0	-500	-1,000	0
(회수액)	0	(2,000)	(2,500)	(0)	(-500)	(-1,000)
순운전자본에 대한 순투자	2,000	500	-2,500	-500	-500	1,000
현금흐름	-2,000	-500	2,500	500	500	-1,000

잔존가치는 투자된 자본의 회수이므로 과세대상소득이 아니다. 그러나 실제 처분가격(DP)이 장부가액(BV)과 차이가 나게 될 경우, 설비의 매각이익이나 매각손실이 발생하여 세금효과가 발생함으로써 현금흐름에 영향을 주게 된다.

예를 들어 어떤 설비의 잔존가치가 장부가액 기준으로 1,000만원으로 예상되었으나 실제로 3,000만원에 매각되었다고 하자. 그러면 2,000만원의 고정자산처분이익이 발생되어 이에 대해 법인세를 납부하여야 한다. 법인세율(t_c)이 30%라면 600만원의 법인세를 납부하여야 하므로 실제 현금유입은 2,400만원이 되는 것이다. 이와 같은 세금효과를 고려한 자산의 처분으로부터 발생하는 현금흐름(CF)은 다음과 같은 식으로 나타낼 수 있다.

$$CF = DP - (DP - BV) \cdot t_c \text{ 또는 } CF = BV + (DP - BV)(1 - t_c)$$

여기서 DP : 처분가격

BV : 장부가액

t_c : 법인세율

3. 현금흐름 추정모형

앞에서 보았듯이 투자결정에 따른 현금흐름은 기회비용과 부수효과를 고려한 초기투자비용과, 영업으로부터 발생하는 현금흐름, 순운전자본에 대한 순투자의 변동분, 및 설비의 처분으로부터 발생하는 현금흐름 등으로 구성되어 있다. 이러한 내용을 종합하면 다음과 같은 현금흐름추정의 모형을 만들 수 있다.

- **투자시점의 증분현금흐름** : 새로운 투자결정에 의한 투자 첫 해(initial year)의 증분의 현금흐름을 ($\triangle CF_0$)추정하는 공식은 다음과 같다.

$$\triangle CF_0 = -I_0 + DP_0 - (DP_0 - BV_0)\cdot t_c + SE - \triangle WC_0$$

여기서 I_0 : 초기투자액
DP_0 : 구설비의 처분가격
BV_0 : 구설비의 장부가액
t_c : 법인세율
SE : 투자세액공제 등 부수효과의 순현재가치
$\triangle WC_0$: 순운전자본에 대한 순투자

- **영업기간 중의 증분현금흐름** : 투자한 이듬해부터 투자가 종료되기 직전까지의 기간 동안 증분의 현금흐름($\triangle CF_{1 \sim n-1}$)을 추정하는 공식은 다음과 같다.

$$\triangle CF_{1 \sim n-1} = (\triangle S_t - \triangle O_t)(1 - t_c) + \triangle Dep_t \cdot t_c$$

여기서 $\triangle S_t$: t기의 매출액의 증가분
$\triangle O_t$: t기의 영업비용의 증가분
$\triangle Dep_t$: t기의 감가상각비의 증가분

- **투자종료기의 증분현금흐름** : 새로운 투자의 내용년수가 끝나는 투자 마지막 해의 증분현금흐름($\triangle CF_n$)을 추정하는 공식은 다음과 같다.

$$\triangle CF_n = (\triangle S_n - \triangle O_n)(1 - t_c) + \triangle Dep_n \cdot t_c + \triangle BV_n + \triangle WC_o$$

여기서 $\triangle S_n$: 투자종료기의 매출액 증가분
$\triangle O_n$: 투자종료기의 영업비용 증가분
$\triangle Dep_n$: 투자종료기의 감가상각비 증가분
$\triangle BV_n$: 신설비의 증분장부가액

신설비의 증분장부가액은 구설비를 n기 후까지 보유하였을 때 예상되는 장부가액과 신설비의 예상장부가액과의 차액을 의미한다.

(주)서은기업은 5년 동안 사용해오던 구설비를 신설비로 대체하려는 투자계획을 가지고 있다. 구설비는 내용년수 10년, 취득가액 2억원, 기대잔존가치(장부가액)가 2,000만원으로 정액법으로 감가상각하여 왔으며, 현재 매각하면 시장가격 1억원을 받을 수 있다. 한편 신설비의 구입가격은 3억원, 내용년수는 5년, 기대잔존가치는 5,000만원으로 추정된다. (주)서은기업은 이러한 설비대체투자가 이루어지면 앞으로 5년간 매년 5,000만원의 생산 및 매출증가가 기대되고, 매년 1,000만원의 순운전자본에 대한 투자의 증가가 필요할 것으로 예상하고 있다. 법인세율이 30%라고 할 때, 서은기업의 대체투자안에 대한 5년간의 현금흐름을 추정하라.

풀이

1. 투자시점의 증분현금흐름

$\triangle CF_o = -I_o + DP_o - (DP_o - BV_o)\cdot t_c + SE - \triangle WC_o$

= −3억원 + 1억원 − (1억원 - 1억 1천만원) × 0.3 − 1천만원

= −2억 700만원

단, 구설비 BV_o는

$$BV_o = \text{매입가액} - \frac{\text{매입가액} - \text{잔존가치}}{\text{내용년수}} \times \text{경과년수}$$

$$= 2\text{억원} - \frac{2\text{억원} - 2\text{천만원}}{10} \times 5$$

= 1억 1천만원

2. 영업기간 중의 증분현금흐름

$\triangle CF_{1\sim4} = (\triangle S_t - \triangle O_t)(1 - t_c) + \triangle Dep_t \cdot t_c$

= (5,000만원)(1 − 0.3) + 3,200만원 × 0.3

= 4,460만원

단, 감가상각비의 증가분($\triangle Dep_t$)는

$\triangle Dep_t$ = 신설비의 감가상각비 - 구설비의 감가상각비

$$= \frac{3\text{억원} - 5{,}000\text{만원}}{5} - \frac{2\text{억원} - 2{,}000\text{만원}}{10}$$

= 3,200만원

3. 투자종료기의 증분현금흐름

$\triangle CF_n = (\triangle S_n - \triangle O_n)(1 - t_c) + \triangle Dep_n \cdot t_c + \triangle BV_n + \triangle WC_o$

=(5,000만원)(1 − 0.3) + 3,200만원 × 0.3 + 3천만원 + 1천만원

=8,460만원

단, 내용년수 종료 후 신설비와 구설비의 처분가격은 장부가격과 같다고 가정하였다.

4. 현금흐름표의 작성

앞에서 예를 든 (주) 서은기업의 추정현금흐름을 토대로 현금흐름표를 작성하면 〈표 5-3〉과 같다.

〈표 5-3〉 (주)서은기업의 현금흐름표

(단위 : 만원)

년도	0	1	2	3	4	5
초기투자액	-20,700					
매출액의 증가 (감가상각비의 증가)		5,000 (3,200)	5,000 (3,200)	5,000 (3,200)	5,000 (3,200)	5,000 (3,200)
△EBIT (세금)		1,800 (540)	1,800 (540)	1,800 (540)	1,800 (540)	1,800 (540)
△EAT 감가상각비 신설비회수액 순운전자본회수액		1,260 3,200	1,260 3,200	1,260 3,200	1,260 3,200	1,260 3,200 3,000 1,000
순현금흐름	-20,700	4,460	4,460	4,460	4,460	8,460

SECTION 3 현금흐름추정의 실제

1. 인플레이션과 현금흐름

투자기간 중 상당한 폭의 물가상승률이 예상되는 경우, 이러한 인플레이션은 투자결정에 큰 영향을 미친다. 따라서 투자 결정시 인플레이션을 고려해야 하는데 이를 고려하는 방법에는 두 가지가 있다.

첫 번째 방법은 투자안으로부터 기대되는 현금흐름을 추정할 때, 현 시점에서의 불변가격(constant price)으로 추정한 후, 이를 평가할 때 실질이자율(real interest rate)

을 할인율로 사용하는 방법이다. 두 번째 방법은 투자안의 현금흐름을 추정할 때, 매년의 경상가격(current price)으로 추정하여, 이를 평가할 때 명목이자율(nominal interest rate)로 할인하는 방법이다. 만일 동일한 인플레이션율이 현금흐름의 모든 구성요소에 그대로 적용된다면, 이 두 가지 방법은 동일한 결과를 가져온다. 한편 실질이자율(r)와 명목이자율(R) 및 인플레이션율(l)은 이론적으로 다음과 같은 관계를 갖는다.[31)]

$$(1 + R) = (1 + r)(1 + l)$$

즉, 실질이자율이 10%이고, 예상물가상승률이 5%라면 명목이자율은 다음과 같이 15.5%가 된다.

$$(1 + R) = (1 + 0.1)(1 + 0.05)$$
$$= 1.155 \ (\therefore \ R = 0.155 = 15.5\%)$$

이제 앞의 (주)서은기업의 예를 가지고 예상물가상승률이 5%일 경우 경상가격으로 추정한 현금흐름이 어떻게 변화할 것인가 살펴보자.

〈표 5-4〉 인플레이션을 고려한 현금흐름의 추정(l = 5%)

(단위 : 만원)

년도	0	1	2	3	4	5
초기투자액	-20,700					
매출액의 증가		5,250	5,512	5,788	6,077	6,381
(감가상각비의 증가)		(3,200)	(3,200)	(3,200)	(3,200)	(3,200)
△EBIT		2.050	2,312	2,588	2,877	3,181
(세금)		(615)	(693)	(776)	(863)	(954)
△EAT		1,435	1,619	1,812	2,014	2,227
감가상각비		3,200	3,200	3,200	3,200	3,200
신설비회수액						3,000
순운전자본회수액						1,000
순현금흐름	-20,700	4,635	4,819	5,012	5,214	9,427

31) Irving Fisher, The Theory of Interest(NY, MacMillan, 1930), 57page 피셔 효과(Fisher effect) 참조.

2. 감가상각방법과 현금흐름

앞에서 감가상각비의 비용처리에 따른 법인세의 감세효과가 현금흐름에 매우 중요한 영향을 미치는 것을 확인하였다. 따라서, 기업이 사용하는 감가상각 방법에 따라 현금흐름이 양상이 달라지게 된다. 감가삼각 방법에는 매년 일정금액을 감가상각비로 비용 처리하는 정액법(straight line method)외에도 투자기간의 초기에 많은 액수를 상각하는 정률법(fixed percentage method), 연수합계법(sum of years' digits method), 및 배수체감잔액법(double declining balance method) 등의 가속상각법(accelerated depreciation method)이 있다.

우리나라의 법인세법에서는 자산별로 사용 가능한 감가상각 방법을 명시해 놓고 있다.[32] 즉, 건축물과 무형고정자산은 정액법으로, 건축물 이외의 유형고정자산은 정액법 또는 정률법으로 감가상각할 수 있도록 규정해 놓고 있다. 물론 어떤 방법을 사용하더라도 고정자산의 내용년수 동안 감가상각 총액은 일치하지만, 감가상각비의 감세효과(△Dep·tc) 때문에 투자기간동안의 현금흐름 양상은 달라지게 된다.

예를 통해 이 효과를 설명해 보자. 어떤 고정자산의 취득원가가 5,000만원이고, 잔존가치가 1,000만원, 내용년수는 5년, 그리고 법인세율이 30%일 때 각 감가상각 방법에 따른 감세효과의 크기를 비교해 보자.

(1) 정액법(straight line method)

정액법에 의한 감가상각비는 다음과 같다.

$$\text{매년의 감가상각비} = \frac{\text{취득원가} - \text{잔존가치}}{\text{내용년수}}$$

$$= \frac{5{,}000\text{만원} - 1{,}000\text{만원}}{5}$$

$$= 800\text{만원}$$

매년의 감세효과 = 800만원 × 0.3 = 240만원

32) 자세한 내용은 법인세법 시행령 제26조(상각범위액의 계산) 참조

제5장

〈표 5-5〉 매년의 감세효과(정액법)

(단위 : 만원)

년 도	1	2	3	4	5
감가상각비	800	800	800	800	800
감세효과	240	240	240	240	240

(2) 정률법(fixed percentage method)

정률법은 매년의 미상각 잔액인 장부가격에 일정한 상각률인 정률을 곱하여 감가상각비를 구하는 방법이다. 정률은 다음과 같이 계산한다.

$$정률 = 1 - (\frac{잔존가치}{취득원가})^{\frac{1}{n}} \quad 단,\ n\ :\ 내용년수$$

$$정률 = 1 - (\frac{1,000만원}{5,000만원})^{\frac{1}{5}}$$

$$= 27.52\%$$

매년의 감가상각비 = 기초장부가액 × 감가상각률

첫 해의 감가상각비 = 5,000만원 × 0.2752
= 1,376만원

둘째 해의 감가상각비 = (5,000만원 - 1,376만원) × 0.2752
= 997만원

〈표 5-6〉 매년의 감세효과(정률법)

(단위 : 만원)

년 도	1	2	3	4	5
기초장부가액	5,000	3,624	2,627	1,904	1,380
감가상각비	1,376	997	723	524	380
감세효과	413	299	217	157	114

(3) 년수합계법(sum of years' digits method)

년수합계법은 자산의 내용년수의 합 즉 내용년수가 n년일 때 그 년수의 합

$n(n+1)/2$를 분모로 하고, 매년 자산의 남은 년수를 분자로 하는 비율을 구하여, 이를 그 해의 감가상각률로 정한다. 감가상각비는 상각대상액을 그해의 감가상각률로 곱하여 구한다.

$$감가상각비 = \frac{잔존내용년수}{내용년수의\ 합계} \times (취득원가 - 잔존가치)$$

$$첫\ 해의\ 감가상각비 = \frac{5}{5+4+3+2+1} \times (5{,}000만원 - 1{,}000만원)$$

$$= 1{,}333만원$$

$$둘째\ 해의\ 감가상각비 = \frac{4}{5+4+3+2+1} \times (5{,}000만원 - 1{,}000만원)$$

$$= 1{,}067만원$$

〈표 5-7〉 매년의 감세효과(년수합계법)

(단위 : 만원)

년 도	1	2	3	4	5
감가상각비	1,333	1,067	800	533	267
감 세 효 과	400	320	240	160	80

(4) 배수체감잔액법(double declining balance method)

배수체감잔액법은 매년의 기초장부가액의 두 배를 내용년수로 나누어 감가상각비를 구하는 방법이다.

$$감가상각비 = \frac{기초장부가액}{내용년수} \times 2$$

$$첫\ 해의\ 감가상각비 = \frac{5{,}000만원}{5} \times 2$$

$$= 2{,}000만원$$

$$둘째\ 해의\ 감가상각비 = \frac{(5{,}000만원 - 2{,}000만원)}{5} \times 2$$

$$= 1{,}200만원$$

〈표 5-8〉 매년의 감세효과(배수체감잔액법)

(단위 : 만원)

년 도	1	2	3	4	5
기초장부가액	5,000	3000	1,800	1,080	1,000
감가상각비	2,000	1,200	720	80	0
감 세 효 과	600	360	216	24	0

단, 위의 〈표 5-8〉에서 상각해야 할 총액이 4,000만원이므로 미상각잔액 80만원은 4차년도에 전액 상각된다.

(5) 감가상각 방법에 따른 절세효과의 비교

이상 4가지 감가상각 방법의 절세효과를 정리하여 보면 다음 〈표 5-9〉와 같다.

〈표 5-9〉 매년의 감세효과

(단위 : 만원)

년 도	1	2	3	4	5	합 계
정 액 법	240	240	240	240	240	1,200
정 률 법	413	299	217	157	114	1,200
년수합계법	400	320	240	160	80	1,200
배수체감잔액법	600	360	216	24	0	1,200

〈표 5-9〉에서 보는 바와 같이 어떠한 감가상각 방법을 택하더라도 내용년수 전체에 걸친 감가상각 총액이나 절세효과 총액은 동일하다. 그러나 감가상각 방법이 달라짐에 따라 절세효과에 따른 현금흐름의 양상은 크게 차이가 난다. 즉, 배수체감잔액법이 초기에 가장 큰 절세효과를 가져오며, 정률법과 년수합계법은 비슷한 절세효과를 보여주고 있다.

연습문제

1. 자본예산의 의의와 중요성에 대해서 설명하라.

2. 투자의 목적과 투자안 간의 상호의존도에 따라 투자안을 분류하라.

3. 회계이익과 현금흐름을 구분하여 설명하고, 자본예산에서 회계이익이 아닌 현금흐름을 기준으로 투자평가를 하는 이유를 설명하라.

4. 현금흐름을 추정할 때 고려해야할 사항들을 설명하라.

5. 현금흐름을 추정할 때 배당이나 이자비용을 현금유출에 포함시키지 않는 이유를 설명하라.

6. 감가상각법의 선택에 따라 현금흐름의 양상이 어떻게 달라지는지를 설명하라.

7. 우주산업(주)은 신제품 생산을 위하여 새로운 공장 설립을 검토하고 있다. 이 회사는 창고로 쓰기 위하여 3년전에 10억원을 주고 토지를 매입하였으나 현재 공터로 남아있다. 토지의 평가액은 12억원이며, 우주산업(주)는 이 토지에 새로운 공장을 건축하고자 한다. 공장을 건축하는데 7억원, 착공전 정지작업에 1억원이 소요된다고 한다. 이 투자안을 평가할 때 고정자산에 대한 최초투자비용은 얼마인가? 그 이유는?

제 5 장

8. 어떤 설비자산의 구입비용이 10억원이다. 세무상 내용연수는 5년이고, 정액법으로 감가상각이 이루어지며 잔존가치는 0원이다. 이 자산은 3년간의 투자사업에 사용될 예정이며, 투자안의 종료시 2,000만원에 팔릴 수 있다. 법인세율이 30%라면, 이 자산의 매각에서 생기는 세후 현금흐름은 얼마인가?

9. A 기업은 5년전에 20억원을 들여 기계설비를 매입하였다. 기계의 기대내용연수는 구입 당시 10년이었고, 10년말에 기대잔존가치는 1억원으로서, 정액법에 의해 감가상각이 되어 왔다. 한편 새로운 기계의 구입비용은 30억원이고, 설치비용으로 2억원이 추가된다. 새 기계는 내용년수가 5년이고, 영업비용을 연간 5억원씩 감소시킬 것이다. 매출액의 변화는 없을 것으로 기대되며, 사용기간이 끝나면 잔존가치는 없고, 정액법으로 감가상각이 이루어진다. 구 기계의 시장가격은 현재 5억원이다. 법인세율은 30%이며, 새로운 자산에 대한 투자비용의 10%에 해당하는 투자세액공제가 이용도 가능하다.
   a) 새로운 기계가 구입된다면, 현 시점에서 최초의 현금유출액은 얼마인가?
   b) 구 기계를 대체한 결과 첫해부터 네 번째 해까지 현금흐름의 증분은 얼마인가?
   c) 새로운 기계가 구입된다면 5년 말의 현금흐름증분은 얼마인가?

10. B 기업에서는 10억원의 투자비용이 드는 새로운 투자안을 고려하고 있다. 이 투자안의 내용연수는 5년이고, 5년후 장부상 잔존가치는 세법상 1억원으로 계산되었다. 그러나 이 투자안의 5년후 실제 매각가격은 2억원으로 추정된다. 인플레이션을 고려하지 않고 이 투자안에 대한 현금흐름을 예측하면 결과는 아래와 같다. 이 회사의 한계법인세율이 30%이고, 연간 인플레이션이 7%라고 가정할 때 실질, 명목현금흐름표를 각각 작성하라.

(단위 :백만원)

년도	순운전자본(연말)	매출액	영업비용	감가상각비
1	50	550	330	180
2	100	1,000	600	180
3	190	2,000	1,200	180
4	220	3,000	1,800	180
5	0	3,000	1,800	180

제6장 투자안의 경제성 평가

SECTION 1 자본예산기법

각 투자안의 추정된 미래현금흐름의 경제성을 평가하는 방법들을 자본예산기법(capital budgeting techniques)이라 한다. 자본예산기법은 화폐의 시간적 가치를 고려하지 않는 전통적기법과 이를 고려하는 할인현금흐름법(discounted cash flow method)으로 나눌 수 있다. 전통적 기법은 회수기간법(payback period method)과 회계적 이익률법(accounting rate of return method)이 있으며, 할인현금흐름법은 순현재가치법(net present value method)과 내부수익률법(internal rate of return method)이 있다.

1. 회수기간법

회수기간이란 투자에 소요된 비용을 그 투자안의 현금흐름으로부터 회수하는데 걸리는 기간을 말한다. 따라서 회수기간이 짧은 투자안이 우수한 투자안이 된다. 회수기간의 계산은 현금흐름이 년중 일정하게 발생한다고 가정하면 매우 간단하게 계산될 수 있다. 예를 들어 투자금액이 1억원이고 매년의 현금흐름이 4,000만원인 투자안의 회수기간은 2.5년이 된다. 즉, 2년 후의 미회수금액 2,000만원은 3년째 해의 현금흐름 4,000만원에서 회수되므로 3년째 해의 0.5년(4,000만원÷2,000만원)만 지나면 모두 회수되는 것이다.

회수기간법을 이용한 투자의사결정 방법은 다음과 같다. 우선 기업의 투자의사결정

기준이 되는 기준기간(maximum acceptable payback period)을 설정하고, 이 기준기간보다 긴 기준기간을 갖는 투자안은 고려대상에서 제외시킨다. 만약 이 기준기간보다 짧은 회수기간을 갖는 투자안들이 상호배타적인 투자안들이라면 회수기간이 가장 짧은 투자안을 선택하고, 상호독립적인 투자안들이면 회수기간이 짧은 순으로 투자안을 선택한다.

회수기간법의 장점은 우선 이해하기 쉽고 계산이 간편하다는 점이다. 따라서 이 방법은 보다 정밀한 방법인 할인현금흐름법과 병행해서 사용될 수 있다.

둘째로 회수기간은 해당 투자안의 위험도를 나타내는 예비적인 지표가 된다. 회수기간이 길수록 불확실성이 증대되며, 따라서 위험도 커지게 된다. 현대와 같이 기술진보의 속도가 빠르고 자산의 진부화(obsolescence)위험이 높은 경영환경 하에서는 특히 회수기간이 짧은 투자안이 이러한 위험을 상당히 제거할 수 있다.

셋째로 회수기간이 짧을수록 자금이 빨리 회수되므로 기업의 유동성 확보에 유리하다. 특히 장래에 새로운 투자기회가 예상되거나 현재의 자본비용이 높은 기업은 자금의 빠른 회수가 매우 유리하다.

회수기간법의 단점은 우선 화폐의 시간적 가치를 고려하지 않고 있으며, 회수기간 이후의 현금흐름이 무시되고 있다는 점이다. 예를 들어 〈표 6-1〉과 같은 투자안 A, B, C가 있다고 하자.

〈표 6-1〉을 보면 직관적으로도 A 〉 B 〉 C 순으로 우수한 투자안임을 알 수 있지만, 회수기간법은 투자안 A, B, C 가 모두 회수기간 2년으로 동일하게 계산되므로 투자안의 우열을 구별할 수가 없다.

둘째로 기업이 투자안의 채택과 기각을 결정하기 위하여 미리 설정한 기준기간이 이론적인 근거가 없다. 일반적으로 투자안의 내용년수가 긴 투자안은 내용년수가 짧은 투자안에 비하여 회수기간이 긴 것이 보통이다. 따라서 투자안의 내용년수를 무시하고 동일한 기준기간을 설정하여, 이를 바탕으로 투자의사결정을 한다면, 기업은 지나치게 단기 투자안만을 채택하는 우를 범할 수 있다.

〈표 6-1〉 투자안 A, B, C의 현금흐름

(단위 : 백만원)

년도	A	B	C
0	-10,000	-10,000	-10,000
1	7,000	3,000	7,000
2	3,000	7,000	3,000
3	7,000	7,000	0

2. 회계적 이익률법

회계적 이익률법은 평균이익률법(average rate of return method)이라고도 하는데, 투자에 따른 연평균세후순이익을 연평균투자액으로 나누어 계산한 회계적 평균이익률을 투자의사결정에 이용하는 방법이다.

회계적 이익률은 다음과 같이 계산된다.

$$\text{회계적 이익률} = \frac{\text{연평균세후순이익}}{\text{연평균투자액}} \times 100 \qquad (6.1)$$

연평균세후순이익은 추정손익계산서에서 예측된 매년의 세후순이익을 산술평균하여 구하고, 연평균 투자액은 다음과 같은 식을 이용하여 구한다.[33)]

$$\text{연평균 투자액} = \frac{\text{매년말 장부가치의 합}}{\text{투자수명} + 1} \qquad (6.2)$$

예를 들어 총투자인 초기투자액이 1억원이며 잔존가치가 4,000만원, 내용년수가 3년인 경우 연평균투자액은 7,000만원이 된다. 설비가 정액법으로 감가상각된다면, 투자의 장부가액은 투자가 이루어진 해에 1억원, 1년 후에 8,000만원, 2년 후에 6,000만원, 3년 후에 4,000만원이 된다. 따라서 연평균투자액은 다음과 같이 7,000만원이 된다.

$$\begin{aligned}\text{연평균투자액} &= \frac{\text{1억원} + \text{8,000만원} + \text{6,000만원} + \text{4,000만원}}{4} \\ &= \text{7,000만원}\end{aligned}$$

33) 감가상각을 정액법을 하는 경우에는 (총투자액 + 잔존가치) ÷ 2로도 구할 수 있다.

제 6 장

위의 예에서 내용년수만 2년으로 바꾸어도 역시 평균투자액이 7,000만원임을 확인할 수 있다. 투자의 장부가액은 투자가 이루어진 해에 1억원, 1년 후에 7,000만원, 2년 후에 4,000만원이 되며, 연평균투자액은 다음과 같이 계산된다.

$$연평균투자액 = \frac{1억원 + 7{,}000만원 + 4{,}000만원}{3}$$

$$= 7{,}000만원$$

회계적 이익률법의 투자의사결정 기준은 다음과 같다. 투자안의 회계적 이익률을 기업이 미리 내정하여 둔 목표이익률(target accounting rate of return)과 비교하여, 회계적 이익률이 이 목표이익률에 미치지 못하는 투자안은 고려대상에서 제외한다. 만약 이 목표이익률보다 높은 회계적 이익률을 갖는 투자안들이 상호 배타적이라면 회계적 이익률이 가장 높은 투자안을 선택하고, 상호 독립적이라면 회계적 이익률이 높은 순으로 선택한다.

회계적 이익률법의 장점은 회계이익을 그대로 사용하므로 자료의 입수가 용이하며, 방법 자체가 간단하고 이해하기 쉽다는 점이다.

그러나 회계적 이익률법은 다음가 같은 단점을 가지고 있어 투자안의 경제성평가에 적합한 방법이라 할 수 없다.

첫째, 이 방법은 투자안의 현금흐름이 아니라 회계이익을 기초자료로 사용한다. 앞에서 설명한 바와 같이 투자평가의 목적에 적합한 개념은 회계이익이 아니고 현금흐름이다. 또한 회계이익은 선택된 회계처리방법 및 회계담당자의 판단에 따라 매우 차이가 날 수 있다.

둘째, 이 방법은 화폐의 시간적 가치를 고려하지 않고 있다. 아래 〈표 6-2〉를 보면 세 투자안의 총투자금액이 동일한 경우, 직관적으로도 A 〉 B 〉 C의 순으로 우수한 투자안임을 알 수 있다. 그러나 이 방법은 모두 동일한 회계적 이익률을 갖는 것으로 계산되어 투자안 간의 우열을 판단할 수 없다.

〈표 6-2〉 투자안 A, B, C의 현금흐름

(단위 : 백만원)

년도	A	B	C
1	200	100	0
2	0	100	0
3	100	100	300

셋째, 이 방법은 투자안의 선택과 기각을 판단하기 위한 기준인 목표이익률의 설정에 이론적인 근거가 없다. 보통 현재의 영업상황이 좋은 경우에는 목표이익률이 높게 설정되고, 현재의 영업상황이 나쁜 경우에는 목표이익률이 낮게 설정되는 경향이 있다. 목표이익률이 높을 때는 좋은 투자안이 기각되고, 목표이익률이 낮을 때는 나쁜 투자안도 채택되는 잘못을 범할 수 있다.

3. 순현재가치법

순현재가치법은 투자안으로부터 기대되는 현금흐름을 적절한 할인율로 할인하여 계산한 순현재가치 또는 순현가(net present value : NPV)를 이용하여 투자의사결정을 하는 방법이다. 순현가는 현금유입의 현가에서 현금유출의 현가를 공제한 것을 말하며 다음과 같이 계산된다.

제 6 장

$$NPV = \sum_{t=0}^{n} \frac{CI_t}{(1+k)^t} - \sum_{t=0}^{n} \frac{CO_t}{(1+k)^t} \tag{6.3}$$

CI_t : t시점의 현금유입
CO_t : t시점의 현금유출
k : 할인율(자본비용)
n : 내용년수

한편 현금유입에서 현금유출을 공제한 금액을 (순)현금흐름이라고 정의했으므로 위 식은 다음과 같이 바꿀 수 있다.

$$NPV = \sum_{t=1}^{n} \frac{CF_t}{(1+k)^t} - I_0 \qquad (6.4)$$

CF_t : t시점의 (순)현금흐름
I_0 : 초기 순투자액

여기서 할인율(k)은 투자안의 위험과 기업의 자본구조에 따라 결정되는데, 이를 기업의 자본비용(cost of capital)이라 한다. 이의 산출방법에 대한 자세한 설명은 제10장 자본비용에서 하겠지만, 이는 기업이 투자한 결과 벌어 들여야 하는 최소한의 수익률, 즉 최저요구수익률(minimum required rate of return)이며 투자결과 수익률이 이에 미치지 못하면 투자안을 기각하여야 하는 기각률(cut-off rate of return)이다.

예를 들어 자본비용이 10%라고 하고 앞의 〈표 6-1〉의 투자안 A, B, C의 순현가를 계산하면 〈표 6-3〉과 같다.

〈표 6-3〉 투자안 A, B, C의 현금흐름

(단위 : 백만원)

년도	A		B		C		k=10%
	현금흐름	현가	현금흐름	현가	현금흐름	현가	
0	-10,000	-10,000	-10,000	-10,000	-10,000	-10,000	0.0000
1	7,000	6,364	3,000	2,727	7,000	6,364	0.9091
2	3,000	2,479	7,000	5,785	3,000	2,479	0.8264
3	7,000	5,259	7,000	5,259	0	0	0.7513
		4,102		3,771		-1,157	

순현재가치법의 의사결정기준은 다음과 같다. 우선 NPV 〈 0인 투자안은 고려대상에서 제외한다. NPV 〉 0인 투자안들이 상호 배타적이라면 가장 큰 NPV를 갖는 투자안을 선택하고, 상호 독립적이라면 NPV의 크기 순으로 투자한다.

이론적으로 기업의 자본조달에 제약이 없다면, 상호 독립적인 투자안들의 경우 NPV〉0인 투자안에 모두 투자하는 것이 기업가치 극대화 또는 주주의 부의 극대화라는 재무관리의 목표에 부합하는 투자결정이다. 왜냐하면 양(+)의 NPV를 갖는 투자안에 대한 투자결정이 이루어지면 이는 곧 NPV만큼의 기업가치의 증가가 이루어짐을

뜻하기 때문이다. 이러한 기업가치의 증가는 주주에게 귀속되어 주주의 부를 증가시킨다. 따라서 주주의 부의 극대화를 달성하기 위해서는 NPV〉0인 투자안에 모두 투자하는 것이 타당하다.

4. 내부수익률법

내부수익률(internal rate of return : IRR)이란 투자로부터 기대되는 현금유입의 현재가치와 현금유출의 현재가치를 같게 만드는 할인율을 의미한다. 즉 내부수익률은 투자안의 순현가를 0(영)으로 만들어주는 할인율로서 투자안의 내용년수 전체에 걸친 투자수익률을 의미한다. 내부수익률(IRR)은 다음과 같은 식으로 계산될 수 있다.

$$\sum_{t=0}^{n} \frac{CI_t}{(1+IRR)^t} = \sum_{t=0}^{n} \frac{CO_t}{(1+IRR)^t} \tag{6.5}$$

CI_t : t시점의 현금유입

CO_t : t시점의 현금유출

n : 내용년수

한편 현금유입에서 현금유출을 공제한 금액을 (순)현금흐름으로 정의했으므로 위 식은 다음과 같이 바꿀 수 있다.

$$\sum_{t=1}^{n} \frac{CF_t}{(1+IRR)^t} = I_0 \quad \text{또는} \quad \sum_{t=1}^{n} \frac{CF_t}{(1+IRR)^t} - I_0 = 0 \tag{6.6}$$

CF_t : t시점의 (순)현금흐름

I_o : 초기순투자액

순현가의 계산과는 달리 내부수익률의 계산은 투자안의 내용 년수가 2년 이하인 경우와 매년의 현금흐름이 일정한 경우를 제외하고는 용이하지가 않다. 내부수익률을 구하기 위하여 보통 시행착오방법(trial-and-error method)이 많이 사용된다. 이는 현금유입의 현가와 현금유출의 현가를 같게 만드는 할인율을 찾을 때까지 여러 개의 할인율을 위 식에 대입하여 봄으로써 순현가를 0(영)으로 만드는 할인율의 근사치를 찾는 방법이다.

예를 들어 〈표 6-4〉와 같은 현금흐름을 갖는 투자안 A, B, C의 내부수익률을 찾아 보자.

투자안 A의 내부수익률(IRR_A)은 다음과 같은 식으로 구할 수 있다.

$$\frac{800}{(1+IRR_A)} + \frac{700}{(1+IRR_A)^2} = 1,000$$

식의 양변에 $(1+IRR_A)^2$을 곱하여 정리하면 다음과 같은 2차 방정식을 만들 수 있다.

$$-10\ IRR_A{}^2 - 12\,IRR_A + 5 = 0$$

2차방정식의 근의 공식을 이용하면 IRR_A는 -1.525 또는 0.325임을 알 수 있으며, 마이너스의 내부수익률은 의미가 없으므로 버리고, IRR_A = 32.5%을 택한다.

〈표 6-4〉 투자안 A, B, C의 현금흐름

(단위 : 백만원)

년도	A	B	C
0	-1,000	-1,000	-1,000
1	800	300	100
2	700	300	200
3	0	300	300
4	0	300	400
5	0	300	500

투자안 B의 내부수익률(IRR_B)는 다음과 같은 식으로 구할 수 있다.

$$\sum_{t=1}^{5}\frac{300}{(1+IRR_B)^t} = 1,000$$

$$\text{즉, } 300\times PVIFA_{IRR_B,\,5} = 1,000,\ \ PVIFA_{IRR_B,\,5} = \frac{1,000}{300} = 3.3333$$

연금의 현재가치이자요소표를 보면 5년행의 현재가치이자요소가 15%일 경우에는 3.3522, 16%일 경우에는 3.2743임을 알 수 있다. 따라서 보간법으로 IRR_B를 찾으면

다음과 같다.

$$IRR_B = 15\% + \frac{3.3522 - 3.3333}{3.3522 - 3.2743}$$
$$= 15.24\%$$

투자안 A와 B의 내부수익률은 비교적 쉽게 계산할 수 있었지만 투자안 C의 내부수익률 계산은 용이하지가 않다. 우선 가장 그럴듯한 할인율 11%로 순현가를 계산하여 보자.

$$\frac{100}{(1+0.11)} + \frac{200}{(1+0.11)^2} + \frac{300}{(1+0.11)^3} + \frac{400}{(1+0.11)^4} + \frac{500}{(1+0.11)^5} - 1,000$$
$$= 32$$

이 때 순현가가 32백만원이 나오므로 내부수익률은 11%보다 높을 것이라고 생각할 수 있다. 따라서 할인율 13%로 순현가를 계산하여 보면 다음과 같다.

$$\frac{100}{(1+0.13)} + \frac{200}{(1+0.13)^2} + \frac{300}{(1+0.13)^3} + \frac{400}{(1+0.13)^4} + \frac{500}{(1+0.13)^5} - 1,000$$
$$= -30.2$$

이 때 순현가가 -30.2백만원이 나오므로 투자안 C의 내부수익률(IRR_C)은 11%와 13% 사이에 있을 것이다. 따라서 할인율 12%로 순현가를 계산하여 보면 다음과 같다.

$$\frac{100}{(1+0.12)} + \frac{200}{(1+0.12)^2} + \frac{300}{(1+0.12)^3} + \frac{400}{(1+0.12)^4} + \frac{500}{(1+0.12)^5} - 1,000$$
$$= 0$$

따라서 투자안 C의 내부수익률은 $IRR_C = 12\%$임을 알 수 있다. 내부수익률법의 투자의사결정 기준은 다음과 같다. 내부수익률과 투자의 기회비용, 즉 순현가법에서 할인율로 사용했던 자본비용을 비교하여 투자안의 내부수익률이 자본비용보다 작은 투자안을 기각한다. 내부수익률이 자본비용보다 큰 투자안들이 상호 배타적이라면 내부수익률이 가장 큰 투자안을 선택하고, 상호 독립적이라면 내부수익률이 큰 순서대로 투자안을 선택한다.

이론적으로 자본조달의 제약이 없는 한, 상호 독립적인 투자안들의 경우 자본비용보다 큰 내부수익률을 갖는 투자안에 모두 투자하는 것이 기업가치의 극대화라는 재무관리의 목표에 부합하는 투자결정이다. 왜냐하면 일반적으로 IRR 〉 k인 투자안은 곧 NPV 〉 0인 투자안이며, 이런 투자안에 투자결정이 이루어지면 곧 NPV만큼 기업가치가 증가되기 때문이다.

SECTION 2 순현가법과 내부수익률법의 비교

순현가법과 내부수익률법은 둘 다 화폐의 시간적 가치를 고려하는 방법으로서 이론적으로 올바른 투자의사결정기법이다. 만약 이 두 가지 방법에 의한 투자가치평가의 결과가 항상 일치한다면 어떠한 방법을 이용하더라도 관계없으나, 그렇지 않다면 두 방법을 비교하여 우월한 방법을 따라야 할 것이다.

1. 독립적인 투자안의 경우

상호 독립적인 투자안들은 개별 투자안별로 분석하는 것이 가능하다. 개별 투자안의 분석에서는 투자안의 현금흐름이 관례적(conventional)인 경우 순현가법과 내부수익률법은 동일한 투자평가 결과를 가져다 준다. 여기서 현금흐름이 관례적이라 함은 음(-)의 순현금흐름은 투자 첫 해에 발생하고, 투자의 내용년수에 걸쳐 양(+)의 순현금흐름이 발생하는 일반적인 투자안의 현금흐름을 의미한다.

이를 확인하기 위하여 다음의 예를 가지고 설명하여 보자. 어떤 투자안의 현금흐름이 〈표 6-5〉와 같다면, 이의 평가에 적용되는 할인율(k)변화에 따른 순현가(NPV)는 〈표 6-5〉와 같이 계산될 수 있다. 이러한 할인율(k)의 변화에 따른 순현가(NPV)의 변화를 그림으로 그려보면, 둘 사이의 관계를 나타내는 곡선을 얻을 수 있는데 이 곡선을 순현가 곡선(net present value profile)이라고 부른다.

〈표 6-5〉 와 [그림 6-1]에서 확인할 수 있듯이 관례적인 투자안의 경우, 할인율이 0%일 때 NPV가 제일 크며 할인율이 커짐에 따라 NPV가 감소하는 것을 알 수 있다.

이 때 할인율 15%는 순현가를 0으로 만드는 할인율이므로, 이는 곧 이 투자안의

내부수익률(IRR)이 된다. 따라서 할인율(k)이 투자안의 내부수익률보다 작다면 NPV 〉 0이 되고, 할인율이 투자안의 내부수익률보다 크다면 NPV 〈 0이 된다. 즉, 내부수익률 기준으로 채택(기각)되는 투자는 반드시 순현가 기준에 의해서도 채택(기각)되는 동일한 투자결정 결과를 가져오게 된다.

〈표 6-5〉 할인율(k)의 변화에 따른 현금흐름의 현가

(단위 : 백만원)

년도	현금흐름	k의 변화에 다른 현금흐름의 현가				
		0%	5%	10%	15%	20%
0	-1,100	-1,100	-1,100	-1,100	-1,100	-1,100
1	500	500	476	455	435	417
2	400	400	363	331	302	278
3	300	300	259	225	197	174
4	200	200	165	137	114	96
5	105	105	82	65	52	42
NPV		405	245	113	0	-93

2. 상호 배타적인 투자안의 경우

상호 독립적인 투자안의 평가는 단일 투자안 별로 평가가 이루어지기 때문에 순현가법과 내부수익률법은 동일한 투자평가결과를 가져온다. 그러나 상호 배타적인 투자안들의 평가, 그리고 독립적이라 하더라도 투자안들의 투자 우선 순위를 결정해야 하는 경우에는 순현가법과 내부수익률법의 결과가 상반된 평가결과를 가져올 수 있다.

이와 같은 상반된 평가결과는 첫 번째로 투자안들 사이의 투자규모가 현저하게 다를 경우 발생할 수 있다. 이를 확인하기 위하여 〈표 6-6〉의 예를 통해 설명해 보자. 〈표 6-6〉과 같은 현금흐름을 갖는 투자안 A, B에 대하여 내부수익률과 자본비용 10%일 때의 순현가를 계산하여 보자.

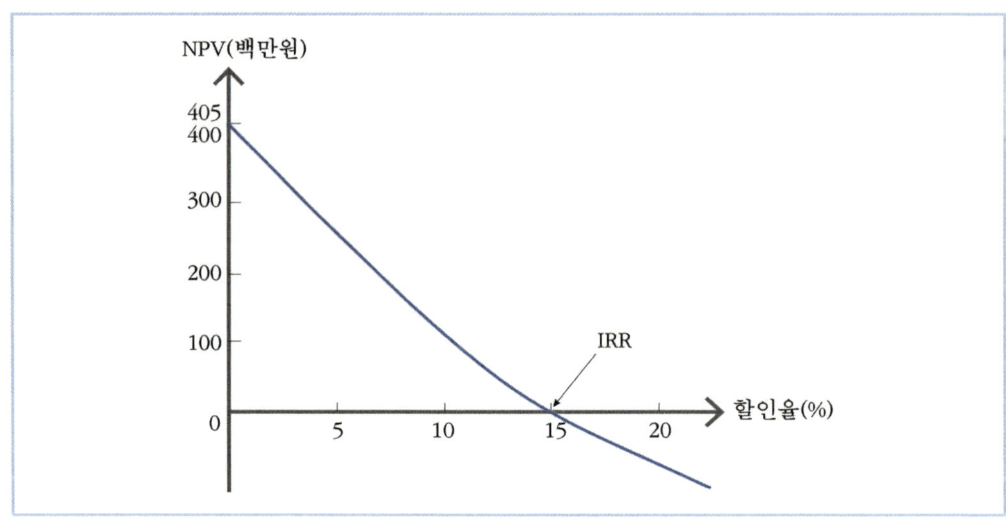

[그림 6-1] 순현가 곡선

〈표 6-6〉 투자안 A, B의 IRR과 NPV

(단위 : 백만원)

투자안 \ 년도	0	1	IRR	NPV(k=10%)
A	-1,000	1,200	20%*	90.9
B	-1,500	1,780	18.7%	118.2*

투자안 A, B가 상호 독립적인 투자안이고, 기업의 자본조달에 제약이 없다면 투자인 A, B는 모두 채택이 되어야 한다. 그러나 투자자금의 조달에 제약이 있거나 투자안 A, B가 상호 배타적이라면 두 투자안 중 하나를 선택해야 한다. 즉, 내부수익률법을 따르면 투자안 A를 선택해야 하고, 순현가법을 따르면 투자안 B를 선택해야 한다.

한편 투자안 A와 B의 순현가 곡선을 보면 아래 [그림 6-2]와 같다.

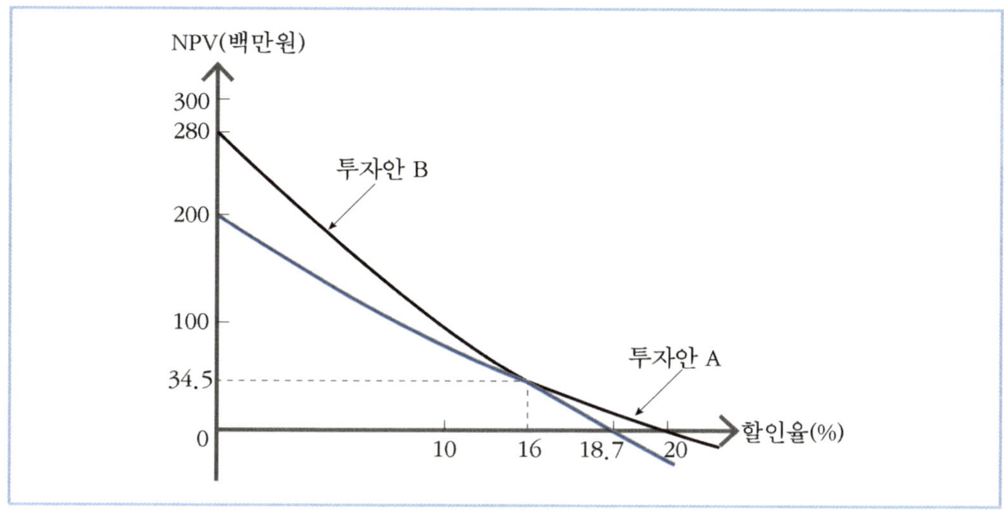

[그림 6-2] 투자안 A, B의 순현가 곡선

[그림 6-2]에서 확인할 수 있듯이, 기업의 자본비용이 투자안 A, B의 순현가 곡선이 교차하는 할인율 k_F보다 작을 경우 순현가법과 내부수익률법은 상반된 투자평가결과를 가져올 수 있다. 여기서 할인율 k_F는 두 투자안의 순현가를 같게 만드는 할인율로서 피셔의 수익률(Fisher's rate of return) 또는 교차율(crossover rate)이라고 한다. 피셔의 수익률은 아래 식을 만족시키는 할인율 k_F를 계산하여 구할 수 있다.

$$\sum_{t=1}^{n} \frac{CF_{At}}{(1+k_F)^t} - I_{A0} = \sum_{t=1}^{n} \frac{CF_{Bt}}{(1+k_F)^t} - I_{B0} \tag{6.7}$$

CF_{At} : A투자안의 t시점의 (순)현금흐름
I_{A0} : A투자안의 초기투자액
CF_{Bt} : B투자안의 t시점의 (순)현금흐름
I_{B0} : B투자안의 초기투자액
k_F : 피셔의 수익률

따라서 투자안 A와 B에 대한 피셔의 수익률은 다음과 같이 계산된다.

$$\frac{1,200}{(1+k_F)} - 1,000 = \frac{1,780}{(1+k_F)} - 1,500$$

윗 식을 계산하면 $k_F = 16\%$ 이며, 이 때 순현가는 투자안 A, B 공히 $NPV_A = NPV_B = 34.5$(백만원)임을 알 수 있다.

두 번째로 투자안들의 내용년수가 현저히 다른 경우에 순현가법과 내부수익률법의 평가결과가 상반될 수 있다. 예를 들어 〈표 6-7〉과 같은 투자안 C와 D를 비교해 보자.

〈표 6-7〉 투자안 C, D의 NPV와 IRR

(단위 : 백만원)

투자안 \ 년도	0	1	2	3	IRR	NPV (k=10%)
C	-1,000	500	500	500	23.4%	243*
D	-1,000	1,300	0	0	30.0%*	182

〈표 6-7〉을 보면 투자안 C의 내용년수는 3년이며 투자안 D의 내용년수는 1년이다. 이 경우 내부수익률법을 따르면 투자안 D가 우월한 투자안이며, 순현가법을 따르면 투자안 C가 우월한 투자안이 된다.

세 번째로 투자안들의 투자규모와 투자의 내용년수가 같다 하더라도 투자안들의 현금흐름 양상이 현저하게 다를 경우, 두 방법의 평가결과가 상반될 수 있다. 예를 들어 〈표 6-8〉과 같은 투자안 E와 F를 비교해보자.

〈표 6-8〉 투자안 E, F의 NPV와 IRR

(단위 : 백만원)

투자안 \ 년도	0	1	2	3	IRR	NPV (k=10%)
E	-1,200	1,000	50	10	23.0%*	197
F	-1,200	100	600	1,100	17.0%	213*

〈표 6-8〉을 보면 투자안 E와 F의 현금흐름의 양상이 크게 다르다. 그 결과 순현가법과 내부수익률법에 의한 두 투자안의 우선 순위가 상반되게 나타나고 있다. 이 경우 내부수익률법을 따르면 투자안 E가 우월한 투자안이며, 순현가법을 따르면 투자안 F가 우월한 투자안이 된다.

3. 재투자수익률 가정

내부수익률법과 순현가법에 의한 투자가치의 평가가 이와 같이 상반된 결과를 가져오는 이유는 두 방법이 재투자수익률(reinvestment rate)에 대한 암묵적인 가정을 달리하기 때문이다. 내부수익률법은 투자안으로부터 나오는 현금흐름을 내부수익률로 재투자한다고 가정하고 있고, 순현가법은 기업의 자본비용으로 재투자한다고 가정하고 있다.

우선 내부수익률법의 재투자수익률 가정을 확인하여 보자. 내부수익률은 아래 식을 만족시키는 IRR이다.

$$\sum_{t=1}^{n} \frac{CF_t}{(1+IRR)^t} = I_0$$

윗 식의 양변에 $(1-IRR)^n$을 곱하면 다음과 같다.

$$\sum_{t=1}^{n} CF_t(1+IRR)^{n-t} = I_0(1+IRR)^n$$

즉, $CF_1(1+IRR)^{n-1} + CF_2(1+IRR)^{n-2} + \cdots + CF_n = I_0(1+IRR)^n$ (6.8)

식(6.9)의 좌변은 순현금흐름의 종가를 의미하여, 우변은 초기투자액의 종가를 의미한다. 즉, 내부수익률(IRR)은 현금유입의 종가와 현금유출의 종가를 같게 만드는 재투자수익률이다.

다음으로 순현가법의 재투자수익률 가정을 확인하여 보자. 순현가(NPV)는 다음 식으로 계산된다.

$$\sum_{t=1}^{n} \frac{CF_t}{(1+k)^t} - I_0 = NPV$$

역시 위 식의 양변에 $(1+k)^n$을 곱하여 정리하면 다음과 같다.

$$\sum_{t=1}^{n} CF_t(1+k)^{n-t} = (NPV+I_0)(1+k)^n$$

즉, $CF_1(1+k)^{n-1} + CF_2(1+k)^{n-2} + \cdots + CF_n = (NPV+I_0)(1+k)^n$ (6.9)

제 6 장

식(6.10)의 좌변은 순현금흐름의 종가를 의미하며, 우변은 초기투자액과 순현가의 합의 종가를 의미한다. 즉, 자본비용(k)이 투자안으로부터 나오는 현금흐름을 종가로 환산하는데 사용되는 재투자수익률로 쓰이고 있음을 알 수 있다.

위와 같은 재투자수익률에 대한 가정의 차이는 투자안들에 대한 평가의 결과를 서로 상이하게 할 수 있다. 즉 재투자수익률을 높게 가정하는 경우에는 투자의 초기에 발생하는 현금흐름이 상대적으로 높게 평가되며, 투자의 내용년수 말기에 발생하는 현금흐름이 상대적으로 낮게 평가된다. 따라서 내부수익률이 투자안의 할인율 즉, 자본비용보다 큰 투자안에 대해 내부수익률법을 사용하여 투자안을 평가하면, 순현가법을 사용하여 평가하는 경우에 비해 투자의 초기에 현금흐름이 많은 투자안을 우월한 투자안으로 판단하는 경향을 갖게 된다.

SECTION 3 순현가법의 우위

지금까지 순현가법과 내부수익률법을 비교해 봄으로써 두 방법이 서로 상반된 투자평가결과를 나타낼 수 있음을 알았다. 그러면 이러한 상반된 투자평가가 나타났을 경우 어떤 방법(Rule)을 따라야 할 것인가? 결론은 순현가법을 따라야 한다. 이제 순현가법(NPV Rule)이 내부수익률법(IRR Rule)에 비해서 우월한 방법임을 설명해 보도록 하자.

1. 재투자수익률 가정의 타당성

위에서 설명한 바와 같이 순현가법은 투자안의 현금흐름을 자본비용으로 재투자하고, 내부수익률법은 투자안의 현금흐름을 내부수익률로 재투자한다고 가정하고 있다. 그런데 경제성 있는 투자안은 내부수익률이 기업의 자본비용보다 크다. 따라서 내부수익률을 재투자수익률로 가정하는 것은 미래에도 현재와 같은 수지가 맞는 투자기회가 계속된다고 가정하는 것과 동일하다. 그러나 경쟁적인 시장을 고려하면 좋은 조건의 투자기회가 지속된다는 가정보다는 기업의 자본비용을 수익률로 얻을 수 있는 투자기회를 가정하는 것이 현실적일 것이다.

기업이 갖고 있는 투자기회를 IRR이 높은 순서로 나열하면 이는 곧 투자의 한계수익률 곡선이 되며, 투자의 한계비용은 기업의 자본비용이다. [그림 6-3]은 기업의 최적 투자규모는 투자의 한계수익률과 한계비용이 일치하는 수준이 되며, 투자안의 내부수익률이 기업의 자본비용과 일치하는 수준까지 투자를 하는 것이 최적 투자규모(I^*)임을 보여주고 있다. 즉, 내부수익률이 기업의 자본비용보다 큰 모든 투자안에 투자를 하는 것이 최적투자규모가 된다.

경쟁적인 시장에서 기업들은 최적투자규모까지 투자를 하고 있다고 가정하는 것이 현실적이다. [그림 6-3]에서 기업이 최적투자규모인 투자안 D까지 투자하고 있다면, 투자안 A와 같은 좋은 투자기회로부터 나오는 현금흐름을 재투자할 경우, 투자안 A의 내부수익률과 같은 높은 수익률로 재투자할 수는 없다. 다시 말해서 투자안 A는 높은 내부수익률을 갖고 있지만, 기업이 이미 투자안 D까지 투자하고 있으므로, 투자안 A로부터 나오는 현금흐름을 재투자할 때 기업의 자본비용과 비슷한 내부수익률을 갖는 투자안 E에 재투자할 수밖에 없다.

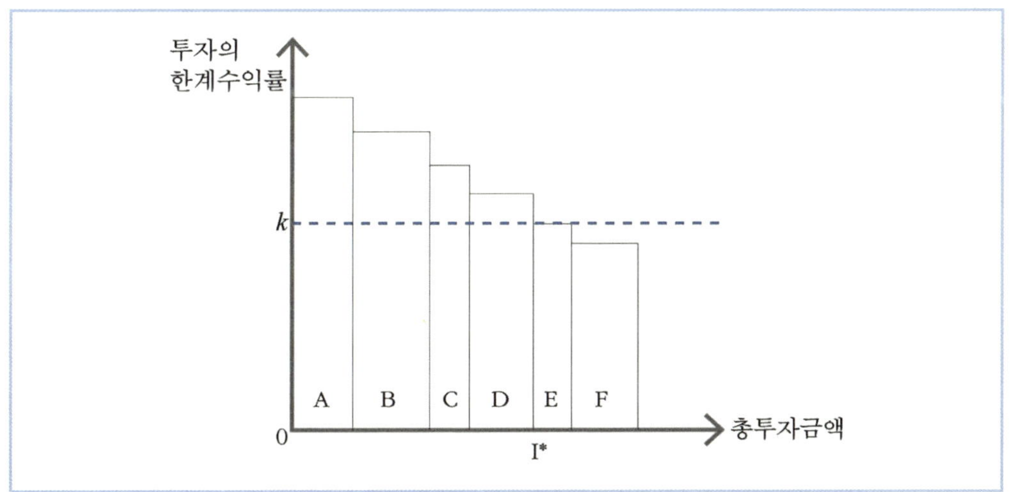

[그림 6-3] 최적투자규모

2. 가치가산원리의 적용가능성

순현재가치법은 내부수익률법과는 달리 가치가산의 원리(value additivity principle)가 적용될 수 있다. 가치가산의 원리가 적용된다 함은 어떤 투자안을 평가할 때 다른

투자안들과 독립적으로 평가할 수 있음을 의미한다. 여러 개의 투자안들로 이루어진 투자안 조합(combination of projects)의 순현가는 개별 투자안들의 순현가의 합으로 나타나기 때문에 각 개별 투자안들을 독립적으로 평가할 수 있는 것이다. 즉 A, B, C 세 개의 투자안들로 이루어진 투자안 조합의 순현가는 각 투자안들의 순현가의 합이다.

$$NPV_{(A+B+C)} = NPV_A + NPV_B + NPV_C \tag{6.10}$$

그러나 내부수익률법은 이러한 가치가산의 원리를 만족시키지 못한다. 따라서 투자안 조합의 내부수익률은 그 투자안 조합의 현금흐름을 다시 추정하고, 이에 근거해서 내부수익률을 다시 계산하여야 한다. 예를 들어 〈표 6-9〉와 같은 현금흐름을 갖는 투자안 A, B, C가 있다고 하자.

〈표 6-9〉 가치가산원리의 예

(단위 : 백만원)

투자안 / 년도	A	B	C	A+C	B+C	A+B+C
0	-100	-100	-100	-200	-200	-300
1	0	225	450	450	675	675
2	550	0	0	550	0	550

이 때 각 투자안 및 투자안 조합들의 순현가와 내부수익률은 아래 〈표 6-10〉과 같다.

〈표 6-10〉 투자안 조합의 NPV와 IRR

(단위 : 백만원)

투자안 / 년도	A	B	C	A+C	B+C	A+B+C
NPV	354.3	104.5	309	663.3	413.5	767.8
IRR	135%	125%	350%	?	?	?

〈표 6-10〉에서 보듯이 각 투자안 조합의 순현가는 개별 투자안들의 순현가를 합산함으로써 쉽게 찾을 수 있지만, 내부수익률은 그렇지 못하다. 물론 새롭게 추정된 투자안 조합의 현금흐름을 이용하여 내부수익률을 계산하여보면, $IRR_{(A+C)}$=213%,

$IRR_{(B+C)}$=238%, $IRR_{(A+B+C)}$=189%임을 계산을 통해 알 수 있지만 이는 매우 번거로운 일이다.

이러한 순현가법의 가치가산원리의 적용가능성은 순현가법이 기업가치의 극대화라는 재무관리의 목표에 부합되는 방법이라는 것을 나타내준다. 즉 어떤 투자안의 순현가는 기업가치의 증가분을 나타낸다. 외부로부터의 새로운 자금조달이 없이 기업이 순현가가 양(+)인 투자안에 투자하기로 결정하면 기업가치는 양(+)의 순현가 만큼 상승하게 된다. 즉 투자결정 후 새로운 기업가치는 다음과 같이 가치가산의 원리에 의해서 결정된다.

$$\text{투자결정 후 기업가치} = \text{기존기업가치} + \text{새로운 투자의 NPV} \qquad (6.11)$$

따라서 순현가가 양(+)인 모든 투자안을 채택하는 투자결정을 하는 것이 기업가치를 극대화시키는 투자결정이다.

3. 내부수익률의 모호성

순현가법과 내부수익률법의 계산식은 비슷하지만, 순현가의 계산은 비교적 용이한 반면 내부수익률의 계산은 그렇지 않다. 또한 내부수익률의 계산식은 결국 n차 방정식이 되는데, n차 방정식의 일반해는 n개이다. 따라서 현금흐름 양상에 따라 내부수익률이 여러 개 존재하거나 내부수익률이 존재하지 않아 내부수익률법으로는 투자안을 평가할 수 없는 경우가 있다. 아래의 〈표 6-11〉과 같은 현금흐름을 갖는 두 투자안 A, B의 경우를 가지고 설명해보자.

〈표 6-11〉 IRR의 부재와 복수의 IRR

(단위 : 백만원)

투자안 \ 년도	0	1	2
A	100	-200	300
B	-160	1,000	-1,000

투자안 A의 내부수익률은 다음 식을 만족시키는 IRR_A이다.

$$100 - \frac{200}{(1+IRR_A)} + \frac{300}{(1+IRR_A)^2} = 0$$

양변에 $(1+IRR_A)^2$을 곱하여 정리하면 다음과 같은 IRR_A에 대한 2차 방정식의 형태로 만들 수 있다.

$$100IRR_A{}^2 + 200 = 0$$

따라서 $IRR_A = \pm\sqrt{-2}$가 된다. 즉 방정식의 해는 허근이 되며, 따라서 [그림 6-4]에서와 같이 내부수익률이 존재하지 않는 것이다.

한편 투자안 B의 내부수익률은 다음식을 만족시키는 IRR_B이다.

$$-160 + \frac{1000}{(1+IRR_B)} - \frac{1000}{(1+IRR_B)^2} = 0$$

윗 식의 양변에 $(1+IRR_B)^2$을 곱해서 2차 방정식으로 만든 후 근을 구하면 IRR_B = 25% 또는 IRR_B = 400%로 두 개의 내부수익률이 나온다. 이 문제의 순현가 곡선은 [그림 6-5]와 같다.

따라서 이 경우 투자안의 진정한 수익률이라는 경제적 의미를 갖는 내부수익률이 어떤 것인지 판단할 수가 없다.

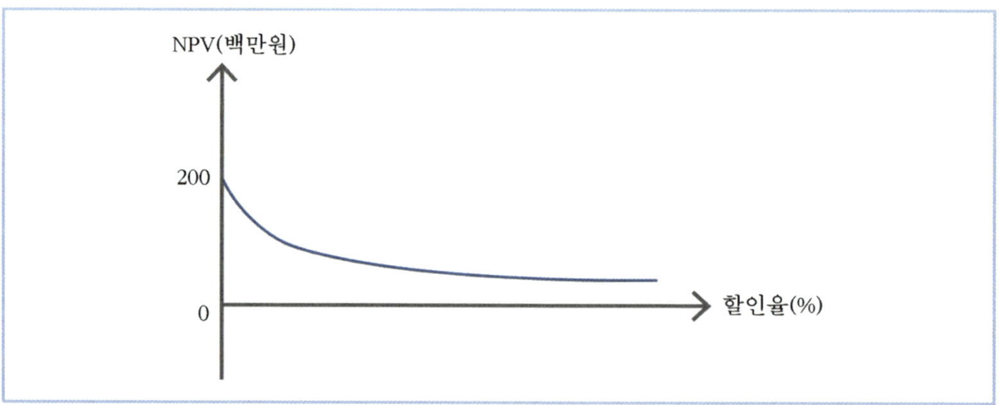

[그림 6-4] 내부수익률의 부재

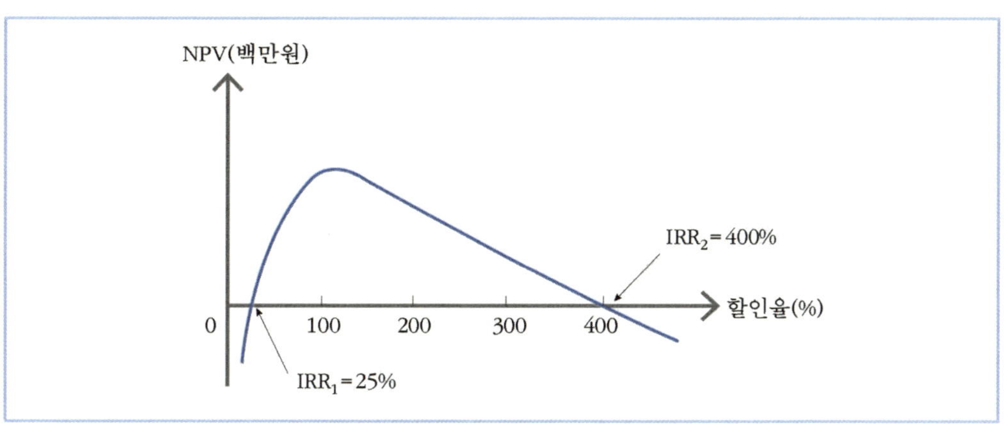

[그림 6-5] 복수의 내부수익률

한편 투자안으로부터 발생하는 현금흐름의 양상이 관례적(conventional)이지 않은 경우는 내부수익률이 계산된다고 하더라도 투자평가결과를 오도할 수 있다. 내부수익률 기준에 따라 투자의사결정을 하는 경우 투자가치가 없는 투자안을 채택하거나 투자가치가 있는 투자안을 기각하는 오류를 범할 수 있게 된다. 이를 〈표 6-12〉의 예를 통해 설명해 보자.

제 6 장

〈표 6-12〉 투자안 C, D의 순현가

(단위 : 백만원)

투자안	현금흐름		k의 변화에 따른 순 현가					IRR
	0	1	0%	10%	20%	30%	40%	
C	-100	120	20	9.1	0	-7.7	-14.3	20%
D	100	-120	-20	-9.1	0	7.7	14.3	20%

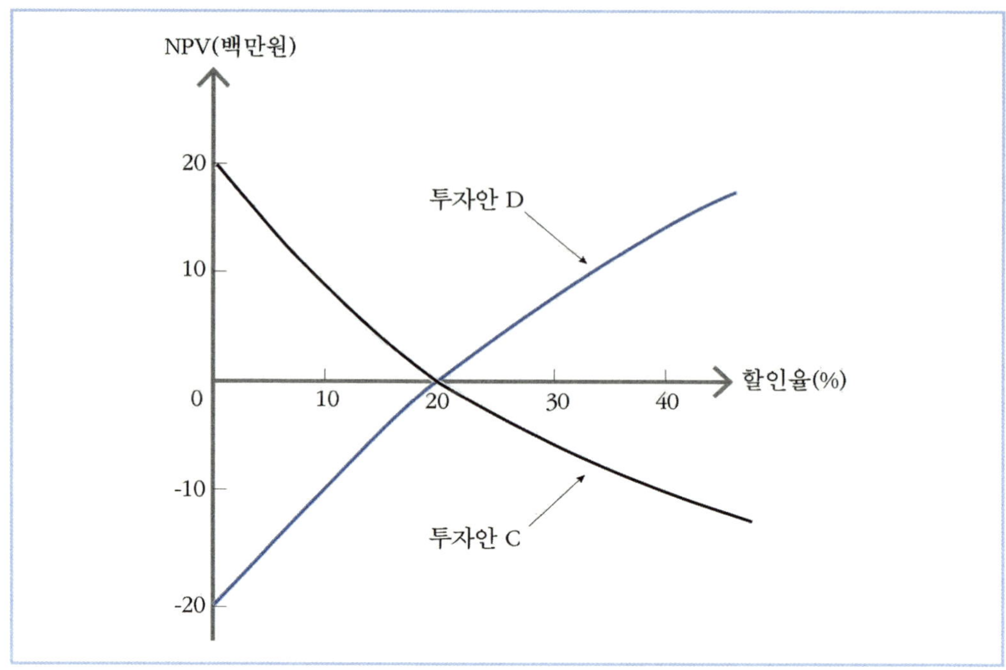

[그림 6-6] 투자안 C, D의 순현가 곡선

[그림 6-6]에서와 같이 관례적인 현금흐름을 갖는 투자안 C는 할인율이 증가함에 따라 순현가가 감소하나, 비관례적인 현금흐름을 갖는 투자안 D는 할인율이 증가함에 따라 순현가가 증가한다. 그러나 내부수익률은 두 투자안 모두 20%로서 동일한 내부수익률을 갖는 것으로 계산된다. 따라서 자본비용이 10%인 경우 내부수익률기준에 의하면 두 투자안 모두 투자가치가 있는 것으로 판단될 수 있다.

그러나 자본비용이 똑같이 10%인 경우에 순현가 기준을 따르면 투자안 C의 순현가 NPV_C = 9.1백만원이고 투자안 D의 순현가 NPV_D = -9.1백만원으로, 투자안 C는 투자가치가 있지만 투자안 D는 투자가치가 없다. 이와 같이 비관례적인 현금흐름을 갖는 투자안의 경우에는, 내부수익률 기준에 따른 투자평가시 투자가치가 없는 투자안을 채택하는 오류를 범할 수 있게 된다.

SECTION 4

내부수익률의 수정

앞 절에서 설명한 바와 같이 순현가법이 내부수익률법보다 이론적으로 더 우수한 투자가치평가방법이다. 그러나 현실적으로 많은 기업이 내부수익률법을 많이 사용하고 있는데, 그 이유는 기업의 자본비용을 정확히 측정하기가 쉽지 않기 때문이다. 순현가법은 기업의 자본비용이 정확히 측정되었다는 가정하에 사용할 수 있는 방법이지만, 내부수익률법은 기업의 자본비용에 대한 정보가 없어도 투자안 간의 경제성 비교가 가능하기 때문이다.

다음과 같은 방법을 이용하면 내부수익률법을 투자가치 평가방법으로 사용하더라도 순현가법에 의한 투자평가결과와 동일한 결과를 가져올 수 있다.

1. 수정내부수익률

순현가법과 내부수익률법이 상반된 투자평가결과를 가져오는 것은, 두 방법이 투자안의 현금흐름에 대한 재투자수익률을 서로 다르게 가정하고 있기 때문이다. 그런데 앞에서 순현가법의 재투자수익률 가정이 내부수익률법 보다 합리적임을 확인하였다. 따라서 내부수익률법을 사용하되 재투자수익률을 기업의 자본비용이라고 가정하여 계산하면 내부수익률법의 문제점이 해결될 수 있다.

제 6 장

이와 같은 논리로 계산된 내부수익률을 수정내부수익률(modified internal rate of return : MIRR)이라고 하며, 이는 다음 식을 만족시키는 할인율 MIRR이다.

$$\frac{FV_n}{(1+MIRR)^n} = I_0 \text{ 또는 } \frac{FV_n}{(1+MIRR)^n} - I_0 = 0 \qquad (6.12)$$

$$\text{단, } FV_n = \sum_{t=1}^{n} CF_t(1+k)^{n-t}$$

수정내부수익률(MIRR)은 자본비용을 재투자수익률로 사용하여 투자로부터 나오는 순현금흐름의 미래가치(FV_n)를 먼저 구하고, 이어 순현금흐름의 미래가치(FV_n)의 현가와 초기투자금액을 일치시키는 할인율을 구함으로써 찾을 수 있다. 이를 〈표 6-13〉의 예를 통해 설명하여 보자.

〈표 6-13〉 투자안 A, B의 NPV와 IRR

(단위 : 백만원)

년도 투자안	0	1	2	3	IRR	NPV (k = 10%)
A	-1,000	500	500	500	23.4%*	243
B	-1,000	0	200	1,500	20.5%	292*

〈표 6-13〉의 투자안 A, B는 현금흐름의 양상이 현저하게 다르기 때문에 기업의 자본비용이 10%인 경우 순현가법에 의한 결과와 내부수익률법에 의한 결과가 상반되게 나타나고 있다. 이 때 투자안 A, B 각각의 수정내부수익률(MIRR)을 구하면 다음과 같다.

먼저 투자안 A의 FV_A는 $500(1+0.1)^2+500(1+0.1)+500=1{,}655$백만원이 되며 따라서 $\frac{1{,}655}{(1+MIRR_A)^3}-1{,}000=0$에서 계산하면 $MIRR_A=18.3\%$이다.

한편 투자안 B의 미래가치 FV_B는 $200(1+0.1)+1{,}500=1{,}720$백만원이며, 같은 방식으로 $\frac{1{,}720}{(1+MIRR_B)^3}-1{,}000=0$에서 계산하면 $MIRR_B=20.0\%$을 구할 수 있다.

투자안 A의 수정내부수익률 18.3%보다 투자안 B의 수정내부수익률 20.0%가 높게 나타나, 순현가법의 결과와 일치한다.

한편 이러한 논리를 확장하면, 기업의 재투자수익률이 자본비용이 아닌 다른 수익률로 예측될 경우에 예측된 공통의 재투자수익률(common reinvestment rate)을 이용하는 수정순현가법(modified net present value) 및 수정내부수익률법의 사용이 가능하다. 이 때 수정순현가(MNPV)와 수정내부수익률(MIRR)은 다음과 같이 계산된다.

$$MNPV=\frac{FV_n}{(1+k)^n}-I_0 \tag{6.13}$$

$$\frac{FV_n}{(1+MIRR)^n}=I_0 \text{ 또는 } \frac{FV_n}{(1+MIRR)^n}-I_0=0 \tag{6.14}$$

단, $FV_n=\sum_{t=1}^{n}CF_t(1+r_e)^{n-t}$

r_e : 공통의 재투자수익률

이에 따라 자본비용과 다르게 예측된 수익률을 재투자수익률로 사용하여 투자로부터 나오는 순현금흐름의 미래가치를 먼저 구한다. 이어서 수정순현가(MNPV)는 다르게 예측된 수익률로 계산된 순현금흐름의 미래가치 현가에서 초기투자금액을 차감하여 계산하며, 수정내부수익률(MIRR)은 같은 방식으로 계산된 미래가치의 현가와 초기투자금액을 일치시키는 할인율을 구하여 계산한다.

자본비용과 다르게 예측된 공통의 재투자수익률을 0%, 5%, 10%, 15%, 20%라고 가정하고, 투자안 A, B의 수정순현가(MNPV)와 수정내부수익률(MIRR)을 계산해 보면 〈표 6-14〉과 같다.

〈표 6-14〉에서 확인할 수 있듯이 어떠한 공통의 재투자수익률을 사용하더라도 수정순현가법과 수정내부수익률법은 동일한 결과를 보여준다. 단, 이 방법은 공통의 재투자수익률이 달라짐에 따라 투자평가결과가 달라지므로, 이에 대한 정확한 예측을 필요로 한다.

〈표 6-14〉 투자안 A, B의 MNPV 와 MIRR

(단위 : 백만원)

투자안 \ 공통의 재투자 수익률(r_e)		0%	5%	10%	15%	20%
현금흐름의 미래가치	A	1,500	1,576	1,655	1,736	1,820
	B	1,700	1,710	1,720	1,730	1,740
MNPV (k=10%)	A	127	184	243	305*	367*
	B	277*	285*	285*	300	307
MIRR	A	14.4%	16.3%	18.3%	20.2*	22.1%*
	B	19.3%*	19.6%*	20.0%*	20.1	20.3%

2. 증분내부수익률

두 개의 투자안을 비교 평가할 때, 특히 두 개의 투자안이 투자규모가 현저히 차이가 난다면 다음과 같은 방법으로 내부수익률법을 수정하여 순현가법과 일치된 의사결정을 할 수 있다. 규모가 큰 투자안의 현금흐름에서 규모가 작은 투자안의 현금흐름을 차감하여 두 투자안의 차액 현금흐름을 구한 다음, 이를 하나의 새로운 투자안으로 간주하여 내부수익률을 구한다. 이 때 이 내부수익률을 증분내부수익률(incremental internal rate of return : IIRR)이라 하는데, 이는 앞에서 설명한 피셔의 수익률과 같은 값이다.

증분내부수익률이 기업의 자본비용보다 크면 큰 규모의 투자안을 선택하고, 자본비용보다 작으면 작은 규모의 투자안을 선택하게 되는데, 이러한 의사결정은 결국 순현가법에 의한 의사결정과 일치한다.

〈표 6-15〉 투자안 C, D의 현금흐름

(단위 : 백만원)

투자안 \ 년도	0	1	2	3	IRR	NPV (k = 10%)
C	-11,000	5,000	5,000	5,000	17%	1,435
D	-1,000	505	505	505	24%	256
C-D	-10,000	4,495	4,495	4,495	16.5% (IIRR)	1,179

〈표 6-15〉에서 투자안(C-D)라는 가상의 투자안의 내부수익률은 16.5%로서 기업의 자본비용 10%보다 높다. 따라서 투자안 C가 투자안 D보다 우월한 투자안이라고 결론을 내릴 수 있다.

여기서 우리는 내부수익률법의 자체 모순을 발견할 수 있다. 예를 들어 기업의 투자기회가 위의 〈표 6-15〉와 같이 투자안 C, D, (C-D)의 3개가 있다 하자. 투자안 C와 D는 상호 배타적이어서 두 개의 투자안 중에서 한 개의 투자안에만 투자하여야 한다. 기업의 자본비용이 10%라 할 때 세 투자안은 모두 투자가치가 있다. 내부수익률법을 따르면 투자안 C보다 투자안 D가 우월하므로, 기업은 투자안 D와 투자안 (C-D)에 투자결정을 할 것이다. 여기서 D+(C-D)=C이므로 결국 기업은 내부수익률법에서 상대적으로 열등한 투자안이라고 판단한 투자안 C에 투자하는 결과가 된다.

한편 투자안 C, D, (C-D)의 순현가 곡선은 다음 그림과 같다. [그림 6-7]에서 보면 투자안 (C-D)의 내부수익률은 투자안 C와 투자안 D사이의 피셔의 수익률과 일치하며, 투자안 C와 투자안 D의 순현가의 차이는 기업의 자본비용이 어떤 값이건 간에 투자안(C-D)의 순현가와 일치한다.(가치가산의 원리)

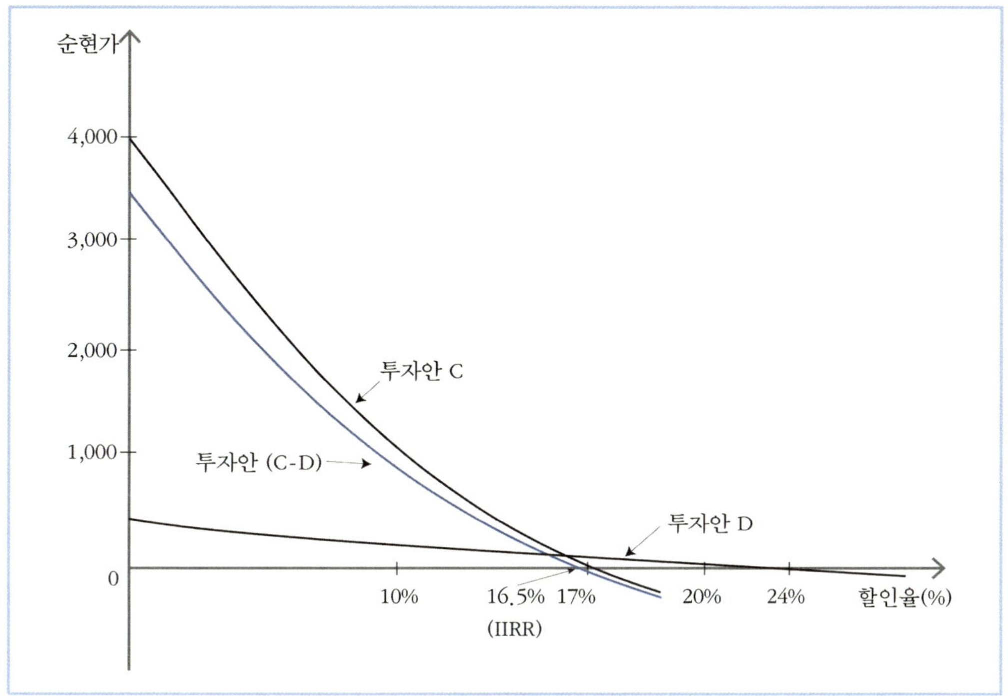

[그림 6-7] 투자안 C, D, (C-D) 의 순현가 곡선

제 6 장

연습문제

1. 투자안의 경제성을 평가하는 자본예산기법 중 화폐의 시간가치를 고려하지 않는 전통적 기법인 회수기간법 및 회계적 이익률법의 정의와 의사결정 기준 및 각 기법의 장점과 단점을 비교하여 설명하라.

2. 순현가법(NPV)이 자본예산(capital budgeting) 기법 중 이론적으로 가장 우수하다는 평가를 받고 있는 이유를 내부수익률법(IRR)과 비교하여 설명하라.

3. (주)가경기업은 100억을 들여 새로운 설비를 구입하려고 한다. 이 설비를 설치하면 다음과 같은 현금흐름이 예상된다고 한다. 아울러 설비의 내용년수는 5년이며 정액법을 사용하고, 잔존가치는 10억원으로 예상된다.

(단위: 백만원)

년도	투자안의 현금흐름	세후순이익
0	-10,000	-
1	3,000	1,200
2	4,000	2,200
3	2,000	200
4	2,500	700
5	2,000	200

기업의 기준투자회수기간과 목표회계적이익율이 각각 4년과 15%라면 이 투자프로젝트를 채택할 것인가를 자본예산기법별로 설명하라.

4. (주)경원물산은 다음과 같은 2개의 현금흐름을 갖고 있는 투자 프로젝트를 검토하고 있다. 단 할인율은 10%이다.

(단위: 백만원)

년도	투자안 A	투자안 B
0	-200	-200
1	140	40
2	120	80
3	80	120
4	40	160

a) 투자안 A, B의 NPV는 각각 얼마인가?

b) 투자안 A, B가 상호 독립적이라면 어떤 투자안을 선택해야 하는가?

c) 만약 투자안 A, B가 상호 배타적인 프로제트라면 어떤 투자안을 선택해야 하는가?

5. (주)가천기업은 다음과 같은 2개의 현금흐름을 갖고 있는 투자 프로젝트를 검토하고 있다.

(단위: 백만원)

년도	투자안 A	투자안 B
0	-200	-200
1	100	40
2	80	80
3	80	100
4	60	120

a) 할인율이 10%라고 할 때 투자안 A, B의 NPV를 계산하라.

b) 또 투자안 A, B의 IRR은 각각 얼마인가?

c) NPV법과 IRR법이 상반된 프로젝트 평가결과를 가져오는 경우를 설명하라.
단 피셔의 수익률(R_F)은 11.07%이다.

제 6 장

6. (주)한성물산은 현재 2년 전에 구입한 기계를 사용하고 있다. 이 기계는 정액법으로 잔존가치가 5억원까지 감가상각되고 있으며, 6년간 더 사용할 수 있다. 현재의 장부가격은 26억원이며, 현재 30억원에 판매될 수 있다. 년간 감가상각비는 3억 5,000만원이다. 이 회사는 80억원이 소요되며, 추정 사용기간이 6년이며, 추정 잔존가격이 8억원인 기계로 대체하는 제안을 받았다. 대체기계는 생산의 확대를 가져올 수 있으며, 따라서 판매는 년간 10억원이 증가한다. 뿐만 아니라 새로운 기계는 효율성이 훨씬 높아 영업비를 년간 15억원씩 감소시킨다. 새로운 기계를 사용하면 20억원의 재고가 늘어나야 되지만 외상 매입금이 동시에 5억원 증가한다. 이 기업의 법인세는 30%이다.

a) 새로운 기계로 대체하는 경우 현금흐름을 추정하라.

b) E사의 자본비용이 15%라면 구 기계를 대체해야 하는가?

7. 당신은 회사의 사장으로부터 회사의 연구개발부서를 위한 새로운 설비의 구입제안에 대해 평가하도록 지시를 받았다. 설비의 기본가격은 7,000만원이며, 기업이 특별한 목적에 사용하기 위하여 수정을 하려면 1,500만원이 추가로 소요된다. 이 설비의 내용년수는 3년이며, 정액법으로 감가상각되고, 3년 후에 3,000만원에 팔린다고 가정하자. 이 기기의 사용으로 400만원의 순운전자본(부품재고)이 증가한다. 설비를 사용하면 세전영업비용(주로 노무비)에서 매년 2,500만원의 비용절감이 기대된다. 기업의 한계법인세율은 30%이다.

   a) 설비의 순비용은 얼마인가?(즉 0년의 현금흐름는 얼마인가?)
   b) 1, 2, 3년의 영업현금흐름은 얼마인가?
   c) 3년의 추가적인(비영업)현금흐름은 얼마인가?
   d) 프로젝트의 자본비용이 10%이면 설비는 구입되어야 하는가?

8. (주)해외개발은 44억원의 순비용이 드는 중동의 K국의 유전을 개발할 것인가, 아닌가를 결정하려 하고 있다. 순 현금유입은 1차 년도 말에 모두 생기는데 277억원으로 기대되며, 채굴 후에는 유전과 함께 개발권에 대한 보상으로 250억원을 현지 국가에 돌려주어야 한다.

   a) 투자안의 NPV선을 그려라.
   b) k = 8%라면 투자안은 채택되어야 하는가? k = 14%라면? 그 이유를 설명하여라.

9. W사는 5년 전에 1억원을 주고 기계를 구입하였다. 이 기계는 구입시 사용기대 년수가 10년이었으며, 10년 후의 잔존가격은 1,000만원이었다. 이 기계는 정액법에 의해서 잔존가치가 1,000만원이 되도록 매년 900만원씩 상각되고 있다. 새로운 기계는 설치비를 포함하여 1억5,000만원으로 구입할 수 있다. 새로운 기계를 설치하면 향후 5년간 매년 5,000만원의 영업비용을 줄이게 된다. 판매는 변하지 않을 것으로 기대된다. 사용 년한이 끝나면 기계는 아무가치도 남지 않게 된다. 구 기계는 오늘 6,500만원에 판매될 수 있다. 기업의 법인세율은 30%이며, 적절한 할인율은 15%이다.

   a) 만약 새로운 기계가 구입되면, 0년 초기 현금흐름액은 얼마인가?
   b) 구 기계를 대체함으로써 1년부터 5년 말에 발생하는 영업현금흐름의 증분은 얼마인가?

c) 만약 새로운 기계가 구입되면, 5년 말에 발생하는 비영업 현금흐름의 증분은 얼마인가?

d) 이 프로젝트의 NPV는 얼마인가? 구 기계를 대체해야 하는가?

10. D사는 훌륭한 투자기회를 많이 가지고 있다. 그러나 그것들을 모두 착수하기에는 현금이 부족하다. 이제 D사는 R은행으로부터 10%로 차입할 수 있는 기회를 제공받았다. 그 대출은 1차 년도 말에 갚아야 한다. 또한 차입을 성사시키기 위해서는 1차 년도 말에 P컨설팅사에게 7억의 컨설팅 수수료를 지불해야 한다. 차입한 20억원 중 10억원은 오래된 시 소유의 호텔을 사서 그것을 도박 카지노로 전환하는데 즉시 사용되어야 한다. 다른 10억원은 자본이 없기 때문에 포기해야만 하는 D사의 다른 투자기회에 투자된다. 2년 동안 카지노에 의해 창출되는 모든 현금은 카지노에 다시 투입된다. 2차년도 말에 카지노는 20억원에 팔릴 것이다. 거래가 합법적이고, 다른 D사 사업부로부터의 현금흐름을 사용하여 1차 년도 말에 요구되는 지출을 감당할 수 있다고 가정한다. D사는 이 제안을 받아들여야 하는가? 세금은 무시한다.

제 6 장

SECTION 1 투자수명이 상이한 투자안의 분석

투자의 내용년수가 서로 다르며, 상호 배타적인 투자안들을 분석할 때, 단순한 순현가기준(naive NPV rule)은 그릇된 의사결정 결과를 가져올 수 있다. 이 경우에는 투자수명이 종료된 이후 재투자할 수 있는 기회를 어떻게 가정하느냐에 따라 다음과 같은 투자안 평가방법들을 사용할 수 있다.

1. 반복투자가 가능한 경우

투자수명이 종료되는 시점에서 종료된 투자안과 동일한 투자기회에 반복해서 투자할 수 있다면, 투자가치의 평가는 다음과 같은 방법으로 이루어져야 한다.

(1) 투자종료시점의 일치

내용년수가 상이한 투자안들이 반복투자가 가능한 경우, 첫 번째 방법은 각 투자안에 대해 내용년수의 최소공배수에 해당하는 기간까지 반복투자한다고 가정하여 종료시점을 일치시킨 다음, 순현가를 구해 투자가치를 평가하는 방법이다. 예를 들어 투자안 A, B가 각각 내용년수가 3년, 2년이라 하자. 그러면 투자안 A는 2번, 투자안 B는 3번 반복투자한다고 가정하여, 두 투자안의 종료시점을 6년으로 일치시켜 투자가치를 평가하는 것이다. 〈표 7-1〉의 예를 가지고 설명해 보자.

〈표 7-1〉 반복투자시의 현금흐름과 NPV(k=10%)

(단위 : 백만원)

년도＼투자안	A 현금흐름	A NPV	B 현금흐름	B NPV
0	-1,000	243	-1,000	215
1	500		700	
2	500		700 -1,000	215
3	500 -1,000	243	700	
4	500		700 -1,000	215
5	500		700	
6	500		700	

이 경우 단순 순현가 기준에 따르면 투자안 A는 순현가가 2억 4,300만원이고 투자안 B는 2억 1,500만원이므로 투자안 A가 우월한 투자안이다. 그러나 투자안 A, B가 반복투자가 가능한 경우, 투자안 A는 2번 반복투자하고 투자안 B는 3번 반복투자한다고 가정하여 투자수명을 6년으로 일치시켜, 투자안 A의 순현가(NPVA)와 투자안 B의 순현가(NPV)를 계산하면 다음과 같다.

$$NPV_A = 243 + \frac{243}{(1+0.1)^3} = 426\text{백만원}$$

$$NPV_B = 215 + \frac{215}{(1+0.1)^2} + \frac{215}{(1+0.1)^4} = 540\text{백만원}$$

따라서 반복투자가 가능한 경우에는 투자안 B가 더 우수한 투자안으로 평가될 수 있다.

(2) 무한반복투자

각 투자안들의 투자수명을 일치시키는 일반화된 방법은 각 투자안들이 영구히 반복투자된다고 가정하는 것이다. 왜냐하면 이 경우 각 투자안들은 동일한 무한대의 투자수명을 갖게되므로 상호 동등한 조건에서 비교가 가능하기 때문이다.

내용 년수가 n년인 투자안의 순현가를 $NPV(n)$, 동 투자안의 무한반복투자를 가정했을 경우의 순현가를 $NPV(n, \infty)$라 하면, $NPV(n, \infty)$는 다음 식으로 산출된다.

$$NPV(n,\infty) = NPV(n) + \frac{NPV(n)}{(1+k)^n} + \frac{NPV(n)}{(1+k)^{2n}} + \cdots \tag{7.1}$$

이는 초항이 $NPV(n)$, 공비가 $(1+k)^{-n}$인 무한등비급수의 합[34]이므로 다음과 같이 정리될 수 있다.

$$NPV(n,\infty) = NPV(n)\cdot\frac{(1+k)^n}{(1+k)^n-1} \tag{7.2}$$

〈표 7-1〉의 투자안 A 와 B의 무한반복투자시 순현가를 구하면

$$NPV(3,\infty)_A = 243\cdot[\frac{(1+0.1)^3}{(1+0.1)^3-1}] = 977\text{백만원}$$

$$NPV(2,\infty)_B = 215\cdot[\frac{(1+0.1)^2}{(1+0.1)^2-1}] = 1{,}239\text{백만원}$$

무한반복투자를 가정하는 경우 투자안 A의 순현가는 9억 7,700만원이고 투자안 B는 12억 3,900만원으로 〈표 7-1〉의 예에서 각 투자안의 내용년수를 최소공배수로 투자수명을 일치시킨 경우와 동일한 결과를 가져온다.

한편 이와 유사한 방법으로 투자안의 년간등가(annual equivalent value : AEQ)를 계산하여, 이를 투자결정의 기준으로 사용할 수도 있다. 이 때 투자안의 년간등가란 투자안의 순현가와 일치하는 현가를 갖는 투자내용년수 동안의 일정한 현금흐름 액수를 말한다. n년의 내용년수를 갖는 투자안의 년간등가는 다음 식으로 구할 수 있다.

제7장

$$NPV(n) = PVIFA_{k,n}\cdot AEQ \tag{7.3}$$

$$AEQ = \frac{NPV(n)}{PVIFA_{k,n}} \tag{7.4}$$

이에 따라 투자안 A의 년간 등가(AEQ_A)와 투자안 B의 년간 등가(AEQ_B)를 구하면 다음과 같다. 투자안 B의 년간 등가(AEQ_B)가 투자안 A의 년간 등가(AEQ_A)보다 큼으로 투자안 B를 택한다.

---

34) 초항이 a, 공비가 r인 무한등비급수의 합은 $a\div(1-r)$로 구한다.

$$AEQ_A = \frac{243}{PVIFA_{10,\,3}} = 97.7\text{백만원}$$

$$AEQ_B = \frac{215}{PVIFA_{10,\,2}} = 123.9\text{백만원}$$

그런데 투자안의 년간등가는 무한반복투자시의 순현가와 다음과 같은 관계[35]가 있음을 알 수 있다.

$$AEQ = NPV(n\cdot\infty)\cdot k \tag{7.5}$$

이에 따라 투자안에 적용되는 할인율 k가 동일하다면 무한반복투자시의 순현가에 의하여 투자결정을 하는 경우와 년간 등가에 의하여 투자결정을 하는 경우는 동일한 결과를 가져온다.

2. 반복투자가 불가능한 경우

현실적으로 기업의 실물투자기회는 반복해서 투자하는 것이 불가능한 경우가 많은 것이 보통이다. 반복투자가 불가능한 경우에는 투자가 종료된 시점에서 어떤 투자기회를 가정하느냐에 따라 투자평가결과가 달라지게 된다.

(1) 미래투자기회의 예측

이 방법은 내용 년수가 짧은 투자안의 투자종료시점에 어떤 투자기회가 있는가를 예측하여, 이의 가치를 순현가 계산에 포함시켜 투자평가를 하는 방법이다. 예를 들어 앞의 〈표 7-1〉의 예에서 투자안 B가 종료되는 시점인 2차 년도에 수익률 20%, 내용년수 1년의 새로운 투자기회가 예측된다고 하자. 그러면 투자안 B로부터 나오는 현금흐름의 2차년도 말의 가치가 14억 7,000만원(= 7억 × (1 + 0.1) + 7억)이 되므로, 이를 미래의 투자기회에 투자할 수 있다. 투자결과 3차 년도의 현금흐름은 17억 6,400만원(= 14억 7,000만 × 1.2)이 된다.

이에 따라 투자안 B의 현금흐름은 투자안 A와 내용 년수가 일치하도록 다음과 같이 조정될 수 있다.

---

35) 제2장 제4절 4(영구연금의 현재가치 계산)을 참조

〈표 7-2〉 투자안 B의 조정된 현금흐름

(단위 : 백만원)

투자 \ 년도	0	1	2	3	NPV(k=10%)
기존투자	-1,000	700	700		215
미래투자			-1,470	1,764	110

여기서 미래투자의 순현가는 1억 1,000만원이므로, 투자안 B에 투자하고 미래투자 기회를 이용하는 경우, 투자안 B의 조정된 순현가는 3억 2,500만원(= 2억 1,500만원 + 1억 1,000만원)이 되어 투자안 A보다 우수한 투자안으로 판단될 수 있다.

(2) 자본비용으로 재투자

현실적으로 미래투자기회를 예측한다는 것은 매우 어려운 일이다. 따라서 어떤 투자안의 수명이 종료된 이후 투자로부터 벌어들여 수익을 재투자할 경우, 기업의 자본비용 정도의 재투자수익률을 가정하는 것이 보수적인 투자결정이라는 입장에서 합리적이다. 그런데 현금흐름의 재투자수익률과 할인율이 같은 경우 순현가는 0(영)이 된다. 이는 다음과 같은 식으로 확인될 수 있다.

$$NPV = \sum_{t=1}^{n} \frac{I_0(1+k)^t}{(1+k)^t} - I_0 = 0 \tag{7.6}$$

위 식에서 확인할 수 있듯이 분모의 할인요소와 분자의 복리이자요소가 서로 상쇄되어 순현가는 0(영)이 된다. 따라서 이 방법은 비교대상이 되는 투자안의 투자수명의 차이를 무시하고 순현가가 큰 투자만을 우선적으로 선택하는 순현가법과 동일한 평가 결과, 즉 〈표 7-1〉의 예에서와 같이 투자안 A를 택한다.

제7장

SECTION 2 투자규모가 상이한 투자안의 분석

투자의 규모가 상이한 상호 배타적인 투자안을 평가하는 경우, 단순한 순현가 기준에 의한 평가는 그릇된 판단을 야기할 수 있다. 왜냐하면 단순 순현가 기준은 투자규모의 차이에 대한 고려를 배제하고 있기 때문이다. 이 경우에는 투자안들이 중복투자와 분할투자가 가능한가의 여부에 따라 다음과 같은 투자안 평가방법을 사용할 수 있다.

1. 중복투자가 가능한 경우 : 수익성 지수

투자안의 중복투자와 분할투자가 가능하다는 말은 어떤 한 투자기회에 대해 동시에 여러 개의 동일한 투자안을 수행할 수 있다는 뜻이다. 물론 이 때 정수개의 투자뿐만 아니라 2.3개 등 분할투자도 가능해야 한다. 이러한 투자안들의 평가방법은 다음과 같은 수익성지수(profitability index : PI)법이 단순 순현가 기준보다 더 합리적인 투자평가방법이 된다. 이때 수익성지수(PI)는 다음과 같이 산출한다.

$$PI = \frac{\text{현금유입의 현가}}{\text{현금유출의 현가}} = \frac{\sum_{t=1}^{n} \frac{CF_t}{(1+k)^t}}{I_0} \tag{7.7}$$

CF_t : t시점의 (순)현금흐름
I_o : 초기 순투자액

수익성지수(PI)는 투자액 1단위(원)당 순현가를 측정하는 지표로서 이 방법은 결국 투자의 효율성을 기준으로 투자안을 평가하는 방법이다. 수익성 지수가 1보다 큰 투자안은 순현가가 0(영)보다 큰 투자안 임을 알 수 있다. 의사결정기준은 수익성지수가 1보다 작은 투자안은 기각하고, 동지수가 1보다 큰 투자안 중 지수의 크기 순으로 투자안을 선택하면 된다.

예를 들어 〈표 7-3〉과 같은 상호 배타적인 두 투자안 A, B의 현금흐름을 가지고 설명해 보자.

〈표 7-3〉 투자안 A, B의 NPV와 PI(k=10%)

(단위 : 백만원)

투자안 \ 년도	0	1	2	3	NPV	PI
A	-1,000	500	500	500	243	1.24*
B	-3,000	1,400	1,400	1,400	482*	1.16

〈표 7-3〉에서 확인할 수 있듯이 순현가 기준에 따르면 투자안 B가 우월한 투자안이지만, 수익성지수법에 따르면 투자안 A가 우월한 투자안이 된다. 이 때 수익성지수법의 논리는 투자안 A에 동시에 3개 투자할 경우 투자안 B와 투자규모는 같지만, 순현가는 7억 2,900만원(= 2억 4,300만원 × 3)이 되어 투자안 B에 1개 투자하는 경우보다 우월하다는 것이다.

2. 중복투자가 불가능한 경우 : 가중평균수익성지수

현실적으로 기업의 실물투자기회는 중복투자와 분할투자가 불가능한 경우가 대부분이다. 이 경우에는 단순 순현가 기준에 의해서 투자평가를 하거나, 다음과 같은 가중평균수익성지수(weighted average profitability index : WAPI)방법을 사용할 수 있다. 가중평균수익성지수란 여러 투자안에 투자할 때 투자안의 수익성지수를 투자금액의 비중에 따라 가중 평균한 값으로, 다음과 같이 계산된다.

$$WAPI = \sum_{t=1}^{m} w_i PI_i$$

w_i : 총 투자액 중 투자안 i의 투자액 비중
PI_i : 투자안 i의 수익성지수
m : 투자안의 개수

가중평균수익성지수법을 사용할 때 주의해야 할 점은 유휴자금의 투자에 대한 수익성지수의 가정이다. 즉, 유휴자금은 수익성지수 1의 투자기회에 투자할 수 있다고 가정해야만 가중평균수익성지수법의 결과와 단순 순현가 기준에 의한 투자평가결과가 일치할 수 있다. 이를 〈표 7-3〉의 예를 가지고 설명해 보자. 기업이 30억원의 투자가

능자금이 있는 경우, 투자안 A에 투자하면 10억원이 투자에 소요되고 20억원의 유휴 자금이 발생한다. 이 유휴자금을 수익성지수 1인 투자안에 투자한다고 가정하면 투자안 A의 가중평균수익성지수는 다음과 같이 계산된다.

$$WAPI_A = \frac{1,000}{3,000}(1.24) + \frac{2,000}{3,000}(1) = 1.08$$

이는 투자안 B의 수익성지수 1.16보다 낮다. 따라서 투자안 B가 투자안 A보다 우월하다는 단순 순현가법의 결과와 동일한 평가결과를 얻을 수 있다.

SECTION 3 자본할당

지금까지 자본예산을 논함에 있어 기업의 투자자금조달에는 제약이 없다는 가정 하에 투자분석을 설명했다. 투자자금조달에 제약이 없는 경우에는, 투자의 한계수익률인 내부수익률이 자금조달의 한계비용인 자본비용보다 큰 모든 투자안에 전부다 투자하는 것이 기업가치극대화 목표에 부합하는 투자결정이다. 그러나 현실적으로 기업이 경제성 있는 여러 개의 투자기회를 가지고 있으면서도 투자자금의 제약으로 순현가가 0(영)보다 큰 모든 투자안에 투자할 수 없는 경우가 많다.

[그림 7-1]에서 보듯이 투자자금조달에 제약이 없다면, 기업의 최적투자규모는 투자의 한계수익률과 한계비용이 일치하는 수준 Q*이다. 그러나 자본제약이 있는 경우, 기업은 Q**까지만 투자할 수 있기 때문에 Q**에서 Q*에 이르는 경제성 있는 투자기회에의 투자를 포기해야 한다.

이러한 자본제약의 문제는 기업의 한정된 자원을 기업가치를 최대로 하는 방향으로 투자자금을 배분해야 하는 문제를 야기 시키는데 이를 자본할당(capital rationing)이라 한다. 자본할당문제는 비교적 단순한 단일기간 자본제약이 있는 경우와 비교적 복잡한 다기간 자본제약이 있는 경우로 나누어 고려할 수 있다.

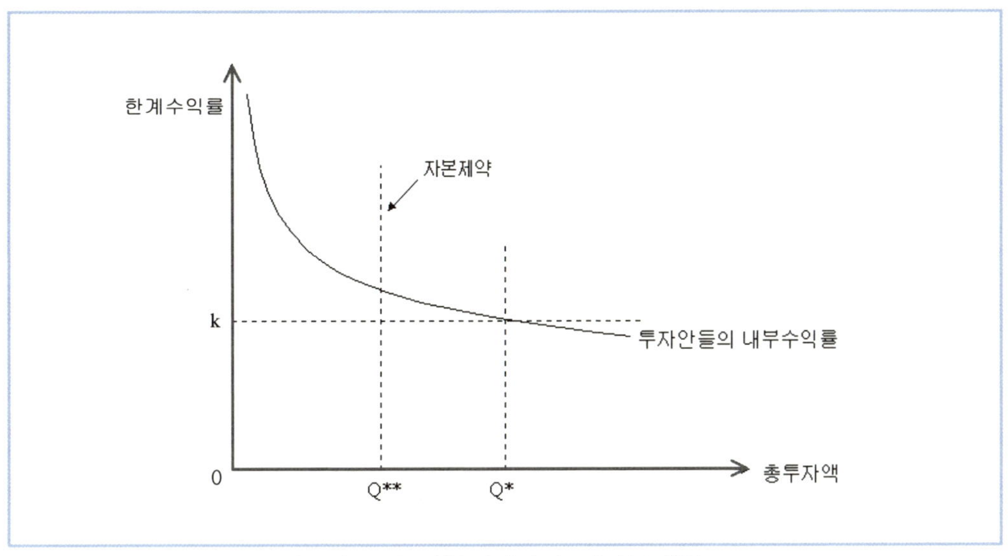

[그림 7-1] 자본제약하의 최적투자규모

1. 단일기간 자본제약

단일기간 자본제약 하의 자본할당문제는 미래의 투자자금의 제약을 고려하지 않고, 현재 투자 가능한 자금을 각 투자안에 어떻게 분배해야 할 것인가의 문제이다. 이 때 의사결정방법은 가능한 모든 투자안 조합(combination of projects)에 대해 가중평균수익성지수를 계산하여, 이것이 가장 큰 투자안 조합을 선택하는 방법이다.

예를 들어 어떤 기업이 10억원의 가용한 투자자금을 갖고 있으며, 〈표 7-4〉와 같은 순현가와 수익성지수를 갖는 6개의 투자기회를 갖고 있다고 하자.

〈표 7-4〉 투자안의 NPV와 PI

(단위 : 백만원)

투자안	투자규모	NPV	PI
A	100	20	1.20
B	200	30	1.15
C	300	50	1.17
D	500	60	1.12
E	350	45	1.13
F	450	40	1.09

제7장

이 경우 가능한 투자조합은 각 투자안들의 상호관계에 따라 달라질 수 있다. 예를 들어 투자안 A와 B는 상호 종속적이며, 투자안 C, D, E는 상호 배타적인 투자안이라면 다음과 같은 6개의 투자조합들이 가능하다.

〈표 7-5〉 가능한 투자조합의 NPV와 WAPI

(단위 : 백만원)

투자안	투자규모	유휴자금	NPV	WAPI
A B C	600	400	100	1.10
A B D	800	200	110	1.11[36]
A B E	650	350	100	1.10
C F	750	250	90	1.09
D F	950	50	100	1.10
E F	800	200	85	1.09

〈표 7-5〉에서 확인하여 보면, 가능한 투자조합에 대해서 순현가와 가중평균수익성지수를 계산해 본 결과 투자조합 (A + B + D)가 가장 우월한 투자조합임을 알 수 있다. 여기서 유휴자금이 기업의 자본비용을 내부수익률로 갖는 투자안에 투자된다고 가정하는 경우, 순현가와 가중평균수익성 지수는 동일한 결과를 보여준다는 것을 다시 한 번 확인할 수 있다.

2. 다기간 자본제약

자본제약이 투자시점이라는 단일기간에 일어나고, 고려대상이 되는 투자안의 수가 많지 않을 경우, 가능한 투자조합의 순현가 또는 가중평균수익성지수를 구함으로써 비교적 간단하게 문제를 해결할 수 있었다. 그러나 자본제약이 여러 기간에 걸쳐 일어나고, 고려대상이 되는 투자안의 수가 많은 경우에는 정수계획법(integer programming)이나 0-1계획법(0-1 programming)과 같은 수리계획모형을 이용하여야 한다. 0-1계획법을 이용한 자본할당 문제의 전형적인 모형은 다음과 같다.

36) $\frac{100}{1,000} \times 1.20 + \frac{200}{1,000} \times 1.15 + \frac{500}{1,000} \times 1.12 + \frac{200}{1,000} \times 1 = 1.11$

$$MAX\ NPV = \sum_{i=1}^{m} NPV_i \cdot X_i$$

$$s.t.\quad \sum_{i=1}^{m} I_{ti} \cdot X_i \leq I_t$$

$X_i = 1$ 또는 0

NPV_i : 투자안 i의 순현가

m : 투자조합을 구성하는 투자안의 개수

X_i : 모형의 결정변수로 투자안 i의 채택단위(1 : 투자채택, 0 : 투자기각)

I_{ti} : 투자안 i의 t기의 투자지출액

I_t : t시점의 가용투자자금

한편 위의 수리계획 모형에 제약조건을 추가시키면 투자안들 사이의 관계를 고려할 수 있다. 투자안 2와 5가 상호 종속적이면 $X_2 - X_5 \leq 0$의 제약조건을 추가시키고, 투자안 1, 3, 4가 상호 배타적이면 $X_1 + X_3 + X_4 \leq 1$의 제약조건을 추가시킨다.

예를 들어 보자. 어떤 기업이 〈표 7-6〉과 같은 현금흐름을 갖는 투자기회를 갖고 있으며, 이 기업은 투자 가능한 여유자금이 현재 5억원, 1년 후에 1억원이 있으며, 어떤 투자안의 현금유입은 타 투자안의 투자자금으로 투입될 수 있다고 하자.

〈표 7-6〉 투자안들의 현금흐름과 NPV

(단위 : 백만원)

투자안	0	1	2	3	4	5	NPV
1	-100	50	50	50	0	0	243
2	-300	140	140	140	0	0	48.2
3	-100	70	30	70	0	0	41.0
4	-100	30	30	30	30	30	13.9
5	-100	-200	120	120	120	120	64.0
6	-100	-200	200	100	100	100	89.0
7	0	-100	50	40	30	20	12.2

투자안 2와 투자안 5는 상호 종속적이고 투자안 1, 3, 4는 상호 배타적인 투자안이라고 하자. 이러한 다기간 자본제약하의 최적자본할당문제는 다음과 같은 수리계획모

제 7 장

형으로 만들 수 있다.

$$MAX\ NPV = 24.3X_1 + 48.2X_2 + 41.0X_3 + 13.9X_4 + 64.0X_5 + 89.0X_6 + 12.2X_7$$

s.t. ① $100X_1 + 300X_2 + 100X_3 + 100X_4 + 100X_5 + 100X_6 \leq 500$

② $-50X_1 - 140X_2 - 70X_3 - 30X_4 + 200X_5 + 200X_6 + 100X_7 \leq 100$

③ $X_2 - X_5 \leq 0$

④ $X_1 + X_3 + X_4 \leq 1$

⑤ $X_1, X_2, X_3, X_4, X_5, X_6, X_7 = 0$ 또는 1

본 모형에서 목적함수는 투자조합의 순현가를 극대화시키는 것이고, 첫 번째 제약 조건식은 투자시점의 자본제약을, 두 번째 제약 조건식은 1년 후의 자본제약을 나타낸다. 또한 세 번째 제약 조건식은 투자안 2와 5가 상호종속적임을 나타내고, 네 번째 제약 조건식은 투자안 1, 3, 4가 상호배타적임을 나타낸다. 다섯 번째 제약조건은 투자기회들의 분할투자가 불가능하므로 투자선택단위는 1 또는 0의 값을 가짐을 나타낸다.

연습문제

1. 투자안의 수명과 규모가 상이할 경우 투자안의 분석방법을 설명하라.

2. 수익성 지수의 정의와 의사결정 기준 및 장단점을 설명하라.

3. 장안물산(주)는 현금흐름이 다음과 같고 투자수명이 다른 투자안 C와 D를 검토하고 있다. 자본비용은 10%이다.

(단위: 백만원)

년도	투자안 C	투자안 D
0	300	300
1	200	200
2	200	150
3	-	80

a) 반복투자가 가능하다고 할 때 투자시점을 일치시키는 방법을 통해 투자안을 평가하라.

b) 무한반복투자가 가능하다면 투자안 평가결과가 a)와 달라지는가?

c) 투자안 C가 종료되는 시점에 수익률 20%, 내용년수 1년의 새로운 투자기회가 예측된다고 가정하고 투자안을 평가하라.

d) 자본비용으로 재투자할 경우 평가결과가 단순 순현가 기준과 동일하게 나타나는가?

제7장

4. 투자안 A는 1억원의 비용이 들고 3년 동안 해마다 4,500만원, 투자안 B은 2억5,000만원의 비용이 들고 같은 기간 동안 매년 1억1,000만원의 현금흐름이 각각 기대된다. 투자안의 PI를 자본비용 10%로 가정하여 계산할 때 어떤 투자안이 선택되는가?

(단위: 백만원)

연 도	투자안 A(백만원)	투자안 B(백만원)
0	-100	-250
1	45	110
2	45	110
3	45	110

5. 4번 문제와 관련하여 기업이 2억 5,000만원의 투자자금을 가지고 있다고 하자. 기업이 투자방법으로서 첫째, 투자안 B에 2억 5,000만원을 모두 투자하거나, 둘째, 투자안 A에 1억원만 투자하고 나머지 1억 5,000만원은 정기예금을 하는 방안을 검토하고 있다. 가중평균수익성지수를 이용하여 어느 투자방법을 택할 것인지 결정하라.(* 정기예금의 경우 예금에서 얻는 수익은 할인율과 같으므로 수익성지수는 1이고, NPV는 0이다).

6. 자본할당의 개념을 간단히 설명하고, 본문 〈표 7-4〉의 투자안이 각각 독립적이며 가용투자자금이 12억원으로 제한된다면 투자안의 선정결과는 어떻게 나타나는가?

7. 투자안 X와 Y는 각각 100억원의 비용이 들고 두 투자안에 대한 자본비용은 12%이다. 투자안의 예상되는 기대 순현금흐름은 다음과 같다.

(단위: 백만원)

년 도	투자안 X	투자안 Y
0	-10,000	-10,000
1	6,500	3,500
2	3,000	3,500
3	3,000	3,500
4	1,000	3,500

a) 각 투자안의 순현가(NPV)와 내부수익률(IRR)을 계산하라.
b) 독립적이라면 어떤 투자안(들)이 채택되어야 하는가?
c) 상호배타적이라면 어떤 투자안이 채택되어야 하는가?
d) 자본비용의 변화는 투자결정에서 NPV법과 IRR법 사이에 상반된 결과를 발생시키는가?
e) d)에서 왜 상반된 결과가 발생하는가?
f) 수정된 내부수익률(MIRR)을 구하여라.

8. (주)현대상사는 기대흐름이 다음과 같은 상호 배타적인 두 투자안을 고려하고 있다.

(단위: 백만원)

년 도	투자안 A	투자안 B
0	-300	-405
1	-387	134
2	-193	134
3	-100	134
4	600	134
5	600	134
6	850	134
7	-180	0

a) 투자안 A와 B에 대한 NPV선을 작성하라.

b) 각 투자안의 IRR은 얼마인가?

c) 피셔의 수익률(Fisher's Rate of Return)은 얼마이며, 그 의미는 무엇인가?

d) 순현가법(NPV)에서 각 투자안의 자본비용이 10%라면 어떤 투자안이 선택되는가? 자본비용이 17%라면이 투자 결정이 바뀌게 되는가?

e) 10%의 자본비용에서 각 투자안의 MIRR은 얼마인가? 자본비용이 17%라면?

9. (주)가나기업은 다[illegible]같은 4개의 투자가능 프로젝트에 대한 정보를 입수하였다.

(단위: 백만원)

	투자안 A	[illegible]	투자안 C	투자안 D
투자금액	-150	-60	[illegible]	-80
NPV	200	150	110	[illegible]

a) 4개의 투자안에 대한 수익성지수(PI)는 각각 얼마인가?
또 NPV 방법과 비교할 때 투자의 우선순위는 같은가, 아니면 다르게 나타나는가?

b) 위의 투자안 간에는 투자안 A와 B는 배타적관계이며, 투자안 C와 D는 종속적 관계에 있다는 것이 밝혀졌다. 2억 5,000만원의 투자자금으로 투자조합을 구성하였을 때, 각 투자조합의 WAPI를 구하고 투자 우선순위를 결정하라

c) b)에서 얻은 결과를 NPV 방법과 비교할 때 투자의 우선순위는 같은가, 아니면 다르게 나타나는가?

제7장

10. (주)태안물산은 다음과 같은 2개의 투자가능 프로젝트에 대한 정보를 입수하였다. 단 자본비용은 10%이다.

(단위: 백만원)

	투자안 A	투자안 B
투자금액	-200	-500
현금유입(매년)	65	150
투자수명(년)	5	5

a) NPV 방법을 사용한다면 어느 투자안을 선택할 것인가?

b) 만약 중복 투자기회가 존재한다면 어느 투자안을 선택할 것인가?

c) A, B안과는 독립적 투자안으로 내용연수 5년, 수익률 20%, 투자금액 3억원의 새로운 투자안 C가 발견되어 투자안 A에 투자하고 남은 자금을 투자안 C에 투자할 것을 검토키로 하였다면 어느 투자안(조합)을 선택할 것인가?

제3부

포트폴리오 이론

제8장 위험과 수익률

투자에는 크건 작건 항상 위험이 있다. 즉 투자를 통해 발생한 수익 즉 현금흐름(cash flows)은 투자자가 예상했던 것과 상당히 다르게 나타날 수 있다. 투자자들이 현재의 소비를 줄여서 투자를 하는 것은 미래에 더 큰 소득을 얻기 위함이다. 그러나 경제환경의 변화를 예측한다는 것은 현실적으로 매우 어려운 일이며, 때로는 투자자들이 예상치 못한 결과가 발생하기도 한다. 따라서 투자를 성공적으로 수행하기 위해서는 위험을 완전히 제거하려고 하기보다는 위험을 적정한 수준으로 조정하거나, 또는 위험수준을 어느 정도 정하고 그에 대한 적정한 수익률을 예상하는 것이 더 효과적일 것이다.

위험과 수익률은 서로 매우 밀접한 관계가 있다. 보다 높은 수익률을 올리기 위해서는 더 큰 위험을 감수해야만 한다. 위험을 계량화하고 그 위험의 크기에 상응하는 투자안의 기대수익률을 산정할 수 있게 됨에 따라 재무론은 이론적으로 상당한 발전을 이루었다. 위험수준에 맞추어 적정하게 계산된 기대수익률을 할인율로 사용함으로써 위험을 가진 투자안의 경제성을 객관적으로 평가할 수 있게 되었으며, 위험자산의 가치도 평가할 수 있게 되었다.

SECTION 1 자산의 위험과 수익률

1. 위험의 정의

재무론에서 위험(risk)은 투자의 결과 얻게 되는 현금흐름(cash flows)이 투자자가 예상했던 것보다 다르게 나타날 가능성이다. 국채를 매입하거나 은행에 정기예금을 하는 경우 만기에 거의 틀림없이 처음 예상했던 현금을 회수할 수 있다. 그러나 주식을 매입하는 경우에는 더 큰 수익을 올릴 수도 있고 때로는 오히려 손해를 볼 수도 있다. 따라서 국채나 정기예금보다는 주식에 투자하는 것이 더 위험하다.

사업안 평가 등 투자의사결정을 합리적으로 하기 위해서는 투자에 따르는 위험이 어느 정도인지를 우선적으로 살펴보아야 한다. 이성적인 투자자라면 누구나 위험을 싫어한다. 그러나 투자의 본질은 위험이며, 투자자가 감수하고자 하는 위험의 크기는 투자자의 성향이나 투자액수에 따라 다르다.

현실적으로 위험을 투자의사결정에 반영시키기 위해서는 투자에 따르는 위험의 크기를 객관적으로 측정할 수 있어야 할 뿐만 아니라 투자안의 위험을 상호 비교할 수 있어야 한다. 위험을 크기를 수치로 재기 위해서는 투자를 통해 또는 자산의 보유를 통해 발생 가능한 수익에 대한 확률분포(probability distribution)를 알아야 한다. 확률분포를 기초로 하여 이루어지는 의사결정을 위험 하의 의사결정(decision making under risk)이라 한다.[37)]

2. 기대수익률과 위험의 측정

자산(투자안)의 경제성을 평가하기 위해서는 먼저 그 자산을 보유했을 때 미래에 기대되는 수익의 크기와 투자자가 감수해야 하는 위험의 크기에 대한 정보가 필요하다. 이러한 정보는 자산의 예상수익률에 대한 확률분포를 통하여 얻을 수 있다. 그러

37) 발생가능한 수익의 크기와 각각의 수익이 발생할 확률에 대한 정보가 전혀 없거나 불완전한 상태에서 의사결정이 이루어지는 경우, 이를 위험 하의 의사결정과 구분하여 불확실성 하의 의사결정(decision making under uncertainty)이라고 부르기도 한다. 그러나 재무론에서 다루는 이론적 모형들은 모두 확률분포를 알고 있다는 가정 하에서 전개되므로 위험과 불확실성을 구분하는 것은 별로 의미가 없다.

나 미래 예상수익률의 확률분포를 구하는 일은 거의 불가능하다고 할 수 있기 때문에 재무론에서는 과거의 자료를 이용하여 예상수익률에 대한 확률분포를 구하는 방법을 많이 사용한다. 그러나 과거에 대한 정보가 전혀 없는 경우에는 의사결정자의 경험과 직관을 토대로 순전히 주관적인 확률분포를 만들어 사용할 수밖에 없다.

예를 들어 주식의 예상수익률에 대한 확률분포는 과거 일정기간 동안의 수익률 자료를 이용하여 구할 수 있다. 그러나 새로이 상장될 주식의 예상수익률에 대한 확률분포는 이와 같은 방법으로 구할 수 없다. 따라서 이와 같은 경우에는 유사한 성격을 갖는 기업이 발행한 주식의 과거 수익률을 이용하거나 경험과 직관을 토대로 예상수익률에 대한 확률분포를 구하여야 한다.

1) 예상수익률의 측정

기대수익률과 위험에 대하여 논하기 전에 먼저 예상수익률을 측정하는 방법에 대하여 알아보자. 어떤 주식 한 주를 P_0에 매입하여 1년 동안 보유하면 이를 P_1에 매각할 수 있고, 이 기간 동안에 예상되는 배당액은 D_1이라고 하자. 만약 1년 후 이 주식을 매각한 경우에 예상수익률(R_1)은 다음과 같이 계산된다.

$$R_1 = \frac{D_1 + (P_1 - P_0)}{P_0} \tag{8.1}$$

이 식은 투자를 통해 1년 후 발생한 전체 현금을 분자에, 그리고 현재의 투자원금을 분모에 넣고 그 비율을 구한 것이다. 투자원금으로 나누어 줌으로써 이 식의 결과는 투자원금 1원당 얻게 되는 투자수익을 나타내고 있다. 1년 후 받게 되는 현금(즉 수익)은 배당소득(D_1)과 자본소득($P_1 - P_0$)으로 구성된다. 주식을 보유하게 되면 정기적으로 배당을 지급받게 되므로 이를 수익률 계산에 고려하여야 한다. 그러나 보유기간이 짧아서 배당이 없는 경우에는 자본소득(또는 손실)만으로 수익률을 계산하게 된다.

제 8 장

2) 기대수익률(expected rate of return)의 측정

1년의 투자기간을 가정하여 추정한 주식 A와 B 두 종목의 예상수익률에 대한 확률분포가 아래와 같다고 할 때, 이들 주식의 기대수익률과 위험을 측정하여 보자.

〈표 8-1〉 주식 A와 B의 예상수익률 확률분포

경제상황	확률(P_i)	경제상황별 예상수익률(R_i)	
		주식 A	주식 B
불 황	0.1	10%	-30%
보 통	0.5	20%	20%
호 황	0.4	30%	40%

기대수익률은 발생가능한 수익률에 발생확률을 가중치로 하여 산출되는 가중평균수익률이다. 산술적으로 기대수익률은 다음과 같이 계산한다.

$$E(R_i) = \sum_{i=1}^{n} R_i \cdot P_i \tag{8.2}$$

〈표 8-2〉는 주식 A와 B의 기대수익률을 계산하는 과정을 보여주고 있다.

〈표 8-2〉 주식 A와 B의 기대수익률

주식 A			주식 B		
R_i	P_i	$R_i \times P_i$	R_i	P_i	$R_i \times P_i$
10%	0.1	1%	-30%	0.1	-3%
20%	0.5	10%	20%	0.5	10%
30%	0.4	12%	40%	0.4	16%
기대수익률 $E(R_A)$ = 23.0%			기대수익률 $E(R_B)$ = 23.0%		

3) 위험의 측정

(1) 표준편차(standard deviation)를 이용한 위험의 측정

위험의 크기를 재는 방법으로 가장 많이 사용되는 것은 수익률의 분산(variance) 또는 표준편차(standard deviation)이다. 이들은 어떤 확률변수가 기대값으로부터 얼마나 흩어져 있는지를 나타낸다. 표준편차는 분산의 제곱근일 뿐이므로 여기에서는 수익률의 표준편차를 계산하는 방법에 대하여 알아보기로 한다. 표준편차(σ)는 다음과 같이

계산되며, 이는 발생가능한 각각의 수익률과 기대수익률과의 차이를 제곱하여 가중평균한 후, 다시 제곱근을 취한 것이다.

$$\sigma = \sqrt{\sum_{i=1}^{n}(R_i - E(R_i))^2 \cdot P_i} \tag{8.3}$$

〈표 8-3〉은 주식 A와 B의 수익률의 표준편차를 계산하는 과정을 보여준다. 주식 A와 B를 비교해 볼 때 주식 A보다는 주식 B가 더 위험하다는 것을 알 수 있다. 주식 B의 표준편차(18.8%)가 주식 A의 표준편차(6.4%)보다 더 크다. 이는 주식 B에 투자했을 경우에 기대되는 수익의 크기가 더 변동적이라는 것을 의미한다.

〈표 8-3〉 주식 A와 B의 수익률의 표준편차

(단위 : %)

(주식 A)	경제상황	R_i	$E(R_i)$	$R_i - E(R_i)$	$(R_i - E(R_i))^2$	P_i	$(R_i - E(R_i))^2 \cdot P_i$
	불황	10	23	-13	169	0.1	16.9
	보통	20	23	-3	9	0.5	4.5
	호황	30	23	7	49	0.4	19.6

$$\sum_{i=1}^{3}(R_i - E(R_i))^2 \cdot P_i = 41\%$$

$$\sigma = \sqrt{\sum_{i=1}^{n}(R_i - E(R_i))^2 \cdot P_i} = \sqrt{41} = 6.4$$

(주식 B)	경제상황	R_i	$E(R_i)$	$R_i - E(R_i)$	$(R_i - E(R_i))^2$	P_i	$(R_i - E(R_i))^2 \cdot P_i$
	불황	-30	23	-53	2,809	0.1	280.9
	보통	20	23	-3	9	0.5	4.5
	호황	40	23	17	289	0.4	115.6

$$\sum_{i=1}^{3}(R_i - E(R_i))^2 \cdot P_i = 401$$

$$\sigma = \sqrt{\sum_{i=1}^{n}(R_i - E(R_i))^2 \cdot P_i} = \sqrt{401} = 20.0$$

앞의 예는 발생가능한 수익률이 세 가지밖에 안 된다는 가정을 하였다. 그러나 실제로는 주식투자로 인하여 발생가능한 수익률은 이보다 훨씬 더 다양하다. 이러한 현실을 감안하여 각 주식의 발생가능한 모든 수익률과 각 수익률이 발생할 확률들을 일일이 열거한 연속확률분포(continuous probability distribution)를 구할 필요가 있다. 물론 이러한 작업이 쉬운 것은 아니지만 일단 확률분포가 구해지면 각 주식의 기대수익률(expected return)과 수익률의 표준편차는 쉽게 구할 수 있다. [그림 8-1]은 주식 A와 B의 예상수익률에 대한 연속확률분포를 그림으로 나타낸 것이다.

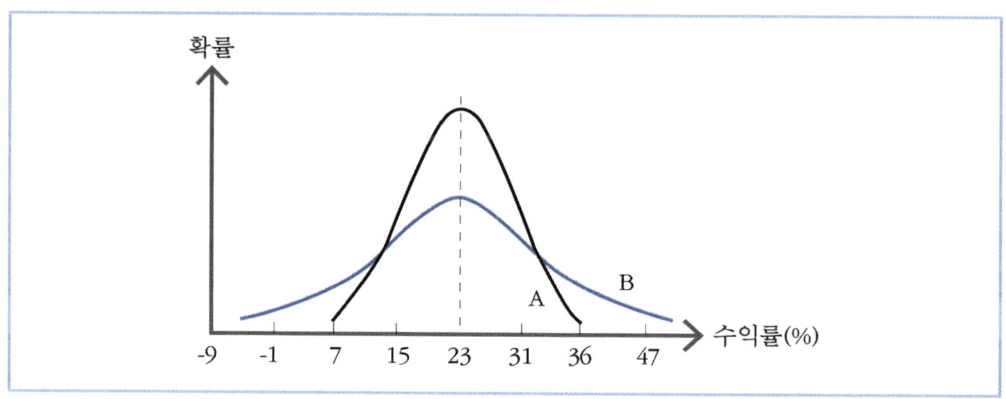

[그림 8-1] 주식 A와 B의 예상수익률에 대한 연속확률분포

(2) 정규분포(normal distribution)의 가정

재무론에서는 투자로부터 예상되는 수익률이 정규분포를 따른다는 가정을 한다. 정규분포는 확률분포가 종(bell) 모양이고 좌우대칭인 점이 특징이다. 만약 어떤 투자안의 예상되는 수익률이 정규분포를 따른다고 가정한다면, 부록 〈표 5〉에 있는 표준정규분포(standard normal distribution)를 이용하여 특정 수익률이 발생할 확률을 쉽게 계산해 낼 수 있다. 예를 들어 실제 결과가 기대값으로부터(기대값보다 크든 작든) 표준편차 한 단위 이내에서 발생할 확률은 68.26%이다. 또 표준편차 두 단위 이내에서 발생할 확률은 95.44%, 그리고 표준편차 세 단위 이내에서 발생할 확률은 99.74%이다. [그림 8-2]는 정규분포 하에서 예상수익률이 발생확률과 갖는 관계를 보여준다.

정규분포의 확률밀도함수는 다음과 같다.

$$f_{(x)} = \frac{1}{\sigma\sqrt{2\pi}} e^{-\frac{(\chi-\mu)^2}{2\sigma^2}}$$

$$f_{(z)} = \frac{1}{2\pi} e^{-\frac{1}{2}z^2}$$

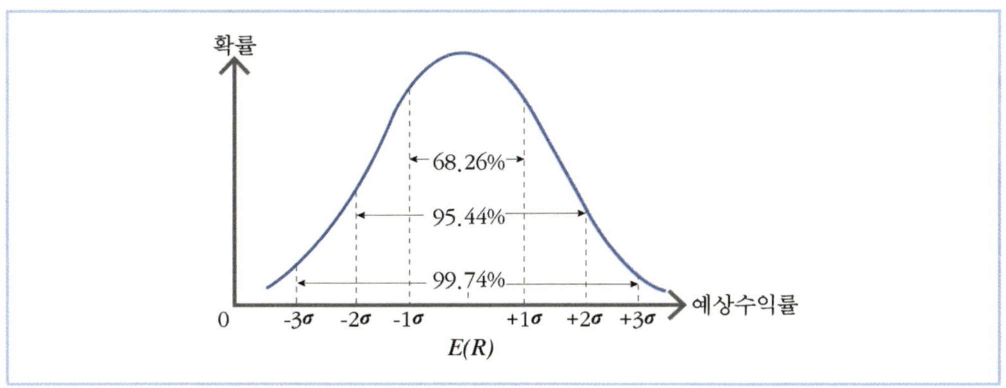

[그림 8-2] 정규분포 하에서 특정 구간의 수익률이 발생할 확률

특정 수익률(R_i)이 기대값으로부터 몇 단위의 표준편차만큼 떨어져 있는지를 계산하는 방법은 다음과 같다.

$$Z_i = \frac{R_i - E(R)}{\sigma} \tag{8.4}$$

더 나아가서 표준정규분포와 식(8.4)를 이용하면 투자안의 수익률이 특정한 범위내에서 발생할 확률을 쉽게 계산해 낼 수 있다. 예를 들어 주식 B의 수익률이 0%보다 작을 확률은 다음과 같이 계산하면 된다. 먼저 Z값의 크기를 구한다.

$$Z = \frac{0\% - 23\%}{18.8\%}$$
$$= -1.22$$

Z값이 -1.22라는 것은 수익률 0%가 기대값 23%보다 1.22단위의 표준편차 크기만큼 작은 곳에 위치하고 있다는 것을 의미한다. 그러나 부록 〈표 5〉를 찾아 보면 Z값이 1.22인 경우누적확률은 0.8888이다. 따라서 주식 B의 수익률이 0%보다 작을 확률은 11.12% (1 - 0.8888) 정도라는 결론을 내릴 수 있다.

3. 시간의 경과와 위험의 크기

대부분의 투자는 장기적인 예측을 전제로 하여 이루어진다. 그런데 불확실성은 기간이 길어질수록 커지게 마련이다. 예를 들어 최초에 1억원의 현금지출을 요하는 어떤 투자안이 앞으로 10년간 매년 2,000만원씩의 수익을 가져다 줄 것으로 기대된다고 하자. 이 경우에 1년 후에 예상되는 2,000만원의 수익은 2년 후, 또는 3년 후에 예상되는 2,000만원보다 훨씬 더 정확하게 예측될 수 있다. 한편 10년 후에 예상되는 2,000만원은 그 정확도가 가장 떨어진다. 왜냐하면 시간이 경과할수록 현재 상황에서 예측할 수 없는 요소들이 수익의 크기에 영향력을 미치게 될 가능성이 커지기 때문이다.

[그림 8-3]은 장기간에 걸치는 예측이 더 큰 위험을 가져오는 현상에 대하여 설명하고 있다. 1차년도의 예상수익이 갖는 확률분포는 그 폭이 비교적 좁게 나타나고 있다. 이는 수익에 영향을 미치는 요소들을 어느 정도 정확하게 예측할 수 있음을 의미한다. 그러나 예측기간이 멀어질수록 예상수익의 확률분포는 점점 더 넓게 나타나고 있다. 이는 수익에 영향을 미치는 요소들에 대한 예측력이 더 떨어질 뿐만 아니라, 예상치 못한 요소들의 돌발적인 출현이 가능하다는 것을 의미한다.

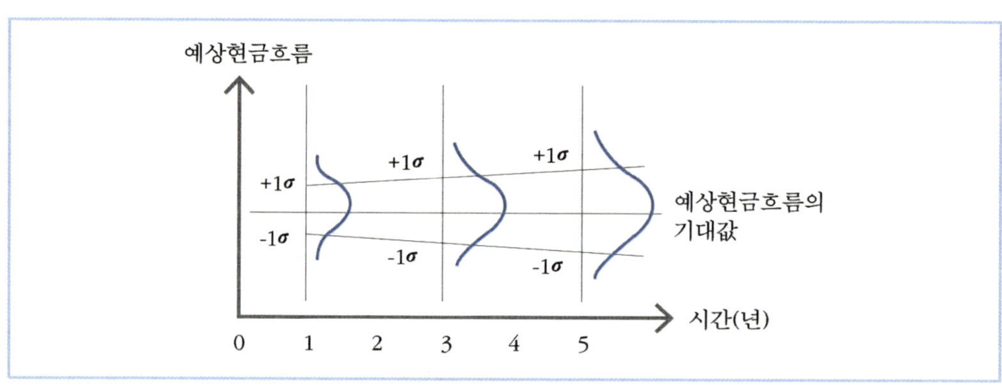

[그림 8-3] 예측기간과 위험과의 관계

SECTION 2 포트폴리오(portfolio)의 위험분석

개별 자산에 투자하는 경우와는 달리 위험자산의 결합, 즉 포트폴리오(portfolio)에 투자하는 경우에는 지금까지와는 매우 다른 분석이 필요하다. 기업은 하나의 사업만 하는 경우보다는 여러 가지 사업을 동시에 추진하는 경우가 더 일반적이다. 투자자들

도 주식, 채권, 부동산 등 여러 가지 자산에 다양하게 투자하고자 한다. 이하에서는 다양한 자산의 결합과 관련된 위험, 즉 포트폴리오 위험(portfolio risk)에 대하여 알아보고자 한다.

포트폴리오의 일부로서 보유되는 개별 자산이나 주식 또는 채권 등의 위험은 그것들이 독립적일 때 갖는 위험보다 작다. 왜 그럴까? 이러한 질문에 대답을 하기 위해서 포트폴리오의 위험을 측정하는 방법에 대하여 살펴보아야 한다.

1. 분산투자와 위험의 감소

대부분의 실물 및 금융자산(physical and financial assets)은 포트폴리오의 일부로서 보유된다고 볼 수 있다. 은행의 경우 다양한 형태의 대출을 하며 여러 가지 증권에 분산투자(diversification)한다. 개인투자자들 역시 다양한 증권이나 부동산에 분산투자한다. 따라서 이들에게 중요한 것은 포트폴리오에 속한 개별자산의 수익률보다는 전체 포트폴리오의 수익률이다. 다시 말해서 포트폴리오에 속한 자산들이 전체로서 얼마만한 크기의 수익률을 가져다 주며, 또 이에 따르는 위험의 크기는 어느 정도인가 하는 점이다.

포트폴리오를 구성하게 되면, 개별 자산들이 갖는 수익률이 서로 결합하여 하나의 전혀 다른 새로운 수익률의 행태를 만들어 낸다. 예를 들어 설명하여 보자. (주)세종산업은 현재 건축용 알루미늄 자재를 생산하는 기업이다. 그러나 머지않아 건축산업에 불경기가 닥칠 것을 예상하고 수익성을 유지하기 위한 대책으로서 금광을 인수하여 운영할 것을 검토하고 있다. 호경기에는 건축활동이 활발하여 건축자재의 매출이 활발하지만 불경기에는 건축경기의 위축으로 매출이 크게 떨어지는 것이 일반적인 현상이다. 한편 금광의 경우 이와는 정반대로 오히려 불경기에 매출이 크게 증가하는 현상을 보여준다. 즉 이들 두 사업의 수익률은 음(-)의 관계를 보인다. 따라서 (주)세종산업이 금광을 인수하여 운영하게 되면 회사 전체의 수익률은 보다 안정적인 행태를 보이게 될 것이다. [그림 8-4]에서 도표 (a)는 일정 기간 건축자재 사업의 수익률 행태를, 도표 (b)는 동일한 기간 금광 사업의 수익률 행태를, 그리고 도표 (c)는 이들 사업을 동시에 수행하는 경우의 결합된 수익률 행태를 보여 준다.

제8장

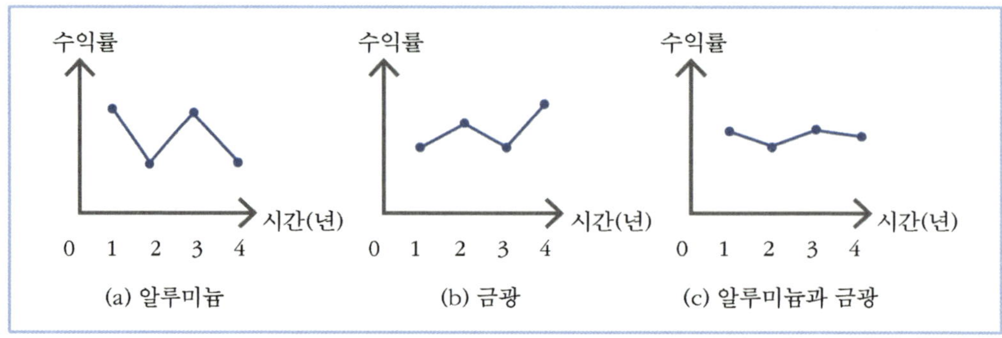

[그림 8-4] 분산투자에 의한 위험의 감소

이와 같이 서로 다른 사업의 수익률이 결합되면 그 변동성이 작아지게 되는데, 이러한 효과를 포트폴리오 효과(portfolio effect)라고 한다. 포트폴리오 효과(portfolio effect)는 이들 두 사업의 수익률이 갖는 음(-)의 상관관계(negative correlation)에서 온다. 상관계수는 두 확률변수가 함께 움직이는 정도를 나타내는 측정치로서 보통 상관계수(correaltion coefficient)라고 하는 통계적 측정치(statistical measure)에 의해 측정된다.

상관계수(ρ)는 두 변수가 함께 움직이는 정도를 나타낸다. 상관계수가 +1이면 두 변수가 100% 같은 방향으로 움직인다는 것을 의미하고, 상관계수가 -1이면 두 변수가 100% 반대 방향으로 움직인다는 것을 의미한다. 따라서 두 사업의 수익률의 상관계수가 -1.0인 경우에는 이들 두 사업을 함께 수행함으로써 위험을 가장 낮은 수준으로 줄일 수가 있다. 반대로 두 사업의 수익률의 상관계수가 1.0인 경우에는 두 사업을 동시에 수행해도 위험이 전혀 줄어들지 않게 된다. 따라서 투자의 위험을 줄이기 위해서는 두 투자대상의 수익률이 1보다 작은 상관계수를 가져야만 한다. 대체로 투자안의 수익률들은 1보다 작고 -1보다 큰 상관계수를 갖는다. 따라서 둘 이상의 투자안에 동시에 투자하는 경우에는 정도의 차이는 있지만 항상 그 위험이 줄어든다고 할 수 있다.

마찬가지로 주식에 투자하는 경우에도 투자대상 주식을 다양화함으로써 위험을 줄일 수 있다. 주식의 수익률간에는 보통 1보다 작고 영(0)보다 큰 양의 상관계수가 존재한다. 왜냐 하면 모든 주가는 경제상황이나 시장이자율 등과 같은 거시변수들에 대해 유사한 반응을 보이기 때문이다.

2. 포트폴리오의 기대수익률과 위험

(1) 포트폴리오의 기대수익률

둘 이상의 주식에 나누어 투자하는 경우에 이 포트폴리오의 기대수익률은 각 주식의 기대수익률을 투자비율에 따라 가중평균한 것이다. 두 종류의 주식 A와 B로 포트폴리오를 구성하고자 하는 경우의 예를 보자. 주식 A의 기대수익률은 $E(R_A)$이고 주식 B의 기대수익률은 $E(R_B)$라고 하자. 그리고 이들 주식에 나누어 투자하는 비중을 각각 w_A, w_B라고 하면 이 포트폴리오의 기대수익률 $E(R_p)$는 다음과 같이 계산된다.

$$E(R_p) = w_A E(R_A) + w_B E(R_B) \qquad (8.5)$$

단, $w_A + w_B = 1$

(2) 포트폴리오의 위험

포트폴리오를 구성하는 개별 주식들의 수익이 완전한 양의 상관계수(상관계수가 1인 경우)를 갖지 않는 이상 포트폴리오의 위험은 항상 감소하게 된다. 즉 포트폴리오를 구성함으로써 위험이 분산되는 효과를 기대하게 되는데, 그 분산 정도는 구성 주식들의 수익률 간의 상관계수가 어떠한가에 달려 있다. 구성 주식들의 상관계수가 작을수록 위험분산의 효과는 커진다. 두 개의 주식 A와 B 로 구성되는 포트폴리오의 위험을 수익률의 표준편차에 의해 측정하면 다음과 같다.

$$\sigma_P = \sqrt{w_A^2 \sigma_A^2 + w_B^2 \sigma_B^2 + 2 w_A w_B \rho_{AB} \sigma_A \sigma_B} \qquad (8.6)$$

위의 식에서 w_A와 w_B는 각 주식에의 투자비중을 나타내며 그 합은 1이다. σ_A와 σ_B는 각 주식의 수익률의 표준편차를(σ_A^2과 σ_B^2은 각 주식의 수익률의 분산을), ρ_{AB}는 두 주식의 수익률 간의 상관계수를 나타낸다.

제 8 장

3. 체계적위험과 비체계적위험

주식투자의 총위험(total risk)은 다음과 같이 체계적 위험(systematic risk)과 비체계적 위험(unsystematic risk)으로 나눌 수 있다.

총위험 = 체계적 위험 + 비체계적 위험

체계적 위험은 개별 주식 수익률의 전체 변동성(total variability) 가운데 시장요인(market factor)에 기인하는 부분으로서 분산투자에 의해서도 제거할 수 없는 위험요소이다. 따라서 개별 주식의 위험을 구성하는 가장 핵심적인 요소라고 할 수 있다. 연구결과에 의하면, 개별 주식의 경우 체계적 위험이 총위험 중에서 차지하는 부분은 대략 25% 내지 50% 정도이다. 체계적 위험을 구성하는 요소들로서는 시장이자율의 변동, 구매력의 변동, 그리고 경제전망에 관한 변동 등을 들 수 있다.

σ_p비체계적 위험은 개별 기업에 국한되는 특수한 위험(firm-specific risk)이다. 이를 구성하는 것들로는 기업의 중요 정책결정, 노사문제, 원자재 가격, 정부의 공해정책, 외국기업들의 경쟁력, 그리고 기업의 재무 및 영업레버리지(financial and operating leverage) 등을 들 수 있다. 이러한 개별 기업에 한정된 특수한 위험요소는 분산투자를 통해서 대부분 제거될 수 있다.

[그림 8-5]은 포트폴리오를 구성하는 주식의 수가 많아질수록 총위험이 감소하는 현상을 보여 주고 있다. 포트폴리오를 구성하는 개별 주식의 비체계적 위험을 제거하기 위해서는 그다지 많은 수의 주식을 요하지 않는다. 대략 10개 종목 내지 15개 종목으로 포트폴리오를 구성하면 대부분의 비체계적 위험을 효과적으로 제거할 수 있다. 그러나 아무리 많은 수의 주식을 포트폴리오에 편입시켜도 위험을 감소시키는 데는 한계가 있으며, 이렇게 없어지지 않고 남는 위험요소를 체계적 위험이라고 한다. 그러므로 분산투자에 의해 총위험이 감소하는 것은 다름 아닌 비체계적 위험이 감소하기 때문이다.

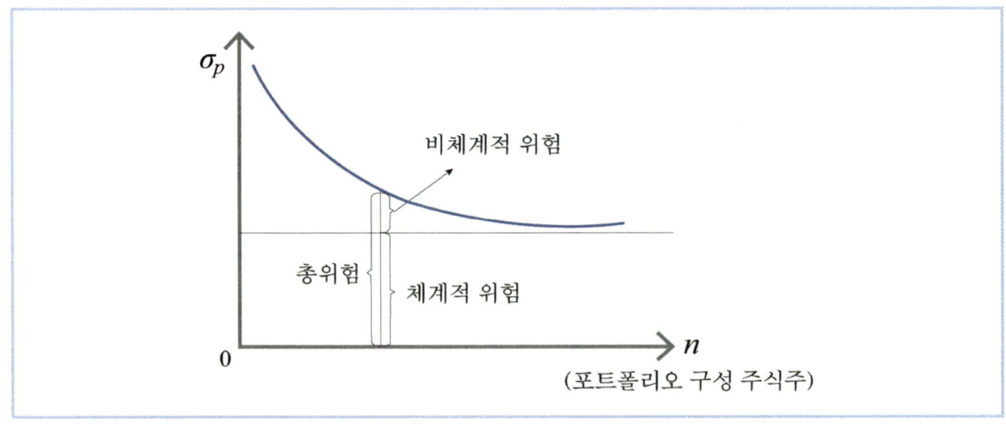

[그림 8-5] 분산투자에 의한 비체계적 위험의 감소효과

연습문제

1. 재무관리에서 위험(risk)을 정의하고, 이를 나타내기 위해 표준편차(σ)를 사용하는 이유를 설명하라.

2. 위험하의 의사결정이 불확실성하의 의사결정과 어떤 차이점을 갖는지 설명하라.

3. 어떤 상품을 1개 판매하면 10,000원의 이익이 발생한다 한다. 그러나 상품 100개당 1개의 불량품이 섞여 있으며, 불량품 한 개당 50,000원의 손실이 난다면, 상품 1개 판매시 기대되는 이익은 얼마인가?

4. A주식을 지금 20만원에 구입하여 1년 후에 배당으로 10,000원을 받고, 22만원에 매각하였다고 한다면 1년간의 보유수익률은 얼마가 될까? 또 A주식을 1년간 더 보유하여 2년 후에 배당으로 15,000원을 받고, 25만원에 매각하였다고 한다면 2년간의 보유수익률은 얼마가 될까?

5. 포트폴리오 효과(portfolio effect)에 대하여 설명하라.

6. 체계적 위험(systematic risk)과 비체계적 위험(unsystematic risk)에 대하여 설명하라.

7. 주식 A의 기대수익률 확률분포가 경기상태에 따라 다음과 같이 변한다고 할 때, 이 주식에 투자했을 때 기대되는 수익률의 기댓값과 분산, 표준편차를 구하시오.

확률(P_i)	수익률(R_i)
0.15	20%
0.20	15%
0.30	10%
0.25	6%
0.10	-8%

제8장

8. 주식 A의 기대수익률은 10%, 표준편차 5%, 주식 B의 기대수익률 15%, 표준편차 10%이고 두 주식간의 상관계수(ρ)는 0.5라고 한다. 두 주식의 투자비율을 10:0, 7:3, 5:5, 3:7, 0:10로 변화시킬 때 이 포트폴리오의 기대수익률과 표준편차가 어떻게 변하는지 구하시오.

9. 주식 A와 주식 B의 수익률 확률분포가 다음과 같다고 한다.

경기상태	확률(P_i)	수익률(R_i)	
		주식 A	주식 B
호 황	0.25	16%	4%
보 통	0.50	12%	6%
불 황	0.25	8%	8%

a) 주식 A와 주식 B의 기대수익률과 표준편차를 구하라.
b) 투자자금의 75%를 주식 A에, 그 나머지를 주식 B에 투자하는 경우에 이 포트폴리오의 기대수익률과 표준편차를 구하라. 단, $\rho_{AB} = -1$이다.

10. 주식 A와 주식 B의 수익률 확률분포가 다음과 같다고 한다.

경기상태	확률(P_i)	수익률(R_i)	
		주식 A	주식 B
호 황	0.30	10%	15%
보 통	0.40	5%	5%
불 황	0.30	-5%	-10%

a) 주식 A와 주식 B의 기대수익률과 표준편차를 구하라.
b) 주식 A와 주식 B의 투자가치가 동일하다고 할 수 없는 이유를 설명하고, 어떤 주식에 투자할 것인가를 결정하시오.

제9장 자본자산가격결정모형

본장에서는 자본자산가격결정모형(capital asset pricing model : CAPM)으로 불리우는 증권시장선(security market line : SML)에 대하여 설명한다. 체계적 위험(β)을 이용하여 개별 자산 또는 포트폴리오의 기대수익률을 측정할 수 있게 됨으로써 재무론은 커다란 발전을 이루게 되었다. 자본자산가격결정이론은 개별 자산의 가치를 측정하는 일에서부터 투자안의 가치를 측정하는 데까지 실무적으로도 광범위하게 이용되고 있다. 특히 증권 실무에 널리 이용되고 있다.

SECTION 1 마코위츠 포트폴리오

주식시장에 존재하는 주식들을 결합하여 포트폴리오를 구성하는 방법은 무수히 많다고 할 수 있다.[38] 그리고 투자자들은 이렇게 수많은 포트폴리오 중에서 최상의 투자대상을 선택하여야 한다. 만일 어떤 투자자가 투자의 기준으로서 특정한 위험수준을 선택한다면, 다음에 그가 할 일은 기대수익률이 가장 높은 포트폴리오를 선택하는 일이다. 그러나 만일 그가 투자의 기준으로서 특정한 수준의 수익률을 선택한다면, 이번에는 위험을 가장 작게 하는 일이 그가 할 일이다.

이러한 선택기준을 만족시키는 포트폴리오를 마코위츠 포트폴리오(Markowitz portfolio)

38) 본 장에서 다루는 이론은 주식을 포함한 모든 위험자산에 적용할 수가 있다. 그럼에도 불구하고 주식을 대상으로 하는 이유는 이론적인 전개가 용이하다는 이점 때문이다.

또는 효율적 포트폴리오(efficient portfolio)라고 한다. 동일한 위험 하에서는 기대수익률이 가장 높은 포트폴리오를 선택하고, 동일한 기대수익률 하에서는 위험이 가장 작은 포트폴리오를 선택하는 기준을 지배원리(dominance principle)라고 한다. 지배원리를 충족시키는 포트폴리오의 집합을 그림으로 나타내면 [그림 9-1]과 같은 곡선 모양을 얻게 되는데, 이를 효율적 프론티어(efficient frontier)라고 부른다. 효율적 프론티어를 그려낼 수만 있다면, 그 다음에 투자자에게 남은 일은 선택의 문제라고 볼 수 있다. 높은 수익을 원한다면 더 큰 위험을 부담하여야 할 것이고, 낮은 위험을 원한다면 그만큼 낮은 수익률을 기대하여야 할 것이다.

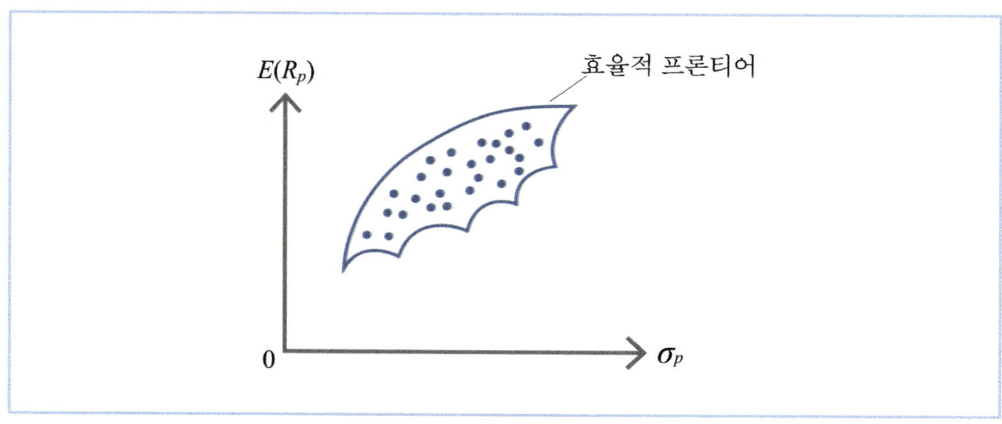

[그림 9-1] 효율적 프론티어

마코위츠에 의해 제시된 이러한 최적 포트폴리오(optimum portfolio)의 선택기준은 상당히 합리적인 것으로 보인다. 그러나 이러한 선택기준은 다음과 같은 한계점을 갖는다. 첫째, 투자자들이 최적 포트폴리오를 구성할 때 위험자산만을 대상으로 하지는 않는다는 점이다. 투자자들은 정부에서 발행하는 국채와 같이 위험이 전혀 없는 자산들도 투자대상에 고려할 수가 있다. 둘째, 그 계산과정이 너무나 복잡하여 실용성이 부족하다는 점이다. 투자대상에 고려되는 주식의 수가 많아질수록 계산의 수고는 기하급수적으로 증가하게 된다.

SECTION 2 자본시장선(capital market line : CML)

1. 무위험자산을 고려하는 경우의 효율적 프론티어

투자대상으로서 무위험자산을 고려하게 되면 지금까지 논의한 최적 포트폴리오 선택과정은 상당한 수정을 요하게 된다. 무위험자산은 실제수익률(actual return)이 기대수익률과 동일한 자산을 가리킨다. 따라서 무위험자산의 수익률의 표준편차(σ)는 영(0)이며, 위험자산의 수익률과의 상관관계(ρ) 역시 항상 영(0)이다.

이제 무위험자산을 고려할 때 최적 포트폴리오의 선택이 어떻게 이루어지는지 [그림 9-2]를 통하여 알아보자. 투자자는 무위험자산에 일부를 투자하고 그 나머지는 효율적 프론티어 내부에 있는 위험자산(또는 그러한 위험자산의 포트폴리오)에 투자할 수 있다고 하자. 만약에 투자자가 무위험자산과 위험자산 A에 분산투자한다면, 이제 이 투자자에게 적용될 수 있는 효율적 프론티어는 곡선 $R_FA'D$가 된다. 그 이유는 직선 R_FA'가 지배원리에 의해 곡선 EA'를 대체하기 때문이다. 같은 이유로 위험자산 A 대신 위험자산 B를 고려하는 경우에는, $R_FB'D$가 새로운 효율적 프론티어가 된다.

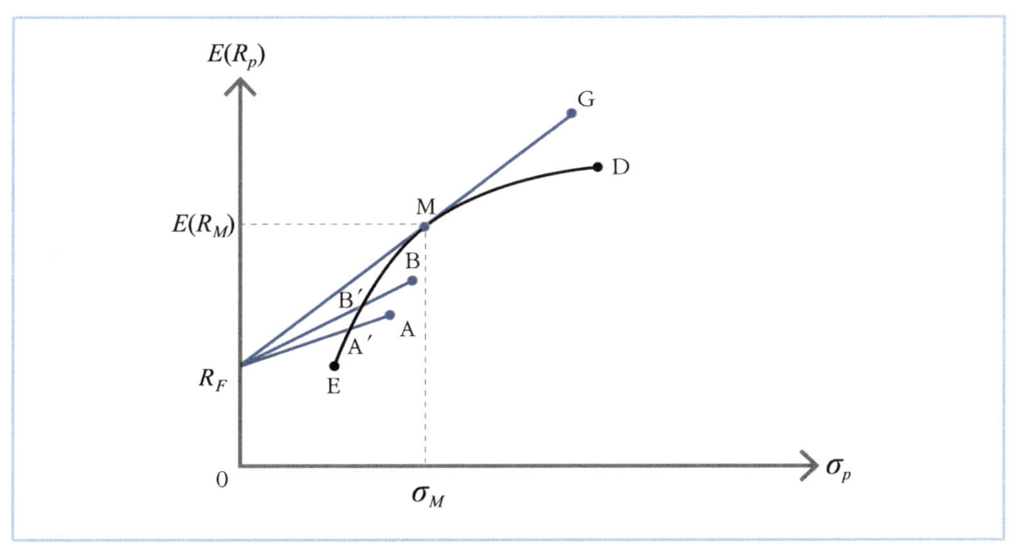

[그림 9-2] 무위험자산을 고려한 효율적 프론티어(자본시장선)

제 9 장

이와 같이 위험자산과 무위험자산에 분산투자하는 경우에는, 위험자산에만 투자하는 경우와는 다른 새로운 효율적 프론티어를 얻게 된다. 궁극적으로는 본래의 효율적 프론티어인 곡선 ED와 접하는 직선 R_FMG가 최상의 효율적 프론티어가 된다. 직선 MG 상의 점들은 무위험이자율로 자금을 차입하여 추가로 포트폴리오 M에 투자하는 경우에 얻을 수 있는 기대수익률과 표준편차의 조합이다.39)

직선 R_FG를 자본시장선(capital market line : CML)이라고 하며, 수식으로는 다음과 같이 나타낼 수 있다.

$$E(R_P) = R_F + \frac{E(R_M) - R_F}{\sigma_M}\sigma_P \tag{9.1}$$

자본시장선은 위험자산과 무위험자산을 투자대상으로 함께 고려할 때, 효율적 포트폴리오의 기대수익률이 위험, 즉 표준편차의 크기에 비례한다는 것을 보여 준다. 이 식에서 투자자가 부담하고자 하는 위험의 크기가 정해지면 기대수익률은 자동적으로 결정된다.

2. 시장포트폴리오(market portfolio)

[그림 9-2]에서 직선 R_FG와 곡선 ED가 만나는 접점 M은 구체적으로 어떠한 포트폴리오일까? CAPM은 모든 투자자들이 모든 위험자산의 수익률에 대하여 동질적인 예측(homogeneous expectations)을 함과 동시에 동일한 정보(same information)를 공유한다는 가정을 하고 있다. 이 가정을 따른다면, 모든 투자자들은 예외 없이 포트폴리오 M만을 위험자산으로서 보유하게 된다. 그런데 시장에 존재하는 모든 위험자산들은 실제로 투자자들에 의해 소유되고 있다. 그러므로 모든 투자자들이 포트폴리오 M만을 보유한다는 조건과 시장에 있는 위험자산들이 투자자들에 의해서 모두 소유되고 있다는 조건이 동시에 만족되게 하는 포트폴리오가 바로 M이다. 포트폴리오 M을 구성하는 어떤 위험자산의 투자금액 비율(w_i)을 수식으로 나타내면 다음과 같다.

$$w_i = \frac{\text{위험자산 } i\text{의 가치총액}}{\text{모든 위험자산 } i\text{의 가치총액}} \tag{9.2}$$

39) 이러한 이유로 MG선상의 포트폴리오를 차입포트폴리오(lending portfolio), 그리고 R_FM 선상의 포트폴리오를 대출포트폴리오(borrowing portfolio)라고 부른다.

따라서 누구든지 위험자산에 투자하고자 하는 경우에 효용을 극대화하기 위해서는, 전체 투자금액 중 개별 위험자산에 투자하는 비중을 식(9.2)와 같게 하여야 한다. 결국 투자자들의 포트폴리오에는 시장에서 거래되고 있는 모든 자산이 포함되게 되는데, 이러한 이유로 포트폴리오 M을 시장포트폴리오(market portfolio)라고 한다.

SECTION 3 증권시장선(security market line : SML)

1. 공분산의 표준화 (standardizing covariances)

개별 자산 수익률의 시장포트폴리오 수익률에 대한 공분산 σ_{im}[40]은 시장포트폴리오 수익률의 분산으로 나눔으로써 표준화할 수 있다. 이것은 분산불가능한 위험의 표준화된 크기로서 베타(β) 또는 체계적 위험이라고 한다.

$$\text{개별자산 } i \text{의 } \beta_i = \frac{\sigma_{im}}{\sigma_m^2} \tag{9.3}$$

시장포트폴리오의 공분산은 시장포트폴리오의 분산과 같다. 따라서 시장포트폴리오 수익률의 β_m은 1이다. 시장평균보다 더 위험한 자산의 β는 1보다 크고, 시장평균보다 덜 위험한 자산의 β는 1보다 작다. 그리고 무위험자산의 β는 0(영)이다.

이렇게 정의되는 β를 이용하여 어떤 위험자산의 기대수익률은 다음과 같이 β의 일차식으로 나타낼 수 있다.

자산 i의 기대수익률 $E(R_i)$ = 무위험이자율
+ (시장포트폴리오의 위험 프리미엄 × 자산 i의 β)

$$E(R_i) = R_F + [E(R_M) - R_F]\,\beta_i \tag{9.4}$$

R_F : 무위험이자율

40) 두 확률변수의 값이 어떤 방향으로 움직이는가를 보여준다. 즉 0보다 크면 같은 방향으로, 0보다 작으면 서로 반대방향으로 움직인다.

제 9 장

$E(R_M)$: 시장포트폴리오의 기대수익률
β_i : 자산 i의 β
$E(R_M) - R_F$: 시장포트폴리오의 위험프리미엄

식(9.4)를 증권시장선(security market line, SML)이라고 하며, CAPM의 핵심을 이룬다. [그림 9-3]은 이러한 관계를 잘 보여 주고 있다. 그림에서 보듯이 어떤 위험자산의 기대수익률은 무위험이자율과 그 자산의 β의 크기에 의해 결정된다. 위험자산은 개별 자산일 수도 있고 다양한 구성의 포트폴리오일 수도 있다. 자본시장선이 최적의 효율적 포트폴리오만을 대상으로 기대수익률을 산출하는 모형임에 반하여, 증권시장선은 효율적이 아닌 어떤 개별 자산이나 포트폴리오에 대하여도 적용되는 범용의 모형이다.

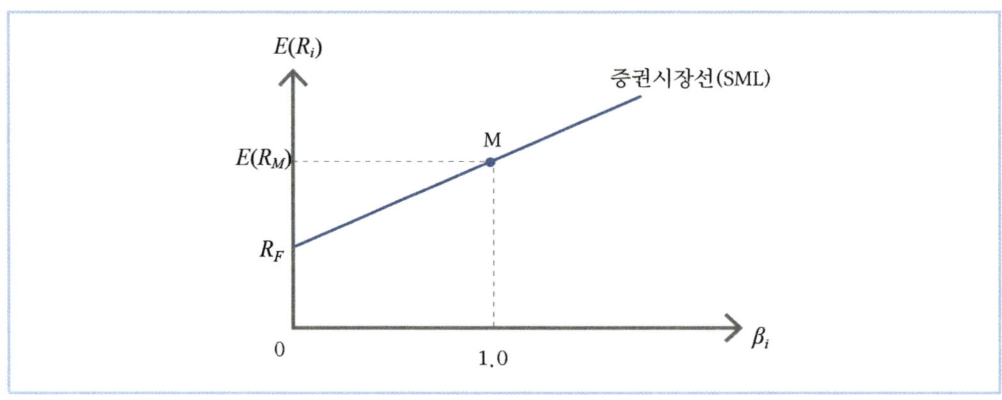

[그림 9-3] 증권시장선

2. 증권시장선의 응용[41)]

증권시장선은 특정 자산의 투자가치가 과연 높은지 또는 낮은지를 판단하는데 도움을 준다. 예를 들어 (주)BK 주식의 가격이 일시적으로 하락하였다고 하자. 그러나 기업의 수익력은 꾸준하여 지금 주식을 매입하였을 때 배당액과 주식가격 상승에 의한 수익률이 연간 20%가 될 것으로 예상된다고 하자. 만약 증권시장선을 이용하여 계산된 (주)BK 주식의 기대수익률이 14.5%라고 하면 이 회사의 주식이 저평가되어 있다는 것을 의미한다. 그러므로 이 주식을 매입한다면 초과수익률을 기대할 수 있다.[42)]

41) 자기자본비용의 계산(제10장 SECTION 2)과 주식의 가치평가(제3장 SECTION 2)에서 있어서 요구수익율을 결정하는 데도 이용된다.

반대로 예상수익률이 증권시장선에 의한 기대수익률 14.5%보다 낮을 때는 오히려 그 주식의 가치가 고평가되어 있다는 평가를 내리게 된다. 따라서 이러한 주식을 보유하고 있다면, 추가적인 매입을 자제하고 오히려 보유중인 주식을 매각하여 현금화하여야 한다. 이와 같이 증권시장선을 이용하면 투자대상의 선택뿐만 아니라, 매입 또는 매도에 관한 합리적인 의사결정에 도움을 받을 수 있다. [그림 9-4]에서 주식 U는 저평가되어 있는 주식을, 그리고 주식 O는 고평가되어 있는 주식을 나타낸다.

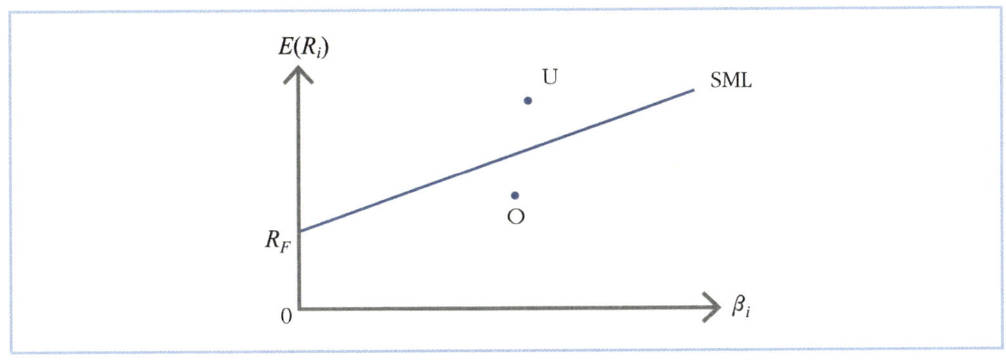

[그림 9-4] 고평가 또는 저평가 주식의 식별

SECTION 4 차익거래가격결정모형(arbitrage princing model : APM)

1. 차익거래가격결정모형의 개요

자본자산의 차익거래가격결정모형(arbitrage princing model : APM)은 1976년 로스(S. Ross)에 의해 제시되었는데, 이 모형은 종래의 CAPM에 비해 보다 현실적이고 일반적인 모형이라는 점에서 높이 평가되고 있다.

CAPM은 자본자산의 균형가격결정이론 발전에 크게 기여하였으나 롤(R. Roll)에 의하면 현실적으로 검증하는 과정에서 몇 가지 문제점이 발견되었다. CAPM에서 시장포트폴리오의 역할은 절대적이라 할 수 있는데, 현실적으로 모형의 검증시에는 진정한

42) 여기에서 말하는 초과수익률은 기대수익률 14.5%를 초과하는 부분을 가리킨다.

의미의 시장포트폴리오를 관찰할 수 없기 때문에 진정한 의미의 시장 포트폴리오 대신 대용지수(proxy)를 사용해야 한다는 문제점이 지적되었다. 또한 투자자가 기대수익률과 분산이라는 제약적인 기준만을 가지고 투자결정을 해야 한다는 제한된 가정이 문제점으로 비판을 받아 왔다.

APM은 시장 포트폴리오의 역할을 크게 강조하지 않고 균형가격결정을 설명하는 모형으로 개발되었다. APM은 모든 증권의 수익률이 여러 요인들의 선형함수로 표현될 수 있다고 가정하고 시장균형 상태 하에서는 차익거래이익의 실현이 불가능하다는 점을 이용하여 식을 유도함으로써 모형이 만들어진다. 이 모형의 식은 각 개별증권의 기대수익률이 각 증권수익률이 가지는 설명요인들(explanatory factors)에 대한 민감도(sensitivity)를 독립변수로 한 선형함수로 표현됨을 나타내고 있다.

2. APM의 유도

차익거래가격이론은 투자자들이 위험회피적(risk-averse)이어서 분산투자를 행하려 한다는 가정과, 자산 또는 증권의 수익률은 복수의 공통요인들을 설명변수로 하여 선형적 관계로 설명될 수 있다는 가정을 바탕으로 하고 있다.

APM은 수익생성모형(return generating model)을 가정하고 있는데 이 모형에 의하면 자산 j의 수익률은 동 자산에 대한 기대수익률과 공통요인들의 영향의 합으로 결정된다. 따라서 모든 증권의 수익률에 영향을 주는 공통요인(common factors)을 각각 $\tilde{F}_1, \tilde{F}_2, \cdots \tilde{F}_k$로 나타내면 자산 i의 수익률$\tilde{R}_i$는 다음과 같이 나타낼 수 있다.

$$\tilde{R}_i = E(\tilde{R}_i) + b_{i1}\tilde{F}_1 + b_{i2}\tilde{F}_2 + \cdots + b_{ik}\tilde{F}_k + \tilde{e}_i \qquad (9.5)$$

$\tilde{R}_i$: i증권의 확률적 수익률

$E(\tilde{R}_i)$: i증권의 사전적(ex-ante) 기대수익률

b_{ij} : 공통요인 j의 변동에 대한 i증권수익률의 반응도(sensitivity)

$\tilde{F}_j$: 모든 증권들의 수익률에 영향을 미치는 j번째 공통요인, 평균은 0임.

$\tilde{e}_i$: 잔차, 평균이 0이며 다른 증권의 오차항과 상관성을 갖지 않음.

위의 식에서 $b_{i1}, b_{i2}, \cdots, b_{ik}$는 모든 증권들에 공통적으로 영향을 주는 요인들로서 i증권의 수익률에 미치는 영향력을 나타내는 체계적 위험(systematic risk)이며, 반면 $\tilde{e}_i$

는 i증권에 고유한 요인으로 비체계적 위험(unsystematic risk)이다.

자본시장이 완전경쟁적이고 투자자들이 수익률 형성에 관해 동질적 기대(homgeneous expectations)를 한다는 가정을 전제로 하는 경우, 로스(Ross)는 어떤 증권을 일정금액 공매하고 그 대금으로 타증권을 매입보유함으로써 0의 투자금액으로 0의 체계적 위험을 갖는 차익거래포트폴리오(arbitrage portfolio)를 구성할 수 있음을 보였고 이를 식 (9.5)에 적용함으로써 APM을 유도하였다.

차익거래포트폴리오는 0의 투자액과 0의 체계적 위험을 갖고 있으므로 0의 수익을 가져야 한다. 만약 수익이 0이 아니라면 차익거래에 의한 이윤획득의 기회가 생기기 때문이다. 이러한 세 가지 조건을 식으로 표현하면 다음과 같다. ω_i를 i증권에 대한 투자금액(비율)이라고 하자.

(조건 1) 투자금액조건 : $\sum_{i=1}^{n}\omega_i = 0$

(조건 2) 투자위험조건 : $\sum_{i=1}^{n}\omega_i b_{ij} = 0 \quad (j = 1,\ 2, \cdots,\ k)$

단 비체계적 위험이 0에 접근($\sum_{i=1}^{n}\omega_i e_i \approx 0$)하려면 n이 다수이어야 함.

(조건 3) 투자수익조건 : $\sum_{i=1}^{n}\omega_i E(\widetilde{R}_i) = 0$

위의 세 가지 조건식을 변형하여[43] 기대수익률 $E(\widetilde{R}_i)$에 관한 식으로 유도하면 다음과 같은 APM식을 구할 수 있다.

43) (조건 1)과 (조건 2)식의 양변에 각각 임의의 상수 λ_0, λ_1, λ_2, $\cdots$, λ_k를 곱하여 전개한 후 모두 합하면

$$\begin{array}{l} \lambda_0(\ \omega_1 \ + \ \omega_2 \ + \ \omega_3 \ + \cdots\cdots + \ \omega_n \ ) = 0 \\ \lambda_1(\omega_1 b_{11} + \omega_2 b_{21} + \omega_3 b_{31} + \cdots\cdots + \omega_n b_{n1}) = 0 \\ \lambda_2(\omega_1 b_{12} + \omega_2 b_{22} + \omega_3 b_{32} + \cdots\cdots + \omega_n b_{n2}) = 0 \\ \qquad \vdots \\ \underline{+)\lambda_k(\omega_1 b_{1k} + \omega_2 b_{2k} + \omega_3 b_{3k} + \cdots\cdots + \omega_n b_{nk}) = 0} \\ \omega_1(\ \lambda_0 \ + \lambda_1 b_{11} + \lambda_2 b_{12} + \cdots\cdots + \lambda_k b_{1k}) \\ +\omega_2(\ \lambda_0 \ + \lambda_1 b_{21} + \lambda_2 b_{22} + \cdots\cdots + \lambda_k b_{2k}) \\ \qquad \vdots \\ +\omega_n(\lambda_0 \ + \lambda_1 b_{n1} + \lambda_2 b_{n2} + \cdots\cdots + \lambda_k b_{nk}) = 0 \qquad \cdots ① \end{array}$$

제 9 장

$$E(\widetilde{R}_i) = \lambda_0 + \lambda_1 b_{i1} + \lambda_2 b_{i2} + \cdots\cdots + \lambda_k b_{ik} \qquad (9.6)$$

$E(\widetilde{R}_i)$: i증권의 기대수익률

b_{ij} : 공통요인 j의 변동에 대한 i증권 수익률의 반응도(sensitivity)

λ_j : 공통요인 j의 변동에 대한 위험보상률(risk premium)

3. APM과 CAPM

자본자산의 균형가격결정을 위해 APM은 CAPM에 비해 보다 일반적인 접근방법을 취하고 있다. 그것은 첫째, APM은 CAPM과 달리 개별자산의 수익률 분포나 투자자의 효용함수에 대한 가정을 하지 않으며 둘째, CAPM에서는 시장포트폴리오만을 이용하여 자산평가를 행하지만 APM은 여러 요인들을 고려할 수 있으며 셋째, APM은 시장포트폴리오를 특별히 고려하고 있지는 않기 때문에 시장 포트폴리오 또는 시장포트폴리오의 대용지수에 대한 효율성 검증을 해야하는 부담이 해소되었다는 점 등에서 찾을 수 있다. 따라서 APM은 CAPM의 하나의 단순형태로서 여러 요인들 중 오직 시장포트폴리오만을 고려한 가격결정모형으로 이해할 수 있다.

APM을 CAPM과 비교하기 위하여 원형 APM인 식 (9.6)을 다음과 같이 변형시킬 수 있다. 우선 무위험수익률 R_F는 모든 체계적, 비체계적 위험이 '0'인 포트폴리오의 수익률이므로 $R_F = \lambda_0$이 된다.

한편 요인포트폴리오(factor portfolio)를 다음과 같이 정의해 보자. 즉 특정요인 k

한편 (조건 3)식을 전개하면 다음과 같다.

$$\sum_{i=1}^{n} \omega_i E(\widetilde{R}_i) = \omega_1 E(\widetilde{R}_1) + \omega_2 E(\widetilde{R}_2) + \cdots\cdots + \omega_n E(\widetilde{R}_n) = 0 \qquad \cdots ②$$

①과 ②식을 비교하면 재정 포트폴리오의 조건을 만족하는 식이 도출되는데, 이것을 차익거래가격결정모형(APM)이라 한다.

즉, $E(\widetilde{R}_1) = \lambda_0 + \lambda_1 b_{11} + \lambda_2 b_{12} + \cdots\cdots + \lambda_k b_{1k}$

$E(\widetilde{R}_2) = \lambda_0 + \lambda_1 b_{21} + \lambda_2 b_{22} + \cdots\cdots + \lambda_k b_{2k}$

$\vdots$

$E(\widetilde{R}_n) = \lambda_0 + \lambda_1 b_{n1} + \lambda_2 b_{n2} + \cdots\cdots + \lambda_k b_{nk}$

위 식들을 일반화하면 다음과 같으며 실제 검증시 회귀분석을 통해 λ_j의 값을 추정한다.

$E(\widetilde{R}_i) = \lambda_0 + \lambda_1 b_{i1} + \lambda_2 b_{i2} + \cdots\cdots + \lambda_k b_{ik}$

의 수익률과의 민감도는 '1'이고 다른 모든 요인과의 민감도는 '0'인 포트폴리오를 k요인포트폴리오라고 정의하자. 그러면 k요인포트폴리오의 기대수익률 $E(R_k)$는 식 (9.6)에서 다음과 같다.

$E(R_k) = R_F + \lambda_k$이고, 따라서 $\lambda_k = E(R_k) - R_F$가 된다.

이 과정을 요인 '1'부터 요인 'k'까지 적용하면 원형 APM은 다음 식과 같이 쓸 수 있다.

$$E(R_i) = R_F + b_{i1}[E(R_1) - R_F] + b_{i2}[E(R_2) - R_F] + \cdots + b_{ik}[E(R_k) - R_F]$$

또는

$$E(R_i) = R_F + \sum_{j=1}^{k} b_{ij}[E(R_j) - R_F] \tag{9.7}$$

4. APM의 문제점

APM을 실용화하기 위해서는 여러 가지 해결되어야 할 문제점이 있다. 우선 모든 자산의 가격결정에 공통적으로 영향을 미치는 요인을 선택하는 과정이 그 방법론상 매우 어렵다. APM을 실용화함에 있어 요인분석(factor analysis)기법을 많이 사용하고 있는데, 이 경우 요인분석에 의해 구해지는 요인들의 부호는 논리적 의미를 갖고 있지 않다는 점 때문에 APM은 CAPM보다 경제적 시사점의 제공이 취약하다는 약점을 안고 있다. 그 외에도 모든 자산의 표본집단들에 대해 공통요인들이 동일한 우선순위로 추출된다는 보장이 없다는 약점도 지니고 있다.

연습문제

1. 다음에 대하여 간단히 설명하라.
   1) 마코위츠 포트폴리오(efficient portfolio)
   2) 지배원리(dominance principle)
   3) 효율적 프론티어(efficient frontier)

2. 자본시장선과 증권시장선과 관련하여 다음에 대해 간단히 설명하라.
   1) 동질적 기대(homogeneous expectations)와 시장포트폴리오(market portfolio)
   2) 대출 포트폴리오(lending portfolio)와 차입포트폴리오(borrowing portfolio)
   3) 체계적 위험(β)

3. 주식 B의 수익률 확률분포가 다음과 같다고 하자. 무위험이자율(R_F)는 10%이다.

	확률(P_i)	수익률(%)	시장포트폴리오 수익률($E(R_M)$)(%)
호 황	0.3	40	25
보 통	0.5	20	15
불 황	0.2	-20	-10

   a) 자본시장선(CML)의 식을 구하고 그림으로 그려서 설명하라.
   b) 위험자산에 50%, 100%, 150%(무위험이자율로 차입)를 각각 투자하였을 때, 기대수익률과 위험을 위의 CML 상에 표시하고, 대출, 차입포트폴리오를 표시하라.

4. (주)YM의 보통주 β는 1.2이다. 무위험이자율(R_F)이 7%, 시장의 기대수익률($E(R_M)$)이 18%라고 하면, 이 주식의 기대수익률($E(R_i)$)은 얼마인가?

5. 투자금액 2,000만원을 주식 A와 주식 B에 나누어 투자하고자 한다. 현재 무위험이자율(R_F)은 8%이고 시장의 기대수익률($E(R_M)$)은 18%이다. 그리고 주식 A와 주식 B

의 β는 각각 1.2와 2.0이다. 이 투자의 기대수익률이 23%가 되도록 A와 B에 대한 투자비중 w_A와 w_B를 정하라.

6. 다음의 자료를 이용하여 주식 A, B, C에 분산투자한 포트폴리오 X의 기대수익률을 구하라.

$E(R_M)$	: 15%,	σ_M^2 : 0.0020,	R_F : 7%
공분산	: σ_{AM} : 0.0016,	σ_{BM} : 0.0024,	σ_{CM} : 0.0028
투자비중	: w_A : 0.5,	w_B : 0.2,	w_C : 0.3

7. 주식 A의 시장가격은 18,000원이다. 다음의 자료를 이용하여 이 가격이 과대 또는 과소평가되었는지 확인하라.

- 시장포트폴리오의 기대수익률 $E(R_M)$: 20%
- 시장포트폴리오 수익률의 분산 σ_M^2: 0.0030
- 무위험이자율 R_F : 8%
- 주식 A와 시장포트폴리오 수익률의 공분산 σ_{AM} : 0.0036
- 주식 A의 예상배당액 $D_1 = D_2 = ... = 3{,}000$원

8. CAPM을 어떻게 이용하는지에 대하여 간략히 설명하시오.

9. 자본시장선(CML)과 증권시장선(SML)의 차이점에 대하여 설명하라.

10. 자본자산가격결정모형(CAPM)과 차익거래가격결정모형(APM)의 차이에 대해 간략히 설명하라.

제 9 장

제4부

자본구조론

제10장 자본비용

기업의 투자결정(investment decision)과 자본조달결정(financing decision)은 기업 재무관리의 양대 기능이라고 할 수 있다. 본 장에서는 기업의 장기자본조달결정과 관련된 기초를 공부하게 된다. 이를 위하여 우선 자본비용(cost of capital)의 개념, 계산방법 및 이용 등에 대하여 설명하고자 한다.

SECTION 1 자본비용의 개념

1. 자본비용의 개념

기업은 투자를 하기 위하여 여러 가지 형태로 자금을 조달하고 있으며, 자금제공자들은 이의 대가로 기업의 현금흐름에 대한 다양한 청구권을 소유하게 된다. 자금의 수요자인 기업과 자금의 제공자인 투자자간의 계약내용에 따라 투자자들은 각각 서로 다른 위험을 감수하고, 자금을 기업에 제공하는 보상으로 상이한 기대수익률(expected rate of return)을 요구한다. 자금제공자들이 요구하는 요구수익률(required rate of return)은 기업의 입장에서 보면 투자를 통해 벌어들여야 하는 최저 필수수익률인 동시에 자금을 사용한 대가로 지불하여야 하는 자본비용(cost of capital)이라고 할 수 있다.

따라서 자본비용은 기업이 투자결정을 위하여 순현재가치(NPV)법을 사용하는 경우에는 현금흐름의 현가를 구하기 위한 할인율이 되며, 내부수익률(IRR)법을 사용하는 경우에는 투자안 선택의 기준이 되는 거부율(cut-off-rate)이 된다. 또한 자본비용은 미래 현금흐름을 할인하여 현재의 실질적인 자본의 가치를 파악하는데 이용되기 때문에 자본환원율(capitalization rate)이라는 말로도 표현된다.

2. 기업가치와 자본비용

자본비용은 기업의 현금흐름과 더불어 기업가치를 결정하는 중요한 요소이다. 어떤 기업이 매년 일정하게 기대되는 현금흐름(cash flow)을 영구히 벌어들인다고 하고, 이 현금흐름의 현재가치의 계산을 위한 적절한 할인율을 k라고 하면, 이 기업의 가치 V는 다음 식으로 나타낼 수 있다.

$$V = \sum_{t=1}^{\infty} \frac{CF}{(1+k)^t} = \frac{CF}{k} \tag{10.1}$$

여기서 미래의 예상현금흐름을 적절하게 할인하는 할인율 k가 이 기업의 자본비용인 것이다. 그러면 적절한 할인율 k는 어떻게 구할 것인가? 기업가치 V는 자기자본가치 S와 타인자본가치 B의 합계와 같다.

$$V = S + B \tag{10.2}$$

한편 이 기업의 현금흐름 CF는 궁극적으로 타인자본 소유자(채권자)에게 이자 I로, 자기자본 소유자(주주)에게 잔여현금흐름 $CF-I$로 각각 배분된다. 따라서 자기자본과 타인자본의 가치는 요구수익률을 각각 k_e와 k_i라고 했을 때 다음과 같이 결정된다.

$$S = \sum_{t=1}^{\infty} \frac{CF-I}{(1+k_e)^t} = \frac{CF-I}{k_e} \tag{10.3}$$

$$B = \sum_{t=1}^{\infty} \frac{I}{(1+k_i)^t} = \frac{I}{k_i} \tag{10.4}$$

여기서 k_i는 타인자본 소유자들이 자본제공의 대가로 요구하는 수익률이므로 기업의 입장에서 보면 타인자본비용(cost of debt)이며, k_e는 자기자본 소유자들이 자본을

제공의 대가로 요구하는 자기자본비용(cost of equity)이라고 할 수 있다. 그러면 이 할인율들 간에 어떤 관계가 있는지 알아보자. 우선 위 식들에서 우리는 다음과 같은 관계를 알 수 있다.

$$k \cdot V = CF \tag{10.5}$$

$$k_e \cdot S = CF - I \tag{10.6}$$

$$k_i \cdot B = I \tag{10.7}$$

식(10.5)과 식(10.7)을 식(10.6)에 대입하여 CF와 I를 소거하면 $k_e \cdot S = k \cdot V - k_i \cdot B$이 된다.

이를 k에 대하여 정리하면

$$\begin{aligned} k &= \frac{S}{V}k_e + \frac{B}{V}k_i \\ &= \frac{S}{S+B}k_e + \frac{B}{S+B}k_i \end{aligned} \tag{10.8}$$

식(10.8)에서 기업의 자본비용 k는 자기자본비용 k_e와 타인자본비용 k_i를 가중평균해서 얻을 수 있음을 알 수 있다. 이 때 가중치는 기업가치에 대한 자기자본가치의 비율($S / < S+B >$)과 타인자본가치의 비율($B / < S+B >$)이다.

따라서 기업의 자본비용 k는 가중평균자본비용(weighted average cost of capital, WACC)이라고도 하고 k 이외의 기호로서 k_o 또는 WACC로 쓰기도 한다.

SECTION 2 자본조달원천별 자본비용의 계산

1. 자기자본비용

자기자본비용은 우리가 주식시장에서 직접적으로 자본조달비용을 관찰할 수 없기 때문에 이를 추정하여 계산하는 것은 매우 어렵다. 주로 2가지 모델이 주로 이용되는데, 예를 들면 자본자산가격결정모형(capital asset pricing model : CAPM)과 차익거래가격결정모형(arbitrage pricing model : APM)이다. 이 2개 모형들은 측정의 어려움 및 응용과 관련한 문제점을 가지고 있으나 적어도 이론적으로는 합당하다. 이 두 가지 모형 외에도 배당수익모형(dividend yield model)과 주가수익배수모형(price to earnings ratio model) 등이 있다.

(1) CAPM의 이용

자기자본비용(cost of equity)은 통상 보통주 소유자(주주)가 기대하는 요구수익률을 의미한다. 이를 계산하기 위한 첫 번째 방법은 CAPM을 이용하는데 자본자산가격결정모형에서 설명한 바와 같이 자기자본비용을 무위험증권의 수익률에 [시장위험프리미엄 × 개별주식의 체계적 위험]을 더하여 구한다. 자기자본의 자본비용(k_e)을 산출하기 위한 식은 다음과 같다.

$$k_e = E(R_i) = R_F + [E(R_M) - R_F]\beta_i \qquad (10.9)$$

$E(R_i)$: 자산 i의 기대수익률
R_F : 무위험이자율
$E(R_M)$: 시장포트폴리오의 기대수익률
β_i : 자산 i의 β
$E(R_M) - R_F$: 시장포트폴리오의 위험프리미엄

여기서 β_i는 주식 i의 체계적 위험으로서 기업이 투자를 위하여 신규로 자금을 조달하는 과정에서 레버리지가 변화하면 재무위험이 변화하므로 β가 변화하고, 따라서 자기자본비용도 변화하게 된다.

CAPM을 이용한 자기자본의 자본비용은 주식의 분산투자를 통해 제거될 수 없는 위험인 β의 함수로서 선형(linear)[44]으로 증가한다. 전체시장에 대한 β는 1.0이다. 이는 평균적인 기업 주식의 β 역시 1.0이라는 것을 의미한다. 일반적으로 β가 2.0이 넘거나 0.1 미만인 경우는 매우 드문 경우이다. 시장위험프리미엄, 즉 위험의 시장가치는 각기 나라마다 다르게 나타나는데 CAPM의 기울기인 $[E(R_M) - R_F]$로 측정된다.

CAPM을 이용한 자기자본비용을 추정하기 위해서는 다음의 세 가지 요소를 추정하여야 하는데 무위험이자율, 시장위험프리미엄, 체계적 위험(β)을 말한다.

44) 제9장 [그림 9-3] 참조

① **무위험이자율의 결정** : 무위험이자율(risk-free rate)이란 지급불이행위험이 없는 채권이나 채권포트폴리오에 대한 수익률로서 한 경제 내에 있는 다른 어떤 것에 대한 수익률과도 전혀 상관관계가 없다. 이론적으로는 무위험이자율의 가장 좋은 추정치는 zero-β 포트폴리오(β가 0인 포트폴리오)에 대한 수익률이다. 그러나 zero-β 포트폴리오를 구성하는데 따르는 복잡함이나 비용을 감안하면 이 방법은 실용적이지 못하다.

현실적으로 합리적인 활용대안은 국가마다 차이를 보이나 정부가 발행한 증권의 수익률을 사용하는 것이 일반적이다. 우리나라의 경우는 국고채 5년물 또는 국민주택채권 5년물 등을 이용할 수 있고, 미국의 경우는 10년물 장기재정증권을 사용하는 것이 바람직하다 할 수 있다. 10년물 장기재정증권의 수익률을 사용하는 것이 바람직한 이유는 다음과 같다.

첫째, 해당 기업의 현금흐름의 듀레이션[45]에 근접한 수준으로 일치하는 것은 일반적으로 장기수익률의 만기이다. 단기재정증권의 수익률 만기는 단기이므로 현금흐름의 듀레이션과 제대로 일치하지 않는다. 만일 단기이자율을 사용하고자 한다면 현재의 단기이자율을 이용하지 않고 미래의 각 기간에 적용될 것으로 기대되는 각각의 단기이자율들을 사용하는 것이다. 10년물의 이자율은 기대되는 단기재정증권 수익률들의 기하평균 추정치이다.

둘째, 10년물 재정증권수익률은 주식시장지수 포트폴리오의 듀레이션과 유사한 듀레이션을 가지며, 이러한 시장포트폴리오와 비교하여 추정된 시장위험프리미엄이나 β와 일관성을 가진다.

셋째, 10년물 재정증권 수익률을 이용하는 것은 30년물 재정증권 수익률과 같이 매우 장기간에 걸친 수익률을 이용할 때 생기는 두 가지 문제점을 회피할 수 있다. 10년물 재정증권의 가격은 기대하지 않았던 인플레이션의 변화에 30년물과 같이 매우 민감한 변화를 보이지 않기 때문에 30년물에 비해 작은 β를 가지게 된다. 한편, 10년물 재정증권에 반영된 유동성프리미엄은 30년물에 비해 다소 낮은 수준이다.

이러한 차이점들은 기술적으로 매우 세밀한 문제들이므로 정상적인 상황하에서는 큰 영향을 주지는 못한다. 그러나 이러한 점들은 왜 10년물 재정증권 수익률을 이용하는 것이 보다 더 합당한가에 대한 근거를 마련해 줄 수 있다.

45) 듀레이션(Duration)이란 현재의 채권가격인 투자원금이 현재가치(present value)기준으로 회수되는데 걸린 평균회수기간을 의미한다.

② **시장위험프리미엄의 결정** : 시장위험프리미엄(market risk premium)은 시장포트폴리오의 기대수익률과 무위험이자율의 차이로서 $[E(R_M) - R_F]$로 측정된다. 시장위험프리미엄은 재무에 있어서 가장 심각한 논쟁거리의 하나이다. 미래가 과거와 같으리라는 가정에서 과거의 자료에 기초하든지, 또는 미래를 예측하고자 하는 시도에서 사전적으로 예측하든지 둘 중의 하나로 결정할 수 있다.

그러나 이 두 가지 방법에 대해 지지와 비판이 있다. 시장위험프리미엄은 기간과 평균의 형태에 따라 다르게 나타나지만, 정확한 시장위험프리미엄의 계산을 위해서 다음과 같은 기준을 따라야 한다.

첫째, 가능한 한 장기간의 위험프리미엄을 측정해야 한다. 우선 프리미엄의 추정에 있어서 나타날 수 있는 단기적이고 비정상적인 현상들의 영향을 배제하려면 단기보다는 장기를 측정대상으로 삼아야 한다. 이러한 장기간은 전쟁, 공황, 경기의 폭발적인 팽창 등 모든 종류의 현상을 포함하고 반영할 수 있다. 반면, 단기인 경우는 이렇듯 다양한 사건들을 포괄하는데 한계가 있다.

둘째, CAPM이 기대되는 수익률을 기준으로 측정되었기에 산술평균수익률을 사용하여야 한다. 이 때 기대수익률로 산술평균수익률을 사용할 것인지, 아니면 기하평균수익률을 사용할 것인지의 문제가 발생되는데 실무자들간에도 많은 의견의 차이를 보인다. 기하평균수익률을 지지하는 사람들은 기하평균이 복리계산을 기초로 한 평균이고 장기간의 평균프리미엄을 더 잘 예측한다고 주장한다. 반면 산술평균수익률을 지지하는 사람들은 CAPM이 평균과 분산의 모형이므로 산술평균이 더 적합하며 차기의 프리미엄을 더 잘 예측한다고 주장한다. 기하평균수익률이 과거의 성과를 정확하게 측정하고 있음에도 불구하고 이것은 그리 바람직하지 않다. 산술평균수익률은 항상 기하평균수익률보다 더 높으며 이 차이는 수익률의 변동성이 커질수록 더 크다. 더 낮게 측정된 위험프리미엄은 가치를 평가할 때 할인율로 적용되는 자본비용을 더 낮게 만듦으로써 기업가치를 과대평가하는 경향을 가질 수 있다. 산술평균수익률이 약간의 문제점은 가지고 있으나 측정대상의 기간을 넓게 하여 구하면 궁극적으로 기하평균의 수익률에 수렴하고, 계산의 편의성 등이 있어 장기간의 산술평균수익률 사용을 권장하고 있다.

③ **체계적 위험(β)의 추정** : β의 추정에 어떠한 접근법을 사용할 것인가 하는 선택은 해당 기업의 주식이 시장에서 거래되고 있는지 여부와 연관되어 있다. 시장에서 거래되고 있는 경우에는 과거의 자료를 통한 회귀추정의 방법과 공인된 기관의 공개자료

를 이용하는 방법이 있고, 거래되지 않는 비상장의 경우에는 기타의 방법으로서 동종 유사기업의 대용치를 이용하는 방법 등이 있다.

- **회귀추정방법** : 먼저 과거의 자료를 이용한 회귀추정 방법을 보면, β는 주식수익률(R_i)을 시장수익률(R_M)에 대해 회귀시켜서 추정한다. 추정과정을 설명하면 다음과 같다.

$$R_i = a_i + b_iR_M \tag{10.10}$$

a_i : 회귀식의 절편

b_i : 회귀식의 기울기($\frac{cov(R_i,\ R_M)}{\sigma_M^2} = \frac{\sigma_{iM}}{\sigma_M^2}$)

회귀식의 기울기는 주식의 β이며, 주식의 위험을 측정하는 척도이다. 회귀식의 절편은 CAPM과 관련하여 회귀분석기간 동안의 단순한 성과 측정치이다.

$$\begin{aligned} R_i &= R_F + \beta_i(R_M - R_F) \\ &= R_F(1-\beta_i) + \beta_i \cdot R_M \ : CAPM \\ R_i &= a_i + b_iR_M \qquad\qquad : \text{회귀식} \end{aligned} \tag{10.11}$$

회귀식의 절편 a와 CAPM의 $R_F(1 - \beta_i)$를 비교하면 CAPM과 관련한 주식의 성과를 측정할 수 있다.

만일, $a > R_F(1-\beta_i)$: 분석기간 동안 기대수익률보다 높은 수익률을 얻었다.

$a = R_F(1-\beta_i)$: 분석기간 동안 기대수익률과 동일한 수익률을 얻었다.

$a < R_F(1-\beta_i)$: 분석기간 동안 기대수익률보다 낮은 수익률을 얻었다.

회귀분석에서 얻은 R^2은 중요한 정보를 제공한다. 일반적인 회귀분석에서 R^2는 통계적 설명력을 의미하는데 주식수익률의 회귀분석에서 R^2는 총위험 중 시장위험이 차지하는 비율을 의미한다. 그리고 $1-R^2$은 총위험 중에서 기업의 고유위험이 차지하는 비율을 의미한다.

한편 β의 추정에서 회귀분석을 설계하기 전에 다음 네 가지의 이슈를 고려해야 한다.

첫째, 추정기간의 길이이다. 보통 2년 또는 5년간의 자료를 토대로 하여 추정하는데 추정기간이 길어질수록 자료는 더 많아지고 추정기간 동안에 기업의 고유위험이 변할 수 있다. 그러므로 지나치게 긴 기간을 추정하게 되면 추정된 β의 값이 진정한 β의 값보다 상당히 높게 나타날 수 있다.

둘째, 수익률의 측정간격이다. 주식수익률 자료는 연별, 월별, 주별, 일별, 그리고 심지어는 시간별로도 얻을 수 있다. 일별 또는 시간별 수익률 자료를 사용한다면 회귀자료의 수는 증가한다. 그러나 짧은 측정간격(일별 또는 시간별 간격)은 간격 내에 거래가 이루어지지 않을 경우 중대한 편의(bias)를 가져올 수 있다. 예를 들어, 비거래일이 있을 가능성이 비교적 큰 소규모 기업의 β를 일별 수익률로 측정하면, β가 낮게 측정되는 편의가 있게 된다. 주별 수익률 또는 월별 수익률을 이용하면 비거래로 인한 편의를 크게 줄일 수 있다.

셋째, 회귀식에 사용되는 시장지수의 선택이다. 대부분의 β 추정기관은 주식이 거래되는 시장지수(market index)를 사용하여 β를 추정한다. 이런 추정방법은 지역투자자에게는 합리적이라 할 수 있으나 국경을 넘어서 투자하는 국제투자자에게는 국제지수(international index)를 사용하여 추정한 β가 더 적합할 것이다.

넷째, β의 추정오차가 잘 반영되고 β들의 평균이 시장베타(β_M) 1에 접근하도록 하는 회귀식을 선택한다. 발표되는 대부분의 β는 β가 1에 접근하도록 하는 통계적 기법들을 사용하여 조정되며, 이는 β의 표준오차에 의해 이루어진다. 표준오차가 크면 클수록 β는 더 많이 조정되어야 한다. 일별 수익률을 사용하여 β를 추정할 때에 이러한 기법을 사용하면 유용하다. 그러나 수익률 측정간격이 길어질수록 이런 유용성은 점점 작아진다.

이제, 기업 주식의 β를 결정하는 변수에 대하여 정리해 보고자 한다. 세 가지 변수는 기업이 투자한 사업의 유형, 기업의 영업레버리지도(DOL) 및 재무레버리지도(DFL)이다.[46]

첫째, 사업의 유형이다. β는 시장지수와 관련해서 위험을 측정한 것이기 때문에 시장상황에 민감한 사업일수록 그 사업의 β는 커진다. 즉, 경기순환기업의 β는 다른 여건이 일정하다면 경기 비순환기업의 β보다 크다. 1개 이상의 사업에 투자한 기업의 β는 각 사업의 β를 사업의 시장가치 비중으로 가중평균하여 구한다.

46) 영업레버리지도와 재무레버리지도에 관한 자세한 내용은 제4장 재무제표의 이해, SECTION 3 레버리지 분석 참조

둘째, 영업레버리지도는 기업의 비용구조를 나타내는 지표로서 일반적으로 고정비의 상대적 크기를 말한다. 기업의 영업레버리지가 높다는 것은 총영업비용에서 고정비가 차지하는 비율이 높다는 것을 의미한다. 영업레버리지가 높은 기업은 낮은 기업에 비해서 영업이익의 변동성이 크고 다른 여건이 동일할 때에 큰 β를 갖는다.

셋째, 재무레버리지도란 일반적으로 고정금융비용의 상대적 크기를 말한다. 다른 조건이 일정할 때 재무레버리지도의 증가는 주식의 β를 증가시킨다. 직관적으로 보아도 이자비용은 순이익의 변동성을 증가시킴을 알 수 있다.

• **공인기관 공개자료 이용** : 다음으로 공인기관의 공개된 자료를 이용하는 방법을 알아보고자 한다. 국내의 한국신용평가(주)는 물론 외국의 Bloomberg 등 여러 기관의 발표자료를 이용할 수 있는데 이들 체계적 위험에 대한 추정치들은 각 기업의 재무비율에 근거를 두고 만들어진다. 여러 기관들의 추정치가 상이한 결과를 나타내는 경우가 일반적인데 이 때는 여러 예측치를 산업의 평균β와 비교해야 한다. 만일, 여러 서비스기관의 β가 0.2이상 차이를 보이거나 산업평균β로부터 0.3이상 차이를 보인다면, 산업 내의 각 기업들의 β에 동일한 가중치를 부여하여 구한 산업평균β를 사용함이 바람직하다고 할 수 있다. 이 때의 측정오차(measurement errors)들은 서로 상쇄되기 마련이므로 산업평균β는 한 기업의 β보다 안정적이다. 다만, 산업평균β를 만들 때는 해당 산업내 각 기업들의 레버리지를 반영하지 않은 β를 구한 후에 이를 적용하여 레버리지가 반영되지 않은 산업평균β를 구하고 최종적으로 레버리지가 반영된 산업평균 β를 구하여야 한다.

• **대용β의 이용** : 마지막으로 시장에서 거래되지 않는 비상장주식이나 단기간 매매거래가 있었던 주식의 베타는 구하기가 어렵고 위에 살펴본 방법과 다른 추정방법이 요구된다.

첫째, 비교기업의 대용β(proxy beta)를 이용하는 방법이다. 이는 비상장기업의 β를 추정하는 방법으로 유사한 위험을 가지는 상장된 기업이나 β를 알 수 있는 동종기업의 β를 대신 사용하는 방법이다.

둘째, 기본특성들을 이용하는 방법이다. 이 방법은 베타를 추정하기 위하여 베타를 결정하는 산업과 기업의 특성들을 함께 이용하는 방법이다. 손익계산서와 재무상태표

변수들은 β를 예측하는데 이용될 수 있다. 배당성향이 높아지면 β가 낮아진다. 이익의 변동가능성이 높아지고 이익이 경제변화와 높은 관련성을 가질수록 β는 높아진다. 베버-케틀러-숄즈(1970)의 연구이후, 많은 연구자들이 β와 기본특성들간의 관계를 관찰해 왔다.

참고 Hamada 모형 : 법인세가 존재할 경우의 부채기업의 레버리지β(levered beta)를 구하는 식은 다음과 같으며, 이를 Hamada 모형이라 한다.

$$\beta_L = [1+(1-t_c)\frac{B}{S}]\beta_U \tag{10.12}$$

β_L : 부채기업의 레버리지 β

t_c : 법인세율

$\frac{B}{S}$: 부채 대 자기자본 비율

β_U : 무부채기업의 레버리지 β

한편, 위의 식을 무부채기업의 레버리지β(unlevered beta)를 구할 수 있도록 다시 정리하면 다음과 같다.

$$\beta_U = \frac{\beta_L}{1+(1-t_c)\frac{B}{S}} \tag{10.13}$$

(2) APM의 이용

CAPM과 같이 차익거래가격결정모형(arbitrage pricing model : APM)도 위험을 분산 불가능한 위험만으로 정의한다. 그러나 APM에서는 CAPM과 달리 이 위험을 측정하는데 여러 경제적 요인들을 사용한다. 즉, CAPM은 증권수익률을 시장지수라는 단일 변수의 함수로서 설명하는데 APM에서 이를 다요인 변수의 함수로서 설명하려는 모형이다.

APM에 의한 자기자본비용 계산 모형은 다음과 같다.[47)]

$$k_e = E(R_i) = R_F + \sum_{j=1}^{k} \beta_j\,[E(R_j) - R_F] \tag{10.14}$$

k_e : 자기자본비용

47) p.224의 식 (9.6)과 비교하면, $\lambda_0 = R_F$, $\beta_j = b_{ij}$, $E(R_j) - R_F = \lambda_j$가 된다.

R_F : 무위험이자율
β_j : 공통요인 j에 대한 베타
$E(R_j)-R_F$: 공통요인 j의 단위당 위험프리미엄
k : 요인수

CAPM가 체계적 위험에 대해 단 하나의 β만을 사용하는 대신에 APM은 많은 β들을 사용한다. APM의 각 β들은 각 경제변수에 대한 해당 기업 주식수익률의 민감도를 나타내며, 다음과 같은 5가지 기본변수를 적용하고 있다.

첫째, 산업생산지수(industrial production index)로서 이는 실제 실물생산으로 측정되며 경제가 얼마나 잘 활동하고 있는가를 보는 측정치이다.

둘째, 단기 실질이자율로서 단기재정증권 수익률과 소비자물가지수간의 차이로서 측정된다.

셋째, 단기 인플레이션으로 소비자물가지수의 예기치 못한 변화(기대치와 실제치 간의 차이)에 의하여 측정된다.

넷째, 장기 인플레이션으로 장기 및 단기재정증권의 만기수익률 차이로 측정된다.

다섯째, 지급불이행위험으로 Aaa등급의 장기회사채와 Baa등급의 장기회사채의 만기수익률 차이로서 측정된다.

(3) Gordon 배당평가 모형의 이용

배당평가모형(dividend valuation model)은 자기자본비용을 추정하는데 이용되는 모형으로서 안정적으로 성장하는 기업을 평가하는데 유용한 현금흐름평가모형이다. 순이익과 배당 면에서 안정적으로 성장하는 기업의 현재 주가 P_o는 주식으로부터 기대되는 현금흐름, 즉 미래배당(D_t)의 현가의 합으로 정의될 수 있다.

$$P_0 = \sum_{t=1}^{\infty} \frac{D_t}{(1+k_e)^t} \qquad (10.15)$$

P_0 : 현재의 주식가격
D_t : t기의 기대배당
k_e : 자기자본비용

위 식에서 배당이 매년 일정한 비율(g)로 성장한다고 가정하면, 위 식은 초항이

제10장

$\frac{D_1}{1+k_e}$이고, 공비가 $\frac{1+g}{1+k_e}$인 무한등비급수의 합이므로

$$P_0 = \frac{D_1}{k_e - g} \text{ (단, } k_e > g) \quad (10.16)$$

이 식을 다시 정리하여 보면, 자기자본비용 k_e는

$$k_e = \frac{D_1}{P_0} + g \quad (10.17)$$

$$= \text{예상배당소득률} + \text{예상성장율}$$

만약 배당과 주가의 함수가 연속적(continuous)이라고 가정하면 자기자본비용 k_e는 다음과 같이 현재의 배당소득률에 배당의 예상성장률을 더한 것으로 나타낼 수 있다.

$$k_e = \frac{D_0}{P_0} + g \quad (10.18)$$

한편 기업이 보통주를 발행하여 새로운 투자자금을 조달하는 경우 보통 발행경비(floatation cost)가 발생한다. 투자안의 평가에 있어서 자금조달 경비를 처리하는 방법에는 두 가지 방법이 있다.

첫째 방법은 자금조달 경비를 자본비용에서 고려하지 않고 투자에 따르는 현금유출로 계산하는 방법이다.

둘째 방법은 자금조달 경비를 자본비용을 계산하는 과정에서 고려하는 방법으로서, 이 경우 자기자본의 자본비용은 다음과 같이 조정된다.

$$k_e = \frac{D}{P-f} + g \quad (10.19)$$

f : 주당발행 비용

이상에서 배당평가 모형을 이용한 자기자본비용을 계산하는 방법을 설명하였는데 이 방법은 간단하다는 장점을 갖는 반면에, 안정적으로 성장하는 기업들에만 적용될 수 있다는 단점을 갖고 있다. 또한 이 모형은 순이익과 배당성장률의 추정치에 매우 민감한 모형이다.

(4) 유보이익의 자본비용

유보이익은 내부적 자본조달(internal financing) 수단으로서 이의 이용에는 기회비용(opportunity cost)이 수반된다. 유보이익이란 주주에게 배당을 하지 않고 기업의 재투자를 위하여 기업 내에 유보시킨 것이다. 따라서 기업내부에 유보하는 대신에 배당을 지급하였다면 그 배당으로 주주들은 최소한 그 기업의 주식을 매입할 수 있었을 것이므로 유보이익에 대한 요구수익률은 보통주 소유자(주주)들의 요구수익률과 동일할 것이다.

유보이익은 이미 주가에 반영되어 있으므로 유보이익을 분리하여 자본비용을 계산하는 것은 의미가 없다. 그러나 기업이 새로운 투자를 위한 자금을 유보이익으로 조달한다면 유보이익의 자본비용은 별도로 고려해야 한다.

2. 타인자본비용

타인자본비용은 프로젝트에 투자하기 위해서 조달한 부채에 대해 지급하는 자본비용이다. 일반적으로 타인자본비용은 다음의 변수들에 의해 결정된다.

첫째, 현재의 이자율 수준이다. 이자율 수준이 높아지면 기업의 타인자본비용 또한 상승한다.

둘째, 기업의 채무불이행위험이다. 기업의 채무불이행위험이 증가하면 기업이 자본금을 차입할 때 지급하는 타인자본비용 또한 상승한다. 채무불이행위험을 측정하는 한 가지 방법은 그 기업이 발행한 회사채의 등급을 이용하는 방법이다. 높은 등급을 갖는 기업의 이자율은 낮고, 낮은 등급을 갖는 기업의 이자율은 높다. 회사채의 등급을 이용할 수 없다면 최근에 차입한 부채에 대하여 지급한 이자율이 기업의 채무불이행위험의 척도로 간주될 수 있다.

셋째, 이자의 감세효과이다. 이자는 세금공제가 인정되는 비용이므로 세후 타인자본비용은 법인세율에 따라 달라진다. 이자비용의 감세효과로 인해 세후 타인자본비용은 세전 타인자본비용보다 낮아지기 마련이다. 더욱이 이 효과는 법인세율이 높아질수록 커진다.

(1) 차입금의 자본비용

기업이 차입금, 사채 등 타인자본을 사용하는 경우 이자를 지급하게 되며, 이 때의 이자율이 타인자본비용이 된다. 납세전 타인자본비용 k_d는 다음과 같다.

$$k_d = \frac{I}{B} \tag{10.20}$$

I : 매년 이자지급액
B : 차입금

그러나 타인자본에 대한 이자는 비용으로 처리되어 법인세를 절감시키는 역할을 하므로 납세후 타인자본비용 k_i는 다음과 같다.

$$k_i = \frac{I}{B}(1 - t_c) = k_d(1 - t_c) \tag{10.21}$$

t_c : 법인세율

은행차입의 경우 차입금의 일부가 정기예금 등으로 예치되도록 강제된다면(소위 '꺾기'라고 한다), 차입금의 자본비용은 다음과 같이 수정된다.

$$k_i = \frac{\text{차입금지급이자}(1 - \text{법인세율}) - \text{정기예금이자}}{\text{차입금} - \text{정기예금}} \tag{10.22}$$

한편 차입금은 조달시점에 따라 이자율이 달라지는데, 자본비용계산의 목적은 현재의 의사결정을 위한 것이므로 현시점을 중심으로 새로운 차입금 조달을 가정하여 비용을 계산하여야 한다.

(2) 사채의 자본비용

법인세와 사채발행비용을 고려하지 않을 때의 사채의 자본비용은 사채에 대한 이자와 상환액의 현가와 사채발행액을 동일하게 만드는 할인율, 즉 다음과 같은 사채의 내부수익률이 된다.

$$B_0 = \sum_{t=1}^{n} \frac{I}{(1+k_i)^t} + \frac{F}{(1+k_i)^n} \tag{10.23}$$

B_0 : 발행가격
I : 매기 이자지급액
F : 액면가
k_i : 사채의 자본비용(납세후)

(3) 외화표시채권의 자본비용

부채가 외화로 표시되어 있을 때 외국통화 기준의 명목수익률은 자국통화로 표시된 채무자의 실제 자본비용을 측정하는 척도로는 부적합하다. 이는 외화자금조달에 내포되는 환노출(exchange exposure) 때문이다. 어떤 기업이 외화표시부채를 발행할 때 이 부채의 실효비용은 해당 기업이 사용하는 통화(the company's own currency)로 환산된 원리금을 되갚는 세후비용과 같게 된다. 일반적으로 외화표시부채의 총비용은 현물환 및 선물환시장, 그리고 통화스왑시장에서 시장 참가자간에 이루어지는 차익거래에 의해 형성되는 이자율등가(interest-rate parity)관계 때문에 국내시장에서 부채를 발행하여 자본을 조달하는데 소요되는 비용과 근접한 수치가 된다. 이자율평가와 관련하여 일반적으로 다음과 같은 관계식이 성립한다. 다만, 미세한 거래비용과 일시적으로 발생 가능한 미미한 차익거래기회는 무시한다.

$$1 + k_d = \frac{X_0}{X_f}(1 + r_0) \tag{10.24}$$

k_d : N년만기 부채의 자국내 조달시 세전 비용
X_0 : 현물환율(1달러당 외국통화의 수량으로 표시)
X_f : N년에 해당하는 선물환율(1달러당 외국통화의 수량으로 표시)
r_0 : N년만기 채권의 외국 이자율

예를 들어, 자국 내에서의 차입금리가 7.25%이고 1년물 스위스프랑 표시 대출금리가 4%라고 가정해 보자. 이 두 금리를 어떻게 비교할 것인가? 만일 스위스프랑 대 미 달러간의 현물환율이 1.543 스위스프랑/달러이고, 스위스프랑/달러의 1년물 선물환율

이 1.4977이라면 스위스프랑 대출과 같은 수준의 금리를 갖는 미국내 1년물 차입금리는 다음과 같이 7.15%가 된다.

$$1 + k_d = [\frac{1.543}{1.4977}](1 + 0.04)$$

$$= 1.0715 \quad (\text{또는} = 7.15\%)$$

일반적으로 외화표시부채에 상응하는 국내차입금리는 실제의 국내차입금리와 매우 근접한 수준으로 나타나게 되며, 이는 양국간 금리와 환율간의 관계에 기초한 차익거래에 의하여 나타나는 결과이다.

위의 예에서 본 바와 같이 비교적 단기(대략 18개월 이내)의 외화표시부채에 상응하는 국내부채의 금리수준 추정은 가능하지만, 부채의 만기가 장기인 경우 이러한 장기간에 걸친 선물환시장은 존재하지 않거나 유동성이 크게 떨어지게 되므로 선물환율을 구하기가 어렵다. 따라서 장기부채의 경우 외화표시부채금리에 상응하는 국내부채금리는 실제의 국내부채금리와 대략 같다고 가정하는 것은 불가피하다.

(4) 보조금 성격 부채의 자본비용

면세채권의 표면이자율은 채권이 면세되기 때문에 동일한 수준의 위험을 갖고 있으나 세금이 부과되는 일반적인 채권보다 낮게 된다. 현재의 시장 만기수익률로서 WACC를 산출할 때 면세채권의 자본비용은 면세라는 점을 감안해야 한다. 만일 시장에서 거래되지 않아 시장만기수익률을 알 수 없을 때에는 시장에서 활발하게 거래되는 유사한 신용등급의 면세채권의 수익률을 참조함으로써 만기수익률이 추정될 수 있다. 또는 신규 발행되는 유사한 종류의 면세채권 수익률을 참조할 수도 있다.

(5) 리스의 자본비용

리스는 그 종류가 자본리스이건 또는 운용리스이건 간에 다른 종류의 부채를 대신하는 대체차입수단이다. 그러므로 대부분의 경우 리스의 자본비용은 해당 기업의 다른 장기부채의 자본비용과 같다고 가정하는 것이 합리적이다.

3. 우선주의 자본비용

보통주와 마찬가지로 존속기간이 무한대이고 조기상환가능조건이 없으며, 또 보통주

로의 전환이 허용되지 않는 우선주는 사채와 보통주의 성격이 혼합되어 있다. 우선주의 자본비용은 우선주에 명기된 배당금에 달려 있다. 우선주에 대한 배당은 반드시 지급하여야 할 법적인 강제력은 없으나 기업의 신용을 위하여 반드시 지급하는 것이 일반적이다. 우선주의 자본 비용 k_p는 다음과 같다.

$$k_p = \frac{D_p}{I_p} \tag{10.25}$$

I_p : 우선주의 가격
D_p : 우선주의 배당

그러나 우선주를 신규로 발행하여 자금을 조달하는 때에는 우선주의 발행가격에서 발행비용을 공제하여야 하며, 이 때의 자본비용은 다음과 같다.

$$k_p = \frac{D_p}{I_p(1-f)} \tag{10.26}$$

f : 발행가격에서 발행비용이 차지하는 비율

SECTION 3 자본비용의 이용

1. 가중평균자본비용

(1) 가중평균자본비용(WACC)의 의의

가중평균자본비용(weighted average cost of capital, WACC)은 차입금, 사채, 우선주, 보통주 등 자금조달 원천별 세후 자본비용을 자본구성비율을 가중치로 평균한 것이다.

$$WACC = k_0 = \sum_{j=1}^{m} w_j \; k_j \tag{10.27}$$

w_j : j자본의 구성비율
k_j : j자본의 자본비용

제10장

여기에서 보통주와 회사채 이외에 조달자본항목으로 포함될 수 있는 것들은 다음과 같다.

- 리스 : 운용 및 자본리스
- 보조금 성격의 부채 예 산업수익채권
- 전환사채(convertible bond)
- 수의상환채권(callable bond)
- 전환우선주(convertible preferred stock)
- 수의상환우선주(callable preferred stock)
- 소수지분(minority interest)
- 신주인수권증권(warrant)
- 경영자보상스톡옵션(executive stock option)

또한 다음과 같이 다양한 범주의 특수한 증권들 역시 포함될 수 있다.

- 수익사채(income bond)
- 상품지수(commodity index)에 이자지급이 연계된 채권
- 연장가능채권(extendable bond)
- 상환청구권사채(puttable bond)
- 단축가능채권(retractable bond)

WACC는 기대되는 미래 현금흐름을 모든 관련 투자가들에게 귀속되는 현재가치로 환산하는데 사용되는 할인률이다. 이를 계산할 때 유의해야 할 가장 중요한 일반원칙은 WACC가 기업의 가치를 평가하거나 투자안을 평가하는 경우에 할인되어야 할 현금흐름의 정의와 일관성이 유지되어야 한다는 것이다. 즉, 현금흐름이 세후 기준으로 측정되었다면 WACC도 역시 세금공제 후로 산출되어야 하며 인플레이션을 반영한 현금흐름일 경우에는 WACC도 명목할인율로 계산되어야 한다.

한편, WACC를 도출하는 과정은 다음의 세 가지 단계로 설명할 수 있다.

첫째, 자본구조를 구성하는 각 자본조달수단의 목표가중치를 설정한다.

둘째, 자기자본 이외의 자본비용을 추정한다.

셋째, 자기자본의 자본비용을 추정한다.

실제에 있어서 위의 세 과정은 동시에 이루어지기도 한다. 앞에서 자기자본비용과

자기자본 이외의 자본비용을 계산하는 과정들을 살펴보았으므로 여기서는 목표가중치를 결정하는 과정을 알아보고자 한다.

(2) WACC의 목표가중치의 도출

위에서 언급한 바와 같이 지금까지 원천별 자본비용을 계산하는 과정을 보았는데 원천별 자본비용 k_j가 정확히 계산되었다면 이제 문제는 가중치 w_j를 어떻게 구할 것인가이다. 가중치 즉 자본구성비율은 장부가치를 기준으로 하는 경우와 시장가치를 기준으로 하는 경우가 있을 수 있다. 자본의 장부가치와 시장가치가 큰 차이가 있을 경우 장부가치보다는 시장가치를 기준으로 자본비용을 구하는 것이 합리적이다.

① **장부가치 가중치(book value weights)** : 원천별 자본구성항목에 따른 자본구조의 가중치로서 장부가치를 이용할 때에는 재무제표상의 자료를 그대로 이용한다. 그러므로 계산은 간편하나 이렇게 산출한 WACC는 과거 회계자료를 이용한 역사적 WACC이기 때문에 새로운 투자안에 적용할 할인율로서는 적합하지 않다.

② **시장가치 가중치(market value weights)** : 사채, 우선주, 보통주 등 원천별 자본구성항목들을 모두 증권시장 거래가액으로 평가하고 이를 가중치로 사용하여 WACC를 산출하는 방법으로서 이론적으로 타당하다. 그러나 이런 가중치를 구하는 것이 간단하지 않으며 다음의 네 단계에 의해서 도출될 수 있다.

첫 번째 단계에서 우선적으로 고려해야 하는 것은 평가의 대상이 어떤 기업 또는 투자안이건 간에 시장가치에 근거한 목표자본구조로 가중치가 도출되어야 한다는 점이다. 목표자본구조를 이용하는 것이 두 가지 점에서 도움이 된다.

먼저 어떤 시점에서 한 기업 또는 특정 프로젝트가 갖고 있는 자본구조는 그 기업 또는 프로젝트가 영위할 존속기간에 걸쳐 유지될 것으로 기대되는 자본구조를 반영하지 못할 수있기 때문이다. 즉, 자본구조가 주식시장의 시가변동에 따라, 또는 경영정책상의 자본조달 계획에 따라 현재 또는 과거와 달라 질 수 있다는 것을 의미한다.

또한 WACC를 추정하는데 있어서 발생하는 계산상의 순환론적인 문제를 배제할 수 있다. 간단히 말하면, 자기자본의 시장가치를 모르는 한 WACC를 알 수 없고, WACC를 모르는 한 자기자본의 시장가치를 알 수 없다. 이러한 순환론적 문제로부터 벗어나는 한 가지 방법은 WACC에 사용되는 가중치를 단순히 계속 다른 수치를 대입하여 결과를 보는 것이며, 다른 하나는 목표자본구조를 이용하는 것이다.

다음으로 두 번째 단계에서는 기업 또는 프로젝트의 시장가치에 근거한 현재 상태의 자본구조를 추정한다. 가능한 한 현재의 자본구조를 구성하는 자본조달수단들의 시장가치를 추정하고 이들 가치들이 과거 어떻게 변화해 왔나를 검토해 보아야 한다. 시장가치에 근거한 자본구조를 추정하는 데 있어서 가장 좋은 방법은 자본구조를 구성하는 각 자본조달수단들의 가치를 시장에서 거래되는 가격으로부터 직접 구하는 것이다. 여기에서 발생하는 대다수의 난점들은 자본구조를 구성하는 증권들이 시장에서 거래되고 있지 않아서 직접 가격을 관찰할 수 없다는 사실에서 비롯된다. 각 구성요소의 시장가격을 구할 수 없을 때의 해결방안은 유사치를 이용하는 방법 등이 있다.

세 번째 단계는 유사한 사업특성을 가진 기업 또는 프로젝트의 자본구조를 검토한다. 이를 통해 당해 기업 또는 프로젝트의 자본구조와 비교대상이 되는 자본구조를 비교함으로써 추정된 자본구조가 일반적인 것인지 아닌지를 이해할 수 있다. 또한 좀 더 실제적으로 어떤 경우에는 자본구조의 직접적인 추정이 불가능할 때도 있는데 이런 경우에 비교대상의 검토는 보완적인 역할을 하게 된다.

마지막 단계로서 경영진의 자금조달에 대한 접근방식을 검토하고 이 접근방식이 목표자본구조에 대하여 갖는 의미를 검토한다. 가능하다면 해당 기업과 그 기업의 각 사업단위 또는 프로젝트에 대해서 경영층이 갖고 있는 명확한 또는 은연중에 의도하고 있는 목표자본구조가 어떠한 것인지를 파악하기 위해 경영진과 이를 논의하여야 한다. 때때로 경영진들은 채택하고자 하는 자본구조에 대하여 명확한 관점을 갖고 있을 수 있다.

(3) WACC의 이용

① **기업의 WACC** : WACC는 자기자본 또는 타인자본 등 여러 형태로 자금을 조달할 때에 전체 자금에 대해서 부담하고 있는 자본비용을 의미한다. 그런데 일정 시점에서 작성된 기업의 재무제표를 보면 기업은 하나의 커다란 투자안으로 파악할 수 있다. 왜냐하면 재무상태표의 대변항목은 자금의 조달형태를 나타낸 것이며, 차변항목은 이렇게 조달된 자금으로 투자한 자산의 내용을 나타낸 것이기 때문이다. 따라서 이같은 재무상태표의 대변항목에 대해서 WACC를 산출할 수 있을 것이다. 이같이 산출한 WACC는 현시점에서 기업전체로 볼 때 부담하고 있는 자본비용이므로 이를 기업의 WACC라고 한다.

그러면 새로운 투자안을 평가할 때 기업의 WACC를 그대로 이용할 수 있는가? 기

업의 WACC를 새로운 투자안의 평가에 그대로 이용하려면 다음의 두 가지 조건이 충족되어야 한다.

첫째, 새로운 투자안의 경영위험이 기존기업의 그것과 동일하여야 한다.

둘째, 새로운 투자안의 자본구성이 기존기업의 그것과 동일하여야 한다.

② **투자안의 WACC** : 현실적으로 새로운 개별투자안을 평가할 때 투자안의 경영위험, 재무위험이 모두 기존기업과 일치해서 기업의 WACC를 그대로 사용할 수 있는 경우는 많지 않다. 대개의 경우 개별투자안을 평가하기 위해서는 이에 적용할 새로운 자본비용을 산출하여야 하는데 이 과정을 흔히 'WACC의 조정'이라고 한다. 즉 개별투자안의 평가에 사용할 자본비용은 어떤 기업이 그 동안 유지해 오던 사업내용과 다른 신규사업에 진출할 경우에 적절히 조정하여 사용하여야 한다.

2. 투자안의 자본비용과 한계자본비용

기업의 자본비용을 새로운 투자안의 현금흐름의 할인율로서 사용하기 위해서는 기업의 위험과 투자대상의 위험이 동일해야 하고 투자를 위한 자본조달도 기존의 자본구성과 동일해야 한다. 그러나 이런 경우는 예외적이며 대개의 경우는 투자안의 위험이 기존위험과 서로 다르며, 새로운 자본조달도 기존의 자본구조와 상이한 것이 일반적이다.

따라서 기업의 자본비용이 새로운 투자안의 자본비용으로서 부적당한 경우, 신규투자를 위하여 조달될 자금의 자기자본비용, 타인자본비용, 자본구성비율 등을 파악하여야 한다. 이러한 신규조달자금의 비용을 한계자본비용(marginal cost of capital)이라 한다. 그러나 기업에서 투자에 필요한 자금을 조달하는 경우에는 일정한 금액의 자본에 대해 전체적인 조달여부를 결정하는 것이며, 연속적인 화폐단위에 대해 의사결정을 내리는 것이 아니므로 한계자본비용은 엄밀한 의미에서 증분자본비용(incremental cost of capital)이라 할 수 있다.

연습문제

1. 자본비용의 개념을 설명하라.

2. 자기자본비용을 계산할 수 있는 세 가지 방법을 간략히 설명하라.

3. 무위험이자율(R_F)이 8%, 시장포트폴리오의 기대수익률($E(R_M)$)이 15%이며, 기업의 체계적 위험(β_i)이 1.5이라고 한다. 이 기업이 타인자본을 사용하지 않는 무부채 기업이라면 자기자본비용은 얼마로 추정할 수 있는가?

4. 현재 무위험이자율(R_F)이 5%이며, 〈요인 1〉의 단위당 위험프레미엄이 5%, β_1가 2.0이고, 〈요인 2〉의 단위당 위험프레미엄이 10%, β_2가 1.5라면, 특정 주식 i의 기대수익률을 차익거래가격결정모형(APM)에 의해 계산하라.

5. 어떤 기업의 현재 주가(P_0)가 10,000원이고, 금년말 배당(D_1)은 1,000원으로 예상된다. 또한 배당성장율(g)이 10%일 때 이 기업의 자기자본비용을 계산하라.

6. 1,000억원의 납세전 이익을 기록하고 있는 무부채 기업이 500억의 타인자본을 사용하기로 자본조달정책을 변경하였다. 세전 타인자본비용이 10%, 법인세가 20%라면 세후 타인자본비용은 얼마가 되는가? 또 세금효과(tax effect)는 얼마인가?

7. 식품을 생산, 판매하는 기업인 금나산업(주)가 전자부품제조 산업에 신규 투자하려는 다각화 정책을 고려하고 있다. 이 경우 금나산업은 신규투자안 분석시, 기존 가중평균자본비용(WACC)를 이용할 수 있는가? 이에 대한 답과 그 이유를 설명하고, 만약 이용할 수 없다면 새로운 자본비용의 계산방법을 제시하라.

8. (주)인규산업의 재무상태표상의 자본구조는 아래와 같다.

재무상태표
• 사　　채 : 100억원(표면이자율 12%)
• 우 선 주 : 50억원(발행가 5,000원 : 100만주)
• 보 통 주 : 100억원(발행가 5,000원 : 200만주)
• 유보이익 : 50억원

사채는 1년만기 채권이며 동기업의 채권과 같은 등급의 채권은 수익률 18%로, 동 기업의 우선주는 주당 6,000원에, 보통주는 10,000원에 거래되고 있다. 또한, 우선주 배당은 주당 1,200원이며, 지난해 보통주의 배당은 주당 500원으로 매년 8%의 성장을 영구적으로 한다. 법인세율이 40%일 때 이 기업의 가중평균자본비용을 구하라.

9. 금나기업(주)는 무부채 기업으로서 β는 1.7이다. 무위험이자율은 10%, 시장포트폴리오의 기대수익률은 15%, 법인세율은 40%이다.
   a) 금나기업(주)의 자기자본비용은 얼마인가를 계산하라
   b) 금나기업이 신규투자를 위해 부채를 조달하여 투자를 한 결과 부채비율이 100%가 되었다면 β는 얼마로 변하는가? 그리고 이 때의 자기자본비용은 얼마인가?

10. 무부채 기업 U와 목표부채비율(B/S) = 1을 갖는 부채 사용기업 L이 있다. 이 두 기업은 정확히 동일한 영구적인 세전 순영업이익 180만원을 벌어들이고 있다. 세전 부채비용은 무위험 수익률과 같고, 법인세율은 50%이며, 시장모수가 다음과 같고 할 때 U와 L기업의 자본비용과 기업의 가치를 각각 구하라.

R_F = 0.06,　　$E(R_M)$ = 0.12,　　σ_M^2 = 0.0144
β_U = 1.0,　　β_L = 1.5

제10장

SECTION 1 자본구조이론

자본구조와 관련한 이론은 헤아릴 수 없을 정도의 많은 연구가 이루어져왔고, 현재에도 많은 사람들이 관심을 가지고 있는 분야이다. 자본구조이론은 시간적인 발전과정을 기준으로 분류할 수 있다. 1958년 모디글리아니(Modigliani)와 밀러(Miller)가 개발한 M&M 자본구조이론이 발표되기 이전의 전통적인 자본구조이론은 과학적인 증명이 결여된 다분히 개념적인 성격이 강했다. 전통적 자본구조이론은 기업가치를 계산하는 기준에 따라 순이익접근법, 영업이익접근법, 전통적접근법 등 세 가지로 분류할 수 있다. M&M 자본구조이론을 통해 기업가치는 부채비율과 무관하다는 명제가 과학적인 방법으로 증명되었으며, 이후 모디글리아니(Modigliani)와 밀러(Miller)는 기존의 모형에 법인세를 추가하여 수정된 M&M 자본구조이론을 발표하였다. 이어 법인세와 개인소득세를 동시에 고려하는 새롭게 수정된 자본구조이론이 발표되고, 최근에는 파산비용, 대리인비용, 그리고 비대칭정보효과에 의한 자본구조이론으로 계속 발전해 왔다.

1. 전통적 자본구조이론

1) 가정과 정의

전통적인 자본구조이론은 자본구조이론을 간단하고 이해하기 쉽게 전개하기 위하여 다음과 같은 추상적인 가정을 설정하였다.

첫째, 자본시장에는 세금(법인세와 소득세 포함)이 없다.

둘째, 거래비용이 존재하지 않는다.

셋째, 기업은 회사채를 발행하여 주식을 매입하거나 혹은 주식을 발행하여 회사채를 상환함으로써 부채비율을 임의로 그리고 즉각적으로 변경할 수 있다.

넷째, 기업은 순이익을 모두 배당금으로 지불한다.

다섯째, 투자자들은 동일 기업의 미래 현금흐름에 대하여 동일한 예측을 한다.

여섯째, 기업의 영업이익은 시간에 관계없이 일정하다.

아울러 위에서 설정한 가정을 근거로 용어를 다음가 같이 정의하였다.

- 부채비율 : $\frac{B}{S}$ = 타인자본의 시장가치/자기자본의 시장가치
- 타인자본비용 : k_i[48]
- 자기자본비용 : k_e
- 가중평균자본비용 : $k_o = k_i \times \frac{B}{(B+S)} + k_e \times \frac{S}{(B+S)}$

여기서 자기자본비용은 위에서 가정한 바와 같이 영업이익이 시간에 관계없이 일정하고 순이익은 100% 배당금으로 지불할 경우의 자기자본비용이다. 만약 영업이익이 시간에 따라 변화하거나 순이익의 일부를 기업내부에 유보시킬 경우, 자기자본비용은 달리 정의되어야 한다.

2) 순이익접근법(Net-Income Approach)

순이익접근법에 의한 자본구조이론은 부채를 많이 사용할수록 가중평균자본비용(k_0)이 감소하여 결국 기업가치가 상승한다고 설명한다. 이러한 논리의 배경은 자기자본비용(k_e)과 타인자본비용(k_i)이 부채비율에 상관없이 일정하다는 가정하에서 일반적으로 자기자본비용(k_e)이 타인자본비용(k_i)보다 비싸기 때문에 기업의 입장에서는 자기자본보다는 타인자본을 많이 사용함으로 인하여 가중평균자본비용(k_0)을 줄일 수 있는 것이다. [그림 11-1]의 (a)는 부채비율의 증가와 상관없이 일정하게 유지되고 있는 자기자본비용(k_e)과 타인자본비용(k_i), 그리고 부채비율이 증가할수록 감소하고 있는 가중

48) 세금이 없다고 가정하였음으로 타인자본 비용을 나타내는 k_d와 k_i의 구분이 필요 없다.

평균자본비용(k_0)을 보여주고 있다. [그림 11-1]의 (b)는 부채비율이 증가함으로 인하여 가중평균자본비용(k_0)이 감소하기 때문에 기업가치가 상승하고 있다.

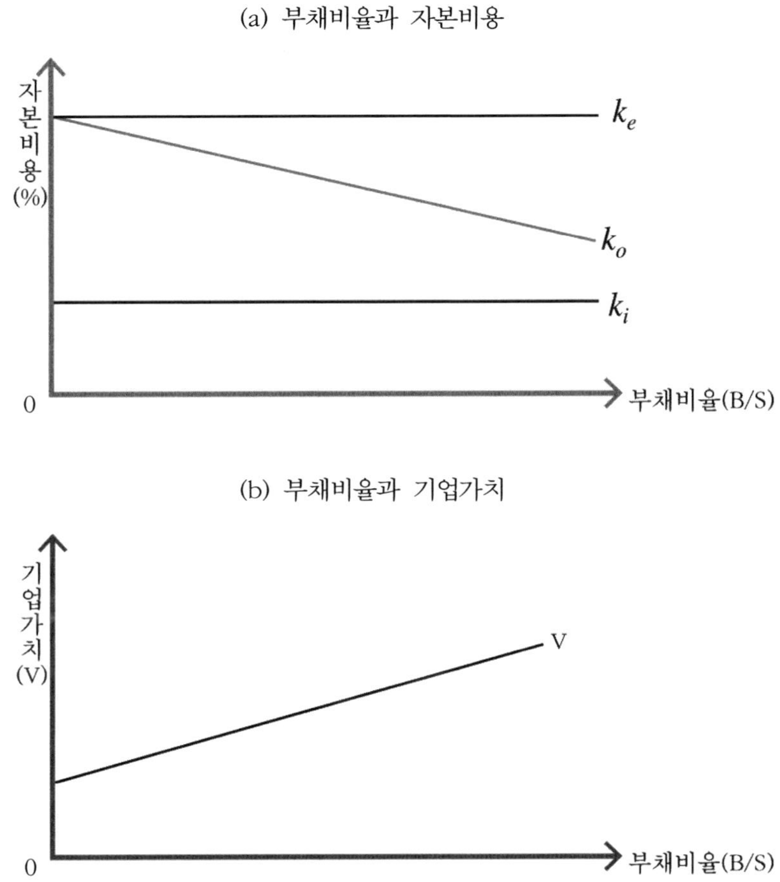

[그림 11-1] 전통적 자본구조이론 : 순이익 접근법

예를 들어, 순이익접근법에 의한 자본구조이론을 설명하기 위해 부채비율(B/S)이 각각 33%와 100%인 A기업과 B기업이 있다고 가정한다. 이들 기업은 부채비율 이외의 다른 경영요인들은 동일하고, 자기자본비용이 20%이고 타인자본비용이 10%이라고 하면 A기업의 가중평균자본비용은 17.5%(= 10% × 1/4 + 20% × 3/4)이고, B기업의 가중평균자본비용은 15%(= 10% × 1/2 + 20% × 1/2)이다. 결과적으로 부채가 많은

B기업의 가중평균자본비용이 A기업보다 작으며, 따라서 B기업가치가 A기업가치보다 크다는 것을 알 수 있다. 따라서 순이익접근법에서는 모든 기업들이 기업가치 극대화를 위해서 가능한 한 많은 부채를 사용하고자 노력할 것이다.

3) 순영업이익접근법(Net-Operating-Income Approach)

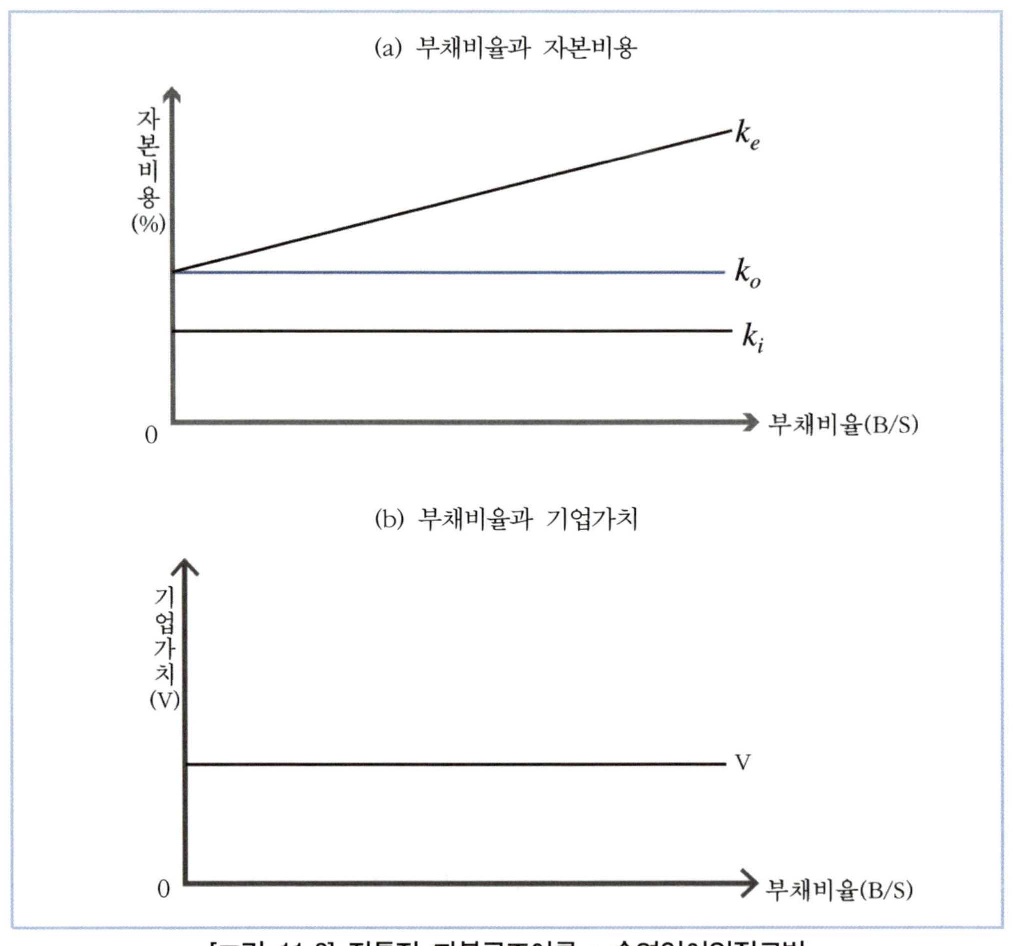

[그림 11-2] 전통적 자본구조이론 : 순영업이익접근법

순영업이익접근법은 부채비율의 변동은 기업의 가중평균자본비용(k_0)에 아무런 영향을 미치지 않는다고 전제한다. 따라서 [그림 11-2]의 (b)에서 보듯이 부채비율이 증가하더라도 기업가치는 일정하게 유지되고 있다. 즉 투자자들은 기업의 부채가 얼마나 되고 자기자본이 얼마나 되는지 무관심하다. 자기자본(k_e)보다 비용이 저렴한 타인자본(k_i)을 많이 사용할수록 재무레버리지효과로 인하여 기업의 위험은 증가하며, 기업의 위험이 증가한 사실을 인지한 자기자본 소유자(주주)들은 증가한 위험에 대응하는 프리미엄을 요구하게 되므로 자기자본비용(k_e)은 상승하게 된다.

결과적으로 기업이 부채를 증가시킴으로써 얻은 이익은 자기자본 소유자(주주)들이 요구하는 프리미엄의 인상으로 상쇄되기 때문에, 부채비율이 증가하더라도 가중평균자본비용(k_0)은 변화가 없게 된다. [그림 11-2]의 (a)는 부채비율이 증가함에 따라 자기자본비용(k_e)이 상승하고 있음을 보여주고 있다.

4) 전통적접근법(Traditional Approach)

순이익접근법에서 기업은 필요한 자금을 100% 부채로 조달하려 할 것이며, 영업이익접근법에서는 기업이 필요한 자금을 부채로 조달하던 자기자본으로 조달하던 기업가치에는 아무런 영향을 미치지 않게 된다.

반면에, 전통적 접근법에서 기업은 부채비율을 적절히 조정함으로써 기업의 가치를 증가시킬 수 있다. 따라서 기업가치를 극대화시키는 적정수준의 부채비율이 존재한다고 주장한다. 즉, 부채비율을 적절히 조정함으로써 가중평균자본비용(k_0)을 감소시킬 수 있다. 다시 말하면 부채 사용으로 인하여 증가된 재무위험에 대응하는 위험프리미엄보다는 낮은 위험프리미엄을 자기자본 소유자(주주)들이 요구한다는 것이다. 따라서 부채의 증가가 일정수준에 이를 때까지는 자기자본비용(k_e)보다 저렴한 타인자본(k_i)을 이용함으로써 가중평균자본비용(k_0)은 감소하고 기업가치는 상승한다.

[그림 11-3]의 (a)에서 보듯이 부채비율이 어느 정도의 수준(P점)에 이를 때까지 타인자본비용(k_i)은 거의 일정하고 자기자본비용(k_e)은 완만하게 상승하기 때문에, 부채비율을 증가시킬수록 타인자본비용(k_i)과 자기자본비용(k_e)을 가중 평균한 가중평균자본비용(k_0)은 감소한다. 그러나 부채비율이 P점에 이르러서는 타인자본비용(k_i)이 증가하기 시작하고 자기자본비용(k_e)도 급격히 증가하기 때문에 결과적으로 가중평균자본비용(k_0)도 상승하게 된다. 이 때 가중평균자본비용(k_0)이 가장 낮은 점에 해당하는 부채비율(P)이 기업가치를 극대화시키는 자본구조이며, 이를 최적자본구조라고 한다.

[그림 11-3]의 (b)는 최적자본구조에 해당하는 부채비율 p^*에서 기업가치가 극대화되고 있음을 보여주고 있다.

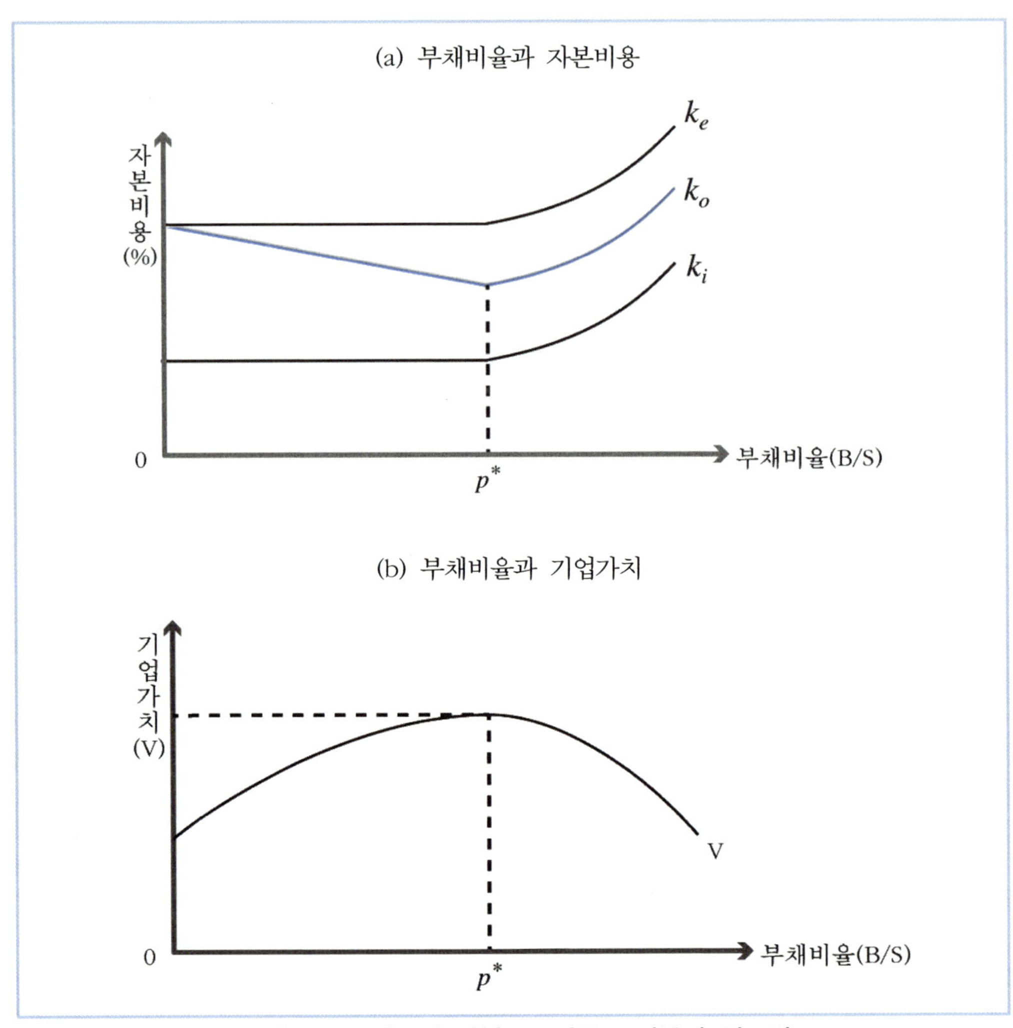

[그림 11-3] 전통적 자본구조이론 : 전통적 접근법

SECTION 2 MM의 자본구조이론

1958년 모디글리아니(Modigliani)와 밀러(Miller)는 그 때까지 막연하게 논의되어 오던 영업이익접근법을 엄밀하게 수학적으로 증명하면서 자본구조이론(MM 이론)으로 한층 발전시켰다. 즉 부채비율에 상관없이 가중평균자본비용(k_0)이 일정하기 때문에 기

업가치도 일정하다는 주장을 차익거래라는 방법을 이용하여 증명하였다. MM 이론은 먼저 몇 가지 가정을 세운 후에 이론을 전개하였는데, 이 가정을 이해하는 것이 매우 중요하다. 왜냐하면 MM 이론을 실제 기업의 자본구조 현황과 비교하고 그 차이를 해석하기 위해서는 가정이 어떤 내용인지 잘 알아야 하기 때문이다.

1. 가정의 내용

① 자본시장은 완전하다.

우선 자본시장은 완전자본시장이며, 여기서 말하는 완전자본시장의 특징은 다음과 같다. 첫째, 정보의 비용은 0(영)이기 때문에 모든 투자자들은 비용 없이 모든 정보를 얻을 수 있다. 둘째, 거래비용이 전혀 없다. 거래비용에는 거래를 할 때 발생하는 매매수수료뿐만 아니라 대량거래나 급한 거래를 하는 경우에도 가격의 변화에 따른 손실이 없다는 내용이 포함된다. 셋째, 모든 증권은 아주 작은 수량으로도 거래할 수 있어서 아주 작은 금액으로도 주식을 살 수 있으며, 투자자들은 기분에 휩쓸려 투자하는 것이 아니라 이성적인 판단에 의하여 투자행위를 한다.

② 기업의 미래 현금흐름 분석에 대하여 모든 투자자들이 동일한 결론을 내린다.

투자자들이 모두 매우 비슷한 투자지식과 정보를 가지고 있기 때문에 모든 투자자들은 동일한 기업에 대해서는 동일한 정도의 가치로 평가한다.

③ 동일한 수익률을 보이는 기업들은 하나의 집단으로 분류할 수 있으며, 이들 기업은 동일한 경영 위험을 가지고 있다.

이론 전개를 위하여 기업의 종류를 수익률과 위험이라는 구분에 의해 줄였으며, 수익률이 비슷하다면 비슷한 종류의 사업을 하고 있다고 단순화한다.

④ 세금은 존재하지 않는다.

거래와 관련한 세금이 없는 것은 물론이고, 양도에 따른 소득세 또한 없다. 우리나라에는 증권거래세는 있고 주식양도차익에 대한 세금은 없지만(대주주는 제외), 미국은 증권거래세와 주식양도차익에 대한 세금이 모두 있다. 그러나 이론의 전개를 위하여 세금은 없다고 가정한다.

2. MM의 제1명제 : 기업가치는 부채비율과 무관하다.

MM이 이론적으로 증명한 첫 번째 중요한 사실은 기업가치가 부채비율에 따라 결정되지 않는다는 것이다. 기업의 가치는 현금흐름과 그 현금흐름을 할인하는 가중평균자본비용(WACC, k_0)에 의해 결정되는데 MM에 의하면 부채비율이 0%, 혹은 50%이든지 가중평균자본비용은 부채비율의 변동에 영향을 받지 않으므로 기업가치 역시 부채비율과 관련이 없다.

MM은 가중평균자본비용이 왜 일정하게 되며, 또 무엇에 의하여 결정되는가에 관해 세 번째 가정을 통해 설명하고 있다. 기업이 투자를 통해 업종을 결정하고 경영활동에 착수하면 이에 따라 경영위험의 수준이 결정되며, 경영위험 수준에 따라 가중평균자본비용이 결정된다. 따라서 경영에 필요한 자금을 부채로 조달하든 주식으로 조달하든지간에 자금조달 방법과 가중평균자본비용은 서로 관계가 없다.

예를 들어, 두 기업 U와 L는 자본구조만 다를 뿐 그 밖의 경영요소는 동일하고 동일한 경영위험 군에 속한다고 가정하자. 또한 U기업은 타인자본이 전혀 없는 반면에 L기업은 타인자본이 있는 자본구조를 가지고 있다. 만약 이러한 상황이라면 경영요소가 동일하므로 영업이익도 동일하게 되며, 따라서 두 기업의 가치는 아래의 식에 의하여 식(11.1)과 같이동일하게 나타난다.

$$V_U = \frac{EBIT}{k_o}$$

$$\text{타인자본이 없는 기업의 시장가치} = \frac{\text{영업이익}}{\text{가중평균자본비용}}$$

$$V_L = \frac{EBIT}{k_o}$$

$$\text{타인자본이 있는 기업의 시장가치} = \frac{\text{영업이익}}{\text{가중평균자본비용}}$$

따라서 $V_U = V_L$이 된다. (11.1)

3. MM의 제2명제 : 타인자본(부채비율)이 많을수록 자기자본비용은 증가한다

제1명제에 따라서 타인자본을 많이 사용한다고 하여도 가중평균자본비용(k_0)에는

전혀 영향을 미치지 않지만, 타인자본을 많이 사용하면 자기자본비용(k_e)을 증가시키게 된다. 이 내용은 간단히 증명할 수 있다. 전통적 자본구조이론의 가정에서와 같이 가중평균자본비용(k_0)은 아래와 같이 계산된다.

$$k_o = k_i(\frac{B}{V}) + k_e(\frac{S}{V})(\text{단, } V = S + B)$$

이 식을 자기자본비용(k_e)에 대해 정리하면 다음과 같이 변환된다.

$$k_e = k_o + (k_o - k_i)(\frac{B}{S}) = \text{가중평균자본비용} + \text{재무위험프리미엄} \quad (11.2)$$

식(11.2)의 오른 쪽을 보면 재무위험프리미엄 〔$(k_0 - k_i)(\frac{B}{S})$〕 부분이 있으며, 재무위험프리미엄은 부채비율($\frac{B}{S}$)이 증가할수록 커지는 것을 알 수 있다. 만약 부채를 전혀 사용하지 않는다면 즉 B = 0이라면 자기자본비용(k_e)은 가중평균자본비용(k_0)과 같아지게 된다. 그러나 부채를 많이 사용할수록 재무레버리지효과로 인하여 자기자본의 위험, 즉 재무위험이 증가하게 되며, 따라서 부채를 사용하는 기업의 자기자본비용(k_e)은 부채를 전혀 사용하지 않는 경우의 자기자본비용(k_e)에 재무위험프리미엄을 더한 것과 같다. 이를 토대로 가중평균자본비용(k_0), 자기자본비용(k_e), 그리고 타인자본비용(k_i)의 관계를 그래프로 나타내면 [그림 11-4]과 같으며, 이는 결국 전통적 자본구조이론인 순영업이익접근법의 설명과 일치하게 된다.

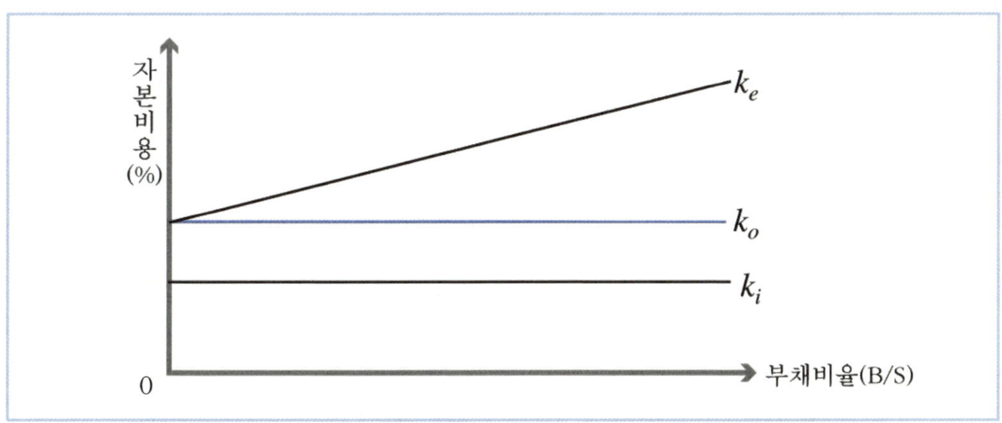

[그림 11-4] MM의 자본구조이론 : 부채비율과 자본비용의 관계

SECTION 3 법인세를 고려한 MM의 자본구조이론

기업의 가치가 부채비율과는 무관하다는 결론을 증명한 MM의 자본구조이론은 엄격한 가정을 전제로 나온 것이며, 이 가정은 기업의 경영현실과는 상당한 차이가 있다. 따라서 MM의 자본구조이론이 현실적인 면에서 기업의 자본구조 현상을 잘 설명하기 위해서는 이 엄격한 가정을 현실에 맞게 수정해야 한다. 특히 4개의 가정 중에서 법인세가 없다는 것은 현실과는 다른 대표적인 비현실적 가정이다. 이에 따라 1963년 MM은 1958년에 발표한 이론을 수정하여 법인세를 고려할 경우에 MM의 자본구조이론이 어떻게 달라지는가를 설명하였다.

기업이 부채를 사용할 경우 부채에 대한 이자비용은 회계법상의 비용으로 처리되어 법인세가 줄어들게 되며, 이를 이자비용의 법인세 감세효과(tax effect)라고 한다. 따라서 부채를 사용한 기업은 이자비용의 법인세 감세효과만큼 법인세를 절감하게 됨으로 부채를 전혀 사용하지 않는 기업에 비하여 법인세가 절감되는 금액만큼 기업가치가 증가하게 된다. 만약 동일한 부채를 계속해서 사용한다고 가정하면, 이자비용의 법인세 감세효과도 영원히 지속될 것이다. 따라서 이자비용의 법인세 감세효과는 매년 일정금액의 연금형식을 취하는 현금흐름과 같으므로 법인세 감세효과의 현재가치는 다음과 같이 계산할 수 있다.

$$\text{법인세 감세효과} = \text{부채} \times \text{이자율} \times \text{법인세율} = B \times k_i \times t_c \qquad (11.3)$$

$$\text{법인세 감세효과의 현재가치} = \frac{B \times k_i \times t_c}{k_i} = B \times t_c \qquad (11.4)$$

따라서 부채를 사용한 기업가치는 부채를 전혀 사용하지 않는 기업가치에 비하여 법인세 감세효과의 현재가치($B \times t_c$)만큼 증가하게 된다.

$$\text{부채를 사용한 기업가치} = \text{부채를 사용하지 않는 기업가치} + \text{법인세 감세효과의 현재가치}$$

$$V_L = V_U + B \times t_c \qquad (11.5)$$

법인세를 고려한 자본구조이론을 이해하기 위해서는 이자비용의 법인세 감세효과를 이해할 필요가 있다. 이를 위해 법인세 감세효과를 〈표 11-1〉과 같이 예를 들어 설명

코자 한다. U기업과 L기업은 자본구조를 제외한 다른 모든 경영상황은 동일한 기업이다. 즉 U기업은 부채가 전혀 없는 무부채기업인 반면에 L기업은 1,000만원의 부채가 있으며, 영업이익은 500만원, 이자율은 15%, 법인세율은 40%은 동일하다.

U기업은 타인자본이 없기 때문에 세후순이익 300만원은 전부 자기자본을 제공한 주주의 몫이 된다. 그러나 L기업은 1,000만원을 부채로 조달하였으므로 이자비용 150만원은 채권자에게 우선 지급되고 남은 이익 350만원에서 법인세를 차감한 순이익 210만원을 주주에게 지급한다. 따라서 L기업의 경우 채권자와 주주에게 지급되는 현금흐름은 총 360만원(150만원 + 210만원)으로 U기업의 300만원보다 60만원 많다. 이 차액이 법인세 감세효과에 해당되며, 수학적으로는 식(11.3)에서 [1,000만원(부채)] × 15%(이자율) × 40%(법인세율) = 60만원]과 같이 계산된다.

〈표 11–1〉 법인세 고려시 법인세 감세효과

(단위 : 만원)

	U기업(부채 : 0)	L기업(부채 : 1,000)
영업이익	500	500
이자(15%)	0	150
법인세전 이익	500	350
법인세(40%)	200	140
세후순이익	300	210
법인세감세	0	60

만약, 부채 1,000만원을 계속해서 사용한다면 법인세 감세효과 60만원도 영원히 지속되므로 영구연금과 동일한 현금흐름이 된다. 따라서 법인세 감세효과의 현재가치를 영구연금의 현재가치 공식을 응용하여 계산하면 400만원(60만원 ÷ 15%)이 된다. 이에 따라 L기업의 시장가치는 U기업의 시장가치보다 400만원만큼 높게 평가되며, [그림 11-5]는 부채비율이 증가함에 따라 법인세 감세효과의 현재가치가 증가하면서 부채를 사용한 기업의 시장가치가 상승하고 있는 현상을 보여주고 있다.

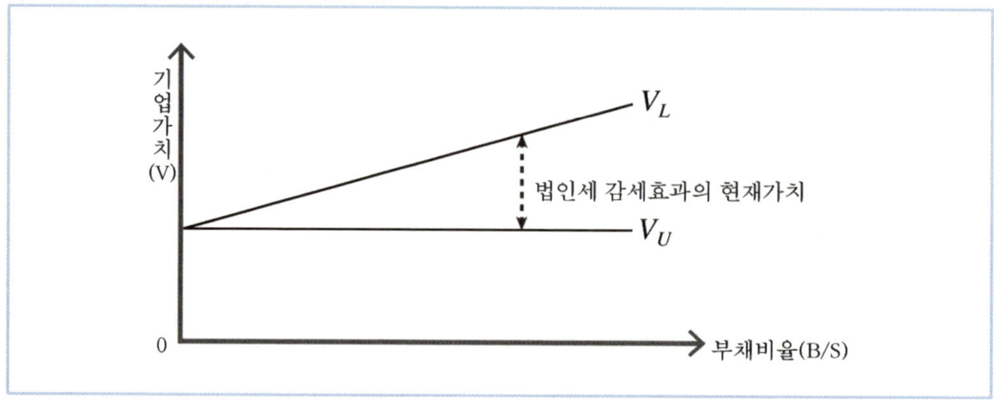

[그림 11-5] 법인세를 고려한 MM의 자본구조이론

SECTION 4 법인세와 파산비용을 고려한 자본구조이론

파산이란 기업이 채무자로써 원리금 상환의 의무를 이행하지 못하는 지급불능 상태에 빠졌을 경우 채권자의 권익을 보호하기 위한 법적 장치이다. 기업의 누적적자로 인하여 자기자본이 잠식되었거나 자산가치가 부채가치 이하로 하락한다면, 채권자는 채권 확보를 위하여 법원에 파산 신청을 하게 되고 기업의 회생능력이 없을 경우 법원은 파산선고를 내리게 된다. 기업이 법원에서 파산선고를 받게 되면 채권자의 권리를 충족시키기 위하여 기업의 자산은 청산된다.

파산비용(bankruptcy cost)은 기업이 채무불이행과 같은 재무적 곤경에 처한 상황에서 부담해야 하는 제반비용을 의미한다. 기업이 정상적인 경영상태에서는 파산비용이 발생하지 않는다. 파산비용은 구체적으로 두 가지 비용으로 구분할 수 있다. 첫째, 기업이 법적으로 파산되는 상황에서 부담하는 제반비용으로 변호사 선임비와 같은 법적 수속에 따른 직접적인 파산비용과 청산시 소유자산을 시장가치 이하로 매각하는데 따른 손실 등이다. 둘째, 기업이 파산선고에 이르지 않더라도 재무적 곤경에 처한 상황에서 발생할 수 있는 간접적인 비용으로 불리한 조건의 자본조달, 종업원의 이직에 따른 손실, 고객의 신뢰성 약화로 인한 매출액 감소와 주요 거래처 상실 등이다.

앞에서 설명한 것처럼 기업이 부채사용을 늘릴수록 법인세 공제효과가 증가한다.

법인세를 고려한 MM의 자본구조이론은 기업이 기업가치를 극대화하기 위해서는 가능한 한 부채사용을 극대화할 것이라는 결론을 유도하고 있다. 그러나 기업이 부채를 많이 사용할수록 기업가치는 증가하겠지만 이와 동시에 재무위험도 증가하여 재무적 곤경에 처하거나 파산선고를 받을 가능성이 높아지게 된다. 따라서 부채가 증가하면 부채사용으로 인한 법인세 감세효과의 현재가치가 증가하여 기업가치가 상승하는 반면에, 기업이 파산비용을 부담해야 할 가능성이 동시에 높아져서 파산비용의 기대치만큼 기업가치가 하락하게 된다. 기대파산비용을 고려할 경우 부채를 사용한 기업의 시장가치는 아래와 같이 바뀐다.

부채를 사용한 기업의 시장가치 = 부채를 사용하지 않는 기업의 시장가치
+ 법인세 감세효과의 현재가치
− 기대파산비용의 현재가치

$$V_L = V_U + B \times t_c - \text{기대파산비용의 현재가치} \qquad (11.6)$$

[그림 11-6]은 법인세와 파산비용을 고려할 경우 기업이 부채를 많이 사용할수록 기업가치가 변화하는 모습을 보여주고 있다. 파산비용을 고려하지 않고 법인세만을 고려할 경우 기업가치는 부채비율과 선형적인 비례관계를 보인다. 그러나 파산비용을 함께 고려할 경우 부채비율이 일정 수준 이상 이르게 되면 기대파산비용의 현재가치 증가분이 법인세 감세효과의 현재가치 증가분을 능가하여 기업가치가 오히려 감소하는 현상을 보이게 된다.

기업가치가 감소하기 직전의 부채비율 p^*에서 기업가치가 최고수준에 이르는데, 이때의 자본구조를 최적자본구조라고 하며, 최적자본구조에서 부채사용으로 인한 한계기업가치 증가분과 한계기대파산비용 증가분이 동일하게 된다. 만약 기업이 최적자본구조보다 많은 양의 부채를 사용한다면, 부채사용으로 인한 기업가치 증가분보다 기대파산비용 현재가치 증가분이 많아져서 기업가치는 오히려 하락하게 된다. 반면에 최적자본구조보다 적은 양의 부채를 사용할 경우 부채를 추가적으로 사용하여 얻을 수 있는 법인세 감세효과의 현재가치 증가분이 기대파산비용 현재가치 증가분보다 크기 때문에 기업가치를 증가시킬 수 있는 기회를 포기하는 결과를 초래하게 된다. 따라서 기업가치를 극대화하려는 기업은 최적자본구조와 일치하는 부채비율을 유지하려고 노력하게 될 것이다.

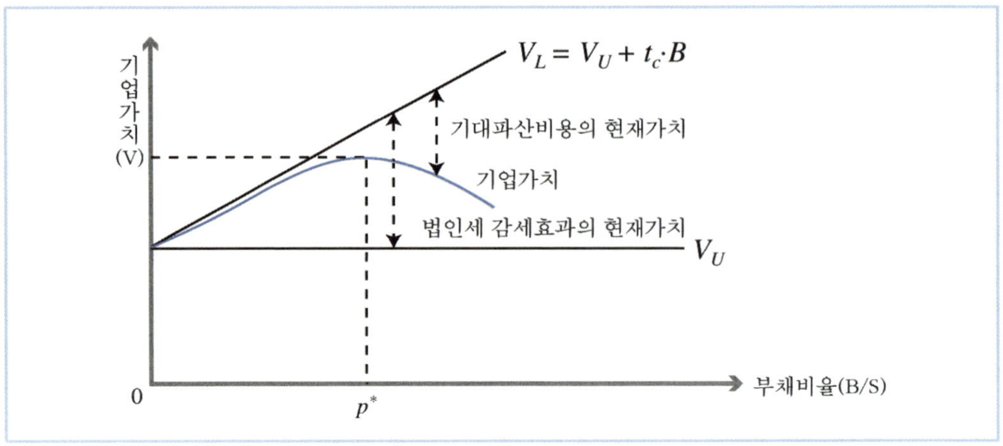

[그림 11-6] 법인세와 파산비용을 고려한 경우 기업가치

SECTION 5 대리인비용과 자본구조

MM의 자본구조이론과는 다른 형식으로 대리인비용(agency cost)만을 고려하여 기업의 자본구조를 설명할 수 있다. 기업의 소유자(외부주주)와 경영자(내부주주)가 분리되어 있을 경우 이들이 추구하는 이해가 서로 상충하기 때문에 대리인문제(agency problem)가 발생한다. 기업의 소유자는 기업가치를 극대화시키려고 노력하는 반면에 경영자는 기업가치의 극대화보다는 자신의 이익을 극대화하려 할 것이다. 또한 주주와 채권자와의 관계에서도 이해관계가 상충하는 문제가 발생한다. 따라서 주주, 채권자 등 이해관계자의 이해가 상충하기 때문에 발생하는 일체의 기업손실을 대리인비용이라고 한다.

1. 대리인비용의 3요소

대리인 문제로 발생하는 대리비용을 방지하기 위한 대응수단에 따라 발생하는 대리인 비용은 다음과 같이 3가지로 부분될 수 있다.

첫 번째 대리인비용은 대리인인 경영자의 행위가 기업소유자의 이익에 위반되는가

를 감시하는데 소요되는 감시비용(monitoring cost)이다. 경영자는 기업가치를 극대화 시키기 위한 목적으로 의사결정을 내리는 것이 원칙임에도 불구하고, 개인적인 이해관계에 의해 투자결정을 하는지, 혹은 필요 이상으로 사치성이 강한 자동차나 사무실을 사용하는지 등을 감시해야 한다. 감시활동의 예로는 최근 논란이 되고 있는 사외이사제도, 감사 활동, 각종통제시스템의 도입 등을 들을 수 있으며, 이와 관련된 제반 비용을 감시비용으로 간주할 수 있다.

두 번째 비용은 대리인인 경영자가 기업소유자에게 본인이 기업소유자의 이익에 위반되는 경영행위를 하지 않겠다는 보증을 하는 과정에서 발생되는 보증비용(bonding cost)이다. 경영자는 주주의 이익을 침해하는 경영행위를 하지 않을 것을 서약하거나, 주주이익을 침해하였을 경우 어떤 형식의 보상을 하겠다는 약속을 할 수 있다. 예를 들어 경영자 스스로 회계감사를 받는다고 한다든지, 혹은 특정한 의사결정에 제약조건을 두는 것은 보증활동의 좋은 예이며, 회계감사를 받을 때 소요되는 비용은 보증비용의 예가 될 수 있다.

세 번째 대리인비용은 대리인의 경영행위에 대하여 감시 및 보증을 하였음에도 불구하고, 경영자의 의사결정이 기업소유자의 이익, 즉 기업가치 혹은 주주 부의 극대화와 일치하지 않는 않을 수 있으며, 이로 인해 발생하는 비용을 잔여손실(residual loss)이라 한다.

2. 자기자본의 대리인비용

대리비용을 위에서 살펴본 대리비용 방지를 위한 대응수단에 따라 구분하는 것보다 발생원인에 따라 구분하여 살펴보는 것이 유용할 수 있다. 이에 따라 대리인문제를 외부주주와 내부주주인 경영자 사이에서 발생하는 자기자본의 대리인문제와 채권자와 주주간에서 발생하는 부채의 대리인문제의 두 가지 형태로 구별할 수 있다.

기업이 성장함에 따라 막대한 규모의 자금이 필요하게 되는데 이 자금을 소유자 개인이 모두 조달하기는 사실상 불가능하다. 따라서 기업에는 신규자금을 자기자본형식으로 투자한 외부주주와 기존의 내부주주인 경영자가 공존하게 된다. 이 때 외부주주가 기업으로부터 얻을 수 있는 유일한 이익은 기업가치 증가에 따른 주식가격 상승이나 배당금 증가이다. 그러나 내부주주인 경영자는 기업의 가치증가로 인하여 얻을 수 있는 이익 외에 호화로운 사무실집기 혹은 승용차 등과 같은 기업가치 증대에 역행하는 비화폐적 소비를 함으로써 자신의 효용을 얻을 수 있다.

만약 경영자가 기업을 100% 소유하고 있다면 비화폐적 소비에 소요되는 비용의 100%가 경영자 본인의 부담이 된다. 그러나 만약 경영자의 소유지분이 30%라고 한다면, 비화폐적 소비에 소요되는 비용의 30%를 경영자 본인이 부담하고, 나머지 70%는 외부주주가 부담하게 된다. 따라서 경영자는 비화폐적 소비를 추구할 유인(incentive)에 빠질 수 있으며, 특권적 소비(perquisite consumption)라고도 불리는 이러한 소비는 기업의 가치를 저하시키다. 이와는 반대로 경영자가 열심히 경영에 전념하여 기업가치를 증가시켰다고 하더라도 기업가치 증가분의 30%만이 자신(경영자)의 몫으로 돌아오기 때문에 기업을 100% 소유하고 있을 때보다는 기업경영에 태만할 가능성이 높다.

결과적으로 경영자의 소유지분이 낮을수록 경영자가 특권적 소비나 직무태만을 보일 경향이 많아지며, 이와 관련된 손실도 증가한다. 이 발생하는 비용을 자기자본의 대리비용이라고 한다. 물론 대리인비용은 외부주주와 내부주주인 경영자가 일치하는 경우에는 발생하지 않으며, 소유와 경영의 분리, 특히 경영자의 소유지분이 낮아질수록 증가하게 된다.

3. 부채의 대리인비용

기업소유자와 경영자간의 대리인문제 외에도 주주와 채권자간에도 대리인문제가 발생할 수 있다. 기업에 대한 주주의 책임은 주식회사 법에서 보듯이 유한하다. 기업이 아무리 많은 손실을 보아도 유한책임을 지는 주주는 본인이 출자한 주식 금액만 손실을 감수하면 된다. 반면에 기업경영이 잘 되어 이익이 많이 난 경우에는 타인자본에 대한 이자비용을 뺀 나머지 이익은 금액의 크기에 상관없이 모두 주주의 몫으로 돌아간다. 따라서 자기자본이 적고 부채가 많은 기업일수록 위험이 낮은 투자안보다 위험이 높은 투자안을 선택할 유인이 많아진다.

위험이 큰 투자안은 성공할 경우에 높은 수익률을 제공하지만 실패할 경우에는 손실이 막대하다. 타인자본 의존도가 큰 기업이 위험이 높은 투자안에 투자하여 성공하였을 경우에 발생하는 높은 투자수익률은 채권자에게 지불하는 이자비용만 제외하고 모두 주주의 몫으로 돌아간다. 그러나 투자안이 실패하였을 경우에 발생하는 막대한 손실에 대해서는 주주는 출자한 몫만큼만 책임지고 대부분의 손실은 채권자에게 돌아가게 된다. 이에 따라 자기자본이 적을수록, 위험이 높은 투자안이 성공할 경우에 주

주에게 돌아갈 과실은 더욱 커지는 반면에, 실패할 경우에 주주가 책임질 손실은 더욱 적어진다.

결과적으로 부채가 많은 기업은 필요 이상의 높은 위험을 가진 투자안을 선택할 유인을 가지게 되는데, 이를 부채의 대리인문제라고 한다. 부채의 대리인문제를 잘 알고 있는 채권자들은 주주에게 부채의 대리인문제로 인하여 예상되는 자신들의 손실에 대하여 더 높은 보상(이자)을 요구하게 되며 이를 부채의 대리인비용이라 한다. 만약 주주가 필요 이상의 높은 위험을 가진 투자안을 선택하지 않는다는 것을 채권자가 확신한다면 부채의 대리인문제는 발생하지 않을 수 있다.

4. 대리인비용을 고려한 최적자본구조의 결정

자기자본의 대리인비용은 외부주주와 내부주주인 경영자 간에 발생하는 비용임으로 기업이 필요한 자금을 주식으로 조달할 경우 부채비율이 감소하면서 자기자본의 대리인문제가 심화되어 자기자본의 대리인비용이 증가하지만, 부채의 대리인비용은 감소한다. 반면에 기업이 필요한 자금을 주식이 아닌 부채로 조달하였을 경우에는 부채비율이 증가하여 부채의 대리인문제를 심화시키고 부채의 대리인비용은 증가하지만, 자기자본의 대리인비용은 감소한다. 따라서 이같은 현상을 그림으로 나타내면 [그림 12-3]에서 보는 바와 같이 부채비율의 증감에 따라 자기자본의 대리인비용과 부채의 대리인비용이 상반되게 증가하거나 감소하게 된다.

또한 [그림 11-7]은 자기자본의 대리인비용과 부채의 대리인비용을 합한 총대리인비용이 최소가 되는 부채비율($\frac{B}{S}$)을 보여주고 있다. 가로 축은 부채비율을, 그리고 세로 축은 대리인비용을 나타낸다. 위에서 설명한 바와 같이 부채비율이 증가하면 부채의 대리인비용이 증가하지만 자기자본의 대리인비용은 감소한다. 또한 부채비율이 감소하면 부채의 대리인비용이 감소하지만 자기자본의 대리인비용은 증가한다. 특히, 부채비율이 어느 점을 지나면 부채의 대리인비용이 급격히 증가하는 현상을 보이며, 경영자의 소유지분이 어느 점 이하로 낮아지면 자기자본의 대리인비용도 급격히 상승한다.

자기자본의 대리인비용과 부채의 대리인비용이 상충관계를 서로 갖기 때문에 이 두 대리인비용을 합한 총대리인비용은 부채비율이 일정시점 p^*에 이를 때까지 감소하다가 다시 상승하게 되며, 부채비율 p^*에서 대리인비용이 최소가 된다. 이 p^*가 대리인비용을 고려한 최적자본구조가 되며, 대리인비용을 통해 최적자본구조의 존재를 설명할 수 있다.

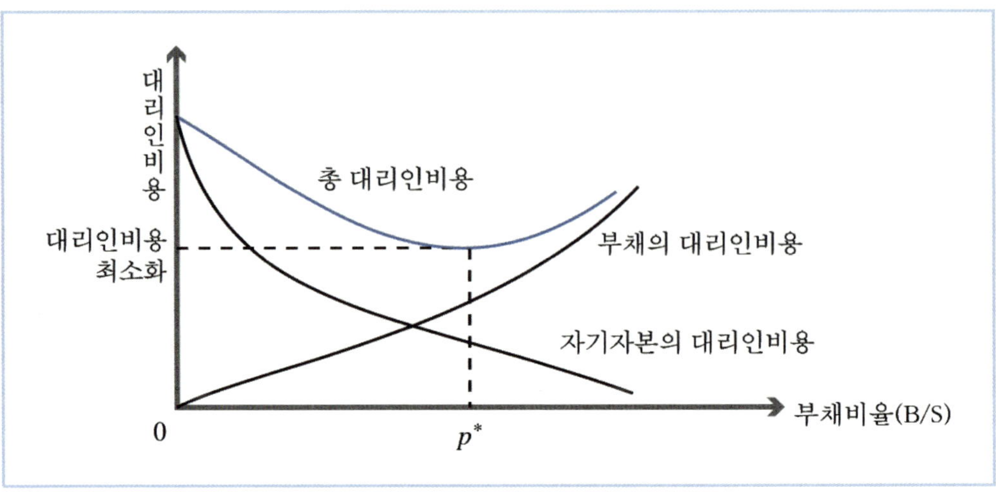

[그림 11-7] 대리인비용과 최적자본구조

연습문제

1. 전통적 자본구조이론과 관련하여 순이익접근법(Net-Income Approach)과 순영업이익 접근법(Net-Operating-Income Approach), 그리고 전통적접근법(Traditional-Income Approach)의 차이를 설명하라. 부채비율이 증가할 때, 최적자본구조는 어느 경우에 존재하는가?

2. MM의 자본구조이론과 관련하여 MM이론이 자본구조이론의 발전에 기여한 내용과 제1명제와 제2명제를 간략히 설명하라.

3. 법인세를 고려한 MM의 수정자본구조이론을 간략히 설명하라.

4. A기업의 총자산은 100억원이고, 100% 자기자본으로 영업을 하고 있다. 자기자본비용은 18%이다. 최근 매출이 신장되어 생산라인을 증설하는데 필요한 자금 50억원을 대출이자 10%에 차입금으로 조달하려 한다. MM의 자본구조이론을 적용하면 A기업의 자기자본비용이 어떻게 변하는가?

5. 은나기업(주)는 무부채기업으로서 영업이익이 100억을 기록하고 있다. 최근 시설확장을 위해 목표자본구조를 변경하기로 하고, 이를 위해 150억의 차입금 조달을 검토하고 있다. 단, 타인자본비용은 10%, 법인세는 40%, 자기자본비용은 15%이다. 이같은 결정이 실행에 옮겨지게 된다면 가중평균자본비용은 얼마로 예측되는가? 또 기업의 가치는 얼마인가?

6. U기업은 부채가 전혀 없는 반면에 L기업은 부채가 10억원이다. 두 기업의 부채비율을 제외한 경영조건은 동일하며, 매년 아래와 같은 경영성과와 부채의 크기가 영원히 지속될 것으로 예상된다. 단 Ke=10%이다.

(단위 : 백만원)

	U기업(부채 : 0)	L기업(부채 : 1,000)
영업이익(EBIT)	500	500
이자(10%)	0	(　　)
세전이익	500	(　　)
법인세(40%)	200	(　　)
세후순이익	300	(　　)
법인세감면	0	(　　)

a) 위 표의 빈칸을 메우시오.
b) 법인세 감세효과의 현재가치는 얼마인가?
c) U기업과 L기업의 가치를 계산하라.
d) U기업과 L기업의 가치가 차이나는 이유를 설명하라.

7. 파산에 이르는 직접비용과 간접비용이 무엇인지 설명하라.

8. 법인세와 파산비용을 고려할 경우 부채비율이 증가하면 기업의 가치는 어떻게 변하는가? 이 경우 최적자본구조는 존재하는가?

9. 대리인 문제로 발생하는 대리비용을 방지하기 위해 대응수단에 따라 발생하는 3가지 대리인비용(agency cost)은 무엇인가?

10. 대리인비용은 발생원인에 따라 자기자본의 대리인비용과 타인자본의 대리인비용으로 구분되는 바, 이를 설명하라. 그리고 최적자본구조가 어떻게 달성되는지를 설명하라.

제12장 배당정책

기업의 주식을 소유하고 있는 주주의 재산은 기업의 배당정책에 따라 달라질까? 기업의 재무정책이 기업의 가치에 영향을 미칠 수 있는지에 대한 기본적인 물음이다. MM은 자본구조의 무관련이론을 통해서 기업의 재무정책은 기업가치에 영향을 주지 않는다는 것을 보여주었다. 세금, 대리인비용, 정보의 불균형이 없다면 기업의 순영업을 통해 들어오는 현금을 부채를 위한 고정부분과 주주들을 위한 잔여현금흐름으로 나누는 방법은 기업의 가치에 영향을 주지 못한다.

이번 장에서는 먼저 세금이 없는 세계에서 주주들이 기업에서 생긴 현금을 배당으로 받든지 주가상승을 통한 자본이득을 얻든지 차이가 없다는 것을 살펴보고자 한다. 즉, 세금, 대리인비용, 정보의 불균형이 없다면 기업의 배당정책은 기업가치와 관련이 없다. 다시 말하면 기업의 배당정책은 주주의 재산에는 아무런 영향을 주지 못한다. 이와는 반대로 배당정책이 기업가치에 영향을 줄 수 있다는 이론도 살펴보고, 아울러 엄밀한 의미에서의 배당은 아니지만 배당과 유사한 배당정책의 특수한 형태에 대해서도 알아보고자 한다.

SECTION 1 배당금과 자본이득

1. 배당무관련이론 : 세금이 없는 세상에서의 배당정책

MM은 세금이 없는 경우 기업의 배당정책이 기업의 가치에 영향을 미치는지를 알아보기 위하여 현재의 배당만 다르고 그 이외의 모든 현금흐름은 동일한 두 기업을 고려하였다. 현재 시점의 배당만 다르고 그 이후의 배당금은 모두 동일하며, 기간 중 투자금액도 동일하고 기간 중 영업현금흐름도 모두 동일하다. 이러한 사항을 기호를 통해 정리해보자. t기간의 영업현금흐름을 $CF(t)$, t기간의 투자액을 $I(t)$, t기간의 배당금을 $D(t)$라 하면 다음과 같은 식이 성립한다.

$$
\begin{aligned}
CF_1(t) &= CF_2(t),\ t = 0,1,2,3,\cdots,\infty \\
I_1(t) &= I_2(t),\ \ t = 0,1,2,3,\cdots,\infty \\
D_1(t) &= D_2(t),\ t = 1,2,3,\cdots,\infty \\
D_1(0) &\neq D_2(0)
\end{aligned}
\tag{12.1}
$$

두 기업의 가치가 같은지를 확인하기 위해서는 기업의 가치를 계산할 수 있는 모형(계산식)이 있어야 한다. 두 기업의 요구수익률이 동일하다고 가정하자.(두 기업은 모든 면에서 동일하므로 위험이 동일하고 따라서 수익률이 동일하다고 가정해도 무방할 것이다.) 기업의 수익률은 다음과 같이 계산할 수 있다.

$$
r(t+1) = \frac{D(t+1) + P(t+1) - P(t)}{P(t)} \tag{12.2}
$$

기업의 가치 V는 어떻게 계산할 수 있을까? 식(12.2)의 오른 쪽에 있는 항목들은 모두 주식 1주 단위로 표시된 것이다. $D(t+1)$은 주식 1주에 대해 지불되는 배당금액이며 P는 주식 1주의 가격이다. 기업에서 발행한 주식의 수가 n이라고 하면 기업에서 지불한 총 배당금은 $D \times n$이고 기업의 주식평가 총액은 $P \times n$이 될 것이다. 기업의 1년후의 가치는 기업의 배당총액과 1년후의 주식가격의 합으로 나타낼 수 있을 것이며, 1년후의 기업가치를 기업의 수익률로 할인하면 현재의 가치를 계산할 수 있다.

$$V(t) = \frac{D(t+1) + n(t)P(t+1)}{1 + r(t+1)} \tag{12.3}$$

응용 예

기업 가나다는 연말에 주주들에게 1주당 500원의 배당금을 지불하려고 하며 가나다 기업의 연초 주가는 18,000원이고 연말 주가는 1주당 20,000원으로 예상된다. 가나다의 발행주식수는 총100만주이다. 다음 물음에 답하라.

(1) 기업 가나다의 연말 총지불배당금은 얼마인가?

(2) 기업 가나다의 연말 총기업가치는 얼마인가?

(3) 기업 가나다의 연초 기업가치는 얼마인가?

풀이

(1) 가나다의 1주당 배당금은 500원이고 발행주식수는 100만주이므로 총배당금은 다음과 같다.

500원 × 100만주 = 5억원

(2) 가나다의 연말 주가는 20,000원이고 주식수는 100만주이므로 총 주식가치는 200억이며 총배당금은 5억원이므로 기업의 연말 총 기업가치는 다음과 같다.

5억원 + 200억원 = 205억원

(3) 가나다의 연초 기대수익률은 식(13.2)에 의해 계산할 수 있다.

$$r(0) = \frac{500 + 20000 - 18000}{18000} = 13.89\%$$

가나다 기업의 연초 기업가치를 계산하면 다음과 같다.

$$V(0) = \frac{205\text{억원}}{1.1389} = 180\text{억원}$$

예제를 통해서 살펴본 바와 같이 기업의 년초 기업가치는 단순히 연초 주식가격에 주식수를 곱한 것과 동일하다. 연초의 배당금은 전혀 가격결정에 영향을 주지 못했다.

참고 자금의 원천과 운용

기업이 외부 자금조달을 모두 주식에 의해서 한다고 가정하자. 우선 기업은 영업을 통해 자금을 조달할 수 있다. 매출액에서 적절한 비용을 제외하고 남은 부분을 N이라 하면 N은 기업의 자금원천이 된다. 두 번째는 신규주식을 발행하여 자금을 조달할 수 있다. 신규주식을 m주 발행하고 발행가격을 $P(t+1)$이라고 하면 총조달금액은 $m \times P(t+1)$이 된다. 기업은 조달된 자금을 두 가지로 사용하게 된다. 첫째는 기업의 설비확장이나 신규사업의 진출을 위한 투자자금 I로 사용하고, 둘째는 주주들에게 지급하는 배당금으로 D만큼 사용하게 된다. 기업의 자금조달액은 기업의 자금사용액과 동일해야 한다.

$$CF(t+1) + m(t+1) \times P(t+1) \equiv I(t+1) + D(t+1) \tag{12.4}$$

최종 주식수는 연초 주식수(n)에 신규발행주식수(m)를 더하여 구한다.

$$n(t+1) = n(t) + m(t+1) \tag{12.5}$$

$t+1$시점에서 기업의 주주가 받을 수 있는 금액을 $R(t+1)$이라 하면 다음과 같이 계산한다.

$$\begin{aligned} R(t+1) &= D(t+1) + n(t) \times P(t+1) \\ &= D(t+1) + n(t+1) \times P(t+1) - m(t+1) \times P(t+1) \\ &= D(t+1) + V(t+1) - I(t+1) + CF(t+1) - D(t+1) \\ &= CF(t+1) - I(t+1) + V(t+1) \end{aligned} \tag{12.6}$$

응용 예

가나다 기업의 시장가치를 반영한 재무상태표는 다음과 같다.

재무상태표

(단위 : 백만원)

자 산		부채와 자본	
현 금	2,000	부 채	5,000
재고자산	2,000	자기자본	5,000
비유동자산	6,000		
자산총계	10,000	부채 및 자본총계	10,000

풀 이 기업은 주주들에게 총 20억원의 배당금을 지급하기로 결정하였다. 이러한 배당금을 지급하기 위한 자금조달방법은 다음과 같은 3가지 방법이 있다.

(방법1) 현금으로 배당금 20억원을 지급한다.

(방법2) 10억원은 부채로 조달하고, 10억원은 신규주식을 발행하여 조달한 후 배당금을 지급한다.

(방법3) 신규주식을 발행하여 20억원을 조달하여 배당금을 지급한다.

식(12.6)을 이용하여 식(12.3)을 다시 써보자.

$$V(t) = \frac{CF(t+1) - I(t+1) + V(t+1)}{1 + r(t+1)} \tag{12.7}$$

식(12.7)을 보면 분자, 분모에 더 이상 배당금이 나타나지 않는다. 즉 기업의 가치를 결정하는 식에 배당금이 포함되어 있지 않으므로 배당금의 크기는 기업의 가치에 영향을 줄 수 없다. 이제 처음 MM이 상정했던 식(12.1)의 상황을 살펴보자. 두 기업은 동일한 영업현금흐름을 가지고 있고 따라서 $CF(t+1)$이 동일하다. 또한 두 기업은 현재 배당금 이후의 모든 현금흐름이 동일하므로 $V(t+1)$이 동일하다. 또한 투자액 $I(t+1)$도 동일하고 기업의 기대수익률인 $r(t+1)$도 동일하다. 따라서 두 기업의 가치 $V(t)$도 동일하게 된다.

2. "수중의 새"(bird-in-the-hand) 이론

MM의 배당무관련이론에 의하면 배당정책은 자기자본의 요구수익률에 영향을 주지 않는다. 그러나 고든(M. Gordon)과 린트너(J. Lintner)는 투자자들이 배당소득을 더 선호하기 때문에 배당을 높일수록 주식의 자본비용이 감소하고 따라서 주가도 상승한다고 반박한다.[49] 이들에 따르면 투자자들은 일반적으로 위험회피적이며, 미래의 배당인 자본이득보다는 현재의 배당으로부터 위험을 덜 느낀다고 한다. 즉, "수중의 새 한 마리가 숲 속의 두 마리보다 더 가치 있다"는 것이다. 이러한 이유로 배당을 더 지급하면 할수록 불확실성은 감소하게 되고, 주식의 자본비용이 낮아진다는 것이다.

배당에 대한 예측이 자본이득에 대한 예측보다 더 쉬운 것은 사실이다. 경영자가 주가를 원하는 방향으로 움직일 수는 없지만, 배당을 안정적으로 지급하는 것은 그리 어렵지 않다. 그러나 배당정책에 대한 논의가 기업의 투자정책과 차입정책을 이미 주어진 것으로 놓고서 진행되는 것인 만큼, 기업의 전반적인 현금흐름(overall cash flows)은 배당을 어떻게 하든지 변하지 않으며, 전체 주주들이 감수해야 할 위험의 크기 역시 변하지 않는다. 투자자들이 배당을 선호한다면 배당금을 지급하기 위하여 신규주식을 발행할 수 있다. 이렇게 한다면 신규주식발생을 통해 들어오는 자금을 기존주주에게 배당금으로 지급하게 되는 것이다. 기존주주들의 총투자액은 그대로이지만

49) Myron J. Gordon, "Optimal Investment and Financing Policy," Journal of Finance, May 1963, 242-272; John Lintner, "Dividends, Earnings, Leverage, Stock Prices, and the Supply of Capital to Corporations," Review of Economics and Statistics, August 1962, 243-269.

전체 기업의 투자대비 비중은 감소하게 되고, 따라서 기존주주들이 부담하게 되는 총 위험의 크기도 감소하게 된다. 그러나 기업의 영업위험은 변화가 없기 때문에 투자자들이 기업에 투자한 1원에 대해 부담해야 하는 위험의 크기는 변화가 없다. 기존주주들이 신규주식의 발행을 통해 조성된 현금을 배당의 형태로 나눠 가짐으로써 이익을 본다면, 뒤집어 말하면 신규 주식을 매입한 투자자는 손해를 본다는 것을 의미한다.

3. 차별적 소득세 이론

"수중의 새" 이론과는 반대로, 차별적 소득세 때문에 낮은 배당이 주가를 높일 수 있다. 배당소득에 적용되는 세율이 자본이득에 적용되는 세율보다 높다면, 배당을 적게 지급하고 그 대신 자본이득에 의한 소득을 높여 주는 방법이 주주들에게 더 이득이 될 것이다.[50)]

그러나 거래비용 및 차별적인 소득세와 같은 시장의 불완전성을 고려하더라도 이렇게 배당을 줄이는 방식으로 배당정책이 주가에 영향을 미친다고 단언하기는 매우 어렵다. 주식시장에는 상이한 배당성향을 선호하는 투자자 고객들이 존재하며, 다양한 투자자들은 기업의 입장에서는 동일한 가치를 지닌 투자자들이다. 다만 시장 전체의 관점에서 볼 때, 기업들이 투자자들에게 그들이 원하는 배당정책을 충분히 제공하지 못하는 상황, 즉 모든 고객들이 만족하고 있지 못하는 상황 하에서는, 배당정책이 주가에 영향을 미친다고 볼 수도 있다.

SECTION 2 기타 배당이론

1. 신호이론

MM이 배당무관론을 전개하면서 제시한 가정들 중 하나는 투자자들이 모든 정보를

---

50) 미국의 경우에는 자본이득(capital gains)에 적용되는 소득세율이 배당소득(dividend income)에 적용되는 소득세율보다 더 낮다. 두 세율 간의 차이는 시점에 따라 그 크기를 달리하지만, 1960년대 초에 가장 컸었다. 그 이후로는 점차 작아지는 추세를 보이고 있다. 우리나라의 경우에는 자본소득에 대한 세율이 제로이며, 다만 배당소득에만 소득세가 부과되고 있다.

무료로 완전하게 제공받는다는 것이었다. 그러나 미래의 수익 및 배당흐름의 크기와 불확실성에 대하여 기업 외부에 있는 투자자들보다는 기업 내부에 있는 경영자가 더 많은 정보를 갖고 있다고 보아야 한다. 이러한 정보의 비대칭(asymmetric information)이 존재할 때, 경영자는 배당의 크기로써 투자자들에게 기업의 미래 전망에 대한 정보를 전달할 수도 있을 것이다.

경험적으로 볼 때 흔히 배당액의 증가는 주가의 상승을 동반하며, 반대로 배당액의 감소는 주가의 하락을 동반한다. 이러한 현상을 투자자들이 배당소득을 자본이득보다 더 선호하는 증거로 볼 수도 있을 것이다. MM은 신호효과로써 이를 다음과 같이 설명하고 있다. MM에 의하면, 기업들은 배당액의 축소를 싫어하기 때문에 미래에 더 높고 안정적인 수익이 예상되지 않을 때에는 배당액을 쉽사리 증가시키지 않는다고 한다. 이러한 사실에 비추어 MM은 배당액의 증가나 감소를 경영자가 투자자들에게 보내는 신호(signal)로 보아야 한다고 주장한다. 만약 배당액이 증가하면 이는 경영자가 미래의 수익이 더 클 것으로 기대한다는 신호이고, 반대로 만약 배당액이 감소하면 이는 미래수익이 감소할 것을 예상한다는 신호로 보아야 한다는 것이다.

2. 대리인비용

기업들이 한편으로는 현금배당을 하면서 또 다른 한편으로는 거의 동시에 신규로 주식을 발행하는 현상을 어떻게 이해하여야 할까? 주식을 발행하는데 드는 비용이 적지 않다는 사실을 고려하면, 수익을 생산적으로 재투자할 대상을 찾기 어려운 경우에만 현금배당을 지급하는 것이 최소비용을 달성하는 방법일 것이다. 그럼에도 불구하고 신규로 주식을 발행하면서까지 배당을 지급하는 이유는 무엇일까?

이에 대한 대답으로서 앞에서 소개한 신호효과를 그 원인으로 들 수도 있다. 그러나 신호효과의 경제적 가치가 적지 않은 발행비용을 들여가면서까지 추구할 정도로 중요한 것인지는 의문이다. 다른 저렴한 수단을 사용함으로써 배당에 의한 신호효과를 대체할 수도 있을 것이다.

또 하나의 다른 유력한 설명으로서 대리인 문제(agency problem)를 들 수 있다. 주주들은 경영자가 그들의 이익을 위해 최선을 다할 것을 기대하지만, 경영자는 오히려 자기 자신의 이익을 더 우선시하는 이기심을 갖기 쉽다. 이러한 갈등 즉 대리인 문제를 해결하기 위해서 주주들은 경영자를 감시하여야 하는데, 주주들이 널리 분산되어 있는 대기업의 경우에는 이러한 감시활동이 효과적으로 이루어지기가 어렵다.

그러나 기업이 외부자금을 빈번히 조달해야 하는 경우에는 이러한 감시 문제가 상당 부분 해소될 수 있다. 왜냐 하면 기업이 채권이나 주식을 발행하는 경우에는 기업의 이러한 행위와 이해관계를 갖는 제3자들이 영업 및 재무 의사결정과정을 면밀하게 검사하기 때문이다. 여기에서 제3자들이란 증권발행 업무를 주관하는 주간사회사, 평가기관 및 증권회사의 증권분석 담당자, 그리고 일반투자자 등을 포함한다. 기존의 주주들이 경영자의 의사결정에 영향을 미칠 수 있는 행동은 주주총회에서 투표를 하거나 주식을 팔아버리는 따위의 강도가 낮은 것에 한정된다. 기업 외부의 투자자들은 경영자의 행동이 마음에 들지 않을 때 주식의 매입을 거부하는 강력한 행동을 취할 수 있다.

이러한 이유로 기업은 현금배당을 지급하면서 동시에 자본시장을 통하여 자금을 조달함으로서 적절한 감시를 받게 되고, 대리인 문제를 해소(대리인 비용을 절감)할 수 있게 된다.[51] 물론 이러한 해석이 가능하기 위해서는 대리인 문제의 해소로 인한 경제적 효과가 주식 발행비용을 현저히 초과한다는 전제가 필요하다.

3. 고객효과(clientele effect)

거래비용이 존재하는 경우, 일부 투자자들은 고배당정책을 선호할 수도 있다. 어떤 투자기관들은 배당실적이 저조한 기업의 주식에 투자하지 못하도록 법적으로 제약받기도 하고, 또 어떤 투자기관들은 배당소득만을 처분가능한 소득으로 인정받기도 한다. 그런가 하면 어떤 투자자들은 배당소득에 생활비를 의존하기도 한다. 이들 투자자들은 고배당정책을 선호한다고 볼 수 있다. 배당지급이 원하는 수준에 이르지 못할 경우 투자자들은 그들이 보유하고 있는 주식의 일부를 매각해서 비용을 조달할 필요도 있을 것이다. 그러나 주식을 매각하는 데에는 거래비용이 발생할 뿐만 아니라 번거로운 수고가 따르게 된다. 만약 배당지급액이 충분하다면 투자자들은 이러한 불이익을 피할 수가 있으므로 고배당 주식에 프리미엄을 지급하고자 할 것이다.

한편 어떤 투자자들은 소득이 충분하여 더 이상의 현금 보유를 원치 않을 수도 있다. 배당을 지급받아 이를 다시 주식의 매입에 재투자해야 한다면, 이들에게는 거래비

51) 경영자와 보통주 소유자(주주)사이에 대리인 문제가 생기면, 보통주에 대한 요구수익률이 높아지고 이는 궁극적으로 보통주의 가치를 하락시킨다.

용 만큼의 손실이 생기게 된다. 그러므로 이들은 오히려 배당이 적은 주식을 선호하게 될 것이다.[52)]

이와 같은 현실을 고려할 때, 배당의 크기를 조정함으로써 과연 기업가치를 높일 수 있을까? 그렇지 않다. 경영자들이 현명하다면, 선호하는 배당형태에 대해 프리미엄을 지불하고자 하는 투자자 고객들(a clientele of investors)의 요구를 알아차렸을 것이고, 그 결과 주식시장에는 이미 이들이 원하는 다양한 형태의 배당정책을 시행하는 기업들의 주식이 존재하고 있을 것이다. 그러므로 특정 시점에 투자자 고객들은 이미 만족하고 있으며, 기업이 어떠한 배당정책을 선택하더라도 자본시장에서 새로운 가치를 창출하지는 못할 것이다. 따라서 거래비용을 고려하더라도 배당정책은 기업의 주가에 아무런 영향을 미치지 않으며, 여전히 MM의 이론은 타당성을 유지한다고 할 수 있다.

SECTION 3 현실적인 배당정책의 수립과정

1. 배당정책의 형태

기업이 실제로 배당정책을 결정할 때는 두 가지 목표를 적절히 절충하여야 한다. 즉, 배당정책은 주주의 부를 극대화시키는 동시에 내부적으로 충분한 자금을 조달할 수 있게 하는 것이어야 한다. 물론 앞 절에서 제시된 여러 가지 제약들을 함께 고려해야만 한다. 기업이 선택할 수 있는 배당정책은 다음과 같은 세 가지 형태로 나누어 볼 수 있는데, 이들 중 어느 특정한 정책만을 고집하기보다는 이들을 절충하여 적용하는 것이 바람직하다.

1) 고정 배당성향 정책(constant payout-ratio dividend policy)

이는 매기의 수익 중에서 현금배당으로 지급되는 비율을 일정하게 유지하는 정책이다. 이 정책을 택하게 되면, 기업의 수익이 좋지 않을 때는 배당이 크게 줄어들게 된

52) 투자자들이 각자의 필요에 따라 상이한 배당정책을 선호하게 되는 현상을 고객효과(clientele effect)라고 한다.

다. 더욱이 적자가 발생한 회계연도에는 전혀 배당이 지급되지 않는다. 그러나 배당은 때때로 기업의 미래 수익력에 대한 지표가 되기 때문에, 배당을 급격히 감소시키는 행위는 그 기업의 주가에 나쁜 영향을 미칠 수 있다.

2) 정규 배당정책(regular dividend policy)

이는 배당성향 대신 매기에 지급되는 현금배당의 크기를 일정하게 유지시키는 정책이다. 이러한 정책은 투자자들에게 기업이 정상적으로 활동하고 있다는 신호로 작용할 수 있다. 또한 주식투자의 불확실성을 줄여 줌으로써 주가에 유리하게 작용할 수도 있다. 일단 이 정책을 택하게 되면, 미래 이익의 증가가 거의 확실할 때에 한하여 배당액의 크기를 증가시킨다. 또한 이 정책 하에서는 웬만해서는 현금배당의 크기를 감소시키지 않는다. 정규 배당의 크기를 정하기 위해서는 먼저 배당성향의 목표치를 정할 필요가 있다.

3) 저정규-추가 배당정책(low-regular and extra dividend policy)

수익이 주기적으로 변동하는 기업들이 이러한 정책을 많이 이용한다. 이는 정규적인 현금배당은 낮게 유지하면서 수익에 여유가 있을 경우에 한하여 간헐적으로 추가 배당을 지급하는 정책이다. 이러한 정책을 택하게 되면, 한편으로는 낮은 수준이라 하더라도 배당을 꾸준히 정규적으로 지급함으로써 기업에 대한 투자자들의 신뢰를 얻을 수가 있으며, 다른 한편으로는 기업의 성과가 예상보다 좋을 때 이를 투자자들에게 적절한 시기에 나누어 줄 수 있는 이점이 있다. 이 정책 하에서도 정규 배당정책의 경우와 같이 지속적인 수익의 증가가 확실하게 예상될 때는 정규 배당액의 크기를 상향조정하여야 한다. 그러나 추가 배당이 지나치게 빈번해서는 그 의미를 오히려 손상하게 되므로 주의할 필요가 있다.

2. 배당 지급절차

이익의 배당은 주주총회[53]의 결의로 정한다. 그러나 재무제표를 이사회가 승인하는

---

53) 정기총회는 매년 1회 일정한 시기에 소집해야 하며, 연2회 이상의 결산기를 정한 회사는 매기에 총회를 소집해야 한다. 임시 총회는 필요 있는 경우에 수시 이를 소집할 수 있다.(상법 제365조 〈총회의 소집〉)

경우에는 이사회의 결의로 정한다.[54] 또한 이익배당의 기준은 각 주주가 가진 주식의 수에 따라 이루어지지만, 회사가 이익의 배당, 잔여재산의 분배, 주주총회에서의 의결권 행사, 상환 및 전환에 관하여 내용이 다른 종류의 주식(종류주식이라 칭함)을 발행한 경우에는 그러하지 않도록 허용하고 있다.[55] 참고로 우리나라의 경우 배당지급을 위한 절차적 기준일을 살펴보면 다음과 같다.

① **배당락일(ex-dividend date)** : 주식을 새로이 취득하여도 배당에 대한 청구권이 없게 되는 최초의 거래일을 가리킨다. 우리나라의 경우에 주주의 명의개서는 주식을 취득한 이틀 후에 이루어지므로, 배당을 받기 위해서는 결산일로부터 최소한 이틀 전에 주식을 매입하여야 한다. 따라서 결산일 직전일이 배당락일이 된다.[56]

이론적으로 볼 때 배당락일에 예상되는 주가 하락의 크기는 (배당소득세를 무시한다면) 배당의 크기와 같다. 그러나 우리나라의 경우 미국과는 달리 배당의 크기가 결정되기 훨씬 전에 배당락이 이루어지므로, 공정한 배당락 주가가 형성되지 못하는 단점을 갖고 있다.

② **배당기준일(record date)** : 지속적으로 거래가 이루어지는 주식시장에서 배당이 누구에게 지급될 것인지를 결정하는 것은 매우 중요하다. 이러한 판단의 기준이 되는 시점을 배당기준일이라고 한다. 즉, 배당을 받을 권리를 갖는 주주를 확정하는 날로서 회사는 이 날을 기준으로 하여 주주명부를 폐쇄하며, 이 날까지 명의개서가 완료된 주주들에게 배당을 지급하게 된다.

미국에서는 분기별로 배당을 지급하기 때문에 매번 분기별 배당기준일을 발표한다. 그러나 우리나라의 경우에는 12월말 결산법인의 경우에는 당해 사업년도의 마지막 날인 12월 31일이 배당기준일이 된다.

③ **배당발표일(declaration date)** : 배당에 관한 모든 사항들은 주주총회 또는 이사회에서 결의되어 즉시 발표된다.

④ **배당지급일(payment date)** : 배당기준일 현재 주주명부에 주주로 등재되어 있던 주주들에게 배당지급이 개시되는 날이다. 우리나라의 상법에서 지급시기는 주주총회나

54) 상법 제462조(이익의 배당), 제462조의3(중간배당)

55) 상법 제464조(이익배당의 기준), 제344조(종류주식)

56) 2011년의 경우를 보면, 한국거래소가 주식시장이 12월 29일에 폐장이 되고 2012년 1월 2일에 개장한다고 밝힘으로서 12월 결산 법인의 배당락일(주식을 매수해도 배당을 받을 수 없는 날짜)은 12월 28일이 되며, 따라서 배당을 원하는 투자자는 12월 27일까지 주식을 매수해야 한다.

이사회의 결의가 있은 후 1개월 이내에 하여야 하며, 다만 주주총회나 이사회에서 지급시기를 따로 정한 때에는 그러하지 아니하도록 허용하고 있다.[57] [그림 12-1]는 배당지급의 절차를 나타낸 것이다.

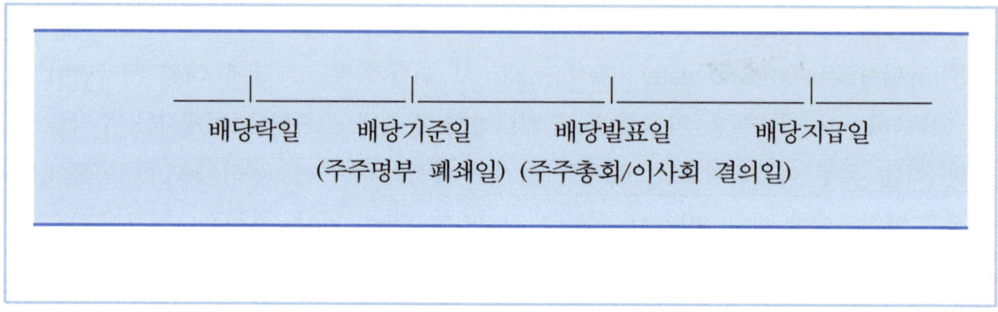

[그림 12-1] 배당지급 절차

SECTION 4 주식배당과 주식분할

1. 주식배당(stock dividends)

배당은 현금으로 지급되는 것이 보통이지만 회사는 주주총회의 결의에 의하여 이익의 배당을 새로이 발행하는 주식으로써 할 수 있으며, 주식에 의한 배당은 이익배당총액의 2분의 1에 상당하는 금액을 초과하지 못한다.[58] 그러나 회사는 정관으로 금전외의 재산으로 배당을 할 수 있음을 정할 수 있다.[59] 주권상장법인은 이같은 상법상의 규정에도 불구하고 이익배당총액에 상당하는 금액까지는 새로 발행하는 주식으로 이익배당을 할 수 있으며, 해당 주식의 시가가 액면액에 미치지 못하면 상법상의 규정을 따르도록 하고 있다.[60]

57) 상법 제462조 제2항(이익의 배당)
58) 상법 제462조의2 제1항(주식배당)
59) 상법 제462조의4 제1항(현물배당)
60) 자본시장과 금융투자업에 관한 법률(자본시장통합법) 제165조의13(주식배당의 특례) 제1항

주식배당은 주주에게 주식을 분배함으로써 형식적으로 배당욕구에 응하기는 하지만, 실질적으로는 기업이 보유하고 있는 이익잉여금을 영구적으로 자본화시키는 것에 지나지 않는다. 주식배당이 결의되면 주주들에게는 주식의 보유 지분율에 비례하여 새로운 주식이 배당되지만, 주주들의 기업에 대한 지분율은 종전과 다름이 없으며 기업의 자본 총액에도 전혀 변동이 없다. 단지 기업의 자본계정 중에서 이익잉여금이 자본금으로 재분류될 뿐이다.

그러므로 이론적으로 볼 때 주주들이 주식배당을 통하여 얻는 것은 아무 것도 없다. 주식배당이 이루어지면 주주들은 종전보다 더 많은 수의 주식을 소유하게 되지만, 주당 가격은 그에 비례하여 하락하므로 보유 지분의 시장가치에는 변동이 생기지 않는다. 마찬가지로, 기업의 수익이 변하지 않는 상황하에서는 주당이익(EPS)도 비례적으로 하락하며 기업의 수익 중에서 각 주주가 차지하는 몫에도 변동이 없게 된다.

기업의 측면에서 볼 때 새로이 주식을 발행해야만 하는 주식배당은 많은 비용을 발생시킨다. 또한 증가된 주식의 수로 인하여 배당에 대한 부담이 더 커질 수도 있다. 그러므로 현금을 기업 내에 유보시키는 데 따르는 이점이 이러한 비용을 능가할 때 기업은 비로소 주식배당을 선택해야 할 것이다. 특히 기업의 성장속도가 빠르고 투자기회가 많아서 현금에 대한 수요가 클 때, 주식배당은 이러한 자금의 조달을 쉽게 해주는 역할을 한다. 배당가능 현금을 자본화함으로써 기업은 장기적으로 안정적인 자금을 사용할 수 있게 된다. 이러한 이유들로 주식배당은 자본시장에서 유익한 신호로, 즉 당해 기업의 주가를 상승시키는 호재로 인식되는 경우가 많다.

한편 주식배당은 다음에 소개되는 주식분할이나 무상증자와도 유사한 효과를 갖는다. 즉 주식배당은 1주당 주가를 적정한 수준으로 낮추기 위해 이루어질 수도 있다. 어떤 기업의 1주당 주가가 지나치게 높아지면, 소액투자자들은 투자자금의 부족으로 이들 주식을 외면할 수도 있다. 기업은 주식배당을 통해 유통 주식수를 적절히 증가시킴으로써 1주당 주가를 어느 정도 낮출 수가 있다. 유통 주식수의 증가는 주식의 유동성을 높일 뿐만 아니라, 소유의 분산을 촉진시키는 효과도 가져 온다.

2. 주식분할(stock splits) 및 주식병합(reverse stock splits)

주식분할이란 기존의 주식 1주를 2주(2 for 1 split) 또는 3주(3 for 1 split) 등 더 많은 수의 주식으로 분할하는 것을 가리킨다. 엄밀한 의미에서 주식분할은 배당의 일종으로 볼 수가 없지만, 그 효과가 주식배당과 유사하므로 이에 대하여 설명하고자 한다.

주식분할은 외부의 자금 유입이 없이 단지 주식의 수를 늘리는 행위이기 때문에 자본구조는 종전 그대로이며, 따라서 기업가치 또는 특정 주주의 지분 총액에도 아무런 영향을 미치지 않을 것으로 예상된다. 다만 주가가 2분의 1 또는 3분의 1 수준으로 하락할 것으로 예상된다.

최근 들어 우리나라의 경우에도 주가가 급등함에 따라 주식분할이 빈번히 이루어지고 있다. 대부분의 기업은 그 기업의 주가를 적정한 거래범위(trading range)에 오게 하기 위해서 주식분할을 시도한다. 주가를 낮춤으로써 장차 있을 유상증자에 투자자들을 모으기 수월할 뿐만 아니라, 유통 주식수의 증가로 거래가 활성화될 수 있기 때문이다.

주식분할과는 정반대로 여러 단위의 주식을 한 단위의 주식으로 통합하는 경우가 있는데, 이를 주식병합(reverse stock splits)이라고 한다. 당해 기업의 주가가 너무 낮아서 기업의 내용이 투자자들에게 과소평가될 위험이 있는 경우에 이러한 우려를 제거하기 위해 주식병합을 시도한다. 주식병합을 하게 되면, 주주들의 지분에는 영향이 없고 다만 보유 주식 수가 감소하며, 주당이익은 병합의 비율만큼 증가한다. 주식병합이 주식시장에서 좋은 신호로 인식된다면, 주가는 병합의 비율보다 더 높이 상승할 수도 있을 것이다.

참고 무상증자

이사회 또는 주주총회의 결의를 통하여 자본잉여금의 전부, 이익준비금 등 기업 내에 적립된 법정준비금을 자본으로 전입할 수가 있다. 무상증자 역시 주식배당이나 주식분할의 경우와 같이 주주들에게 신규로 주식을 교부하는 형식을 취하며, 이 경우 증가된 자본금만큼 신주를 발행하여 구주주에게 소유주식수에 비례하여 무상으로 교부한다.

무상증자는 자금의 조달이 아니라 자본구성의 시정, 사내유보의 적정성, 주주에 대한 자본의 환원이 목적이다. 무상증자는 법정준비금을 자본에 전입하는 것에 불과하므로, 기업의 순자산액에는 아무런 변동이 없다. 무상증자를 받은 주주는 더 많은 수의 주식을 소유하게 되지만, 지분율에는 역시 아무런 변동이 없다. 한편 무상증자의 경제적인 효과, 즉 주당이익 및 주가에 미치는 효과는 주식분할이나 주식배당의 경우와 유사하다. 다른 조건이 일정하다면, 무상증자 후에 당해 기업의 주당이익과 주가는 증자비율에 비례하여 하락할 것이다. 그러나 무상증자가 주식시장에서 좋은 신호로 인식된다면, 주가는 그보다 더 높아질 수도 있을 것이다.

SECTION 5 자사주 매입

자사주매입[61]은 기업이 발행한 보통주를 다시 매입하여 소유하는 것을 말한다. 자사주매입은 배당할 수 있는 현금으로 그 기업의 주식을 매입함으로써 주주에게 현금을 지급하는 효과를 갖게 되므로 일종의 배당정책으로 볼 수 있다. 자사주 매입은 최근 들어 그 이용이 크게 증가하고 있다. 그룰론 등의 연구에 의하면 미국시장의 경우 1980년대 중반 이전까지만 해도 자사주매입의 비중은 매우 작았으나 이후 크게 증가하기 시작하여 현금배당보다 더 큰 비중을 차지하고 있다.

기업이 자사주매입을 하는 방법은 크게 세 가지로 볼 수 있다. 하나는 기업이 자사주매입을 실시한다는 것을 알리지 않고 자기회사의 주식을 시장에서 매입(open-market repurchase)하는 것이다. 두 번째는 공개매수(tender offer)를 통해 자사주를 매입하는 것이다. 마지막으로 기업은 특정 주주로부터 보유주식을 매입(targeted repurchase)하는 방법이 있다. 보통의 경우는 기업이 자사주매입을 시장에 공시하고 주식을 매입하는 공개매수 방법을 이용한다.

1. 자사주매입의 효과

예를 들어 정표기업이 유보이익 2,000만원을 배당하려고 한다. 현재 20만주가 발행되어 있으며, 현재의 주가는 1,000원이다. 정표기업은 유보이익 2,000만원으로 자기회사 주식을 1주당 1,000원으로 총발행주식의 10%인 2만주를 매입하거나, 또는 1주당 100원의 현금배당을 지불할 수가 있다. 주식을 매입할 경우 20만주에서 2만주를 매입하므로 18만주가 남게 된다.

10%의 지분(2만주)을 소유하고 있는 주주를 예로 들어 현금배당을 한 경우와 2만주의 자사주를 매입한 경우 주주의 부에 미치는 영향을 살펴보자. 자사주매입의 경우 이 주주는 보유주식의 10%인 2,000주를 주당 1,000원에 매각할 수 있다. 배당 전에 10%의 지분을 가진 주주의 부는 2,000만원(= 20,000주 × 1,000원)이었다.

주주의 부는 현금배당을 할 때나 자사주를 매입할 때나 동일하다. 현금배당을 하는

61) 상법 제341조(자기주식의 취득) 및 동 341조의2(특정목적에 의한 자기주식의 취득)

경우 기업의 총가치는 배당 전의 기업가치 2억에서 현금배당액 2,000만원이 지출되므로 1억8,000만원이다. 한편 자사주를 매입한 후의 기업가치는 역시 1억8,000만원이나, 이 때 주당가치는 발행주식수가 2만주가 감소하였으므로 1,000원(= 1억8천만원/18만주)이다. 즉, 자사주매입의 경우 현금배당을 하는 경우에 비해 발행주식수의 감소로 인해 더 높은 주가수준을 유지한다. 주식매각대금과 보유주식의 가치를 모두 고려하면 주주의 부는 현금배당을 받은 경우와 동일하다.

〈표 12-1〉 현금배당과 자사주 매입의 경우 주주의 부

	현금배당을 하는 경우	자사주매입을 하는 경우
주식매입금액	0	2,000주 × 1,000원 = 200만원
현금배당액	100원 × 2만주 = 200만원	0
보유주식수	2만주	18,000주
보유주식의 가치	2만주 × 900원 =1,800만원	18,000주 × 1,000원 = 1,800만원
주주의 부	2,000만원	2,000만원

2. 자사주매입의 장점

자사주매입의 장점을 열거해 보면 다음과 같다.

① 자사주매입의 공시는 투자자들에게 긍정적인 신호로 받아들여진다. 왜냐하면 자사주매입은 기업의 주식이 저평가되어 있다고 경영자가 믿기 때문이다.

② 기업이 현금배당을 결정했다면 주주들은 배당금을 받고 세금을 지불해야 한다. 그러나 기업이 자사주를 통해 현금을 분배하려고 한다면, 주주들은 그 주식을 팔거나 팔지 않거나 선택할 수 있다. 현금이 필요한 주주라면 주식을 팔아서 현금을 마련할 것이고, 추가적인 현금이 크게 필요하지 않은 주주라면 단순히 주식을 보유할 수 있다. 세금의 관점에서 보면 자사주는 두 형태의 주주들에게 모두 유리하다.

③ 자사주는 기업의 주가가 상승할 경우 차익실현을 목적으로 대기하고 있는 주식물량과 이러한 대기매물의 영향으로 주가가 낮게 거래되는 현상을 해소할 수 있다.

④ 배당은 단기적으로 변화를 주기 어렵다. 경영진은 미래에 지속적으로 배당증가분을 지급하기 어렵다고 판단되면 배당을 올리기 싫어하며, 반대로 배당을 줄이

면 기업에 대한 부정적인 신호로 받아들여지기 때문에 배당을 내리는 것도 싫어한다. 따라서 기업에서 발생한 잉여현금흐름이 일시적인 것이라고 생각되면 계속 유지할 수 없는 배당금 증가의 형태로 주주에게 현금을 지급하는 것보다는 자사주매입의 형태로 현금을 주주에게 지급하고 싶어한다.

⑤ 자사주매입은 자본구조를 변화시키기 위해 사용될 수 있다. 예를 들어 부채비율을 낮추기 위해 자기자본을 발행하거나 부채를 줄이는 방법보다 자사주매입 방법이 효과적이다.

3. 자사주매입의 단점

① 주주들은 배당금과 자본이득에 대해서 무차별할지 모른다. 주식가격은 자사주매입보다 현금배당에 대해 좋은 반응을 보일지 모른다. 현금배당은 신뢰할 만하지만 자사주매입은 그렇지 못하다. 더욱이 기업이 규칙적으로 자사주 계획을 발표한다면 누진세금이 위협이 될지 모른다.

② 주식을 매도한 주주는 자사주가 가지고 있는 경제적 의미에 대해서 모두 알고 있지 못하거나, 주주들은 기업의 현재와 미래의 행동에 대한 모든 정보를 가지고 있지 못할 수 있다.

③ 기업은 자사주 매입을 위해 가격을 지나치게 높이 지불하여 기존 주주에게 손해를 입힐지 모른다. 주식이 실제 거래되지 않는다면, 그리고 기업이 그 주식에 대해 상대적으로 많은 분량을 구하였다면 그 가격은 균형수준보다 높이 형성되고 자사주 계획이 실행된 후 떨어질지 모른다.

연습문제

1. 완전자본시장의 가정 하에서 MM의 배당무관련이론이란 무엇인가?

2. 기업의 배당이 기업가치에 미치는 영향과 관련하여 수중의 새 이론, 차별적 소득세 이론을 설명하라.

3. 배당과 관련하여 신호이론, 대리인비용, 그리고 고객효과에 대해 설명하라

4. 배당정책의 3가지 형태를 설명하라.

5. 배당의 지급절차와 관련하여 배당락일, 배당기준일, 배당발표일, 배당지급일을 구분하여 설명하라.

6. 주식배당이란 무엇인가?

7. 주식분할과 주식병합에 대해 설명하라.

8. 무상증자에 대해 설명하라.

9. 자사주매입이란 무엇이며, 자사주매입과 현금배당이 주주에게 미치는 영향에 차이가 없다는 이유를 설명하라.

10. 금년도 (주)송운의 순이익은 20억이고, 내년도에 예상되는 투자의 크기는 30억원이다. 회사는 투자금액 조달시 부채비율이 200%을 고수하려고 할 때, 순이익 20억 중에서 얼마를 배당으로 지급해야 하는가?

제5부

자본조달

제13장

기업의 자본조달은 일반적으로 금융시장을 통해서 이루어진다. 금융시장은 직접금융시장과 간접금융시장으로 나누어진다. 직접금융시장인 증권시장은 보험시장과 함께 바로 장기자본시장의 일부를 구성하고 있다. 따라서 증권시장은 국민경제상 주로 장기자본의 수급을 원활히 연결시켜 주는 금융시장의 일부라고 할 수 있다.

증권시장을 통하여 조달되는 자금은 일반적으로 장기 안정적이기 때문에 설비자금을 조달하는데 적당하다. 특히 자기자본인 주식에 대해서는 불황으로 기업의 수익이 악화된 경우 저율배당 또는 무배당이 가능하므로 기업의 경기대응능력을 향상시켜 기업의 경영을 안정시키고 체질을 강화하는데 기여한다.

SECTION 1 기업의 자금조달

기업이 필요로 하는 자금은 일반적으로 공장건설이나 기계설비 등의 장기적인 설비자금과 원료의 구입 및 임금지불 등에 충당되는 운영자금으로 나눌 수 있다. 이러한 자금을 조달하는 방법에는 [그림 13-1]에서 보는 바와 같이 감가상각이나 사내유보를 통하여 내부에서 조달하는 방법(내부자금)과 금융기관 등으로부터의 장·단기 차입금이나 증권시장에서의 주식과 사채 발행과 같이 외부로부터 조달하는 방법(외부자금)이 있다. 기업의 소요자금을 내부자금만으로는 충당할 수 없기 때문에 부족한 자금을 금융시장, 즉 외부로부터 조달하지 않을 수 없다. 외부자금을 조달하는 방식에는 직접금융과 간접금융의 두가지 경로가 있는데 자금조달의 목적, 비용 및 자금의 이용기간 등에 따라 어느 방법에 의할 것인지가 결정된다.

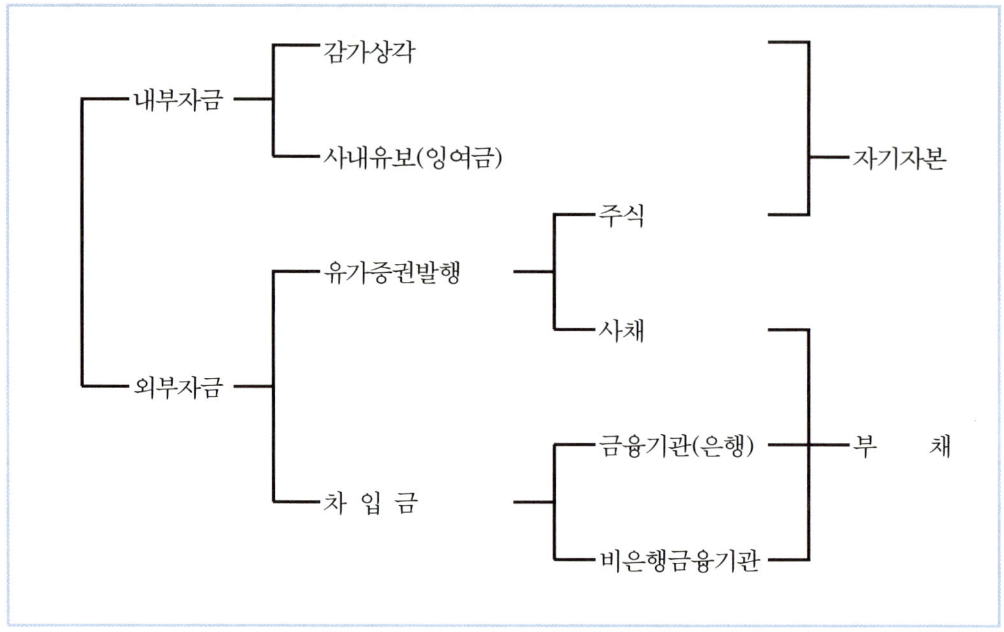

[그림 13-1] 기업의 자금조달 형태

SECTION 2 증권시장

증권시장(security market)은 발행된 증권이 최초의 투자자에게 이전되는 발행시장과 발행된 증권이 투자자들 사이에서 매매 거래되는 유통시장으로 나눠지며, 유가증권의 종류에 따라 주식시장과 채권시장으로 구분되기도 한다. 그러나 여기서는 발행시장과 유통시장으로 구분하여 고찰하기로 한다. 자본시장과 금융투자업에 관한 법률(자본시장법)상 증권의 종류[62]는 채무증권, 지분증권, 수익증권, 투자계약증권, 증권예탁증권과 파생결합증권으로 구분된다. 증권시장은 자금을 유통시키는 시장이라는 점에서

62) 자본시장통합법 제4조 2항에서 6항까지

금융시장(financial market)의 하나라고 할 수 있다. 금융시장에서는 주로 단기자금을 조달하는데 반하여 증권시장은 기업의 장기자본을 조달하는 역할을 하므로 협의로는 증권시장을 자본시장(capital market)이라고도 한다.

또한 증권시장은 광의의 개념으로는 증권이 발행주체로부터 투자자에게 이전되고 다시 다수의 투자자간에 매매거래가 이루어지는 포괄적이고 추상적인 시장인 반면, 협의의 증권시장은 일정한 시간과 장소에서 다수의 매매쌍방이 집합하여 증권의 매매거래를 하는 구체적이고 조직적인 시장을 뜻하며, 일반적으로 거래소시장[63]을 말한다.

1. 발행시장

1) 발행시장의 의의와 기능

발행시장(new issues market)은 증권을 신규로 발행하여 장기자금을 조달하는 시장으로서 이를 제1차 시장(primary market)이라고도 하며 증권의 발행자와 투자자 사이에서 수직적으로 이루어진다는 뜻에서 종적 시장이라고도 한다. 이 시장은 매매시설을 갖춘 구체적 시장이 아니고 증권이 발행되면서 최초의 투자자 손에 들어갈 때까지의 과정을 지칭하는 추상적 시장이다. 자금의 수요자는 기업, 정부 및 공공단체, 금융채를 발행하는 은행 등이며 자금의 공급자는 일반개인 외에 증권회사, 투자신탁, 은행, 보험회사, 각종 기금 등 기관투자가이다. 발행시장의 구성원은 증권의 발행자, 투자자 및 발행기관이다. 발행기관은 우리나라와 일본은 주로 증권회사, 미국은 투자은행, 영국은 머천트 뱅크 등이다. 발행시장은 증권의 종류에 따라 주식발행시장과 채권발행시장으로 세분된다.

다음으로 발행시장의 기능을 보면 발행시장은 우선 기업의 장기자금조달을 도와서 기업자본의 대규모화를 실현시키는 동시에 증권의 취득과정을 통하여 기업지배 또는 기업상호간의 연결을 촉진시키는 등 경제의 양적·질적 고도화에 기여한다. 또한 통화정책당국에 의한 공채발행과 공개시장조작을 가능하게 하여 금융조절·경기조정의 역할을 수행하는 동시에 투자자들에게 유리한 투자대상을 제공함으로써 소득분배를 촉진시키는 기능이 있다.

63) 우리나라의 거래소시장은 한국거래소가 개장하는 유가증권시장, 코스닥 시장 및 파생상품시장으로 구분된다.

2) 발행시장의 형태

유가증권의 발행형태는 일반적으로 발행될 유가증권의 수요자를 구하는 방법에 따라 공모[64](public placement)과 사모(private placement)로 나누어지고, 발행에 따른 위험부담과 사무절차를 담당하는 방법에 따라 직접발행과 간접발행으로 구분된다. 공모발행의 경우에는 간접발행의 형태가 보통이고 사모의 경우에는 직접발행의 형태를 취하는 것이 보통이다.

(1) 공모발행과 사모발행

공모발행은 공모주체가 널리 일반대중을 상대로 하여 유가증권을 발행하는 형태를 말한다. 주식의 공모발행은 회사를 신설하거나 증자할 때 발행주식을 회사와는 관련이 없는 일반투자자로부터 동일한 가격과 조건으로 모집하는 것을 말하는데 비해, 채권의 공모발행은 발행가격과 이자율, 상환기간 등 일정한 조건을 제시하고 널리 투자자를 모집하여 자금을 납입하게 하고 채권을 교부하는 것을 말한다.

반면 사모발행이란 발행인(발행주체)가 새로 발행되는 증권의 청약을 권유하는 것으로서 모집에 해당되지 않는 것을 말한다. 따라서 일반대중을 발행대상으로 하지 않는 형태이다. 주식의 경우 발기인 또는 기존의 구주주만을 대상으로 하여 발행하거나 발행주식을 연고자에게 인수시키는 방법을 말하는데, 그 대상이 일반대중이 아니라는 점에서 비공모발행이라고도 한다. 채권의 경우에는 중앙은행으로 하여금 공채를 인수하도록 하고 있는데 대체로 자금이 부족하여 금융시장이 핍박해지는 경우 공모발행이 어렵기 때문에 국가가 중앙은행을 통해 공채를 인수시키는 방법을 말한다.

(2) 직접발행과 간접발행

직접발행이라 함은 발행인(발행주체)이 자기의 책임과 계산에 의해서 발행위험을 부담하고 발생사무를 모두 담당하여 모집하는 것을 말하며, 직접모집 또는 자기모집이라고도 한다. 이 경우 주식 및 채권의 응모가 목표에 미달할 때에는 발행주체가 매도잔량을 인수해야 하며, 인수능력이 없을 때에는 회사의 설립이나 채권발행 자체가 성립되지 아니한다. 그러므로 발행규모가 적어 상대적으로 발행위험이 적고 발행사무가 비교적 간단한 경우에만 이용이 가능한 방법이다.

---

64) 자본시장통합법에서는 공모를 모집과 매출로 정의하고 있다. 모집은 신규로 발행되는 유가증권의 취득을 권유하는 행위를, 매출은 이미 발행된 증권을 대중에게 판매하는 행위를 말한다.

이에 비해 간접발행은 발행주체가 중개인을 거쳐 간접발행하는 방법으로서 전문적인 지식과 조직을 가지고 있는 금융투자회사(금융투자업자 구체적으로는 투자매매업자)나 금융기관 등의 전문기관(발행기관 또는 인수기관이라 함)에 발행업무를 의뢰하여 발행하므로 모집발행이라고도 한다. 이 경우 발행주체는 발행 및 모집사무는 물론 발행위험을 원칙적으로 전문기관에 부담시키고 이에 따른 수수료를 부담한다.

(3) 간접발행과 발행위험의 부담

간접발행은 발행위험의 부담 정도에 따라 다음과 같이 구분된다.

① **모집주선** : 모집주선(best-effort basis)은 발행회사 또는 발기인이 스스로 발행위험을 부담하지만 발행사무는 발행기관(간사기관)에 위탁하는 방법을 말한다. 일반적으로 이 방법은 발행위험이 비교적 높기 때문에 제3자인 발행기관에 부담시키는 것이 쉽지 않아 발행사무만을 위탁하는 경우에 이용된다. 이 경우 발행기관은 발행사무만을 담당하고 소화되지 않는 증권을 발행자에게 되돌려 주게 된다.

② **잔액인수** : 잔액인수(stand-by agreement)는 발행기관이 발행에 따른 위험을 부담하고 매입한 증권을 일반투자자에게 매출을 하며, 만약 모집부족이 발생하는 경우 발행인은 그 잔량-매출이 안된 증권-을 인수하게 된다.

③ **총액인수** : 총액인수(firm agreement)는 발행기관이 공모증권의 전액을 자기의 명의로 매입(인수)하고 이에 따르는 발행위험 및 발행사무를 모두 담당하는 방법이다. 총액인수에 있어서 발행기관은 인수를 위하여 많은 자금을 필요로 할 뿐만 아니라 매출하기까지의 기간 동안 인수증권과 미소화분(매도잔량)을 보유해야 되므로 발행위험이 크다.

3) 발행시장의 조직

발행시장의 간단한 형태는 자금을 조달하는 발행주체(발행인)와 그리고 자금을 공급하는 투자자로 구성된다. 이는 직접발행의 경우로 발행주체는 증권발행에 관한 모든 지식을 갖추어야 하며, 매출하려는 유가증권을 충분히 소화할 수 있는 능력이 있어야 한다. 그러나 대부분의 기업이 이러한 능력을 갖추기는 어려운 일이므로 발행주체와 투자자 사이에서 증권발행의 사무절차와 발행위험을 담당하는 전문기관, 즉 발행기관이 존재하게 된다.

(1) 발행주체

발행주체란 발행시장에서 유가증권을 발행하는 자로서 증권의 공급자인 동시에 자금수요의 주체가 되며, 주식 및 회사채를 발행하는 주식회사, 국공채를 발행하는 국가 및 지방공공단체, 그리고 특수채를 발행하는 특수법인 등이 있다.

(2) 발행기관

발행기관은 증권의 발행자와 투자자 사이에 개입하여 증권발행에 따른 사무처리와 발행에 따르는 위험을 발행자를 대신하여 부담하는 기관이다. 발행기관은 발행자에게 조언을 하거나 사무적인 발행절차를 대행하지만 무엇보다도 증권을 모집하거나 매출할 때 인수기능을 수행하는 일이 가장 중요한 기능이다. 인수란 유가증권을 발행자로부터 매입하는 것을 말한다.

발행기관은 유가증권의 발행에 따르는 책임과 위험을 지게 되기 때문에 그 역할이 매우 중요하다. 이러한 책임과 위험을 분산하고 발행증권의 매출을 원활히 하기 위하여 여러 발행기관이 공동으로 유가증권의 발행에 참여하는 것이 보통이며 이와 같이 공동으로 참여한 발행기관의 집단을 인수단(syndicate)이라고 한다. 인수단은 주무를 담당하는 대표주관회사와 주관회사로 구분된다. 현재 주관회사의 자격은 금융투자회사(구체적으로 투자매매업자)와 한국산업은행(사채권에 한함)가 갖고 있다.

(3) 투자자

투자자는 발행기관에서 모집 또는 매출에 응하여 최종적으로 유가증권을 취득하고 이것을 다시 유통시장에서 매각하는 자를 말한다. 발행주체에 대해서는 자금의 공급자가 되며 유통시장과의 관계에서는 최초의 투자자에 해당된다. 투자자는 투자형태에 따라 개인자격으로 증권투자를 하는 개인투자자와 법인의 형태를 취하고 있는 기관투자가로 나눌 수 있다.[65] 기관투자가로는 은행, 금융투자회사, 보험회사, 연금기관, 각종 재단, 기타 금융기관 등이 있으며 증권투자에 대한 고도의 전문적인 지식과 조직 그리고 자본력을 갖고 있어 증권시장에서 중요한 위치와 역할을 담당하고 있다.

---

65) 자본시장통합법 제9조(그 밖의 용어의 정리) 제5, 6항에서는 전문투자자와 일반투자자로 구분하고 있다.

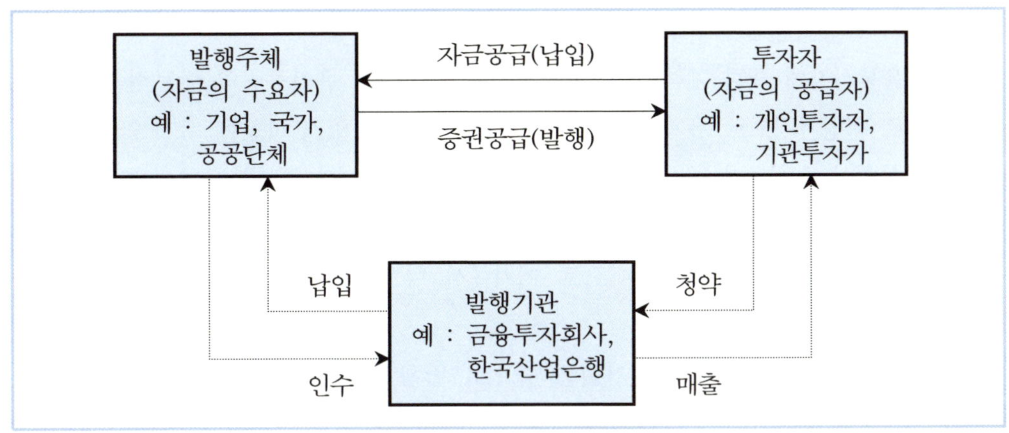

[그림 13-2] 발행시장의 조직

2. 유통시장

유통시장(circulating market)은 이미 발행된 증권이 투자자간에 매매 거래되는 시장으로서 한국거래소가 개설하는 시장이 중심이 되는 구체적 시장이다. 또한 이미 발행된 증권이 유통된다는 뜻에서 제2차 시장(secondary market)이라고도 하며 투자자들 사이에서 수평적으로 이전되므로 횡적 시장이라고도 한다.

유통시장에 있어서 주식의 유통은 투자자 상호간의 매매거래에 의해서 이루어지지만 실제로는 증권회사가 투자자들로부터 매매주문을 받아 한국거래소를 통하여 매매계약을 체결한다. 따라서 한국거래소는 유통시장의 중추적 역할을 담당하고 있으며, 대량의 증권수급을 집중시켜 경쟁원리에 따라 가격을 형성함으로써 원활한 유통을 도모하여 증권의 시장성을 제고시킨다. 이러한 유통시장을 전제로 할 때에만 발행시장은 존재할 수 있고 그 기능을 다할 수 있다.

1) 유통시장의 의의

증권의 유통시장은 이미 발행된 유가증권이 투자자들 상호간에 매매거래되는 시장을 말한다. 즉 유통시장은 투자자가 소유하고 있는 주식이나 채권을 매각하여 투자자금을 회수하거나 이미 발행된 유가증권을 취득하여 금융자산을 운용하는 시장이다. 이러한 유통시장은 다음과 같은 몇 가지 기능을 가지고 있다.

첫째, 발행된 주식이나 채권의 시장성과 유통성을 높여 일반투자자의 투자를 촉진시킴으로써 발행시장에서의 장기자본조달을 원활하게 해 준다.

둘째, 유통시장에 의한 유가증권의 시장성과 유통성은 유가증권의 담보력을 높여준다. 수시로 적정가격으로 유가증권을 처분, 현금화할 수 있기 때문에 유가증권의 담보에 의한 차입이 용이하다.

셋째, 유통시장에서는 주식이나 채권의 공정한 가격을 형성한다. 유통시장은 다수의 투자자가 참여하는 자유경쟁시장이므로 여기에서 형성되는 가격은 공정한 적정가격이라 할 수 있다.

넷째, 유통시장에서 형성되는 가격은 앞으로 발행할 새로운 증권의 가격을 결정하는 역할을 한다.

유통시장이 이와 같은 기능을 수행하기 위해서는 거래대상이 되는 증권의 발행물량이 많아야 하고, 발행된 증권이 다수의 투자자에게 분산 소유되어야 하고, 증권의 매매·유통에 아무런 제약이 없어야 하는 등의 요건을 구비해야 한다.

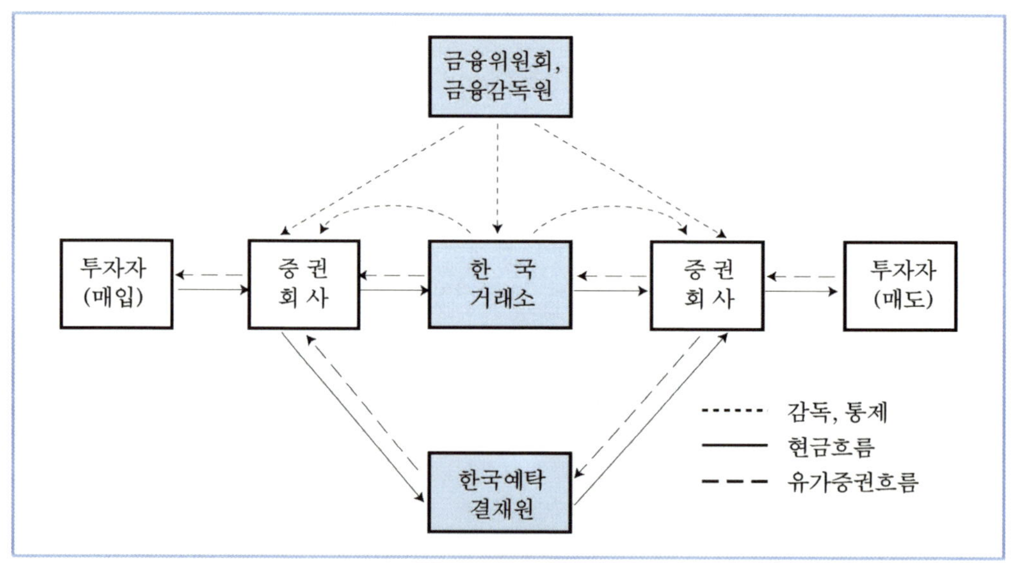

[그림 13-3] 유통시장의 구조

2) 유통시장의 구조

유통시장의 기본적 구조는 거래소시장과 장외시장[66]의 두 시장조직으로 형성되어

---

66) 장외시장은 거래방법에 따라 '직접거래시장'과 '점두시장'으로 구분되며, 직접거래시장은 투자자 상

있으며[67] 거래대상에 따라 주식유통시장과 채권유통시장으로 나누어진다. 증권의 유통은 투자자 상호간의 매매거래에 의해 이루어지지만 현실적으로는 증권회사의 중개에 의해 성립된다. 즉, 증권회사는 투자자로부터 매매주문을 받아 거래소를 통하여 매매를 체결한다.

3) 유가증권의 상장

유가증권이 한국거래소에서 매매될 수 있도록 등록하는 것을 상장(listing)이라 하고 매매대상물로 인정된 증권을 상장증권(listed securities)이라 하며, 상장증권을 발행한 회사를 상장법인 또는 주권상장법인[68]이라 한다. 한국거래소에서 매매거래의 대상으로 선정되는 상장증권은 일정한 기준에 따라 상장심사[69]를 거쳐야 하는데, 이는 유가증권이 원활한 유통성을 유지하고 공정한 가격을 형성하도록 함으로써 투자자를 보호하기 위해서이다.

유가증권을 상장한다는 의미는 어디까지나 상장증권에 대하여 자유공개시장을 제공하는 것이지 상장증권의 가치 그 자체를 보증하는 것은 아니므로 한국거래소는 상장증권의 중요성을 감안하여 상장에 관하여 여러 가지로 규제하고 있으며 상장증권에 관한 관리를 철저히 이행하고 있다.

호간의 개별적 접촉과 협상에 의해, 점두시장은 중개기관인 증권회사의 창구에서 주식거래가 이루어진다. 장외시장은 매수자와 매도자가 직접 접촉하여 가격협상을 해서 거래가 이루어지기 때문에 투자자들이 불공정거래나 사기행위에 노출될 위험이 높아 제도화된 '프리보드'시장을 도입, 운영하였으나 많은 문제점이 드러나자 비상장기업의 주식을 투명하게 거래할 수 있도록 금융위원회와 금융투자협회는 2014년 1월 프리보드시장을 K-OTC 시장으로 개편하였다.

67) 그러나 최근 정보통신기술의 발달로 사이버 거래소 시장(cyber exchange)이 활기를 띄면서 이같은 전통적 시장구분은 큰 의미가 없어지고 있는 실정이다.

68) 자본시장통합법 제9조(그 밖의 용어의 정의) 제15항

69) 수익성과 규모는 물론 재무건전성과 유통가능성 등 여러 가지 면에서 거래소가 요구하는 일정한 수준의 요건이 충족되어야 한다.

SECTION 3 벤처캐피탈

1. 개 념

우리나라에서 벤처캐피탈(venture capital)이라는 용어는 아직도 다소 생소한 개념이지만, 미국에서는 지난 30여년간 벤처캐피탈 금융(venture capital financing)이 성행해 왔는데, 그 투자형태는 주로 창업 단계에 치중하고 있으며 빠른 성장 추세를 보이는 첨단 하이테크산업분야 회사에 지분참여 방식으로 투자하고 있다. 아시아 지역은 일본에서 1963년에서야 비로서 최초의 벤처캐피탈 영업이 시작될 정도로 늦은 편이다. 그러나 현재 벤처캐피탈 금융의 개념은 미국에서보다 오히려 아시아에서 더 광범위하게 사용되고 있다.

일반적으로, 벤처캐피탈의 의미는 빠른 성장세의 비상장 회사들에 대한 지분 투자(equity investment)로 이해되고 있다. 그리고 투자 범위는 모든 성장 단계(development stages)에 있는 회사들과 다양한 산업분야에 속한 회사들을 포함하고 있다. 벤처캐피탈 투자(venture capital investment)의 개념을 보다 구체적으로 정의하면, 아직 상장되지 않은 중소기업에 대한 투자를 의미하며, 투자자들이 경영과정에도 상당 부분 관여하는 형태의 투자를 의미한다. 일반적으로 벤처캐피탈 투자자들은 3년에서 5년 정도의 기간에 걸치는 중·장기 투자를 하며, 전체 투자 포트폴리오(portfolio)에 대해서 연간 25~40%에 이르는 높은 수익률을 기대한다.

벤처투자자들은 지분을 경영자들에게 되팔거나 제 3자와의 거래를 통해서 지분을 매각하는 방법으로 투자자본을 유동화한다. 그리고 신주 공모발행에 참여하는 방식으로 투자하는 경우에는 한국거래소를 통하여 투자자본을 유동화한다. 벤처캐피탈은 기업의 성장을 촉진하고 사업에 따르는 위험을 관리하는 기능을 수행한다고 할 수 있으며, 고수익을 기대하는 투자자들과 자금을 필요로 하는 기업인들을 연결시켜 주는 중개자 역할을 담당한다. 또한 벤처캐피탈은 기존 은행들이 비유동자산 등을 담보로 대출을 하는 것과는 달리 기업인의 유망한 아이디어 등을 담보로 투자를 한다. 벤처캐피탈은 투자 대가로 기업지분의 일정 부분을 인수한다. 일부 벤처캐피탈은 5~10% 정도의 적은 규모의 지분을 투자의 대가로 취득하는 반면, 다른 벤처캐피탈은 아예 해당 벤처기업의 경영권을 획득하기도 한다. 후자의 경우에는 일반적으로 51% 이상의

지분을 취득하게 된다. 일부 펀드는 10~50% 정도의 지분 참여를 선호하기도 한다.

2. 주요 기능

벤처캐피탈을 이용하려는 회사들은 대체로 한국거래소의 상장 요건을 갖추기에는 아직 규모가 적거나 또는 사업초기단계인 경우가 많다. 많은 회사들이 벤처캐피탈 투자를 한국거래소 상장을 위한 준비 단계로 여기고 있다. 실제로 벤처캐피탈 투자자들은 상장을 위한 복잡한 절차와 규정들과 관련해서 투자대상기업을 지원하기도 한다. 벤처캐피탈은 단순히 자본만 제공하는 것이 아니라 다른 여러 가지 서비스를 제공한다. 벤처캐피탈은 비슷한 상황에 처해 있는 여러 기업들에 투자해본 경험을 토대로 기업의 성장방안 수립에 직접 참여하여 새로운 부가가치를 창출하기도 한다. 일부 벤처캐피탈들은 이와 같은 부가가치 서비스 제공에 중점을 두고 투자를 하기도 하지만 순수한 자본투자에 초점을 맞추고 있는 경우도 있다. 벤처캐피탈들 중 일부는 특정 국가에 집중적으로 투자하거나 아시아 지역 등 어느 한 지역에 전문적으로 서비스를 제공하기도 한다. 기업인이 새로운 공장이나 합작 법인을 외국의 특정 지역에 설립할 때 자본과 기타 경영상의 지원이 필요하게 되는데, 이 경우 대상 지역을 전문으로 관리하는 벤처캐피탈을 활용하면 큰 도움을 받을 수 있다.

3. 투자 단계

대부분의 벤처캐피탈들은 투자대상 기업의 성장단계(development stage)를 고려하여 투자 결정을 한다. 즉, 일정한 성장 단계에 위치한 기업에 대해서 전문적으로 투자한다. 따라서 기업인들은 자신의 회사가 위치한 성장단계를 파악하게 되면, 벤처캐피탈로부터 보다 효과적으로 자본을 유치할 수 있다.

1) 초기 단계(seed)

초기 비즈니스 개념이 정립되는 단계로서 이 시기에 제품의 실제 모델이 조사, 기획 그리고 개발된다. 이 단계에서는 기업인들의 개인 자금이 사업에 투자되는 경우가 많다.

2) 시작 단계(start-up)

영업활동이 시작되고, 제품 및 서비스가 개발되어 생산되는 단계로서, 생산 시설 및 설비에 대한 투자가 요구되는 시점이다. 투자 자본의 규모가 크고 과거 실적도 전무하기 때문에 투자 위험이 가장 큰 단계이다. 대부분의 기업들이 바로 이 시작 단계에서 실패를 경험한다. 산업에 따라서 이 단계는 6개월 정도일 수 있고, 경우에 따라서는 4년 내지 5년의 장기간이 소요될 수도 있다.

3) 성장 단계(expansion)

기업들의 영업 실적이 나오기 시작하며, 생산 및 마케팅 능력을 확충하기 위해서 추가 자본 유치를 고려하게 되는 시기이다. 그러나 아직 한국거래소에 상장하기에는 이른 단계이다. 은행 대출을 이용할 수 있으나, 그럴 경우 개인 신용 보증이나 담보가 요구된다. 확장 단계에서 몇 차례에 걸쳐서 벤처캐피탈로부터의 자본 유치가 이루어진다.

4) 메자닌 단계(mezzanine)

기업이 상장하기 전에 벤처캐피탈로부터 자본을 유치하는 마지막 시기이다. 이 단계에서의 벤처 자본 유치는 자금 자체의 필요성보다는 향후 성장에 대비한 전략적인 주주의 영입을 목적으로 이루어진다. 이전 단계에서는 그다지 중요시되지 않았던 전시효과(window dressing)가 표면화되는 시기이기도 하다. 이 시기에 조달된 자본은 한국거래소 상장 전에 재무제표를 개선하는 역할을 하기도 한다.

4. 투자진행과정

투자자들로부터 벤처자본을 조성하기 위해서는 사업계획서(business plan)작성이 필수적이다. 일단 사업계획서가 작성되었다는 전제하에서 벤처캐피탈 투자절차를 다음과 같은 단계로 나누어 볼 수 있다.

- 초기 평가 및 협상
- 실사(due diligence)
- 최종 협상 및 투자 완료

• 모니터링(monitoring) 및 투자자본 회수

① **초기 평가 및 협상** : 사업계획서가 제출되면, 벤처 자본가들은 다음과 같은 항목들에 대해서 사업제안 내용을 평가한다.

- 제품이나 서비스의 경쟁력
- 목표시장(target market)의 전망
- 경영진의 능력과 과거 실적
- 운용 가능한 기타 자금
- 예상 재무수익

② **실사** : 사업제안서의 타당성을 평가하기 위한 실사(due diligence)가 진행되는 단계이다. 구체적인 실사내용은 기업에 따라서, 그리고 투자에 따라서 각기 다른 양태를 띠고 있다. 일반적으로 이 기간 동안에 벤처자본가들은 경영진, 제품과 기술, 시장의 경쟁환경, 시장전략을 포괄하는 사업계획, 재무계획 그리고 생산전략 등에 대한 평가작업을 수행한다.

특히 재무제표는 이 기간 동안 세밀하게 검토된다. 또한 친구, 동료, 공급업자, 고객, 전문가, 은행가, 회계사, 변호사 그리고 기타 투자자 등 기업가와 관련된 사람들을 통한 간접 조사 방법도 널리 사용된다.

③ **최종 협상 및 투자 완료** : 실사를 통해서 얻어진 자료를 바탕으로 벤처자본가들은 투자대상기업의 가치를 평가한다. 가치평가 작업의 하나로 동 업종의 상장 회사들의 P/E승수(price to earnings multiple)를 수집한 다음 이 데이터를 산술평균 등의 방법으로 가공하여 투자대상 기업에 적용하는 방법이 있다. 기타 방법으로는 자산평가(asset valuation)법과 요구수익률 계산(RRC, required return calculation) 기법 등이 사용된다. RRC의 경우에는 재무계획과 총 목표수익을 기반으로 가치평가액을 도출하기 위한 방법으로 내부수익률(IRR)이 사용된다.

지분의 형태, 채무의 형태 혹은 이들의 복합 형태 중 어떠한 투자방식을 채택할 것인가에 관해서도 벤처자본가들과 기업간에 협상이 진행된다. 이 과정에서 어떠한 금융기법(보통주, 우선주, 전환사채, 보증, 옵션)을 선택할 것인가에 관해서도 합의가 이루어진다. 특별히 투자 금액이 큰 경우에 벤처 자본가들은 다른 투자자들을 끌어들이는 것을 고려하게 되는데, 이 를 신디케이션(syndication)이라고 한다.

④ **모니터링(monitoring) 및 투자자본 회수(exit)** : 벤처기업에 투자하는 벤처자본들의 사후투자관리 방식은 다양하다. 모니터링 단계에 이르면 그 이전 투자단계에 비해서 벤처자본의 경영에의 관여 정도가 커진다. 대부분의 경우 벤처 투자자들은 투자대상기업 이사회에 참여하여 중요의사결정 과정에 영향력을 행사하고 있다. 벤처자본가들은 자신들의 지분을 원소유자인 기업가 또는 제3자에게 매각하거나 한국거래소에서 공모를 통하여 매각하는 방법으로 투자자본을 회수한다.

SECTION 4 주 식

1. 주식의 종류

주주의 권리는 주주평등의 원칙에 의해 소유주식수에 비례해서 정해지며 각각의 주식 내용을 이루는 권리는 모두 평등한 것이 원칙이다. 그러나 회사는 정관의 규정에 따라 각기 권리의 내용을 달리하는 수종의 주식을 발행할 수도 있다. 이 경우 권리의 내용이 각기 상이한 주식의 내용과 수량은 정관에 기재할 뿐만 아니라 주식청약서, 등기부, 주주명부 및 주권 등에도 기재하도록 상법에 규정되어 있다.

2011년 4월 14일 개정된 상법에서는 다양한 종류의 주식을 도입하도록 하였다.[70] 이는 이전에는 주주 평등의 원칙상 법에서 정한 주식만 발행하도록 허용했었으나, 현행 주식의 종류만으로는 급변하는 시장환경에 대응하여 효율적으로 자금을 조달하는데 어려움이 있기 때문이다. 또한 주식회사가 특정 사항에 관하여 의결권이 제한되는 다양한 주식을 발행할 수 있도록 하였다. 이와같이 무의결권주 발행한도를 확대하고, 시장상황에 따라 다양한 종류주식을 발행할 수 있도록 함으로서 자금조달을 원활하게 할 수 있을 것으로 기대된다. 종류주식이란 이익의 배당, 잔여재산의 분배, 주주총회에서의 의결권의 행사, 상환 및 전환에 관하여 내용이 다른 종류의 주식을 말한다.

70) 상법 제344조(종류주식), 제344조의2(이익배당, 잔여재산분배에 관한 종류주식), 제344조의3(의결권의 배제·제한에 관한 종류주식), 제345조(주식의 상환에 관한 종류주식), 제346조(주식의 전환에 관한 종류주식)

제13장

1) 이익배당, 잔여재산 분배에 관한 종류주식 : 보통주·우선주·후배주·혼합주

보통주는 이익이나 이자의 배당이나 잔여재산분배 등에 있어서 어떠한 우선권이나 제한이 없는 표준이 되는 주식을 말한다. 그러나 이익이나 이자의 배당이나 잔여재산 분배 등에 있어서 우선적 지위가 인정되는 주식을 우선주라 하고, 보통주보다 열등한 지위에 있는 주식을 후배주라고 한다. 또한 혼합주는 이익배당, 이자의 지급, 잔여재산의 분배 중 어느 부분은 보통주에 우선하고 다른 부분에 대해서는 열등한 지위에 있다.

배당우선주는 우선 배당률이 사전에 규정되어 있다는 점에서 사채와 유사하나, 우선배당은 회사의 배당가능 이익이 있는 경우에만 가능하다는 점에서 사채와 다르다. 이러한 우선주는 세분하여 참가적·비참가적 우선주와 누적적·비누적적 우선주로 구분된다. 참가적 우선주와 비참가적 우선주의 구분은 우선주가 일정률의 우선배당을 받은 다음 남은 이익에 대해서도 보통주와 같이 배당에 참가하느냐 않느냐에 따라 이루어진다. 누적적 우선주와 비누적적 우선주의 구분은 회계연도의 배당이 정해진 우선 배당률에 미치지 못할 때 그 부족액을 다음 회계연도의 이익에서 우선적으로 배당받을 수 있는가 없는가에 따라 이루어진다.

회사가 이익의 배당에 관하여 내용이 다른 종류주식을 발행하는 경우에는 정관에 그 종류주식의 주주에게 교부하는 배당재산의 종류, 배당재산의 가액의 결정방법, 이익을 배당하는 조건 등 이익배당에 관한 내용을 정하여야 한다. 또한 회사가 잔여재산의 분배에 관하여 내용이 다른 종류주식을 발행하는 경우에는 정관에 잔여재산의 종류, 잔여재산의 가액의 결정방법, 그 밖에 잔여재산분배에 관한 내용을 정하여야 한다.

2) 의결권의 배제, 제한에 관한 종류주식

의결권이라 함은 주주총회에 상정되는 여러 안건에 대한 주주의 결정권을 뜻하는데 주식에는 의결권이 부여되는 것이 일반적이다. 원칙적으로는 의결권은 1주당 하나가 부여되지만 의결권이 없는 주식은 이익배당에 있어 우선적 지위를 보장받는다. 회사가 의결권이 없는 종류주식이나 의결권이 제한되는 종류주식을 발행하는 경우에는 정관에 의결권을 행사할 수 없는 사항과 의결권행사 또는 부활의 조건을 정한 경우에는 그 조건 등을 정하여야 한다. 의결권이 없는 주식은 발행주식총수의 4분의 1을 초과하지 못한다. 만약 의결권이 없거나 제한되는 종류주식이 발행주식총수의 4분의 1을 초과하여 발행된 경우에는 회사는 지체 없이 그 제한을 초과하지 아니하도록 하기 위하여 필요한 조치를 하여야 한다.

3) 주식의 상환에 관한 종류주식

상환주식이란 발행당시부터 장래의 이익에 의하여 회사가 상환하거나 주주의 상환청구에 의하여 소멸시킬 것이 예정된 주식을 말한다. 즉, 기업은 일시적 자금조달을 용이하게 할 수 있으며, 투자자는 일정기간동안 우선적 배당을 받을 수 있다.

회사는 정관으로 정하는 바에 따라 회사의 이익으로써 소각할 수 있는 종류주식을 발행할 수 있다. 이 경우 회사는 정관에 상환가액, 상환기간, 상환의 방법과 상환할 주식의 수를 정하여야 한다. 이 경우 회사는 상환대상인 주식의 취득일부터 2주 전에 그 사실을 그 주식의 주주 및 주주명부에 적힌 권리자에게 따로 통지하여야 한다. 다만, 통지는 공고로 갈음할 수 있다.

또한 회사는 정관으로 정하는 바에 따라 주주가 회사에 대하여 상환을 청구할 수 있는 종류주식을 발행할 수 있다. 이 경우 회사는 정관에 주주가 회사에 대하여 상환을 청구할 수 있다는 뜻, 상환가액, 상환청구기간, 상환의 방법을 정하여야 한다.

4) 주식의 전환에 관한 종류주식

전환주식이란 여러 종류의 주식을 발행하는 경우 한 종류주식을 다른 종류주식으로 전환할 수 있는 권리가 부여된 주식을 말한다. 예를 들면 회사의 영업상태가 어려울 때 일단 비참가적 우선주나 의결권이 없는 주식을 발행하고 추후 영업상태가 좋아지면 보통주로 전환할 수 있는 주식이다.

회사가 종류주식을 발행하는 경우에는 정관으로 정하는 바에 따라 주주는 인수한 주식을 다른 종류주식으로 전환할 것을 청구할 수 있다. 이 경우 전환의 조건, 전환의 청구기간, 전환으로 인하여 발행할 주식의 수와 내용을 정하여야 한다.

또한 회사가 종류주식을 발행하는 경우에는 정관에 일정한 사유가 발생할 때 회사가 주주의 인수 주식을 다른 종류주식으로 전환할 수 있음을 정할 수 있다. 이 경우 회사는 전환의 사유, 전환의 조건, 전환의 기간, 전환으로 인하여 발행할 주식의 수와 내용을 정하여야 하며, 이사회는 전환할 주식, 2주 이상의 일정한 기간 내에 그 주권을 회사에 제출하여야 하며, 그 기간 내에 주권을 제출하지 아니할 때에는 그 주권이 무효로 된다는 사항을 그 주식의 주주 및 주주명부에 적힌 권리자에게 따로 통지하여

야 한다. 다만, 통지는 공고로 갈음할 수 있다.

■ 기 타

(1) 액면표시 여부 : 액면주식과 무액면주식[71)]

액면주식이란 주권에 그 주식의 액면가액이 기재되어 있는 주식을 말하고 무액면주식이란 액면가액이 기재되어 있지 않은 것을 말한다. 액면가액의 의미는 첫째 회사 자본금의 구성단위이고, 둘째 회사에 최초로 자본을 출자한 주주의 출자 자본액의 기초인 동시에 주주의 유한책임 한도를 표시한다는 것이다. 그러나 주식의 액면가액은 최초의 주주가 출자한 자본일 뿐이며, 그 후에는 시장가치가 기준이 되어 액면가는 무의미해지기 때문에 시장가치에 따라 발행가액을 결정하는 경우에는 최초의 출자가치와 괴리가 생기게 된다.

한편 개정된 상법은 액면주식은 액면 미달 발행 및 주식분할에 어려움이 있어 아이디어나 기술은 있으나 자본이 없는 사람이 회사를 설립할 경우 최저자본금제는 진입장벽으로 작용할 수 있음을 고려하여, 무액면주식을 도입하여 회사가 액면주식과 무액면주식 중 한 종류를 선택하여 발행할 수 있도록 하고 최저자본금제도를 폐지하였다. 무액면주식제도를 도입함으로서 주식발행의 효율성 및 자율성이 높아지고, 소규모기업의 원활한 창업이 확대될 것으로 기대된다.

이에 따라 회사는 회사설립 시에 발행하는 주식에 관하여 주식의 종류와 수, 액면주식의 경우에 액면 이상의 주식을 발행할 때에는 그 수와 금액, 무액면주식을 발행하는 경우에는 주식의 발행가액과 주식의 발행가액 중 자본금으로 계상하는 금액에 관한 사항은 정관으로 달리 정하지 아니하면 발기인 전원의 동의로 이를 정해야 한다. 또한 회사는 정관으로 정한 경우에는 무액면주식으로 발행할 수 있으나, 무액면주식을 발행하는 경우에는 액면주식을 발행할 수 없다. 아울러 액면주식의 금액은 균일하여야 하며, 액면주식 1주의 금액은 100원 이상으로 하여야 한다. 회사는 정관으로 정하는 바에 따라 발행된 액면주식을 무액면주식으로 전환하거나 무액면주식을 액면주식으로 전환할 수 있으며, 이 때에도 당연히 1주의 금액은 100원 이상으로 균일하게 하여야 한다.

---

71) 상법 제291조(설립 당시의 주식발행사항의 결정), 제329조(자본금의 구성), 제546조(출자 1좌의 금액의 제한)

(2) 기명 여부 : 기명주식과 무기명주식

주주의 성명이 주권과 주주명부에 표시되는가에 따라 기명주식와 무기명주식으로 구분할 수 있다. 회사가 기명주식을 발행하는 경우에는 주주로서의 권리행사자를 명확하게 알 수 있고 그 통지를 함에 있어서도 편리하다는 이점이 있는 반면 무기명주식은 신속하게 유통될 수 있다는 장점이 있다.

상법은 기명주식을 원칙으로 하고 무기명주식은 정관에 정해져 있는 경우에만 발행할 수 있도록 하고 있으며 상호간의 전환권을 인정하고 있다. 또한 무기명주식을 소유하는 주주가 그 권리를 행사하려면 주권을 회사에 공탁해야 한다.

2. 주식의 발행

주식시장에서 주식을 발행하는 형태(목적)에는 여러 가지가 있다. 이를 회사의 재무활동의 관점에서 주식회사의 설립에 따른 주식발행, 기존기업의 조직 변경에 의한 주식발행, 실질적 증가(유상증자)에 의한 주식발행, 주식회사의 특수한 재무정책에 의한 주식발행 등으로 분류할 수 있다.

1) 주식회사 설립시의 주식발행

신규로 주식회사를 설립하는 경우에 행해지는 주식발행을 말한다. 신규로 주식회사를 설립하는 경우 발기인이 정관을 작성하고 공증인의 공증을 거쳐 설립등기를 하여야 한다. 그리고 정관에는 상법에 규정된 여러 사항과 함께 주식발행에 관한 사항이 규정된다. 주식회사의 설립은 주주모집 방법에 따라 발기설립과 모집설립으로 나누어진다.

(1) 발기설립

발기설립은 주식회사의 발기인이 설립시 발행되는 주식의 총수를 인수하여 회사를 설립하는 방법으로서 소수의 발기인이 주식을 인수함과 동시에 회사의 설립이 이루어지는 비교적 간단한 방법이다. 발기설립은 발기인들의 출자만으로 창업에 필요한 자본을 조달할 수 있는 경우에 이용되며, 발기인 요건이 삭제되어 1인회사의 설립도 가능해졌다.

(2) 모집설립

회사설립시 발행되는 주식 중 일부를 발기인이 인수하고 나머지 부분에 대해서는

발기인 이외의 주주로부터 모집하는 방법으로서 인적 관계가 없는 다수의 주주를 모집하여야 한다. 따라서 주식청약서의 작성, 주식의 배정, 주금의 납입, 창립총회의 개최 등을 해야 하기 때문에 회사설립절차가 발기설립의 경우보다 복잡하다. 이때 발행주식의 전부를 발기인, 연고자 등 특정 관계자들에게만 인수시키는 경우를 비공모발행(연고모집), 불특정다수의 일반투자자인 일반대중을 대상으로 인수시키는 경우를 공모발행이라고 한다.

2) 기존기업의 조직변경에 의한 주식발행

개인기업 또는 다른 기업형태로 존재하고 있던 기업이 조직을 주식회사 형태로 변경하는 때에는 기업의 법률적 형태가 변경되는 동시에 신규로 주식이 발행된다. 이와 같이 기업조직을 주식회사 형태로 변경, 설립하는 경우로는 다음과 같은 유형이 있다.

첫째는 기존의 자본금을 그대로 두고 주식회사로 변경되는 경우이다. 이때 현재의 출자자는 각각의 출자액에 비례하여 주식을 교부받아 주주로서의 지위를 획득한다.

둘째는 기존의 자본금을 증자해서 변경하는 경우로 이때 현 수준의 자본금에 대해서는 각 출자액에 비례하여 주식을 교부하고 증자되는 부분에 대해서는 추가적으로 출자자 지분에 비례하여 할당하거나 회사의 연고자들에게 인수시킨다거나 혹은 일반공모를 하는 방법에 의한다.

셋째는 기존의 자본금을 감자하여 변경하는 경우이다. 이것은 기업규모의 축소를 의미하는데 감자되는 부분은 출자자의 출자액에 비례해서 부담시키고 그 나머지를 출자자 지분에 따라 주식으로 교부하게 된다. 이때 회사에 부채가 있을 경우에는 그것을 주식으로 대체함으로써 채권자를 주주로 참여시킬 수도 있다.

3) 실질적 증자에 의한 주식발행

증자에 의한 주식발행은 미발행 주식의 범위에서 그 일부 또는 전부를 이사회의 결의에 의해서 발행하는 것이다. 이러한 증자에는 회사의 재무정책 관점에서 주금을 납입하는 실질적 증자인 유상증자와 주금을 납입하지 않고 잉여금을 자본전입함으로써 신주를 발행하는 형식적 증자인 무상증자의 형태로 분류할 수 있다. 그러나 신주발행의 효력은 주금납입일에 모두 발생하게 된다.[72]

---

72) 상법 제423조(주주가 되는 시기, 납입해태의 효과)

4) 특수한 재무정책에 의한 주식발행

주식회사의 설립 또는 협의의 증자(유상증자)의 경우 주식발행에는 반드시 주금납입이 행하여지며 그 결과 회사의 자산이 실질적으로 증가한다. 그러나 회사의 특수한 재무정책에 의하여 주금납입이 현실적으로 수반되지 않는 무상증자도 존재한다. 이같은 무상증자는 자본전입에 의해 신주를 발행하는 경우이다. 여기서 자본전입이란 재무상태표상의 대변 항목간의 이동을 말하며 잉여금의 감소와 자본금의 증가로 나타난다.

3. 기업공개

1) 기업공개의 의의

기업공개(initial public offering)란 주식회사가 발행한 주식을 일반투자자에게 균일한 조건으로 공모하거나 이미 발행되어 개인이나 대주주가 소유하고 있는 주식의 일부를 매출하여 다수의 주주에게 주식이 분산되는 것을 뜻한다.[73] 즉, 소수 대주주가 소유한 주식을 다수의 일반대중에 분산시켜 당해 기업의 주식이 증권시장을 통하여 자유롭게 거래되도록 함으로써 자금조달의 원활을 기하고 자본과 경영을 분리하여 경영합리화를 도모하는 것이다.

기업을 공개하는 방법에는 기존 주주들의 신주인수권을 포기하게 하고 신주를 공모하는 방법(신주공모)과 기존 주주가 소유하고 있는 주식을 일반에게 매출하는 방법(구주매출) 및 신주공모와 구주매출을 병행하는 방법이 있다. 주식의 대중 분산은 주식의 유동성을 기초로 하기 때문에 기업공개가 이루어지고 나면 공모된 주식이 증권시장에 상장됨으로써 기업공개의 절차도 완료된다.

2) 기업공개의 필요성

(1) 기업자금 조달능력의 증대

자본주의경제의 성장과 발전으로 기업은 점차 대형화되고 기업의 자금수요 역시 증가하게 되어 과거와 같이 기업주 개인의 재산이나 은행차입 등의 간접금융만으로는

---

73) 금융투자협회의 증권인수업무에 관한 규정(제2조 3항)에서는 주권비상장법인이 증권시장에 주권을 신규로 상장하기 위하여 행하는 공모 및 주권상장법인이 유가증권시장, 코스닥시장, 코넥스시장 중 해당 법인이 상장되지 않은 다른 시장에 신규로 상장하기 위하여 행하는 공모로 규정하고 있다.

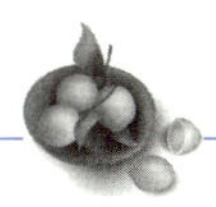

그 수요를 충족시킬 수 없게 된다. 이에 따라 직접금융시장을 통한 자금조달의 필요성이 증가되는데 기업공개는 기업의 직접금융을 통한 자금조달의 첫걸음이라고 할 수 있다.

(2) 기업경영의 합리화 및 공신력 제고

기업공개를 통하여 소유와 경영이 분리될 수 있으므로 경영합리화를 도모할 수 있는 동시에 보도매체를 통한 홍보기회가 확대되어 기업의 공신력이 제고된다.

(3) 투자자에 대한 재산운용수단의 제공

기업공개로 주식이 한국거래소에 상장되어 자유로운 거래의 객체가 되기 때문에 투자자에게 환금성과 수익성이 높은 재산운용수단을 제공하는 셈이 된다.

(4) 기업의 사회적 책임 증대

현대사회에 있어 기업은 단순히 소수인의 전유물에 그치는 것이 아니라 사회적으로도 큰 책임을 지는 존재이다. 주식분산에 의한 대중의 경영참여와 정보공시는 기업의 사회적 책임(corporate social responsibility, CSR)에 대한 제1보로서의 의미를 지닌다.

4. 유상증자

1) 유상증자의 의의

증자는 유상증자와 무상증자로 구분할 수 있는데 유상증자란 기업이 자금의 수요를 충족시키기 위하여 주주에게 현금이나 현물의 출자를 이행시키는 것을 말한다. 이에 따라 회사의 재산은 실질적으로 증가하게 되며, 기업의 재무구조 개선과 타인자본에 대한 의존도를 줄이는 방법으로 사용되고 있다.

2) 유상증자의 종류

유상증자는 신주인수권을 주주에게 주는가 주주 이외의 제3자(연고자)에게 주는가 또는 널리 일반대중으로부터 공모하는가에 따라 각기 구주주 할당, 연고자(제3자)배정, 일반공모 등으로 구분된다.

(1) 구주주 할당

유상증자를 위한 전통적인 주식발행 형태는 종전의 주주에 대한 할당 발행이다. 구주주 할당은 종전의 주주에게 그가 소유하는 주식의 수에 비례하여 우선적으로 신주를 할당하는 방법으로서 주주의 의결권과 재산권 권리의 비례적 지분보호를 그 취지로 하고 있다.

(2) 연고자 배정

연고자 배정은 회사의 특정 연고자(예 : 정부, 해외합작투자, 거래선 등)에게 신주인수권을 부여하는 것으로서 이는 구주주의 이해관계에 중대한 영향을 주기 때문에 정관에서 특별히 정하거나 주주총회의 결의 등 엄격한 규제를 가하고 있다.

(3) 일반공모

공모는 다수의 대중으로부터 신주의 청약을 받아 발행하는 방법이다. 공모주식의 발행가격 즉, 공모가격은 구주와 비교해서 결정되는 것이 보통이다. 이러한 공모의 목적은 프리미엄(premium)의 획득이나 주주층의 확대, 기타 외자의 도입이나 자본금의 단수 조정, 실권주처리 등에 있다.

(4) 기타

주주우선공모방식은 구주주할당과 일반공모 방식을 혼합한 형태로 인수단(대표주관회사)이 유상증자분을 총액인수한 후, 구주주와 우리사주조합에 우선적으로 배정을 하여 청약을 받고, 청약 미달분(실권주)에 대하여 발행회사의 이사회의 결의로 일반투자자를 대상으로 추가 청약을 통해 일반공모를 시행 하는 방법이다. 이외에도 인수기관을 통하지 않고 발행회사가 직접 자신의 책임과 계산 하에 신주를 공모하는 직접공모방식도 있다.

5. 무상증자 및 기타 주식발행

1) 무상증자

무상증자는 자금조달을 목적으로 하는 것이 아니라 자본구성의 시정, 사내유보 규모의 적정화, 그 외 주주에 대한 자본이득 환원의 목적을 위해 실시하는 것으로서 회사의 총자산에는 변화를 가져오지 않고 재무제표상 항목간의 변동을 통하여 신주를 발행하는 특수한 형태의 증자이다. 이를 위해 이사회 또는 주주총회의 결의로 자본잉여금 전부, 이익준비금 등 법적적립금을 자본에 전입하고 늘어난 자본금만큼의 신주를

발행하여 구주주에게 소유주식수에 비례하여 무상으로 배정한 후 교부한다.

2) 주식배당

주식배당은 주식회사가 주주에 대하여 이익배당을 하는 경우 보통 행하는 현금배당 대신 그에 상당하는 신주를 발행하여 배당하는 것이다. 주식배당은 회사의 입장에서는 사내에 유보되어 있는 이익잉여금이 자본금에 전입되는 것이므로 실질적 증자의 효과를 갖게 되며 주주에 대해서는 현금배당과 동일한 효과를 준다. 이와 같은 주식배당의 목적은 배당에 따른 현금의 유출을 방지하여 자금사정을 개선시키는 외에 간단한 절차로 자본을 증가시키며, 주식의 시장성을 증대시킨다든지 제세금을 경감시키는 데 있다.

3) 주식분할

주식분할은 주식회사가 자본금의 변화 없이 이미 발행된 주식을 세분화됨으로써 주식 수를 증가시켜 이를 주주들에게 소유주식수에 비례하여 교부하는 것을 말한다. 주식분할은 통상적으로 주식의 단위를 세분화함으로써 주식의 시장성을 제고시키고 이를 통해 주식의 소유권을 분산시키는 외에 증권시장에서 상장 및 공개, 기타 회사간 합병을 원활히 할 목적으로 행하여진다.

4) 전환주식·전환사채의 전환

전환주식 또는 전환사채의 소유자가 전환권을 행사하는 경우 미리 정하여진 여러 조건들에 따라 신주식이 발행되고 교환된다. 전환주식은 보통 우선주에서 보통주로 전환되며, 주주의 회사에 대한 권리내용도 그에 따라 달라지게 된다. 그러나 이 경우에도 회사의 자본금이나 자산액에는 아무런 변화가 없다. 그리고 전환사채의 경우에는 전환액에 상당하는 타인자본이 감소하고 그 금액만큼 자본이 증가하므로 신주발행이 회사자산에 아무런 변화를 가져오지는 않으나 타인자본을 자기자본화 한다는 점에서 사실상 실질적인 증자의 효과가 있다.

SECTION 5 사 채

1. 채권의 종류

채권의 종류는 그 내용이나 형식이 다양하여 이를 간단하게 분류하기는 어렵지만 일반적으로 발행주체, 이자지급방법, 담보 유무 등에 따라 분류할 수 있다. 여기에서는 각종 통계 등에 사용되는 분류기준인 발행주체에 따라 국공채와 회사채로 대별한 후 국공채를 국채, 지방채, 특수채, 금융채로 분류하여 살펴보기로 한다.

1) 국공채

(1) 국채

국채는 국가가 발행하는 채권으로 국고채, 국민주택채권, 외국환평형기금채권 등이 있다. 국채는 정부가 원리금의 지급을 보증하기 때문에 가장 신용도가 높은 채권이라고 할 수 있다.

(2) 지방채

지방채는 지방자치단체에서 발행하는 채권이다. 지방채로는 서울특별시에서 발행한 서울도시철도공채증권과 지방자치단체에서 발행하는 상수도공채와 도로공채가 있으며, 현재 상장된 지방채로는 서울도시철도공채증권과 각 시도별 지역개발채권 등이 있다.

(3) 특수채

특수채는 특별법에 의해서 설립된 법인이 발행한 채권이며, 모두 국가가 원리금의 지급을 보증한 정부보증채이다. 현재 상장되어 있는 특수채로는 한국전력이 발행한 채권이 있으며, 그 외에 한국도로공사채권, 한국가스공사채권, 한국토지주택공사(LH)채권, 예금보험기금채권상환기금채권 등이 있다.

(4) 금융채

특수채 중에서 은행이 발행한 채권을 금융채라 한다. 현재 발행된 금융채에는 산업금융채권, 중소기업금융채권, 수출입은행채권 등이 있으며, 이외에 한국은행이 통화안정을 위해 발행하는 통화안정증권이 있다.

2) 회사채

회사채는 상법상의 주식회사가 발행하는 채권으로서 국채와 함께 우리나라 채권시장의 대종을 이루고 있다. 회사채의 종류는 원리금 지급의 보증유무에 따라 보증사채, 무보증사채, 담보부사채로 구분할 수 있고, 주식과 결부된 어떤 성격을 가지고 있느냐 아니냐에 따라 보통사채, 전환사채, 신주인수권부사채, 이익참가부사채, 교환사채 등으로 구분할 수 있다. 그리고 모집 방법에 따라 공모사채와 사모사채, 발행 장소에 따라 국내사채와 국외사채, 지급이자 변동 여부에 따라 금리확정부 채권과 금리연동부 채권 등으로 나눌 수 있다.

(1) 보증사채

발행회사 이외의 제3자가 원금의 이자지급을 보증하는 회사채를 말하며, 우리나라 사채 발행총액의 대부분을 차지하고 있다. 위험성이 적다는 이점 때문에 투자자들이 이를 선호하고 있는데 보증은 주로 금융기관이 하며 발행회사는 보증기관에 필요한 담보를 제공하고 보증료를 지급한다. 안정성이 높기 때문에 이자율은 비교적 낮은 것이 보통이다.

(2) 무보증사채

원리금의 상환과 이자지급에 대한 제3자의 보증이나 담보 없이 기업의 자기신용에 의하여 발행하는 사채로서 채권자 보호를 위하여 재무구조가 건전한 우량법인에게만 발행을 허용하고 있다. 투자자 측으로 보아서는 보증사채보다 이율은 높으나 투자위험은 더 높은 편이다. 이 경우 기업의 신용도는 객관적인 신용평가기관에서 평가를 받아야 한다. 현재 우리나라에서 무보증사채를 발행하려면 2개 이상의 복수평가를 받아야 한다.

(3) 담보부사채

담보부사채란 신용이 부족한 기업이 자금을 조달할 때 사채의 안전성을 강화하고 조달금리를 낮추기 위하여 사채발행 시에 물적담보를 넣어 발행하는 채권으로 담보부사채신탁법에 규정되어 있다. 일반적인 사채와 달리 담보부사채는 발행회사와 투자자 간에 사채관리회사를 개입시켜 사채관리회사로 하여금 담보에 대한 사무적인 관리를 하게 된다. 담보물건의 종류에 따라서 다시 부동산을 담보로 하는 부동산담보부사채와 주식이나 채권 등 유가증권을 담보로 하는 유가증권담보부사채로 나눌 수 있다. 또한 담보의 형태에 따라 동일담보물건에 대하여 사채를 전부 발행하고 그 담보물건을 장래에 발행되는 사채의 담보로 허용하지 않는 폐쇄식 담보부사채와 담보여력이 있는 경우에는 다음에 발행되는 사채의 담보로 사용하는 개방식 담보부사채로 구분할 수 있다.

2. 채무불이행 위험구조

1) 의의

국채, 금융채, 보증사채가 대부분인 국내 채권시장에서는 채무불이행위험(default risk)에 대한 평가의 중요성이 크게 부각되지 않고 있으나 미국의 경우 지방채, 회사채에 대한 채무변제불이행 위험의 평가를 위한 연구가 활발하다. 여기서는 채권수익률의 위험프리미엄 중 채무변제불이행 위험프리미엄에 대해 구체적으로 살펴보고자 한다. 채무변제불이행 위험이란 단순히 채권발행자가 계약에 의해 지급하기로 약속한 이자 및 원금을 전액 또는 부분적으로 지급하지 못할 경우 투자자의 투자수익이 감소할 위험을 의미한다.

2) 채무불이행 위험에 대한 평가

일반적으로 채무불이행위험이 클수록 그에 대한 위험 프리미엄의 요구수준도 높아지므로 채권수익률은 상승하며, 따라서 국채보다는 채무불이행위험이 큰 지방채, 회사채의 수익률이 높게 형성된다.

채무불이행이 발생할 경우 투자자는 큰 폭의 투자수익 감소 또는 투자손실을 입을 수도 있으므로 채무불이행 위험의 평가는 매우 중요하다. 특히 채무불이행 확률이 높은 불경기 시에는 이에 대한 평가의 중요성이 더욱 높다 하겠다. 이러한 평가는 보통 신용평가기관이 발표하는 채권신용등급(bond ratings)을 참고하거나 채권간의 수익률차(yield differentials)를 이용함으로써 행해진다.

미국에서는 Standard & Poor's사나 Moody's사 등 전문신용평가기관의 신용등급이 매우 유용한 지표로 활용되는데, 〈표 14-1〉과 같이 신용등급이 구분되어 발표되며 각각 BBB, Baa등급 이상의 채권들을 투자적격채권(investment grade bonds)으로, 그 이하 등급은 투기적 채권(speculative bonds)으로 보통 구분한다.

채권등급평가시 어떤 변수들이 주요 설명변수인가를 찾아보고자 하는 노력이 많은 학자들에 의해 시도되었는데, 피셔(L. Fisher)는 채권의 채무불이행위험 프리미엄에 대한 실증분석을 통해 기업이익 변동성, 기업의 지불능력 보유기간의 길이, 자기자본/부채 비율, 기업이 공모 발행한 전체 채권의 시가총액 등 네가지의 변수를 채권신용등급평가에 있어 중요한 요소들로 꼽았다.

그러나 와인스타인(M. I. Weinstein) 등에 의하면 신용평가기관의 신용등급이 유용한 지표이기는 하나 신용평가기관이 신용평가등급을 변경 발표하였을 때, 채권수익률은 유의적인 변동을 보이지 않고 있음을 발견한 바 있다. 이는 전문신용평가기관이 신용등급을 변경발표하기 전에 이미 투자자들이 나름대로 투자대상채권의 채무불이행위험을 평가하여 반응하였기 때문이다. 그는 변경발표 보다 6개월에서 1년 6개월 이전에 이미 채권수익률에 유의적 변동이 발생하였음을 실증 검증한 바 있다.

이와 같이 채권신용등급은 신속한 정보제공이라는 측면에서는 한계가 있으므로 투자자들은 주관적으로 채무불이행 위험을 평가하는데, 그 결과는 채권간의 수익률 차이의 형태로 나타난다. 이러한 수익률 차이의 특성을 살펴보면 첫째, 위험채권과 무위험채권간의 수익률 차이는 불경기일수록 확대되는 경향이 있는데, 이는 채무불이행 위험이 높아지므로 투자자들이 위험이 낮은 채권을 선호하여 수요가 집중되는 반면 고위험 채권의 수요는 감소하기 때문이다.

둘째, 채무불이행 위험에 대한 요구 프리미엄수준과 잔존만기와의 관계를 보면, 고등급 채권은 잔존만기가 길수록 위험 프리미엄이 높고, 저등급 채권은 만기일이 가까워질수록 위험 프리미엄이 높은 것이 일반적이다. 그 이유는 일반적으로 채권의 잔존만기가 길수록 투자자의 채무불이행 위험에 대한 예측에 불확실성이 높아 위험 프리미엄은 높은 반면, 저등급 채권의 경우는 만기일이 다가옴에 따라 채권발행회사의 추가자금조달(refinancing) 및 원금상환의 어려움이 더욱 가시화되기 때문에 투자자는 높은 위험 프리미엄을 요구하게 되는 것이다. 이런 현상은 반드시 일정하게 나타나는 현상은 아니지만 일반적인 위험구조와 만기구조의 관계는 시간의 흐름에 따라 변화하는 특성을 가지고 있는 것으로 밝혀지고 있다.

〈표 13-1〉 채권 신용등급

신용평가기관별 신용등급		등급구분 내용
Standard & Poor's	Moody's	
AAA	Aaa	최고등급, 가장 안전성이 높음.
AA	Aa	고등급, 안전성이 높음.
A	A	중상등급, 비교적 안전성이 높음.
BBB	Baa	중간등급, 안전성은 중간수준, 불황시 유의
BB	Ba	중하등급, 투기적 요소가 있음.
B	B	투기적, 투자 부적격
CCC	Caa	저등급, 채무불이행 가능성이 있음.
CC	Ca	매우 투기적, 종종 채무불이행 발생
C	C	최하등급, 안전성 개선 전망이 낮음.
DDD~D	-	현재 채무불이행중임.

SECTION 6 혼합증권

종래 우리나라의 회사채 발행시장은 거의 대부분 보증사채 위주로 이루어짐으로써 사채의 종류가 다양화되지 못하였던 것이 사실이다.

전환사채(convertible bonds, CB)는 발행 당시에는 회사채의 형태로 발행되지만 일정기간이 경과한 후에는 사채권자의 자유의사에 의하여 발행 후 소정의 기간(전환청구기간) 내에 소정의 조건(전환조건)으로 발행회사의 주식으로 전환할 수 있는 권리가 부여된 사채를 말한다. 사채이면서도 주식의 성격을 가지고 있기 때문에 실제적으로는 주식과 채권의 중간에 위치하는 유가증권이며, 장래 주식으로 전환될 가능성이 있기 때문에 잠재적 전환사채는 발행회사로서는 보통사채에 비하여 저율로 발행할 수 있는 이점이 있고 투자자에 대해서는 사채의 안전성과 주식의 성장성을 모두 갖춘 매력있는 투자대상이라고 말할 수 있다. 즉, 주가상승시 전환권 행사를 통하여 주가상승의 효과를 누릴 수 있다.

〈표 13-2〉 전환사채와 신주인수권부사채의 차이

구분 / 항목	전환사채	신주인수권부 사채
권리행사	사채를 주식으로 전환하면 사채는 소멸됨.	추가현금불입에 의해 신주를 인수하고 사채는 남음(사채에 의한 대용납입이 인정된 경우에는 전환사채의 경우와 같이 사채 소멸).
발행금리	일반사채보다 훨씬 낮음.	전환사채보다 높으나 일반사채보다 낮음.
권리행사기간	전환청구기간	행사청구기간
신주발행비율	사채발행범위 내에서 전환 가능함(주로 1 : 1 전환).	신주발행가액 총액을 사채발행 총액범위내에서 조정할 수 있음.
취득가능 주식수	전환비율 $= \frac{\text{사채액면금액}}{\text{전환가격}}$	행사비율 $= \frac{\text{사채액면금액} \times \text{부여율}}{\text{행사가격}}$
환리스크	전환에 의해 채무가 소멸되므로 환리스크 헷지가 불가능(해외전환사채를 발행하는 경우).	대용납입의 경우를 제외하면 채권이 만기까지 존속하므로 환리스크 헷지가 가능함(해외신주인수권부사채를 발행하는 경우).
기업의 재무구조	전환권 행사에 의해 자기자본이 증가하고 이에 상당하는 부채가 감소함.	신주인수권의 행사에 의하여 추가자금이 유입되어 자기자본이 증가되는 반면 사채권이 존속하므로 상대적으로 자기자본비율은 낮음.

전환사채를 발행하는 경우[74] 전환사채의 총액, 전환의 조건, 전환으로 인하여 발행될 주식의 내용 및 전환청구기간 등에 대해 정관에 규정이 없는 것은 이사회가 이를 결정하며, 정관으로 주주총회에서 이를 결정하기로 정할 수 있다.

한편 신주인수권부사채(bond with warrants, BW)[75]는 워런트(warrants)사채라고도 하는데, 사채권자에게 사채를 발행한 회사의 신주인수권을 부여하는 사채로서 사채권자는 사채발행회사에 대하여 일정기간 내에 일정수 또는 일정액의 신주를 일정한 발행가액으로 인도할 것을 청구할 수 있다. 사채 소유자의 자유의사에 따라 일정수의 발행기업의 신주를 특정가격으로 인수할 수 있는 권리가 부여된 사채로서, 채권의 안전성과 주식의 수익성을 겸비하고 있는 회사채이다. 신주인수권부사채의 취득자는 발행회사의 주가가 상승하여 신주인수권의 행사가액을 상회하는 경우에는 신주인수권을

74) 상법 제513조(전환사채의 발행)

75) 상법 제516조의2(신주인수권부사채의 발행)

행사함으로써 시가보다 낮은 가격으로 주식을 취득할 수 있고 발행회사는 신주인수권을 부여함으로써 사채에 대한 투자액을 높여 보통사채보다 싼 금리로 사채발행을 할 수 있다는 이점이 있다. 신주인수권부사채는 신주인수권 자체만 유통이 허용되는 분리형이 일반적인 형태이다.

이 사채는 상환기일까지 소유자가 신주인수권을 행사할 수 있다는 점에서 사채권자와 주주로서의 2중 권리를 가지고 있지만 신주인수권을 행사할 때에는 주금을 납입해야 된다는 점에서 전환사채와 다르다.

신주인수권부사채를 발행하는 경우 신주인수권부사채의 총액, 각 신주인수권부사채에 부여된 신주인수권의 내용, 신주인수권을 행사할 수 있는 기간, 신주인수권만을 양도할 수 있는 것에 관한 사항 등에 관해 정관에 규정이 없는 것은 이사회가 이를 결정하며, 정관으로 주주총회에서 이를 결정할 수 있다.

교환사채(exchangeable bond)는 넓게는 사채권자의 의사에 따라 주식 등 유가증권으로 교환할 수 있는 사채를 말하는데, 우리나라의 경우 사채발행회사에 대하여 당해 법인이 소유하고 있는 상장 유가증권과 교환을 청구할 수 있는 권리를 사채권자에게 부여한 사채를 말하며 교환시에는 발행사가 보유한 자산(보유주식)과 부채(교환사채)가 동시에 감소하는 특성이 있다.

이익참가부사채(participation bond)는 확정이자를 지급받는 외에 회사의 이익에도 참가할 수 있는 회사채로서, 사채의 특징에다 주식적 요소도 가미되어 있으므로 이윤분배사채라고도 한다.

끝으로 금리변동부채권(floating rate note, FRN)도 있다. 발행자 측면에서는 금리가 불안정하거나 전망이 불투명하여 고정금리에 의한 자금조달이 어려운 경우 장기자금조달에 유용한 수단으로 이용된다. 유로시장(Euro-market)에서는 신디케이트론(syndicated loan), FRCD(floating rate certificate of deposit) 등에 비해 발행비용은 높으나 장기자금 조달용으로 적합한 한편 각종 금융기법들을 활용한 변형 FRN이 다양하게 개발되어 있어 차입자 및 투자자의 수요에 적절히 대응할 수 있는 금융상품으로 인식되고 있다. 연동되는 기준금리로는 양도성예금증서(CD), 국고채 3년물, 5년물, 또는 제1종 국민주택채권의 시장수익률이 주로 사용되며, 기준금리에 일정한 스프레드가 가감되어 표면이자율이 결정된다.

〈표 13-3〉 국내 FRN의 주요 발행조건

구 분	내 용
발행주체	• 정부, 금융기관, 기업 등 모든 채권 발행자
표면금리	• 이자지급기간 직전일의 기준금리+가산금리
기준금리	• CD 91일물(잔존기간 85~91일) 유통수익률(건별 거래량 10억원이상 기준 거래량 가중평균 최종호가수익률) • 10개 지정 증권사가 매일 증권업협회에 최종호가수익률 보고 • 한국거래소 V2 단말기 및 채권시장지에 매일 16시 30분 공시
가산금리	• 발행자, 투자자(인수기관), 주간사 증권사간 협의에 의해 자율결정 • 발행자 신용도에 따라 차등결정(신용등급 AAA 기업의 경우 기준금리에 0.1% 포인트 가산)
이자지급기간	• 3개월
만 기	• 3년이상 10년 미만
기타조건	• 만기 3년초과 FRN은 최저금리(정기예금금리) 적용 가능 • 5년초과 채권은 5년경과시 조기상환조건(call 및 put option) 첨부 가능

지금까지 우리나라는 저금리체제를 정책적으로 유지해왔기 때문에 은행대출에 대한 기업들의 자금수요는 만성적으로 초과상태에 있었다. 그 결과 기업들은 금융기관으로부터의 차입에 지나치게 의존하게 됨으로써 재무구조가 나빠지고 경기변동에 대한 탄력성을 상실하게 되는 문제점도 야기되었다.

회사채 발행을 통한 자금조달은 기업들이 자본시장에서 자기신용을 바탕으로 직접금융방식을 통하여 기술개발투자에 알맞은 장기안정적인 자금을 조달함으로써 기업경영체질 강화를가능케 해준다. 또한 투자자의 입장에서 볼 때도 회사채는 확정이자부증권으로서 안전성과 수익성을 겸비한 금융상품이기 때문에 다양한 자금운용수단을 제공해 준다.

앞으로 회사채 발행시장의 활성화를 위해서는 먼저 보증사채 위주로 발행되고 있는 회사채발행시장을 무보증사채, 전환사채, 신주인수권부사채, 이익참가부사채, 변동금리부채권 등으로 그 종류를 더욱 다양화시켜 일반투자자들의 투자수요를 창출해야 할 것이다.

둘째로, 회사채의 발행조건에 탄력성을 부여할 필요가 있다. 그 동안 우리나라의 회사채 발행금리는 시장실세를 반영하지 못하고 경직적으로 운용되어 온 결과 발행시장과 유통시장의 유기적인 발전을 저해해 왔으며, 상환기간도 단기적이라는 문제점을 가지고 있었다. 발행금리의 자유화는 상당히 진전되었으나, 회사채 발행조건의 다양화를 위해서는 상환기간도 보다 장기화되도록 해야 할 것이다.

셋째로, 회사채 투자수요의 저변을 확대해야 한다. 우리나라의 회사채 수요자는 투신, 은행신탁, 보험사 등이 기관투자가 중심으로 이루어지고 있는데 개인투자 저변 개발과 유통시장 제도개선 및 활성화를 통한 여타 투자자들의 시장참여 유도 등이 필요하다.

최근 채권시장 활성화를 위한 각종 조치가 지속적으로 추진되고 금리가 자유화됨에 따라 발행시장과 유통시장의 유기적 관계가 정착되어 회사채 발행시장도 더욱 활성화될 수 있을 것으로 예상된다.

그러나 최근에 정부는 상법개정을 통해 사채의 발행 한도 제한이 비현실적이고, 법에서 허용하는 사채종류가 지나치게 제한적이며, 수탁회사제도가 사채권자의 보호에 미흡하다는 지적을 감안하여, 사채의 발행총액에 대한 제한 규정을 폐지하고, 이익배당참가부사채 등 다양한 형태의 사채를 발행[76]할 수 있도록 법적근거를 마련하였다. 또한 수탁회사의 권한중 사채관리 기능부분을 분리하여 사채관리회사[77]가 담당토록 함으로서 회사의 사채발행에 대한 자율성이 증대되고 사채권자를 효과적으로 보호할 수 있는 기반이 마련되었다.

---

76) 상법 제469조(사채의 발행)

77) 상법 제480조의2(사채관리회사의 지정·위탁), 제480조의3(사채관리회사의 자격)

연습문제

1. 기업의 자금조달방식과 관련하여 내부자금과 외부자금 방식을 설명하라.

2. 발행시장의 의의와 기능, 그리고 형태와 조직에 대해 설명하라.

3. 유통시장의 기능에 대해 약술하라.

4. K-OTC 시장으로 불리는 장외시장의 기능에 대해 약술하라.

5. 벤쳐캐피탈 시장에 대해 설명하라.

6. 종류주식에 관하여 설명하라.

7. 기업공개 및 유 · 무상증자에 대해 약술하라.

8. 채권의 종류를 국공채와 회사채로 구분하여 약술하라.

9. 채무불이행위험구조란 무엇인가?

10. 혼합증권이란 무엇인가?

제14장 단기자본조달 및 특수금융

제14장

SECTION 1 기업의 자금조달

1. 기업금융의 유형

기업금융이라 함은 기업이 경영에 필요한 자금을 조달하는 행위를 말한다. 자기저축 또는 외부차입 여부에 따라 내부금융과 외부금융으로 구분되며, 자금의 용도, 이용기간 및 원천에 따라서도 여러 가지로 분류된다.

우선 기업의 내부금융이란 기업이 소요자금을 기업내부에서 자체적으로 마련하는 것으로 자기금융이라고도 하며, 내부에 유보된 이익잉여금 등은 기업의 재무상태표상 자기자본의 일부를 구성한다. 반면에 기업의 외부금융은 기업의 소요자금을 기업외부에서 조달하는 방법으로서 크게 직접금융, 간접금융 및 해외금융으로 구분한다.

직접금융은 기업이 자금의 원천적 공급자(가계 또는 자금여유가 있는 기업 등)에게 직접 신용증권을 발행, 교부함으로써 자금을 조달하는 방법이다. 즉, 주식, 회사채 또는 기업어음의 발행에 의한 자금조달이 이에 해당되며, 이 때 사용하는 신용증권을 직접증권, 본원적 증권 또는 1차적 증권(primary security)이라 한다.

간접금융은 은행 등 금융중개기관이 불특정 다수인으로부터 조달한 다양한 자금을 자금의 수요자인 기업 및 가계 등에 공급하는 형태의 금융이다. 이 때 금융중개기관은 자금의 공급자에게 예금증서 등 간접증권(또는 파생적 증권, 2차적 증권(secondary security)이라고도 함)을 교부하여 자금을 조달한 후 자금의 수요자인 기업에 이를 중개·공급하며, 기업이 간접적으로 자금을 조달한다는 의미에서 간접금융이라고 한다.

이상과 같은 국내금융에 대하여 외국의 금융기관, 금융기구 또는 무역거래처 등으로부터 자금 또는 신용을 공여받는 상업차관, 해외사채 발행, 연지급 수입 등 무역신용, 수출선수금, 현지금융 등을 해외금융이라 한다.

한편, 자금을 용도별로 보면 시설자금과 운전자금으로 구분할 수 있다. 우선 시설자금은 설비의 신·증설에 소요되는 자금을 말하며, 일반적으로 상환기간이 1년을 초과하는 대출금으로서 은행의 시설자금대출은 관계증빙서류 및 현물 또는 시설 등을 확인하는 방법을 통하여 용도 및 시기에 맞추어 대출되는 특징을 갖는다. 운전자금은 기업의 원자재 구매, 일상적 영업경비 등의 충당을 위하여 조달되는 자금으로서 통산 1년 이내 기한의 대출금 등이 이에 포함된다.

아울러 자금의 이용기간에 따라 구분하면 단기금융과 장기금융으로 나눌 수 있으며, 단기금융은 엄격한 구분은 없으나, 1년 이내 기한의 자금을 말하며 3개월 이내의 자금을 별도로 초단기금융으로 분류하기도 한다. 장기금융은 통상 1년 초과기한의 자금을 말하며 1~3년 기한의 자금을 중기금융으로 구분하기도 한다.

자금을 원천별 구분하면 자기자본과 타인자본으로 나눌 수 있으며, 자기자본은 기업의 내부에서 자금을 조달하는 것으로 이익잉여금 등이 이에 해당되며, 이 외에 자본금의 증자도 포함된다. 타인자본은 장·단기 차입금으로서 은행차입금, 외국차관, 회사채 등이 이에 해당된다.

2. 기업금융의 공급기관

기업금융은 앞서 살펴본 바와 같이 직접금융과 간접금융으로 나누어지며, 종류에 따라 공급기관이 달라지게 된다. 직접금융은 금융시장에서 자금의 수요자와 공급자간에 직접적인 거래관계에 의해서 자금을 조달하는 것이며, 간접금융은 은행과 같은 금융기관 또는 비은행금융기관을 통해 자금을 조달하는 방식이다. 일반은행은 은행법에 의해 설립되고 규제를 받으면서 상업금융업무를 주로 담당하는 시중은행과 지방은행 및 외국은행 국내지점 등이 있다. 또한 전문성과 특수성에 의해 각각의 특수은행법에 의해 설립된 특수은행으로 한국산업은행, 한국수출입은행, IBK기업은행이 있으며, NH농협은행[78], SH수협은행 등도 포함된다.

---

78) 농협의 사업구조개편에 따라 2012년 3월 출범하였다.

은행 이외의 비은행금융기관으로는 신협, 우체국, 새마을금고, 산림조합, 저축은행 등이 있다. 한편 금융투자업을 영위하는 모든 회사를 금융투자회사라고 하는데 '자본시장과금융투자업에 관한 법률(자본시장통합법)'79)에 의하면, 금융투자업을 투자매매업(dealing), 투자중개업(arranging deals), 집합투자업(collec- tive investment), 투자자문업, 투자일임업, 신탁업 등 6개로 분류하고 있으며, 자본시장법에 따라 증권회사는 모두 금융투자업자에 해당된다. 기타 금융기관으로서 일반인을 상대로 금융상품을 취급하는 증권금융회사도 있다.

이와는 별도로 직·간접적으로 기업금융공급을 보조하고 있는 기타금융기관으로는 신용보증기금, 리스회사, 벤처캐피탈회사 등이 있는데 신용보증기금은 담보 능력이 미약한 기업의 채무를 보증해줌으로써 기업자금의 융통을 원활히 하는 업무를, 리스회사는 기계, 시설, 기기 등을 기업에 수수료를 받고 빌려줌으로서 기업의 설비자금부담을 덜어주는 업무를, 벤처캐피탈회사는 새로운 제품 또는 서비스의 연구개발을 위한 새로운 기업의 설립자금이나 신상품 또는 신기술의 기업화 자금을 지원하고 그 기업이 성공한 후 투자원본의 회수라는 업무를 영위한다.

제14장

SECTION 2 기업의 단기차입금

1. 당좌대출

당좌대출은 금융기관과 당좌대출거래약정을 체결한 당좌예금거래자가 일정 금액 한도 내에서 당좌예금잔액을 초과하여 발행한 수표 또는 어음금액을 금융기관이 자동대출방식으로 결제하여 주는 대출제도이다. 당좌대출은 은행대출 중 차입절차가 가장 간편하고 신속하기 때문에 자금의 입출금이 빈번한 기업으로서는 일시부족자금을 쉽게 조달할 수 있다는 점에서 대단히 편리한 제도라고 할 수 있다.

그러나 은행의 입장에서는 대출금액과 그 시기 및 대출기간 등을 사전에 예측하기 어렵기 때문에 자금을 효율적으로 운용하기 어려운 점이 있다. 따라서 거래관계가 긴

79) 자본시장통합법 제6조(금융투자업) 참조

밀하고 신용상태가 양호한 기업에 대한 당좌대출을 일반적으로 자금의 성격에 따라 일반당좌대출(회전당좌대출 포함)과 일시당좌대출 등 두 가지로 구분, 운용하고 있다.[80)]

2. 일반자금대출

일반자금대출은 대출금 과목이 따로 정해져 있지 않은 운전 및 시설자금 대출을 총칭하는 것으로서 금융기관이 취급하고 있는 대출 중 가장 전형적이고 일반적인 대출이다. 일반자금대출은 한국은행의 「금융기관 여신운용규정」[81)](금융통화운영위원회 규정)에서 규정하고 있는 제한사항 외에는 융자대상업종이나 자금용도 등에 대하여 특별한 제한이 없어 차주의 신용이 양호하거나 담보조건만 충분하면 취급이 가능하므로 은행대출의 주종을 이루고 있다. 한편 기업운전자금대출의 경우에는 신용상태가 양호한 기업에 대하여 일정 규모의 대출한도를 초과하지 않는 범위 내에서 수시로 차입 또는 상환할 수 있는 대출한도거래(line of credit)도 가능하다.

3. 상업어음 할인

상업어음할인은 기업이 상거래와 관련하여 수취한 어음을 지급기일이 도래하기 전에 금융기관에 할인 매각하는 방식으로 자금을 조달하는 형식의 대출제도이다. 금융기관은 상업어음 할인시 어음금액에 어음매입일로부터 어음만기일까지의 기간에 상응하는 할인율을 곱하여 산출한 할인료를 징수한다.

상업어음할인은 기업이 매출채권으로 보유하고 있는 어음을 지급기일 전에 현금화시켜 줌으로써 기업의 단기운전자금 조달을 원할히 해 주면서 기업간 신용거래를 촉진하는 역할을 하고 있다. 또한 금융기관으로서도 상업어음할인을 통한 대출은 자금회수가 비교적 확실하고 대출기간이 단기이기 때문에 자금회전율이 높을 뿐 아니라 할인어음 중 적격어음을 한국은행으로부터 재할인 받음으로써 대출재원을 보전할 수 있다는 장점이 있다.

---

80) 이와 비슷한 제도로 한국은행은 은행이 영업시간에 발생하는 일시적인 지급결제부족자금을 지원하기 위해 일중당좌대출제도를 운영하고 있으며, 2011년 11월부터 한국거래소와 금융투자회사 등에 대해서도 이를 도입키로 했다.

81) 금융기관여신운영규정 제2조(여신 및 투자운용지침) 및 제3조(제재) 참조

4. 신탁자금 대출

신탁[82]이란 신탁을 설정하는 자(이하 "위탁자"라 한다)와 신탁을 인수하는 자(이하 "수탁자"라 한다) 간의 신임관계에 기하여 위탁자가 수탁자에게 특정의 재산(영업이나 저작재산권의 일부를 포함한다)을 이전하거나 담보권의 설정 또는 그 밖의 처분을 하고 수탁자로 하여금 일정한 자(이하 "수익자"라 한다)의 이익 또는 특정의 목적을 위하여 그 재산의 관리, 처분, 운용, 개발, 그 밖에 신탁 목적의 달성을 위하여 필요한 행위를 하게 하는 법률관계를 말한다.

수탁자(은행)는 신탁자산 운용방법의 하나로 수탁받은 금전을 자신의 명의로 제3자에게 융자하게 되는데 이를 신탁자금대출[83]이라 한다. 신탁자금대출은 담보물의 종류(상업어음 및 무역어음할인 제외)에 따라 부동산저당대출, 수익담보대출, 적립식신탁대출, 어음대출, 보증대출, 유가증권담보대출, 동산담보대출 등으로 구분되는 것이 일반적이며, 특히 적립식신탁 가입자에 대한 대출을 적립신탁대출이라 한다.

제14장

5. 종합금융회사

종합금융회사는 기업에 대한 외자도입과 중장기 설비금융의 원활한 공급을 목적으로 영국의 머천트 뱅크(merchant bank)와 미국의 투자은행(investment bank)를 모델로 하여 설립된 금융기관이다. 종합금융회사는 주로 외자도입을 촉진하기 위해 1975년에 제정된 「종합금융회사에 관한 법률」[84]에 의하여 재정경제부 장관의 지정을 받아 설립되었는데 예금·보험 등 일부 업무는 제외하고, 국내 은행과 비은행 금융기관이 처리하는 거의 모든 업무를 취급하여 다양한 금융서비스를 제공하였다. 그러나 1997년에는 30여개에 달하였지만 외환위기 이후 대부분 퇴출, 또는 합병되었다.

---

82) 신탁법 제2조(신탁의 정의)

83) 은행은 일반예금으로 들어온 자금은 일반계정에서, 신탁법에 의해 신탁으로 들어온 자금은 신탁계정으로 관리한다. 이에 따라 대출자금이 어느 계정에서 나오느냐에 따라 은행자금대출과 신탁자금대출로 구분된다.

84) 이 법률은 2007년 8월 3일 제정된 자본시장과 금융투자업에 관한 법률(일명 자본시장통합법)으로 통합되었다.

SECTION 3 어음, 수표, 기업어음

1. 어음, 수표의 이해

어음은 발행인 스스로에 대하여, 혹은 거래관계가 있는 제3자에 대하여 일정금액의 지급을 의뢰하는 형식의 유가증권이다. 수표는 발행인이 은행(또는 기타의 금융기관)에 대하여 일정금액의 지급을 의뢰하는 형식의 유가증권이다. 어음의 종류에는 상거래와 관련하여 약속어음과 환어음의 형식으로 발행한 상업어음(trade bill)(일명 진성어음, real bill)과 기업이 자금의 융통을 위해 발행하는 융통어음(financial bill)이나 기업어음(commercial paper, CP)이 있다.[85][86] 수표의 종류에는 당좌수표, 자기앞수표(보증수표), 가계수표 등이 있고, 수표의 성격에 따라 횡선수표(일반횡선수표, 특정횡선수표), 선일자수표(연수표), 백지수표 등이 있다. 어음과 수표의 제반 차이점은 〈표 14-1〉과 같다.

〈표 14-1〉 어음과 수표의 차이점

구 분	어 음	수 표
목 적	• 신용의 수단	• 지급의 수단(현금의 대용물)
지급제시기간	• 지급기일 및 그 이후 2거래일 이내	• 발행일자의 익일로부터 10일간 • 지급위탁의 취소가 없는 때에 지급제시, 지급 경과 후에도 지급가능
소멸시효기간	• 만기일 이후 3년	• 지급제시 경과 후 6개월
지급거절시 제재	• 개인어음[87] : 부도처분 없음 • 은행도어음[88] : 부도처분	• 특별형법인 부정수표단속법에 의해 형사처벌가능 • 부정수표 발행 후 부도발생시 5년 이하의 징역 또는 수표금액의 10배 이하의 벌금
지급장소	• 개인어음 : 지정된 장소 • 은행도어음 : 거래은행	• 거래은행

85) 어음을 사용하는 목적과 기능에 따라 다양한 이름으로 불려지고 있다. 단명어음과 복명어음, 수취어음과 지급어음, 대부어음, 담보어음, 부도어음, 개서어음(연장어음), 표지어음, 견질어음, 백지어음 등

86) 전자어음의 발행 및 유통에 관한 법률(2013.4.5 개정, 2014.4.6 시행)에 의해 외부감사대상 주식회사(직전사업연도말 자산총액이 10억 이상인 법인사업자는 전자어음의 사용이 의무화되었다.

87) 은행에서 교부하는 통일어음용지를 사용하지 않은 어음

2. 은행거래와 어음, 수표

거래에서 발생한 지급해야 할 금액을 자기영업소나 주소에서 직접 지급하지 않고 은행을 통해서 지급하려고 하는 약속어음의 발행인이나, 지급인의 자격을 은행으로 제한하고 있는 수표의 발행인은 그 약속어음 또는 수표의 지급위탁계약을 은행과 체결하여 업무를 수행해야 한다. 일례로 당좌거래약정은 어음 또는 수표의 발행인이 지급자금을 예치하고, 지급은행에게 자신이 발행한 어음, 수표를 그 소지인에게 지급하여 줄 것을 위탁하고 지급은행이 승낙함으로써 성립하는 계약이다.

어음과 수표의 소지인에 대한 지급은 어음 수표의 제시와 추심에 의하여 이루어지는데, 제시는 어음과 수표의 권리자가 표기된 금액을 지급받기 위하여 어음과 수표를 의무자에게 보이는 행위를 말한다. 추심은 어음과 수표 및 기타 증권 상의 금전채권을 신청인을 대신하여 의뢰받은 은행이 지급은행에게 지급을 청구하는 행위를 말한다. 은행과의 당좌계정거래에 따라 거래은행에게 지급을 위탁하는 어음과 수표는 반드시 그 당좌거래은행에서 지급하는 용지를 사용해야 한다.

한편 어음과 수표의 지급거절(부도)이란 어음과 수표의 소지인이 적법하게 지급제시를 하였음에도 불구하고 어음 및 수표의 채무 지급이 이행되지 않는 경우를 말한다. 이는 당좌계정거래의 해지를 의미할 수도 있으며, 채무자가 자금력 부족으로 채무를 이행할 수 없어 파산했음을 뜻할 수도 있다. 당좌예금 또는 지급자금의 부족, 파산, 계약불이행, 형식불비, 사고신고서 접수, 도난, 분실, 위조, 변조, 제시기간 경과, 인감 서명 상이, 지급지 상이 등의 사유로 거래은행은 지급을 거절한다.

3. 신한국은행 금융결제망

한국은행 금융결제망(BOK-Wire)은 1994년 12월에 처음 가동되었으며, 한국은행과 금융기관을 온라인으로 연결하여 금융기관간 거액의 자금거래를 전자자금 이체방식에 의해 한국은행에 개설된 당좌예금계정을 통하여 건별로 즉시 처리함으로써 지급결제를 종료시키는 새로운 시스템이다. 동 시스템은 전자자금 이체방식에 의한 비전표 결제시스템으로서 거래당사자인 금융기관이 컴퓨터 통신망을 통하여 한국은행에 직접

88) 은행에서 통일된 양식으로 인쇄한 어음용지를 사용하여 발행한 어음

제14장

이체신청을 하고, 한국은행은 각 금융기관의 당좌계정을 통해 건별로 즉시 결제해 줌으로써 결제의 종료성을 부여한 점이 특징이다. 한국은행 금융결제망의 가동으로 각 금융기관은 전용단말기를 이용하여 금융기관간 자금거래를 처리할 수 있게 되었으며, 거래에 따른 시간적, 공간적 제약을 해소하고 자금거래를 즉시 종료시킴으로써 결제리스크의 축소, 거래비용의 절감 및 거래정보에 대한 접근용이 등 다음과 같은 효과를 얻을 수 있다.

우선, 금융기관은 전용단말기를 통하여 전국 본·지점의 시간대별 자금수급 상황을 신속히 파악할 수 있으므로 자금예측능력이 향상되고, 다양한 자금관리기법의 개발이 촉진됨으로써 자금운용의 효율성을 도모할 수 있다. 둘째, 업무처리 형태가 현행 전표 또는 수작업 처리 방식에서 전산 처리방식으로 전환됨에 따라 금융기관은 서류작성과 자료수수에 따르는 업무분담 및 인력의 절감효과를 가져올 수 있다. 셋째, 자기앞수표에 의한 거액결제 수요가 줄어들게 되어 이에 따른 은행의 지준 부담이 경감되고, 마지막으로 수취인지정 자금이체제도의 활용 등을 통한 고객 서비스가 향상될 수 있다.

금융기관 고객의 입장에서는 금융기관을 통하여 한도의 제약 없이 거액의 자금을 즉시 송금 가능(수취인지정 자금이체방식)하므로 이에 따른 인적, 물적비용 절감이 가능하다. 또한 금융기관간 자금결제가 신속하게 이행됨에 따라 일반기업의 당일자금 가용화가 용이해진다. 금융시장측면에서도 신속하고 안전하게 거액의 자금을 이체시킬 수 있으므로 단기금융시장이 활성화되고, 일일 중 신용거래를 위한 초단기성 자금시장도 활성화된다.

한국은행은 2009년 5월 차세대 시스템인 신한국은행금융결제망(BOK-wire)을 가동하여 종전의 실시간총액결제방식(RTGS : real-time gross settlement)으로만 운영되던 한은금융망을 지급결제시스템의 국제적인 흐름에 맞춰 총액결제방식과 참가기관의 유동성을 절약할 수 있는 동시결제가 가능한 혼합형결제시스템(hybrid system)을 구축하였다.

4. 기업어음

기업어음은 할인어음과 같이 상거래에서 구매대금을 결제하기 위해 발행된 어음(진성어음)이 아니라, 순전히 단기자금을 조달하기 위해 발행된 어음을 말한다. 이는 급료나 원자재 구매대금 등 단기적이고 계절적인 자금을 필요로 하는 기업이 상거래의 결제와 상관없이 약속어음을 발행함으로써 자금을 조달하는 단기자금 조달수단이다.

이러한 이유로 실무에서는 융통어음이라 부르기도 한다. 우리나라의 기업어음시장은 사금융거래를 제도금융권으로 흡수하고 기업에 대한 단기자금의 공급을 원활히 하기 위하여 1972년 8월 단기금융업법이 제정됨으로써 제도적 기반을 갖추게 되었다. 기업어음의 할인 및 중개는 금융투자회사, 은행, 보험회사, 기업, 개인 등이 참여한다. 발행회사가 인수자 없이 투자자들 대상으로 직접 매출하는 방식을 직접발행이라 하고, 발행된 기업어음을 일단 인수자가 인수하였다가 판매하는 방식을 간접발행이라고 한다. 대부분의 경우 금융중개기관을 통하여 매출되고 있다.

기업은 만기에 상환할 원금과 이자를 액면금액으로 하고, 이자에 해당하는 금액을 액면에서 차감한 금액으로 할인 발행한다. 기업어음의 금융중개기관은 할인 매입한 어음을 최종투자자에게 다시 할인방식으로 매각하는데, 이때 기업어음의 매출이자율과 매입이자율의 차이를 수익으로 얻게 된다. 만약, 중개기관이 할인 매입한 기업어음을 투자자에게 팔지 못한 경우에는 만기까지 보유하여야 한다. 이와 같이 중개기관이 액면금액에 대한 할인방식으로 발행기업의 어음을 매입하여 자금융통을 가능하게 해 주는 방법을 어음할인업무라 한다.

금융중개기관이 취급하는 기업어음에는 담보부 기업어음과 무담보부 기업어음이 있다. 담보부 어음은 중개기관이 만기에 원리금의 지급을 보증하는 조건으로 투자자에게 매출한 어음이며, 무담보부 어음은 중개기관이 단지 중간매개역할만을 할 뿐 전적으로 발행회사의 신용에 의해 매출한 어음이다. 따라서 담보부 기업어음이 부도가 났을 때에는 중개기관이 대신 지급의무를 부담하여야 하지만, 무담보부 기업어음의 경우에는 직접적인 지급의무를 부담하지 않는다. 이러한 위험 때문에 무담보부 어음이 담보부 어음보다 그만큼 이자율이 높은 편이다. 또한 담보부 어음은 물론 무담보부 어음의 매출에 있어서도 중개기관은 자신의 대외적 신용을 유지하기 위해 어음할인을 신청한 기업의 재무구조와 신용도를 면밀히 분석하여 적격업체로 선정된 기업에 한해서만 어음할인 업무를 해주고 있다.

SECTION 4 판매금융

1. 개 요

기업이 외상매출금이나 받을어음과 같은 매출채권을 이용하여 단기자본을 조달하는 방법에는 팩터링(factoring)과 플레징(pledging)이 있다. 우선 팩터링은 외상매출채권을 은행이나 금융회사에 직접 매각하여 이들 채권에 투하된 자금을 회수하는 금융서비스로서, 매출채권을 인수하여 자금을 융통해 주는 금융기관을 팩터(factor)라 부른다. 매출채권의 플레징이란 기업이 매출채권을 담보로 은행이나 금융회사로부터 단기자금을 차입하는 금융방식을 말한다.

2. 매출채권 팩터링(factoring)

판매기업이 팩터링을 이용하는 목적은 매출채권을 팩터에게 맡김으로써 매출채권의 회수를 촉진하고, 대손의 위험에서 벗어나기 위해서이다. 이러한 팩터링제도의 장점을 이용하는 데에는 비용이 수반된다. 일반적으로 매출채권을 팩터에게 매각할 때에는 그 가치에 비해 낮은 가격으로 매각하게 되는데, 그 차이는 금리부담과 대손위험의 관리에 따른 수수료로 구성되어 있다.

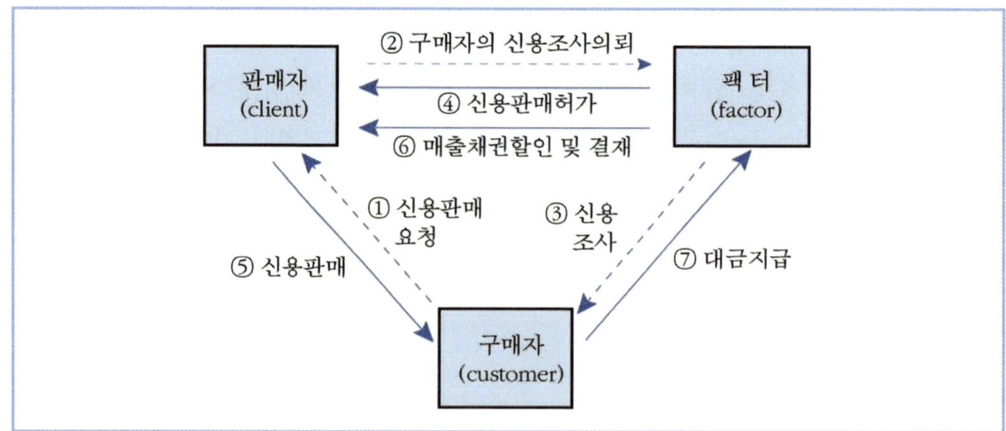

[그림 14-1] 팩터링거래의 구조

미국에서 발달한 이 제도는 팩터(factor), 제품구매자(customer) 및 제품판매자(client) 간의 거래관계인데, 이를 요약 정리한 것이 [그림 14-1]이다. 즉, 고객이 어떤 제품을 외상으로 구매하고자 하면, 판매자가 먼저 팩터에게 구매자의 신용조사를 의뢰한다. 팩터는 신용평가결과가 우량인 경우 신용판매를 허가하고 판매자로부터 그 매출채권을 할인매입하며, 팩터는 매출채권의 만기일에 대금을 고객으로부터 직접 회수한다.

3. 매출채권 플레징(pledging)

플레징의 진행과정은 차입기업과 금융기관 사이에 법적인 계약이 선행되어야 하며, 계약이 체결된 후 차입기업은 상품매출에 대한 송장을 모아서 정기적으로 금융기관에 제출한다. 이때 금융기관은 심사를 통해 신용기준에 적합한 상품매입자의 송장만을 인수하게 된다. 물론 대출자인 금융기관은 인수한 매출채권에 대손이 발생하면 상품매출자인 차입기업에 그 손실을 청구할 수 있으나, 대손의 가능성이 높은 매출채권을 담보로 하는 것은 바람직하지 않기 때문에 신용상태가 양호한 송장만 선택하여 담보로 삼는다. 그러나 다수의 상품매입자가 대금을 지급하지 못하고 동시에 상품매출자가 지급능력이 없어질 가능성에 대비하여, 금융기관은 담보된 매출채권의 액면가 중 일정비율(예컨대 70~80%)에 해당하는 금액만을 대출해 주는 것이 일반적이다.

플레징 계약은 상품매입자에게 통보하지 않는 것이 관례이다. 따라서 상품매입자는 매출자와 금융기관이 체결한 계약내용에 상관없이 대금을 매출자에게 계속 지불하고, 상품매출자는 회수된 결제대금을 자금대출자인 금융기관에 다시 보낸다. 만약 금융회사가 회수한 금액이 상품매출자에게 대출해 준 금액보다 많으면, 초과금액은 자금차입자인 매출자에게 반송된다. 예를 들어 금융회사가 담보된 매출채권 액면가의 70%만을 대출해 준 경우, 담보된 매출채권이 모두 회수되었다면 나머지 30%의 회수금을 매출자에게 다시 돌려준다는 의미이다. 끝으로 대출자인 은행이나 금융회사에 따라 다소간의 차이는 있으나, 대체로 차입금의 이자와 신용조사비 등은 상품매출자인 차입기업이 부담하고 있다. 또한 차입기업의 신용상태나 쌍방간의 합의 정도에 따라 매출채권의 대출비율이나 대출기간 등 플레징 계약의 세부내용이 변한다.

4. 재고자산금융(inventory financing)

매출채권금융과 같이 담보부 단기금융방식 외에 또 다른 방법으로서 기업이 보유하고 있는 재고자산을 금융기관에 담보로 제공하고 단기자금을 차입하는 금융방식이 있다. 이는 위험이 크고 신용도가 낮은 기업들도 상품이나 원자재의 재고가치에 근거해 대출을 받을 수 있는 단기자본조달 수단인데, 그 대출한도는 금융기관의 신용정책과 재고자산의 성격에 따라 담보가치 중 50~90%의 범위 내에서 결정되는 것이 일반적이다. 은행이나 금융회사는 담보대상인 재고자산의 가치하락 가능성, 보관 및 관리비용, 상품의 시장성, 보유기간 중 상품의 부패 및 파손 가능성 등을 평가하여 대출비율을 결정한다. 재고자산 담보금융의 유형으로 총괄담보금융, 신탁금융, 창고금융 등을 들 수 있다.

우선 재고자산의 총괄담보금융(blanket inventory loan)은 기업이 보유하고 있는 전체재고자산을 한꺼번에 담보로 제공하여 단기자본을 조달하는 금융방법이다. 이와 같은 재고자산금융을 이용하는 기업은 담보로 제공된 재고자산의 사용이나 판매에 아무런 제약이 없으나, 재고처분의 임의성 때문에 총괄적으로 제공된 재고자산의 담보가치가 대체로 낮게 책정된다는 약점이 있다.

신탁금융은 차입기업이 재고자산을 창고나 하적장에 보관하고 있음을 표시하는 신탁증서(trust receipt)를 담보로 제공하고 금융기관에서 단기자금을 조달하는 방법이다. 이는 총괄담보금융의 약점을 보완하기 위해 일정한 장소에 신탁된 재고자산을 다른 재고자산과 분리하여 관리하며, 담보대상인 재고자산의 품목과 수량을 자세하게 명시한 담보재고자산 목록을 대출금융기관에 제시한다. 그리고 담보재고자산이 판매될 경우에는 그 매출액은 당일로 금융기관에 송부되고 그 상품에 대한 증서가 해제되는 방식이다. 이러한 금융방식은 금융기관의 입장에서 차입기업이 담보재고자산의 판매대금을 납부하지 않고 사용할 위험을 부담하게 되기 때문에 대출이자율이 그만큼 높다는 단점이 있다.

끝으로 창고금융은 신탁금융과 같이 특정장소에 보관중인 재고자산에 대한 창고증권(warehouse receipt)을 담보로 하여 단기자금을 차입하는 금융방식인데, 차이점은 대출금융기관에서 담보재고자산의 관리를 직접 통제한다는 점이다. 이때 담보재고자산의 보관창고가 어디냐에 따라 공설창고금융과 현지창고금융으로 나뉜다. 공설창고금융

이란 차입기업이 재고자산을 외부의 공설창고회사에 입고시키고 받은 창고증서를 담보로 금융기관으로부터 차입하는 방식이다. 따라서 대출금융기관은 담보재고자산을 완전히 통제할 수 있으며, 차입자는 차입금을 상환하여 담보가 해제된 후에만 자신의 재고자산을 이용할 수 있다. 담보재고자산의 수송비와 공설창고에 보관할 때의 창고사용료는 차입회사가 부담하기 때문에 공설창고가 원거리에 있거나 재고자산의 부피가 큰 경우에는 차입회사의 비용부담이 그만큼 커진다는 단점이 있다.

이러한 단점을 보완하기 위해 공설창고만을 이용하는 것이 아니라 차입기업이 현재 보관하고 있는 창고를 직접 이용할 수 있는 재고자산 금융방식으로 현지창고금융이 있다. 이는 담보재고자산의 보관창고가 다르다는 것 이외에는 앞의 공설창고금융과 동일한 단기자본의 조달방식이다. 현지창고금융에서는 담보로 제공된 재고자산이 다른 재고자산과 분리되어 있어야 하며, 이 담보재고자산은 반드시 공설창고회사의 관리를 받아야 한다. 현지창고금융을 이용하는 차입기업의 입장에서는 담보인 재고자산을 차입자의 창고에 보관하므로 운송비를 절약할 수 있으며, 또한 담보재고자산의 보관과 관리가 편리하고 그 비용도 적다는 장점이 있다. 일반적으로 이러한 금융방식은 상품을 생산하는데 오랜 기간이 소요되는 기업에서 흔히 이용하는 단기자금의 조달방법이다.

연습문제

1. 기업금융의 유형을 구분하여 설명하라.

2. 우리나라 기업금융의 공급기관에 대해 약술하라.

3. 기업의 단기자본조달을 위한 방식을 약술하라.

4. 종합금융회사에 대해 설명하라.

5. 어음과 수표의 종류 및 그 차이는 무엇인가?

6. 기업어음에 대해 설명하라.

7. 신한국금융결재망이란 무엇인가?

8. 매출채권 팩토링(factoring)에 대해 설명하라.

9. 매출채권 플레징(pledging)에 대해 설명하라.

10. 재고자산금융이란 무엇인가?

제6부

선물옵션

제15장 선물 옵션이론

SECTION 1 선물거래

최근 국내경제는 세계화의 진전에 따라 국제금융시장의 변동 영향을 심각하게 받고 있다. 정보통신기술의 발전과 컴퓨터의 발달로 세계가 하나의 네트워크로 묶이면서 다른 나라의 경제상황 변화는 국내 자본시장에 커다란 영향을 주고 있다. 예를 들면 2008년 미국발 서브프라임 사태는 어떻게 보면 미국내의 금융위기였지만 그 영향으로 국내금융시장은 대폭락하고 말았다. 미국의 금융위기가 조금씩 회복되어가고 있는 상황에서 이번에는 다시 유럽의 경제위기가 시작되었고, 그 영향은 국내금융시장의 변동성이 커지는 결과를 가져오고 있다.

1970년 오일쇼크 이후에 세계경제의 변동성은 지금까지 계속 커지고 있다. 기업은 변동성이 커지고 있는 경제환경을 맞이하여 위험을 관리할 수 있는 방법을 모색해 오고 있다. 금융시장은 이러한 기업의 요구에 발맞추어 1970년대부터 파생금융상품을 개발하여 보급하고 있으며, 기업은 증가하는 위험을 관리하기 위하여 파생금융상품을 활용할 수 있는 방법을 적극적으로 찾아야 한다. 이에 따라 기업재무관리에도 전통적인 자금조달과 투자안평가라는 영역에 위험관리라는 새로운 영역이 도입되고 있다. 기업의 재무위험관리를 위해서는 선물, 옵션 등으로 대표되는 파생금융상품에 대한 이해는 필수적이며, 본 장에서는 선물, 옵션에 대한 기초적인 이해를 도울 수 있는 개념을 설명하고자 한다.

1. 선물계약과 선도계약

선물계약(futures contract)이란 미리 정해진 특정한 품질의 상품 및 특정 수량을, 매매당사자가 약정한 가격으로, 미래의 일정한 날에, 거래소의 규정에 의하여, 인·수도할 것을 현재 시점에서 약속하는 거래를 말한다. 여기서 특정한 상품이란 상품의 종류 및 수량, 인·수도의 시기 등 거래조건이 미리 표준화된 상품을 말하며, 일반상품 및 금융상품 등이 이에 포함된다. 이러한 특정상품의 거래는 정부로부터 공인된 매매장소에서 이루어지며, 따라서 선물거래라 하면 통상 선물거래소에서 이루어지는 거래를 말한다.

매매계약이 체결되면 선물매도계약을 체결한 자(선물매도자 : short position holder)는 결제시 대상물을 계약조건에 따라 인도할 의무가 있고, 반대로 선물매수계약을 체결한 자(선물매수자 : long position holder)는 대상물을 인수하고 대금을 지불할 의무가 있다. 이러한 인도·인수 의무는 계약을 한 때부터 시작하여 인·수도 결제가 완전히 종료되는 시점까지 따라다니지만, 선물거래에서는 이러한 인도·인수 의무를 결제일 이전에 청산하기 위하여 원래의 계약에 반대되는 거래, 즉 선물매도자는 선물을 매입하고 선물매수자는 선물을 매도하는 반대매매(reverse trade)를 할 수 있도록 인정하고 있다. 따라서 선물거래는 현물의 인도·인수보다는 반대매매를 통한 차금결제를 목적으로 이루어진다고 할 수 있다.

반면에 선도계약(forward contract)은 매매되는 상품의 종류, 수량, 매매단위, 인도·인수의 시기나 장소 등이 표준화되어 있지 않고, 매매당사자 간에 임의로 결정되는 계약을 말하며, 매매장소도 선물거래소 이외의 장소에서 이루어진다. 이와 같이 선물거래와 선도거래는 매매계약을 체결하는 시점이 현재이지만 결제는 미래의 일정한 날에 이루어진다는 점에서 유사하지만, 동시에 다음과 같은 제도상의 차이점도 가지고 있다.

① 선물거래는 거래단위, 결제시기, 결제장소 등 계약조건이 표준화되어 있는 반면, 선도거래는 매매당사자의 계약에 따라 거래조건이 다양하다.

② 선물거래는 거래소라는 조직화된 시장에서 발성호가(open outcry) 또는 전산매매의 형식을 통해 이루어지는데 반해, 선도거래는 당사자간의 개별적인 쌍무계약에 따라 이루어진다.

③ 선물거래는 거래자 사이에 청산소(clearing house)가 개입하여 양거래의 당사자

가 되어 계약의 이행을 보증하고 매일 매일의 거래에 따르는 손익을 증거금(margin) 혹은 보증금을 통해 일일정산(marking to market)하는데 반해, 선도거래는 이러한 것이 없이 거래당사자의 신용에 의지한다.

④ 선물거래는 계약의 만기 이전이라도 반대매매(reverse trade)를 통해 계약이 해지되는데 반해, 선도거래는 당사자의 합의없이는 원칙적으로 계약의 만기전 해지가 불가능하다.

⑤ 선도계약은 결제시점에 물건의 인·수도와 대금결제가 이루어지나, 선물계약은 대부분 최종거래일 이전에 반대매매의 의해 차금만을 결제한다.

⑥ 선물계약은 거래소에서 매일 거래가 되므로 계약 자체의 유동성이 커 동일한 사람이 자유로이 선물계약을 매매하여 헷지(hedge) 또는 투기를 할 수 있는 반면, 선도계약은 당사자간의 계약임으로 이러한 기능이 약하다.

〈표 15-1〉 선물거래와 선도거래

	선 물 거 래	선 도 거 래
거래방법	공개경쟁입찰방식	거래당사자가 직접 계약
경제적 기능	연속적 헷지 기능	불연속적 헷지 기능
시장형태	조직화된 거래소	장외거래
시장성격	완전경쟁시장	불완전경쟁시장
시장참가자	제한 없음	실수요자 중심
가격형성	매일 형성	계약시 단 한번 형성
거래조건	표준화되어 있음	당사자 계약에 따름
계약이행	대부분 실물의 인·수도 없이 반대매매	대부분 실물이 인도됨
이행보증	청산회사가 보증	거래당사자의 신용도에 좌우
증거금	개시증거금과 유지증거금을 납부	원칙적으로 없음
가격변동제한	일일 최대변동 제한 없음	제한 없음
가격표시	매입, 매도가격 동시 공시	특정단일가격에 의해 매입 및 매도

2. 선물거래의 종류

선물거래는 거래대상 상품인 기초자산이 일반상품이냐 금융상품이냐, 또 매매거래의 목적이 가격변동에 따른 위험회피를 위한 것이냐, 시세차익을 위한 것이냐에 따라 크게 2가지로 구분할 수 있다.

1) 거래대상 상품에 의한 분류

선물거래는 거래대상 상품에 따라 크게 상품선물거래와 금융선물거래로 구분된다. 상품선물에는 곡물(대두·옥수수·밀), 축산물(생우·생돈) 등 농·축산물 선물, 원유(WTI·북해 브렌트), 난방유 등 에너지 선물, 금·은·백금 등 귀금속 선물 및 알루미늄·구리 같은 비철금속 선물 등이 있다.

금융선물에는 거래되는 금융상품에 따라 3가지로 분류된다. 즉 주요국의 통화를 거래대상으로 하는 통화선물거래(currency futures), 장기금리 및 단기금리 상품 등 금리 관련 금융자산을 거래대상으로 하는 금리선물거래(interest rate futures), 그리고 주식시장의 주가지수를 거래대상으로 하는 주가지수 선물거래(stock index futures) 등이 있다.

2) 매매거래 목적에 의한 분류

선물거래는 매매거래의 목적에 따라 헷지거래, 투기거래, 차익거래, 스프레드거래로 구분된다. 여기서 헷지거래를 제외한 나머지 투기거래, 차익거래, 스프레드거래는 광의의 투기거래로 분류되기도 한다.

(1) 헷지거래

헷지거래(hedge trading)는 일종의 보험으로서 선물거래에서 가장 중요하고 기본적 기능을 하는 거래이다. 이 헷지거래는 현재 보유하고 있거나 보유할 예정인 현물상품의 가격변동에서 오는 위험을 회피하기 위해서 이루어진다. 예를 들면 주가지수 선물거래에서 헷지거래는 주가변동에서 오는 위험을 회피하기 위하여 선물시장에서 현물시장과 정반대되는 포지션을 취함으로써 보유 자산이나 부채의 가격변동위험을 감소시키기 위해 사용된다. 헷지거래는 매수 및 매도헷지, 스트립(strips) 및 롤링(rolling) 헷지, 크로스(cross)헷지 등 3가지 종류가 있다.

(2) 투기거래

투기거래(speculation trading)는 현물시장과는 아무런 관련없이 즉 현물포지션을 가지지 않고 오로지 선물시장에서 장래의 선물가격 변화를 예상하여 선물의 포지션을 취함으로써 시세 차익을 얻고자 하는 거래이다. 전통적인 투기전략은 선물가격이 상승할 것으로 예상되면 매입포지션을, 반대로 하락할 것으로 예상되면 매도포지션을 취한

다. 헷지거래에서는 발생되는 손익이 기본적으로 현물의 손익으로 상쇄되는데 반하여, 투기거래에서는 투기거래 자체에서의 손익이 그대로 남게 된다.

(3) 차익거래

차익거래(arbitrage trading)는 현물과 선물 양 시장간에 가격이 비정상적인 괴리를 보인 경우, 즉 현물가격과 선물가격이 어느 한 시장 요인에 의해 일시적 또는 순간적으로 정상적인 가격구조가 왜곡되어 비정상적인 상태로 괴리되는 경우 이 가격차이를 이용하여 무위험이익을 얻고자 하는 거래이다. 선물가격과 현물가격 간에는 일정한 이론적인 관계가 성립되는데 이러한 이론적인 관계가 성립되지 않는 경우 차익거래가 발생하게 된다. 예를 들면 주가지수 선물가격이 이론적인 선물가격보다 낮은 경우 선물을 매수하는 동시에 현물을 매도하였다가 나중에 가격관계가 정상으로 돌아올 때 각각 반대매매하여 정리함으로써 거의 위험 없이 이론가격과 선물가격의 차이만큼 이익을 얻게 된다.

(4) 스프레드 거래

스프레드 거래(spread trading)는 보통 어느 시장에서 동일한 선물거래 대상상품의 두 개의 선물 즉 근원물 선물과 원월물 선물 등 각 결제월물간의 가격차이를 말한다. 따라서 스프레드 거래는 시장의 흐름과는 상관없이 선물상품간의 가격 차이 즉 스프레드를 이용하여 이득을 얻고자 하는 거래이다. 스프레드 거래에는 상품간 스프레드, 시장간 스프레드, 결제월간 스프레드 등 3가지 종류가 있다.

3. 선물의 가격결정이론

선물계약은 거래상대방과의 단순한 약속이기 때문에 그 자체로는 가격이 0이다. 선물계약의 내용인 선물가격이 어떻게 결정되는가에 대한 이론이 선물가격결정이론이며, 기본적인 선물가격모형은 현물 가격에 현물을 보유함으로써 발생하는 비용을 더하여 계산하는 보유비용모형(cost-of carry model)이다. 보유비용모형을 간단한 예를 통하여 살펴보면 다음과 같다.

예를 들어 4월 1일 금1kg의 가격이 6,000만원이고 보험료를 포함한 보관비용은 1년에 900만원이다. 1년 이자율이 10%일 때 인도일이 1년 후인 선물가격은 얼마인가?

단, 보관비용은 선불조건이라고 가정하자.

금을 보관하는 비용이 실질적으로 900만원이 발생하며 이것은 선불로 지불해야 한다. 또한 금 1kg의 값인 6,000만원과 보관료 900만원에 대한 기회비용을 고려해야 하므로 실질적으로 보유비용은 다음과 같이 계산할 수 있다.

보유비용 = 보관료 + 기회비용
= 900 + (6,000 + 900) × 0.1
= 1,590

따라서 선물가격은 다음과 같다.

선물가격 = 현물가격 + 보유비용
= 6,000 + 1,590
= 7,590

이러한 보유비용모형은 현물을 보유하면서 발생하는 비용과 수익에 따라 다음과 같이 구분해 계산할 수 있다.

1) 비용만 발생하는 경우

선물가격은 현물자산을 구입하여 선물계약의 만기일까지 보유하는데 필요한 비용을 합친 값이다. 따라서 다음과 같이 식으로 나타낼 수 있다.

$$F_t = S_0 + C \tag{15.1}$$

식(15.1)은 선물가격(F_t)과 현물가격(S_t)의 관계를 나타내고 있기 때문에 현물-선물 패리티(spot-futures parity)라고 한다. 이 식에서 보유비용 C는 재고유지비용이라고도 하는데 여기에는 보관료, 보험료, 수송비용 뿐만 아니라 모든 기회비용까지 포함된다. 이와 같은 보유비용을 절대금액으로 나타내면 현물가격에 C를 더한 형태로 나타나지만 현물가격의 일정한 비율로도 나타낼 수 있다.

$$F_t = S_0 \times (1 + r)^t \text{ 또는 } F_t = S_0 \times e^{rt} \tag{15.2}$$

2) 비용과 수익이 발생하는 경우

현물자산을 만기일까지 보관하는 경우 비용만 발생하는 것은 아니다. 경우에 따라서는 현물자산에서 수익이 발생하는 경우도 있다. 이러한 경우에는 수익에 해당하는

만큼을 보유비용에서 빼주어야 한다. 현물을 보유하는 동안 발생한 수익의 만기 때의 가치를 R이라고 하면 가장 단순한 식은 다음과 같다.

$$F_t = S_0 + C - R \tag{15.3}$$

보유비용만이 있는 경우에는 선물가격은 항상 현물가격보다 크다. 하지만 비용과 수익이 동시에 발생하는 경우에는 보유비용과 보유수익의 크기에 따라 선물가격과 현물가격의 크기가 결정된다. 시간이 경과되어 만기가 되면 선물가격과 현물가격의 크기는 일치하게 된다.

3) 베이시스와 스프레드

베이시스(basis)는 어떤 상품의 현물가격과 선물가격의 차이로 정의된다. 선물거래는 상품의 인도·인수와 상품대금의 결제가 거래 당일 이루어지지 않고 일정시점 이후에 이루어지기 때문에 선물가격과 현물가격 간에는 어느 정도의 차이가 나게 마련이다. 이에 따라 베이시스의 크기가 확대되거나 축소됨으로 인해 투자자에게 이익이나 손실이 발생되는 위험을 베이시스 위험(basis risk)이라고 한다. 만일 선물가격과 현물가격이 같은 크기로 변동하면 베이시스가 일정하게 되므로 베이시스 위험은 발생하지 않는다.

선물가격이 현물가격에 비해 높은 상태에 있는 시장 즉, 베이시스가 음(-)인 시장은 정상시장(normal market)이라고 하며, 그 반대의 경우 즉, 베이시스가 양(+)인 시장은 비정상시장(abnormal market 또는 inverted market)이라고 한다. 한편, 정상시장의 경우 이를 콘탱고(contango), 그리고 비정상시장의 경우 이를 백워데이션(backwadation)이라고 부르기도 한다. 콘탱고란 용어는 주로 비철금속 등 상품선물 분야에서 사용되며, 금융선물 분야에서는 베이시스의 개념을 사용한다.

일반적으로 선물시장에서의 선물가격은 만기일에 가까워질수록 현물가격에 수렴하게 되고 만기일에는 선물가격과 현물가격이 일치하게 된다. 즉 만기에 가서는 베이시스가 제로(0)가 된다. 이는 만기가 되는 선물거래는 성격상 현물거래와 같게 되어 만기일의 선물가격은 바로 그 시점의 현물가격이 되며, 만기시점에 가까워짐에도 불구하고 선물가격과 현물가격간에 차이가 발생할 경우에는 차익거래가 일어나기 때문이다. 이처럼 선물이 만기에 다다르면 선물가격과 현물가격이 서로 수렴하는 현상을 인도일 수렴현상(delivery date convergence)이라 한다.

현물가격과 선물가격간의 차이를 베이시스라고 하는 반면, 서로 다른 선물가격간의 차이를 스프레드라고 한다. 이는 선물상품간에 결제일, 선물거래 대상상품, 선물거래소 등의 차이에 따라 상품간 스프레드(inter-commodity spread), 시장간 스프레드(inter-market spread), 결제월간 스프레드(inter-delivery spread) 등 세가지 유형이 있다.

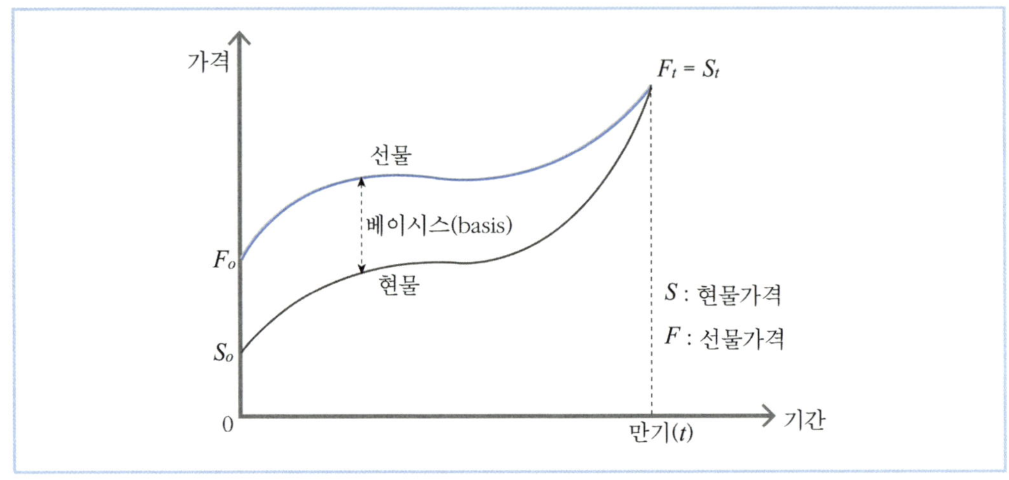

[그림 15-1] 현물가격과 선물가격

4) 선물가격과 기대현물가격

선물가격과 현재의 현물가격과의 관계는 보유비용모형에 의해서 설명되지만 선물가격과 미래의 현물가격의 기댓값의 관계에 대해서는 기대모형가설과 위험프리미엄가설인 백워데이션과 콘탱고 등이 있다.

(1) 기대모형가설

기대모형은 선물계약의 현재가격이 만기의 기대현물가격과는 같다는 가설이다. 선물계약의 만기일에는 선물가격과 현물가격이 일치하므로 선물가격이 기대현물가격에 비해 크다면 차익거래자는 선물을 매도함과 동시에 현물을 매수함으로써 무위험차익을 얻을 것이며, 반대로 선물가격이 기대현물가격보다 낮으면 선물을 매수함과 동시에 현물을 매도함으로써 무위험차익을 얻게 된다.

$$F_t = E(S_t) \tag{15.4}$$

그러나 실제에 있어서는 기대모형에서와 같이 선물가격이 기대현물가격과 완전히 일치하지 않는다. 왜냐하면 거래비용과 시장참여자의 위험선호도(risk preference)가 다르기 때문이다. 즉 시장참여자들 사이에 위험에 대한 태도가 서로 다르게 되면 기대현물가격이 일정한 값으로 수렴하지 않고 분산되기 때문에 선물가격이 어느 특정가격과 일치할 수 없게 된다.

(2) 위험프리미엄가설

선물시장의 평균 투자수익률이 무위험이자율과 같다면 투기자는 선물시장에 참여하지 않을 것이다. 그러나 실제로 선물시장에서 투기거래에 따른 이익은 무위험이자율보다 높게 나타난다. 이와 같이 현재의 선물가격이 미래의 기대현물가격과 차이가 나는 이유로써 다음의 세가지의 경우를 가지고 위험프리미엄 가설을 설명해 보기로 하자.

첫째, 현재의 선물가격이 백워데이션(backwardation)에 따라 움직이는 경우를 생각해 보자. 밀을 생산하는 농부들이 밀가격 하락위험을 헷지하고자 한다면, 이들은 밀 선물거래시장에서 선물을 매도할 것이다. 여기에서는 헷저가 상품의 공급자이다. 이들이 선물을 매도하려면 투기자들이 매입자로 참여해 주어야 거래가 성립될 것이다. 즉 투기자인 선물매입자는 위험을 감수한 대가로 위험 프리미엄(risk premium)인 기대수익을 보상받을 수 있어야, 즉 $E(S_t) - F_t > 0$이어야 거래에 참여할 것이다. 그러므로 선물가격은 기대현물가격보다 낮을 것이고 인도일에 가서는 인도일 수렴현상에 의해 선물가격은 현물가격과 같게 된다.

둘째, 현재의 선물가격이 콘탱고(contango)에 따라 움직이는 경우를 생각해 보자. 제빵업자들이 밀가격의 상승위험을 헷지하고자 한다고 가정하면 이들은 밀선물거래시장에서 선물을 매입할 것이다. 여기에서는 헷저가 상품의 수요자이다. 이들이 선물을 매입하려면 투기자들이 매도자로 참여해 주어야 거래가 성립될 것이다. 즉 투기자인 선물매도자로 하여금 위험을 감수한 대가로 위험 프리미엄인 기대이익을 보상해 주어야, 즉 $F_t - E(S_t) > 0$이어야 이들이 거래에 참여할 것이다. 그래서 선물가격은 기대현물가격보다 높을 것이고 인도일에 가서는 인도일 수렴현상에 의하여 선물가격은 현물가격과 같게 된다.

셋째, 현재 선물가격이 순헷지(net hedge)에 따라 움직이는 경우를 생각해 보자. 이것은 헷저의 수요와 공급자 역할이 시간의 경과에 따라 바뀐다는 것이다. 예컨대 농산물의 경우 수확기 이전에는 헷저가 상품인 농산물을 선물시장에서 매도하려고 하고 수확기 이후에는 매수하려는 경향이 있다. 선물가격도 수확기 이전에는 미래의 기대현물가격보다 하락하고 수확기 이후에는 기대현물가격보다 상승하는 경향이 있을 것이다. 따라서 선물가격은 시간의 흐름에 따라 백워데이션에서 콘탱고로 변화될 것이다. 위의 세 가지 경우를 그림으로 나타낸 것이 [그림 15-2]이다.

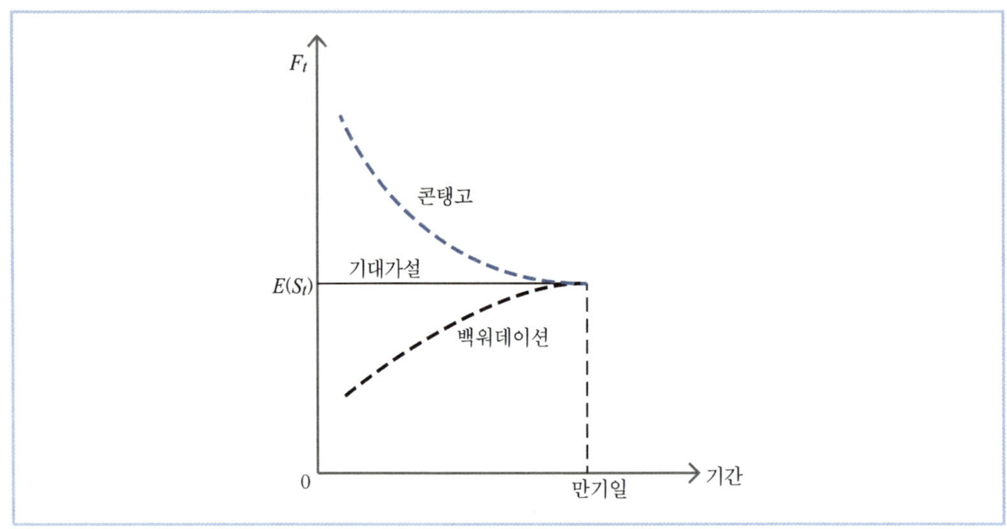

[그림 15-2] 선물가격과 기대현물가격

SECTION 2 옵 션

1. 옵션의 의의

1) 옵션의 정의

옵션(option)이란 일정한 유가증권이나 상품 등을 미리 정하여진 기간, 미리 정해진 가격에 일정한 양을 사거나 팔 수 있는 권리를 부여하는 계약을 의미한다. 특히 옵션은 일정한 계약조건내에서 그 정해진 기초자산을 계약 상대방으로부터 사거나 또는 그에게 팔 수 있는 권리(right)이므로 반드시 그 자산을 사거나 또는 팔아야 할 의무(duty)를 수반하는 것은 아니다.

(1) 콜옵션(call option)

옵션의 가장 기본적인 형태는 콜옵션(call option)과 풋옵션(put option)이다. 콜옵션이란 일정기간, 일정가격에 정해진 기초증권의 일정한 양을 매입할 수 있는 권리이며, 반대로 풋옵션이란 정해진 조건으로 팔 수 있는 권리이다. 또한 옵션은 그 옵션을 정해진 옵션의 만기일에만 행사할 수 있는 유럽식 옵션(European option)과 만기일내에서는 언제라도 옵션의 행사가 허용되는 미국식 옵션(American option)으로 구분된다.

콜옵션은 기초자산(underlying asset)을 그 시장가격과는 관계없이 미리 계약에 의해 정하여진 가격에 살 수 있는 권리이므로 기초증권의 시장가격이 그 옵션의 만기 또는 만기 이내에 적어도 행사가격(exercise price)보다 상승할 것으로 기대되는 투자자들에 의하여 보유된다. 왜냐하면 기초증권의 가격이 그 옵션소유자가 매입할 수 있는, 즉 옵션의 행사가격보다 높을 겨우 옵션 소유자는 실제로는 보다 비싼 증권을 그보다 싼 행사가격에 매입할 수 있으므로 시장가격과 행사가격의 차액이 옵션소유자의 이익이 되기 때문이다.

(2) 풋옵션(put option)

기초증권을 일정기간, 일정한 가격에 일정량을 팔 수 있는 권리인 풋옵션(put option)은 특히 향후 계약기간내에 그 기초증권가격이 행사가격 이하로 하락할 것을 기대하는 투자자들에 의하여 매입된다. 예상대로 증권가격이 행사가격 이하로 하락할 경우 풋옵션 매입자(put buyer)는 기초증권을 행사가격 이하의 시장가격에 매입하여 그 보다 비싼 행사가격에 풋옵션발행자에게 팔 수 있기 때문이다. 만일에 증권가격이 행사가격보다 높아지면 비싼가격에 이를 매입하여 오히려 보다 저렴한 행사가격에 팔 이유가 없으므로 풋옵션을 포기하면 그만이다.

풋옵션을 투자자들이 향후 주가하락을 예상할 때 취할 수 있는 공매 또는 대주와 비교하여 보자. 공매(short-sale)란 투자자들이 현재 소유하지 않은 주식을 증권회사 등으로부터 차입하여 이를 자기명의로 매각하고 일정기간 내에 동일한 증권의 동일량을 상환하는 것이다. 따라서 향후 주가의 하락이 예상되면 현재의 비싼 가격에 이를 공매하고 얼마 후 주가가 그보다 하락하였을 때, 이를 매입하여 동일물량을 상환하면 판가격과 산가격의 차액이 투자자의 이익이 된다.

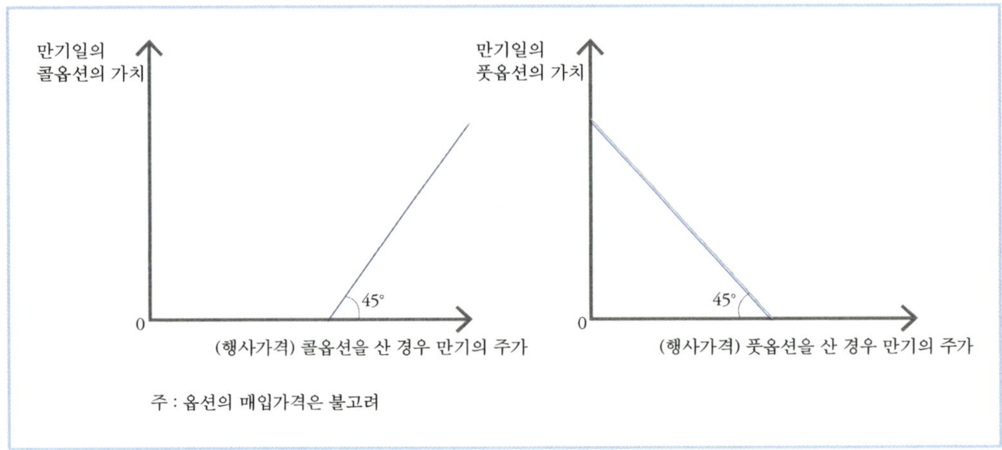

[그림 15-3] 콜옵션과 풋옵션의 만기일 가치

2. 옵션의 가격결정이론

1) 콜옵션의 가격결정

옵션가격 또는 옵션 프리미엄의 결정에 영향을 주는 기본요인으로는 주가와 행사가격의 관계와 옵션만기까지의 기간을 들 수 있다. 옵션 프리미엄의 결정에서 전자는 내재가치(intrinsic value), 후자는 시간가치(time value)로 표현된다.

옵션 프리미엄 = 내재가치 + 시간가치

(1) 내재가치

콜옵션의 내재가치는 다음과 같이 주가에서 행사가격을 뺀 크기의 차이와 0중에서 큰 값을 말한다.

콜옵션의 내재가치 = $\text{Max}[S(t) - E, 0]$ (15.5)

$S(t)$: t일의 주가
E : 행사가격

이 식에서 주가가 행사가격보다 높으면 콜옵션의 내재가치는 양(+)의 값을 갖는데, 이러한 옵션을 ITM(in-the-money option)이라고 한다. 주가가 행사가격보다 낮으면 콜옵션의 내재가치는 음(-)의 값을 갖는데, 이러한 옵션을 OTM(out-of-the-money

option)이라고 한다. 그리고 주가와 행사가격이 동일한 경우에는 콜옵션의 내재가치가 0이 되며, 이러한 옵션을 ATM(at-the-money option)이라고 한다.[89)]

풋옵션의 내재가치는 콜옵션의 경우와 반대로 행사가격에서 주가를 뺀 차이 또는 0 중에서 큰 값이다.

$$\text{풋옵션의 내재가치} = \mathrm{Max}[E - S(t),\ 0] \tag{15.6}$$

따라서 풋옵션의 경우에는 ITM옵션과 OTM옵션이 콜옵션과는 반대로 표현되며, ATM옵션은 콜옵션과 풋옵션의 경우에 서로 동일하다.

(2) 시간가치

콜옵션의 시간가치는 만기까지의 기간이 길수록 높게 나타나고 만기일이 가까워지면 시간가치는 점차 감소하며, 만기일이 되면 시간가치가 0이 된다. 따라서 다른 조건이 모두 동일하다면 옵션만기까지의 기간이 길수록 콜옵션의 프리미엄은 다음과 같이 높게 나타난다.

$$C[S(t),\ T_1,\ E] < C[S(t),\ T_2,\ E] \tag{15.7}$$

T : 옵션만기까지의 기간($T_1 < T_2$)

3. 콜옵션 가격범위

콜옵션가격의 범위는 다음과 같은 세 개의 부등식으로 표현된다.

첫째, 콜옵션가격의 상한선은 $C \leq S$이다(단 C : 콜옵션가격, S : 기초주식의 가격), 즉 콜옵션가격이 주가보다 상승하면 기초주식을 직접 매입하는 것이 콜옵션을 매입하는 것보다 유리하기 때문에, 콜옵션가격이 주가보다 클 수는 없다는 것을 의미한다.

둘째, 콜옵션가격의 하한선은 $C \geq S - Ee^{-R_F T}$이다(단, $Ee^{-R_F T}$는 행사가격의 현재가치〈present value〉임).

셋째, 또 다른 콜옵션가격의 하한선은 $C \geq 0$이다. 콜옵션가격이 음(-)의 값이 된다는 것은 콜옵션 발행자가 콜옵션 매입자에게 프리미엄을 지불한다는 의미가 되므로, 이러한 현상은 있을 수 없기 때문에 콜옵션은 음(-)의 값을 가질 수 없다.

89) ITM을 내가격, OTM을 외가격, ATM을 등가격이라고 한다.

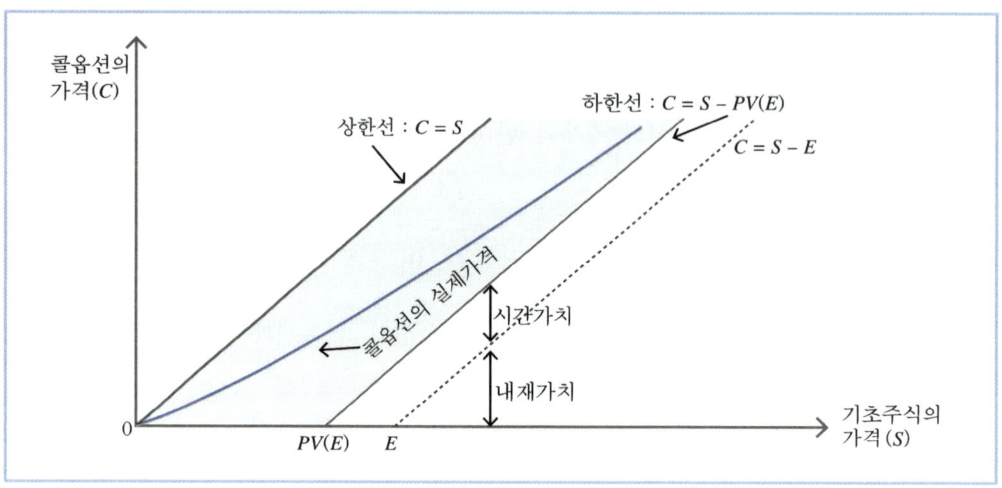

[그림 15-4] 콜옵션의 가격범위

4. 블랙-숄즈의 콜옵션가격결정이론

블랙-숄즈(Black-Scholes)는 완전시장과 무배당을 전제로 주가는 연속적으로 변하고 무위험이자율은 일정하며 주가변동성은 시간의 경과에 따라 일정하다는 가정하에, 콜옵션가격결정모형을 개발하였다. 그들은 배당이 지급되지 않은 주식을 기초주식으로 하는 유럽식 콜옵션의 가격결정모형을 개발하였지만, 배당을 지급하는 주식을 기초주식으로 하는 미국식 콜옵션에도 적용된다.

블랙-숄즈의 유럽식 콜옵션가격결정모형은 다음과 같이 표현된다.

$$C = SN(d_1) - Ee^{-R_F T}N(d_2) \tag{15.8}$$

$$d_1 = \frac{\ln[S/E] - (R_F + 0.5\sigma^2)T}{\sigma\sqrt{T}}$$

$$d_2 = d_1 - \sigma\sqrt{T}$$

e = 2.71828 ⋯ , 자연로그의 밑수

C : 콜옵션의 가격

S : 현재의 주가

E : 행사가격

T : 만기까지의 기간(년수)

R_F : 무위험이자율

σ　　: 주가의 변동성
$N(d)$: d점에서의 누적표준정규분포의 값

예를 들어 S = 44.375달러, E = 45달러, σ = 0.31, R_F = 0.07이라고 가정할 때 156일 남은 콜옵션의 가격을 구하면 다음과 같다.

$$T = 156일/365일 = 0.4274$$

$$d_1 = \frac{\ln[S/E] + (R_F + 0.5\sigma^2)T}{\sigma\sqrt{T}}$$

$$= \frac{\ln(44.375/45) + [0.07 + (0.5)(0.31)^2](0.4274)}{0.31\sqrt{0.4274}}$$

$$= 0.18$$

$$d_2 = d_1 - \sigma\sqrt{T} = 0.18 - 0.31\sqrt{0.4274} = -0.02$$

$$N(d_1) = N(0.18) = 0.5714$$

$$N(d_2) = N(-0.02) = 0.4920$$

$$\therefore C = (44.375)(0.5714) - (45)e^{-(0.07)(0.4274)}(0.4920) = 3.87달러$$

위 식에서 콜옵션의 가격은 다음의 다섯 가지 요인에 의해 결정된다.
첫째, 주가(S)가 상승하면 콜옵션의 가격은 상승한다.
둘째, 행사가격(E)이 상승하면 콜옵션의 가격은 하락한다.
셋째, 무위험이자율(R_F)이 상승하면 콜옵션의 가격이 상승한다.
넷째, 만기까지의 기간(T)이 길어지면 콜옵션의 가격이 상승한다.
다섯째, 주가의 변동성(σ)이 증가할수록 콜옵션의 가격이 상승한다.

풋옵션의 가격에 미치는 영향중 주가, 행사가격, 무위험이자율의 세요인은 콜옵션 가격에 미치는 영향과 반대로 나타나며, 만기까지의 기간 및 주가변동성은 콜옵션 가격에 미치는 영향과 동일하게 나타난다. 이를 요약하면 〈표 15-2〉와 같으며, (+, −)는 가격결정요인의 증가가 옵션가격에 미치는 영향, 즉 (+)는 가격상승, (−)는 가격하락의 영향을 의미한다.

제15장

〈표 15-2〉 옵션가격의 결정요인

결정요인	콜옵션	풋옵션
주 가(S)	+	−
행사가격(E)	−	+
무위험이자율(R_F)	+	−
만기까지 기간(T)	+	+
주가변동성(σ)	+	+

5. 풋-콜 패리티

풋옵션의 가격은 풋-콜 패리티(put-call parity)식을 이용하여 구할 수 있다. 풋-콜 패리티는 시장균형 하에서 기초주식, 만기 및 행사가격이 동일한 콜옵션가격간의 균형 관계를 나타낸다. 풋-콜 패리티는 아래 식으로 표현된다.

$$\text{풋옵션가격}(P) = \text{콜옵션가격}(C) + \text{행사가격의 현가}(Ee^{-R_FT}) - \text{주가}(S) \quad (15.9)$$

이 풋-콜 패리티에서 행사가격은 이미 고정된 가격이고 주가도 시장에서 주어지므로 콜옵션가격만 알면 풋옵션가격을 계산할 수 있다.

만일 옵션시장에서 풋옵션가격과 콜옵션가격의 균형관계가 일시적으로 풋-콜 패리티 식을 이탈하면 옵션차익거래(option arbitrage)가 발생한다. 옵션시장에서 풋옵션가격이 콜옵션가격보다 상대적으로 낮게 평가($P < C + E_e^{-R_FT} - S$)되어 있다고 하자. 이 경우에는 차익거래자가 기초주식을 매입하고 과대평가된 콜옵션을 매도하며 과소평가된 풋옵션을 매입함으로써 차익거래이익을 얻게 된다.

또 풋옵션가격이 콜옵션가격보다 상대적으로 높게 평가($P > C + E_e^{-R_FT} - S$)되어 있다고 하자. 이 경우에는 차익거래자가 기초주식을 공매하고 과대평가된 풋옵션을 매도하며 과소평가된 콜옵션을 매입함으로써 차익거래이익을 얻게 된다.

SECTION 3 옵션가격결정모형의 응용

옵션가격결정모형은 옵션의 가격을 계산하기 위하여 개발되었지만 최근에는 기업의 재무관리분야에서도 널리 응용되고 있다. 옵션모형을 통하여 기업의 다양한 재무의사결정문제를 살펴보면 새로운 시각에서 문제를 파악할 수 있다. 이와 관련하여 먼저 기업이 발행한 주식과 사채에 내포되어 있는 옵션적 성격을 살펴보고, 투자안의 선택과 배당지급과 같은 재무의사결정에 포함된 옵션적 성격과 마지막으로 실물투자에 내재되어 있는 특성을 옵션모형으로 어떻게 설명할 수 있는지에 대해 살펴보고자 한다.

1. 주식과 채권

옵션이론은 기업의 다양한 재무관리 분야에서 널리 활용되고 있다. 블랙과 숄즈는 1973년에 옵션의 가치를 계산하기 위하여 옵션가격결정모형을 제시하면서, 이 모형이 주식의 가치계산에도 적용될 수 있다고 밝혔다. 부채기업에서 발행한 주식은 기업의 가치를 기초자산으로 하는 콜옵션과 실질적으로 동일하다. 주식을 하나의 콜옵션으로 파악할 수 있다는 이론을 설명하기 위해 먼저 간단한 예를 들어보자.

어떤 기업이 주식과 채권의 두 가지 유가증권을 통하여 자금을 조달하였다. 이 때 기업이 발행한 채권은 당연히 무위험채권이 아니라 위험채권이며, 채권을 통하여 자금을 조달한 기업을 부채기업이다. 또한 모든 자금을 주식을 통해서만 조달하였다면 이 기업은 무부채기업이다. 기업이 발행한 채권은 표면금리가 없고, 발행액은 D, 만기는 발행일로부터 T년 후이다. 이 채권은 기업의 자산이 유일한 담보이며, 외부기관의 보증 등과 같은 추가적인 보증이나 담보는 없다. 채권소유자는 채권만기일 이전에는 기업에 대해서 아무런 권한이 없다. 예를 들어 기업의 경영이 잘못되어 가고 있으며 채권만기일 이전에 파산할 것으로 예상된다고 하더라도 만기일 이전에는 강제로 파산시킬 수 없다. 또한 기업은 배당을 지급하지 않는다고 가정하자.

이제 앞에서 배운 (15.9)의 풋-콜패리티 식을 다음과 같이 정리해 보자.

$$S + P = C + D \tag{15.10}$$

제15장

주식콜옵션 C는 주식 1주의 가치인 S를 기초자산으로 한다.

이제 우리가 예로 들었던 기업의 시장가치를 V라고 하면, 부채기업의 주식 S는 기업의 가치를 기초자산으로 하는 콜옵션과 동일하다. 왜 그럴까? 주주는 만기일에 기업의 시장가치 V가 채권의 상환액인 D보다 크면 채권을 상환하고 $V-D$만큼의 초과분을 자신의 것으로 가지게 된다. 만약 만기일에 기업의 시장가치 V가 채권의 상환액인 D보다 작으면 어떻게 할까? 기업의 모든 자산을 팔아보아도 그 금액이 V이며 이 금액으로는 채권의 상환액인 D를 갚을 수 없다면 어떻게 할까? 주주는 파산을 선택하고 기업의 소유권을 채권소유자들에게 넘기는 결정을 하게 된다. 이 경우 채권소유자들은 자신이 받아야 하는 원금인 D보다 작은 V만을 받게 되어 실질적으로 $D-V$만큼 손해를 보게 된다(주주들이 자신의 개인 재산을 가지고 $D-V$만큼의 차액을 채권자들에게 주지는 않을 것이다). 이 상황을 잘 생각해보면 주주들에게 하나의 선택권이 있어서 이를 자신이 유리한 경우 그 권리를 행사한 것으로 볼 수 있다. 마치 주식콜옵션을 가지고 있던 옵션소유자가 주식의 시장가격이 자신에게 유리하면 그 주식을 매입하고 주식의 시장가격이 자신에게 불리하면 행사를 포기하는 것과 동일한 것이다. 주주는 자기가 가지고 있던 주식에 대해서 기업의 시장가치가 유리하면 권리를 행사하여 기업의 소유권을 계속 가지고 있고, 기업의 시장가치가 불리하면 소유의 권리를 포기해버리는 것이다. 따라서 채권만기일에 주주의 가치인 S는 다음과 같이 나타낼 수 있다.

$$S = MAX[0,\ V-D] \tag{15.11}$$

한편, 위의 (15.10)의 풋-콜패리티 식에서 기초자산 S 대신에 V 를 대입하고, 콜옵션 C 대신에 S 를 대입하여 다시 정리하면 다음과 같은 식을 볼 수 있다.

$$V = (D-P) + S \tag{15.12}$$

부채기업의 가치 V는 두 부분으로 구성되어 있음을 알 수 있다. 지분의 형태인 S는 콜옵션이고, 위험부채부분인 $(D-P)$은 무위험부채인 D의 현재가치에서 유러피안 풋옵션 P의 가치를 빼준 것이다. 만기일에 부채소유자는 다음과 같은 금액을 받게 될 것이다.

$$D-P = MIN[V,\ D] \tag{15.13}$$

이 부분에서 약간 이해가 잘 안된다고 생각할 수도 있다. 왜 채권이 풋옵션과 관련이 생겼을까? 기업에서 발행하는 채권은 무위험채권이 아니라 위험채권이다. 위험채권의 가치가 D라면 위험채권의 가치는 무위험채권의 가치보다 적을 것이다. 위험채권은 만기일에 원금을 상환받지 못하는 위험이 있는 채권이기 때문에 무위험채권보다 싼 가격으로 거래될 것이기 때문이다. 위험채권의 위험부분의 크기를 나타내는 부분이 풋옵션 P이다. 채권소유자는 기업이 발행한 채권을 구입할 때 무위험채권보다 풋옵션의 크기만큼 싸게 채권을 구입한 것이다. 주주와 채권자가 부채만기일에 어떤 상황에 있는지 〈표 15-3〉과 같이 정리할 수 있다.

〈표 15-3〉 부채만기일에 주주와 채권자의 입장

	만기일의 상황	
	$V \leq D$	$V > D$
주주의 입장		
콜옵션으로서의 주식 S	0	$(V-D)$
채권자의 입장		
무위험채권	D	D
풋옵션 P	$-(D-V)$	0
채권의 가치	V	D
기업전체	$0+V=V$	$(V-D)+D=V$

우리가 생각하고 있는 기업은 세금도 없고, 파산할 때 파산비용도 발생하지 않는 상황에서 운영되고 있는 기업이다. 채권만기일에 기업의 모든 가치는 주주와 채권자가 나누어 갖게 된다. 기업이 성공적으로 운영되었으면 기업의 가치 V는 채권상환액인 D보다 클 것이다. 이 경우 채권자는 위험채권의 만기상환액 D를 받게 된다. 이 경우 채권자가 발행한 풋옵션 P는 그 가치를 상실하게 되어 행사되지 않을 것이다. 만약 기업이 파산하게 되면 어떤 일이 발생하는가? 채권자는 만기일에 위험채권의 상환액인 D를 받게 되지만 풋옵션을 행사받게 되어 $(D-V)$만큼을 지불해야 한다. 결과적으로 기업이 파산하게 되면 채권자는 기업의 가치인 V를 지급받게 되는 것이다.

2. 주식-채권의 옵션적 성격과 재무의사결정

주식과 채권을 옵션으로 파악할 수 있다는 사실이 중요한 이유는 기업의 재무의사결정을 이해하는데 도움이 되기 때문이다. 기업의 재무의사결정은 주주들에게 권한이 있으며, 주주들은 자신에게 유리한 방향으로 결정을 내리게 된다. 주주들에게 유리한 방향이란 주식의 가치가 커지도록 하는 기준을 의미한다.

콜옵션은 기초자산의 분산이 커질수록 그 가치는 커진다. 그렇다면 콜옵션의 성격을 갖는 주식은 어떨까? 주식의 기초자산은 기업의 가치가 되므로 기업의 가치의 분산이 커질수록 주식의 가치는 증가한다. 기업의 가치는 기업의 이익에 따라 결정되므로 기업의 이익의 분산이 커질수록 기업의 가치의 분산도 커진다. 결국 주주들은 기업의 이익의 분산이 커지는 방향으로 의사결정을 내리는 것이 유리하다. 따라서 주주들은 기대수익이 같은 투자안이 여러 개 있고 그 중에서 하나를 골라야 한다면 투자안 중 분산이 가장 큰 투자안을 고르는 것이 유리하다.

먼저 옵션으로서의 주식의 가치를 계산하는 예를 들어보자. 어떤 기업의 총자산이 100억원이고 이 자산의 표준편차는 40%이다. 또한 부채의 액면가치는 80억원이고 10년만기 무이표채라고 가정한다. 만약 10년만기 국채의 수익률이 10%라면 주식의 가치는 얼마인가? 이 기업의 회사채의 만기수익률은 얼마인가?

얼핏보면 이러한 문제는 정보가 부족하기 때문에 풀 수 없는 것처럼 보인다. 하지만 콜옵션모형을 이용하면 가능하다. 콜옵션으로서의 주식과 관련된 변수의 값은 다음과 같이 정리할 수 있다.

기초자산의 가치	= 기업의 가치	= 100억원
행사가격	= 채권의 액면가치	= 80억원
옵션의 만기	= 무이표채의 만기	= 10년
기초자산 가치의 분산	= 기업가치의 분산	$= (0.4)^2 = 0.16$
무위험이자율	= 옵션만기와 동일한 국채의 수익률	= 10%

이러한 자료가 있으면 블랙-숄즈의 공식에 따라 계산이 가능하다. 기초적인 계산결과를 보면 다음과 같다.

$d_1 = 1.5994 \qquad N(d_1) = 0.9451$

$d_2 = 0.3345 \qquad N(d_2) = 0.6310$

콜옵션으로서의 주식가치 = $100(0.9451) - 80e^{(-0.10)(10)}(0.6310) = 75.94$억원

부채의 가치 = $100 - 75.94 = 24.06$억원

채권의 만기수익률 = $\left(\dfrac{80}{24.06}\right)^{\frac{1}{10}} - 1 = 12.77\%$

이제 주주에게 여러 투자안이 주어졌는데 그 중에서 순현재가치가 -2억원인 투자안을 선택하였다고 하자. 이 투자안은 매우 위험한 투자라서 기업가치의 표준편차를 40%에서 50%로 높인다고 하자. 콜옵션으로서 주식의 가치가 어떻게 변하는지 살펴보자. 콜옵션의 가치를 블랙-숄즈 공식으로 풀기 위하여 다음과 같이 변수값을 정리한다.

기초자산의 가치	= 기업의 가치	= 100억원 - 2억원 = 98억원
행사가격	= 채권의 액면가치	= 80억원
옵션의 만기	= 무이표채의 만기	= 10년
기초자산 가치의 분산	= 기업가치의 분산	= $(0.5)^2 = 0.25$
무위험이자율	= 옵션만기와 동일한 국채의 수익률	= 10%

이러한 자료가 있으면 블랙-숄즈의 공식에 따라 계산이 가능하다. d_1, d_2, $N(d_1)$, $N(d_2)$ 의 값은 각자 계산해 보도록 한다.

콜옵션으로서의 주식가치 = 77.71억원

부채의 가치 = $98 - 77.71 = 20.29$억원

이 결과를 보면 기업가치는 2억원이 줄어들었는데 주식의 가치는 1.77억원이 오히려 증가하였다. 기업가치의 감소분과 주식가치의 증가분은 모두 채권가치의 감소에 의해 이루어진 것이다.

제15장

연습문제

1. 선물계약(futures contract)과 선도계약(forward contract)의 차이를 설명하라.

2. 매매거래 목적에 의한 선물거래의 종류를 설명하라.

3. 선물가격과 미래현물가격에 관한 가설에 대해 설명하라.

4. 옵션과 관련하여 다음의 용어를 설명하라.
   a) 내재가치(intrinsic value)와 시간가치(time value)
   b) 내가격(in-the-money), 외가격(out-the-money), 등가격(at-the-money)

5. 콜옵션가격의 범위를 설명하라.

6. 옵션가격을 결정하는 5개의 결정요인과 옵션가격에 미치는 방향을 설명하라.

7. 풋-콜 패리티(put-call parity)를 설명하라.

8. 주식과 채권을 이용하여 옵션모형을 기업재무에 어떻게 응용할 수 있는지를 설명하라.

9. 풋-콜 패리티(put-call parity)를 이용하여 다음의 자료에 의해 풋옵션의 균형가격을 구하라.

• 기초주식의 가격 : 22달러	• 행사가격 :20달러
• 옵션의 잔여만기 : 6개월	• 무위험 이자율 : 년 10%
• 콜옵션의 가격 : 3.5달러	

10. 문제 9)에서 풋옵션의 가격이 0.8달러이면, 어떠한 차익거래 전략이 가능할까? 그리고 그에 따른 이익은 얼마인가?

제15장

부록

〈표 1〉 미래가치이자요소(FVIF)

$$FVIF(r,\ n) = (1 + r)^n \quad (r = \text{기간당 이자율},\ n = \text{기간})$$

이자율(R) / 기간(n)	1%	2%	3%	4%	5%	6%	7%	8%	9%	10%
1	1.0100	1.0200	1.0300	1.0400	1.0500	1.0600	1.0700	1.0800	1.0900	1.1000
2	1.0201	1.0404	1.0609	1.0816	1.1025	1.1236	1.1449	1.1664	1.1881	1.2100
3	1.0303	1.0612	1.0927	1.1249	1.1576	1.1910	1.2250	1.2597	1.2950	1.3310
4	1.0406	1.0824	1.1255	1.1699	1.2155	1.2625	1.3108	1.3605	1.4116	1.4641
5	1.0510	1.1041	1.1593	1.2167	1.2763	1.3382	1.4026	1.4693	1.5386	1.6105
6	1.0615	1.1262	1.1941	1.2653	1.3401	1.4185	1.5007	1.5869	1.6771	1.7716
7	1.0721	1.1487	1.2299	1.3159	1.4071	1.5036	1.6058	1.7138	1.8280	1.9487
8	1.0829	1.1717	1.2668	1.3686	1.4775	1.5938	1.7182	1.8509	1.9926	2.1436
9	1.0937	1.1951	1.3048	1.4233	1.5513	1.6895	1.8385	1.9990	2.1719	2.3579
10	1.1046	1.2190	1.3439	1.4802	1.6289	1.7908	1.9672	2.1589	2.3674	2.5937
11	1.1157	1.2434	1.3842	1.5395	1.7103	1.8983	2.1049	2.3316	2.5804	2.8531
12	1.1268	1.2682	1.4258	1.6010	1.7959	2.0122	2.2522	2.5182	2.8127	3.1384
13	1.1381	1.2936	1.4685	1.6651	1.8856	2.1329	2.4098	2.7196	3.0658	3.4523
14	1.1495	1.3195	1.5126	1.7317	1.9799	2.2609	2.5785	2.9372	3.3417	3.7975
15	1.1610	1.3459	1.5580	1.8009	2.0789	2.3966	2.7590	3.1722	3.6425	4.1772
16	1.1726	1.3728	1.6047	1.8730	2.1829	2.5404	2.9522	3.4259	3.9703	4.5950
17	1.1843	1.4002	1.6528	1.9479	2.2920	2.6928	3.1588	3.7000	4.3276	5.0545
18	1.1961	1.4282	1.7024	2.0258	2.4066	2.8543	3.3799	3.9960	4.7171	5.5599
19	1.2081	1.4568	1.7535	2.1068	2.5270	3.0256	3.6165	4.3157	5.1417	6.1159
20	1.2202	1.4859	1.8061	2.1911	2.6533	3.2071	3.8697	4.6610	5.6044	6.7275
21	1.2324	1.5157	1.8603	2.2788	2.7860	3.3996	4.1406	5.0338	6.1088	7.4002
22	1.2447	1.5460	1.9161	2.3699	2.9253	3.6035	4.4304	5.4365	6.6586	8.1403
23	1.2572	1.5769	1.9736	2.4647	3.0715	3.8197	4.7405	5.8715	7.2579	8.9543
24	1.2697	1.6084	2.0328	2.5633	3.2251	4.0489	5.0724	6.3412	7.9111	9.8497
25	1.2824	1.6406	2.0938	2.6658	3.3864	4.2919	5.4274	6.8485	8.6231	10.835
26	1.2953	1.6734	2.1566	2.7725	3.5557	4.5494	5.8074	7.3964	9.3992	11.918
27	1.3082	1.7069	2.2213	2.8834	3.7335	4.8223	6.2139	7.9881	10.245	13.110
28	1.3213	1.7410	2.2879	2.9987	3.9201	5.1117	6.6488	8.6271	11.167	14.421
29	1.3345	1.7758	2.3566	3.1187	4.1161	5.4184	7.1143	9.3173	12.172	15.863
30	1.3478	1.8114	2.4273	3.2434	4.3219	5.7435	7.6123	10.063	13.268	17.449
35	1.4166	1.9999	2.8139	3.9461	5.5160	7.6861	10.677	14.785	20.414	28.102
40	1.4889	2.2080	3.2620	4.8010	7.0400	10.286	14.974	21.725	31.409	45.259
45	1.5648	2.4379	3.7816	5.8412	8.9850	13.765	21.002	31.920	48.327	72.890
50	1.6446	2.6916	4.3839	7.1067	11.467	18.420	29.457	46.902	74.358	117.39

이자율(R) 기간(n)	11%	12%	13%	14%	15%	16%	17%	18%	19%	20%
1	1.1100	1.1200	1.1300	1.1400	1.1500	1.1600	1.1700	1.1800	1.1900	1.2000
2	1.2321	1.2544	1.2769	1.2996	1.3225	1.3456	1.3689	1.3924	1.4161	1.4400
3	1.3676	1.4049	1.4429	1.4815	1.5209	1.5609	1.6016	1.6430	1.6852	1.7280
4	1.5181	1.5735	1.6305	1.6890	1.7490	1.8106	1.8739	1.9388	2.0053	2.0736
5	1.6851	1.7623	1.8424	1.9254	2.0114	2.1003	2.1924	2.2878	2.3864	2.4883
6	1.8704	1.9738	2.0820	2.1950	2.3131	2.4364	2.5652	2.6996	2.8398	2.9860
7	2.0762	2.2107	2.3526	2.5023	2.6600	2.8262	3.0012	3.1855	3.3793	3.5832
8	2.3045	2.4760	2.6584	2.8526	3.0590	3.2784	3.5115	3.7589	4.0214	4.2998
9	2.5580	2.7731	3.0040	3.2519	3.5179	3.8030	4.1084	4.4355	4.7854	5.1598
10	2.8394	3.1058	3.3946	3.7072	4.0456	4.4114	4.8068	5.2338	5.6947	6.1917
11	3.1518	3.4785	3.8359	4.2262	4.6524	5.1173	5.6240	6.1759	6.7767	7.4301
12	3.4985	3.8960	4.3345	4.8179	5.3503	5.9360	6.5801	7.2876	8.0642	8.9161
13	3.8833	4.3635	4.8980	5.4924	6.1528	6.8858	7.6987	8.5994	9.5964	10.699
14	4.3104	4.8871	5.5348	6.2613	7.0757	7.9875	9.0075	10.147	11.420	12.839
15	4.7846	5.4736	6.2543	7.1379	8.1371	9.2655	10.539	11.974	13.590	15.407
16	5.3109	6.1304	7.0673	8.1372	9.3576	10.748	12.330	14.129	16.172	18.488
17	5.8951	6.8660	7.9861	9.2765	10.761	12.468	14.426	16.672	19.244	22.186
18	6.5436	7.6900	9.0243	10.575	12.375	14.463	16.879	19.673	22.901	26.623
19	7.2633	8.6128	10.197	12.056	14.232	16.777	19.748	23.214	27.252	31.948
20	8.0623	9.6463	11.523	13.743	16.367	19.461	23.106	27.393	32.429	38.338
21	8.9492	10.804	13.021	15.668	18.822	22.574	27.034	32.324	38.591	46.005
22	9.9336	12.100	14.714	17.861	21.645	26.186	31.629	38.142	45.923	55.206
23	11.026	13.552	16.627	20.362	24.891	30.376	37.006	45.008	54.649	66.247
24	12.239	15.179	18.788	23.212	28.625	35.236	43.297	53.109	65.032	79.497
25	13.585	17.000	21.231	26.462	32.919	40.874	50.658	62.669	77.388	95.396
26	15.080	19.040	23.991	30.167	37.857	47.414	59.270	73.949	92.092	114.48
27	16.739	21.325	27.109	34.390	43.535	55.000	69.345	87.260	109.59	137.37
28	18.580	23.884	30.633	39.204	50.066	63.800	81.134	102.97	130.41	164.84
29	20.624	26.750	34.616	44.693	57.575	74.009	94.927	121.50	155.19	197.81
30	22.892	29.960	39.116	50.950	66.212	85.850	111.06	143.37	184.68	237.38
35	38.575	52.800	72.069	98.100	133.18	180.31	243.50	328.00	440.70	590.67
40	65.001	93.051	132.78	188.88	267.86	378.72	533.87	750.38	1051.7	1469.8
45	109.53	163.99	244.64	363.68	538.77	795.44	1170.5	1716.7	2509.7	3657.3
50	184.56	289.00	450.74	700.23	1083.7	1670.7	2566.2	3927.4	5988.9	9100.4

〈표 2〉 현재가치이자요소(PVIF)

$$PVIF(r, n) = \frac{1}{(1+r}\text{)}^n \quad (r = \text{기간당 이자율},\ n = \text{기간})$$

이자율(R) / 기간(n)	1%	2%	3%	4%	5%	6%	7%	8%	9%	10%
1	0.9901	0.9804	0.9709	0.9615	0.9524	0.9434	0.9346	0.9259	0.9174	0.9091
2	0.9803	0.9612	0.9426	0.9246	0.9070	0.8900	0.8734	0.8573	0.8417	0.8264
3	0.9706	0.9423	0.9151	0.8890	0.8638	0.8396	0.8163	0.7938	0.7722	0.7513
4	0.9610	0.9238	0.8885	0.8548	0.8227	0.7921	0.7629	0.7350	0.7084	0.6830
5	0.9515	0.9057	0.8626	0.8219	0.7835	0.7473	0.7130	0.6806	0.6499	0.6209
6	0.9420	0.8880	0.8375	0.7903	0.7462	0.7050	0.6663	0.6302	0.5963	0.5645
7	0.9327	0.8706	0.8131	0.7599	0.7107	0.6651	0.6227	0.5835	0.5470	0.5132
8	0.9235	0.8535	0.7894	0.7307	0.6768	0.6274	0.5820	0.5403	0.5019	0.4665
9	0.9143	0.8368	0.7664	0.7026	0.6446	0.5919	0.5439	0.5002	0.4604	0.4241
10	0.9053	0.8203	0.7441	0.6756	0.6139	0.5584	0.5083	0.4632	0.4224	0.3855
11	0.8963	0.8043	0.7224	0.6496	0.5847	0.5268	0.4751	0.4289	0.3875	0.3505
12	0.8874	0.7885	0.7014	0.6246	0.5568	0.4970	0.4440	0.3971	0.3555	0.3186
13	0.8787	0.7730	0.6810	0.6006	0.5303	0.4688	0.4150	0.3677	0.3262	0.2897
14	0.8700	0.7579	0.6611	0.5775	0.5051	0.4423	0.3878	0.3405	0.2992	0.2633
15	0.8613	0.7430	0.6419	0.5553	0.4810	0.4173	0.3624	0.3152	0.2745	0.2394
16	0.8528	0.7284	0.6232	0.5339	0.4581	0.3936	0.3387	0.2919	0.2519	0.2176
17	0.8444	0.7142	0.6050	0.5134	0.4363	0.3714	0.3166	0.2703	0.2311	0.1978
18	0.8360	0.7002	0.5874	0.4936	0.4155	0.3503	0.2959	0.2502	0.2120	0.1799
19	0.8277	0.6864	0.5703	0.4746	0.3957	0.3305	0.2765	0.2317	0.1945	0.1635
20	0.8195	0.6730	0.5537	0.4564	0.3769	0.3118	0.2584	0.2145	0.1784	0.1486
21	0.8114	0.6598	0.5375	0.4388	0.3589	0.2942	0.2415	0.1987	0.1637	0.1351
22	0.8034	0.6468	0.5219	0.4220	0.3418	0.2775	0.2257	0.1839	0.1502	0.1228
23	0.7954	0.6342	0.5067	0.4057	0.3256	0.2618	0.2109	0.1703	0.1378	0.1117
24	0.7876	0.6217	0.4919	0.3901	0.3101	0.2470	0.1971	0.1577	0.1264	0.1015
25	0.7798	0.6095	0.4776	0.3751	0.2953	0.2330	0.1842	0.1460	0.1160	0.0923
26	0.7720	0.5976	0.4637	0.3607	0.2812	0.2198	0.1722	0.1352	0.1064	0.0839
27	0.7644	0.5859	0.4502	0.3468	0.2678	0.2074	0.1609	0.1252	0.0976	0.0763
28	0.7568	0.5744	0.4371	0.3335	0.2551	0.1956	0.1504	0.1159	0.0895	0.0693
29	0.7493	0.5631	0.4243	0.3207	0.2429	0.1846	0.1406	0.1073	0.0822	0.0630
30	0.7419	0.5521	0.4120	0.3083	0.2314	0.1741	0.1314	0.0994	0.0754	0.0573
35	0.7059	0.5000	0.3554	0.2534	0.1813	0.1301	0.0937	0.0676	0.0490	0.0356
40	0.6717	0.4529	0.3066	0.2083	0.1420	0.0972	0.0668	0.0460	0.0318	0.0221
45	0.6391	0.4102	0.2644	0.1712	0.1113	0.0727	0.0476	0.0313	0.0207	0.0137
50	0.6080	0.3715	0.2281	0.1407	0.0872	0.0543	0.0339	0.0213	0.0134	0.0085

이자율(R) / 기간(n)	11%	12%	13%	14%	15%	16%	17%	18%	19%	20%
1	0.9009	0.8929	0.8850	0.8772	0.8696	0.8621	0.8547	0.8475	0.8403	0.8333
2	0.8116	0.7972	0.7831	0.7695	0.7561	0.7432	0.7305	0.7182	0.7062	0.6944
3	0.7312	0.7118	0.6931	0.6750	0.6575	0.6407	0.6244	0.6086	0.5934	0.5787
4	0.6587	0.6355	0.6133	0.5921	0.5718	0.5523	0.5337	0.5158	0.4987	0.4823
5	0.5935	0.5674	0.5428	0.5194	0.4972	0.4761	0.4561	0.4371	0.4190	0.4019
6	0.5346	0.5066	0.4803	0.4556	0.4323	0.4104	0.3898	0.3704	0.3521	0.3349
7	0.4817	0.4523	0.4251	0.3996	0.3759	0.3538	0.3332	0.3139	0.2959	0.2791
8	0.4339	0.4039	0.3762	0.3506	0.3269	0.3050	0.2848	0.2660	0.2487	0.2326
9	0.3909	0.3606	0.3329	0.3075	0.2843	0.2630	0.2434	0.2255	0.2090	0.1938
10	0.3522	0.3220	0.2946	0.2697	0.2472	0.2267	0.2080	0.1911	0.1756	0.1615
11	0.3173	0.2875	0.2607	0.2366	0.2149	0.1954	0.1778	0.1619	0.1476	0.1346
12	0.2858	0.2567	0.2307	0.2076	0.1869	0.1685	0.1520	0.1372	0.1240	0.1122
13	0.2575	0.2292	0.2042	0.1821	0.1625	0.1452	0.1299	0.1163	0.1042	0.0935
14	0.2320	0.2046	0.1807	0.1597	0.1413	0.1252	0.1110	0.0985	0.0876	0.0779
15	0.2090	0.1827	0.1599	0.1401	0.1229	0.1079	0.0949	0.0835	0.0736	0.0649
16	0.1883	0.1631	0.1415	0.1229	0.1069	0.0930	0.0811	0.0708	0.0618	0.0541
17	0.1696	0.1456	0.1252	0.1078	0.0929	0.0802	0.0693	0.0600	0.0520	0.0451
18	0.1528	0.1300	0.1108	0.0946	0.0808	0.0691	0.0592	0.0508	0.0437	0.0376
19	0.1377	0.1161	0.0981	0.0829	0.0703	0.0596	0.0506	0.0431	0.0367	0.0313
20	0.1240	0.1037	0.0868	0.0728	0.0611	0.0514	0.0433	0.0365	0.0308	0.0261
21	0.1117	0.0926	0.0768	0.0638	0.0531	0.0443	0.0370	0.0309	0.0259	0.0217
22	0.1007	0.0826	0.0680	0.0560	0.0462	0.0382	0.0316	0.0262	0.0218	0.0181
23	0.0907	0.0738	0.0601	0.0491	0.0402	0.0329	0.0270	0.0222	0.0183	0.0151
24	0.0817	0.0659	0.0532	0.0431	0.0349	0.0284	0.0231	0.0188	0.0154	0.0126
25	0.0736	0.0588	0.0471	0.0378	0.0304	0.0245	0.0197	0.0160	0.0129	0.0105
26	0.0663	0.0525	0.0417	0.0331	0.0264	0.0211	0.0169	0.0135	0.0109	0.0087
27	0.0597	0.0469	0.0369	0.0291	0.0230	0.0182	0.0144	0.0115	0.0091	0.0073
28	0.0538	0.0419	0.0326	0.0255	0.0200	0.0157	0.0123	0.0097	0.0077	0.0061
29	0.0485	0.0374	0.0289	0.0224	0.0174	0.0135	0.0105	0.0082	0.0064	0.0051
30	0.0437	0.0334	0.0256	0.0196	0.0151	0.0116	0.0090	0.0070	0.0054	0.0042
35	0.0259	0.0189	0.0139	0.0102	0.0075	0.0055	0.0041	0.0030	0.0023	0.0017
40	0.0154	0.0107	0.0075	0.0053	0.0037	0.0026	0.0019	0.0013	0.0010	0.0007
45	0.0091	0.0061	0.0041	0.0027	0.0019	0.0013	0.0009	0.0006	0.0004	0.0003
50	0.0054	0.0035	0.0022	0.0014	0.0009	0.0006	0.0004	0.0003	0.0002	0.0001

〈표 3〉 연금의 미래가치이자요소(FVIFA)

$$FVIFA(r,\, n) = \frac{(1+r)^n - 1}{r} \quad (r = \text{기간당 이자율},\ n = \text{기간})$$

이자율(R) / 기간(n)	1%	2%	3%	4%	5%	6%	7%	8%	9%	10%
1	1.0000	1.0000	1.0000	1.0000	1.0000	1.0000	1.0000	1.0000	1.0000	1.0000
2	2.0100	2.0200	2.0300	2.0400	2.0500	2.0600	2.0700	2.0800	2.0900	2.1000
3	3.0301	3.0604	3.0909	3.1216	3.1525	3.1836	3.2149	3.2464	3.2781	3.3100
4	4.0604	4.1216	4.1836	4.2465	4.3101	4.3746	4.4399	4.5061	4.5731	4.6410
5	5.1010	5.2040	5.3091	5.4163	5.5256	5.6371	5.7507	5.8666	5.9847	6.1051
6	6.1520	6.3081	6.4684	6.6330	6.8019	6.9753	7.1533	7.3359	7.5233	7.7156
7	7.2135	7.4343	7.6625	7.8983	8.1420	8.3938	8.6540	8.9228	9.2004	9.4872
8	8.2857	8.5830	8.8923	9.2142	9.5491	9.8975	10.260	10.637	11.028	11.436
9	9.3685	9.7546	10.159	10.583	11.027	11.491	11.978	12.488	13.021	13.579
10	10.462	10.950	11.464	12.006	12.578	13.181	13.816	14.487	15.193	15.937
11	11.567	12.169	12.808	13.486	14.207	14.972	15.784	16.645	17.560	18.531
12	12.683	13.412	14.192	15.026	15.917	16.870	17.888	18.977	20.141	21.384
13	13.809	14.680	15.618	16.627	17.713	18.882	20.141	21.495	22.953	24.523
14	14.947	15.974	17.086	18.292	19.599	21.015	22.550	24.215	26.019	27.975
15	16.097	17.293	18.599	20.024	21.579	23.276	25.129	27.152	29.361	31.772
16	17.258	18.639	20.157	21.825	23.657	25.673	27.888	30.324	33.003	35.950
17	18.430	20.012	21.762	23.698	25.840	28.213	30.840	33.750	36.974	40.545
18	19.615	21.412	23.414	25.645	28.132	30.906	33.999	37.450	41.301	45.599
19	20.811	22.841	25.117	27.671	30.539	33.760	37.379	41.446	46.018	51.159
20	22.019	24.297	26.870	29.778	33.066	36.786	40.995	45.762	51.160	57.275
21	23.239	25.783	28.676	31.969	35.719	39.993	44.865	50.423	56.765	64.002
22	24.472	27.299	30.537	34.248	38.505	43.392	49.006	55.457	62.873	71.403
23	25.716	28.845	32.453	36.618	41.430	46.996	53.436	60.893	69.532	79.543
24	26.973	30.422	34.426	39.083	44.502	50.816	58.177	66.765	76.790	88.497
25	28.243	32.030	36.459	41.646	47.727	54.865	63.249	73.106	84.701	98.347
26	29.526	33.671	38.553	44.312	51.113	59.156	68.676	79.954	93.324	109.18
27	30.821	35.344	40.710	47.084	54.669	63.706	74.484	87.351	102.72	121.10
28	32.129	37.051	42.931	49.968	58.403	68.528	80.698	95.339	112.97	134.21
29	33.450	38.792	45.219	52.966	62.323	73.640	87.347	103.97	124.14	148.63
30	34.785	40.568	47.575	56.085	66.439	79.058	94.461	113.28	136.31	164.49
35	41.660	49.994	60.462	73.652	90.320	111.43	138.24	172.32	215.71	271.02
40	48.886	60.402	75.401	95.026	120.80	154.76	199.64	259.06	337.88	442.59
45	56.481	71.893	92.720	121.03	159.70	212.74	285.75	386.51	525.86	718.90
50	64.463	84.579	112.80	152.67	209.35	290.34	406.53	573.77	815.08	1163.9

이자율(R) 기간(n)	11%	12%	13%	14%	15%	16%	17%	18%	19%	20%
1	1.0000	1.0000	1.0000	1.0000	1.0000	1.0000	1.0000	1.0000	1.0000	1.0000
2	2.1100	2.1200	2.1300	2.1400	2.1500	2.1600	2.1700	2.1800	2.1900	2.2000
3	3.3421	3.3744	3.4069	3.4396	3.4725	3.5056	3.5389	3.5724	3.6061	3.6400
4	4.7097	4.7793	4.8498	4.9211	4.9934	5.0665	5.1405	5.2154	5.2913	5.3680
5	6.2278	6.3528	6.4803	6.6101	6.7424	6.8771	7.0144	7.1542	7.2966	7.4416
6	7.9129	8.1152	8.3227	8.5355	8.7537	8.9775	9.2068	9.4420	9.6830	9.9299
7	9.7833	10.089	10.405	10.730	11.067	11.414	11.772	12.142	12.523	12.916
8	11.859	12.300	12.757	13.233	13.727	14.240	14.773	15.327	15.902	16.499
9	14.164	14.776	15.416	16.085	16.786	17.519	18.285	19.086	19.923	20.799
10	16.722	17.549	18.420	19.337	20.304	21.321	22.393	23.521	24.709	25.959
11	19.561	20.655	21.814	23.045	24.349	25.733	27.200	28.755	30.404	32.150
12	22.713	24.133	25.650	27.271	29.002	30.850	32.824	34.931	37.180	39.581
13	26.212	28.029	29.985	32.089	34.352	36.786	39.404	42.219	45.244	48.497
14	30.095	32.393	34.883	37.581	40.505	43.672	47.103	50.818	54.841	59.196
15	34.405	37.280	40.417	43.842	47.580	51.660	56.110	60.965	66.261	72.035
16	39.190	42.753	46.672	50.980	55.717	60.925	66.649	72.939	79.850	87.442
17	44.501	48.884	53.739	59.118	65.075	71.673	78.979	87.068	96.022	105.93
18	50.396	55.750	61.725	68.394	75.836	84.141	93.406	103.74	115.27	128.12
19	56.939	63.440	70.749	78.969	88.212	98.603	110.28	123.41	138.17	154.74
20	64.203	72.052	80.947	91.025	102.44	115.38	130.03	146.63	165.42	186.69
21	72.265	81.699	92.470	104.77	118.81	134.84	153.14	174.02	197.85	225.03
22	81.214	92.503	105.49	120.44	137.63	157.41	180.17	206.34	236.44	271.03
23	91.148	104.60	120.20	138.30	159.28	183.60	211.80	244.49	282.36	326.24
24	102.17	118.16	136.83	158.66	184.17	213.98	248.81	289.49	337.01	392.48
25	114.41	133.33	155.62	181.87	212.79	249.21	292.10	342.60	402.04	471.98
26	128.00	150.33	176.85	208.33	245.71	290.09	342.76	405.27	479.43	567.38
27	143.08	169.37	200.84	238.50	283.57	337.50	402.03	479.22	571.52	681.85
28	159.82	190.70	227.95	272.89	327.10	392.50	471.38	566.48	681.11	819.22
29	178.40	214.58	258.58	312.09	377.17	456.30	552.51	669.45	811.52	984.07
30	199.02	241.33	293.20	356.79	434.75	530.31	647.44	790.95	966.71	1181.9
35	341.59	431.66	546.68	693.57	881.17	1120.7	1426.5	1816.7	2314.2	2948.3
40	581.83	767.09	1013.7	1342.0	1779.1	2360.8	3134.5	4163.2	5529.8	7343.9
45	986.64	1358.2	1874.2	2590.6	3585.1	4965.3	6879.3	9531.6	13203.4	18281.3
50	1668.8	2400.0	3459.5	4994.5	7217.7	10435.6	15089.5	21813.1	31515.3	45497.2

〈표 4〉 연금의 현재가치이자요소(PVIFA)

$$PVIFA(r,\, n) = \frac{(1+r)^n - 1}{r}(1+r)^n \quad (r = \text{기간당 이자율},\ n = \text{기간})$$

이자율(R) / 기간(n)	1%	2%	3%	4%	5%	6%	7%	8%	9%	10%
1	0.9901	0.9804	0.9709	0.9615	0.9524	0.9434	0.9346	0.9259	0.9174	0.9091
2	1.9704	1.9416	1.9135	1.8861	1.8594	1.8334	1.8080	1.7833	1.7591	1.7355
3	2.9410	2.8839	2.8286	2.7751	2.7232	2.6730	2.6243	2.5771	2.5313	2.4869
4	3.9020	3.8077	3.7171	3.6299	3.5460	3.4651	3.3872	3.3121	3.2397	3.1699
5	4.8534	4.7135	4.5797	4.4518	4.3295	4.2124	4.1002	3.9927	3.8897	3.7908
6	5.7955	5.6014	5.4172	5.2421	5.0757	4.9173	4.7665	4.6229	4.4859	4.3553
7	6.7282	6.4720	6.2303	6.0021	5.7864	5.5824	5.3893	5.2064	5.0330	4.8684
8	7.6517	7.3255	7.0197	6.7327	6.4632	6.2098	5.9713	5.7466	5.5348	5.3349
9	8.5660	8.1622	7.7861	7.4353	7.1078	6.8017	6.5152	6.2469	5.9952	5.7590
10	9.4713	8.9826	8.5302	8.1109	7.7217	7.3601	7.0236	6.7101	6.4177	6.1446
11	10.368	9.7868	9.2526	8.7605	8.3064	7.8869	7.4987	7.1390	6.8052	6.4951
12	11.255	10.575	9.9540	9.3851	8.8633	8.3838	7.9427	7.5361	7.1607	6.8137
13	12.134	11.348	10.635	9.9856	9.3936	8.8527	8.3577	7.9038	7.4869	7.1034
14	13.004	12.106	11.296	10.563	9.8986	9.2950	8.7455	8.2442	7.7862	7.3667
15	13.865	12.849	11.938	11.118	10.380	9.7122	9.1079	8.5595	8.0607	7.6061
16	14.718	13.578	12.561	11.652	10.838	10.106	9.4466	8.8514	8.3126	7.8237
17	15.562	14.292	13.166	12.166	11.274	10.477	9.7632	9.1216	8.5436	8.0216
18	16.398	14.992	13.754	12.659	11.690	10.828	10.059	9.3719	8.7556	8.2014
19	17.226	15.678	14.324	13.134	12.085	11.158	10.336	9.6036	8.9501	8.3649
20	18.046	16.351	14.877	13.590	12.462	11.470	10.594	9.8181	9.1285	8.5136
21	18.857	17.011	15.415	14.029	12.821	11.764	10.836	10.017	9.2922	8.6487
22	19.660	17.658	15.937	14.451	13.163	12.042	11.061	10.201	9.4424	8.7715
23	20.456	18.292	16.444	14.857	13.489	12.303	11.272	10.371	9.5802	8.8832
24	21.243	18.914	16.936	15.247	13.799	12.550	11.469	10.529	9.7066	8.9847
25	22.023	19.523	17.413	15.622	14.094	12.783	11.654	10.675	9.8226	9.0770
26	22.795	20.121	17.877	15.983	14.375	13.003	11.826	10.810	9.9290	9.1609
27	23.560	20.707	18.327	16.330	14.643	13.211	11.987	10.935	10.027	9.2372
28	24.316	21.281	18.764	16.663	14.898	13.406	12.137	11.051	10.116	9.3066
29	25.066	21.844	19.188	16.984	15.141	13.591	12.278	11.158	10.198	9.3696
30	25.808	22.396	19.600	17.292	15.372	13.765	12.409	11.258	10.274	9.4269
35	29.409	24.999	21.487	18.665	16.374	14.498	12.948	11.655	10.567	9.6442
40	32.835	27.355	23.115	19.793	17.159	15.046	13.332	11.925	10.757	9.7791
45	36.095	29.490	24.519	20.720	17.774	15.456	13.606	12.108	10.881	9.8628
50	39.196	31.424	25.730	21.482	18.256	15.762	13.801	12.233	10.962	9.9148

기간(n) \ 이자율(R)	11%	12%	13%	14%	15%	16%	17%	18%	19%	20%
1	0.9009	0.8929	0.8850	0.8772	0.8696	0.8621	0.8547	0.8475	0.8403	0.8333
2	1.7125	1.6901	1.6681	1.6467	1.6257	1.6052	1.5852	1.5656	1.5465	1.5278
3	2.4437	2.4018	2.3612	2.3216	2.2832	2.2459	2.2096	2.1743	2.1399	2.1065
4	3.1024	3.0373	2.9745	2.9137	2.8550	2.7982	2.7432	2.6901	2.6386	2.5887
5	3.6959	3.6048	3.5172	3.4331	3.3522	3.2743	3.1993	3.1272	3.0576	2.9906
6	4.2305	4.1114	3.9975	3.8887	3.7845	3.6847	3.5892	3.4976	3.4098	3.3255
7	4.7122	4.5638	4.4226	4.2883	4.1604	4.0386	3.9224	3.8115	3.7057	3.6046
8	5.1461	4.9676	4.7988	4.6389	4.4873	4.3436	4.2072	4.0776	3.9544	3.8372
9	5.5370	5.3282	5.1317	4.9464	4.7716	4.6065	4.4506	4.3030	4.1633	4.0310
10	5.8892	5.6502	5.4262	5.2161	5.0188	4.8332	4.6586	4.4941	4.3389	4.1925
11	6.2065	5.9377	5.6869	5.4527	5.2337	5.0286	4.8364	4.6560	4.4865	4.3271
12	6.4924	6.1944	5.9176	5.6603	5.4206	5.1971	4.9884	4.7932	4.6105	4.4392
13	6.7499	6.4235	6.1218	5.8424	5.5831	5.3423	5.1183	4.9095	4.7147	4.5327
14	6.9819	6.6282	6.3025	6.0021	5.7245	5.4675	5.2293	5.0081	4.8023	4.6106
15	7.1909	6.8109	6.4624	6.1422	5.8474	5.5755	5.3242	5.0916	4.8759	4.6755
16	7.3792	6.9740	6.6039	6.2651	5.9542	5.6685	5.4053	5.1624	4.9377	4.7296
17	7.5488	7.1196	6.7291	6.3729	6.0472	5.7487	5.4746	5.2223	4.9897	4.7746
18	7.7016	7.2497	6.8399	6.4674	6.1280	5.8178	5.5339	5.2732	5.0333	4.8122
19	7.8393	7.3658	6.9380	6.5504	6.1982	5.8775	5.5845	5.3162	5.0700	4.8435
20	7.9633	7.4694	7.0248	6.6231	6.2593	5.9288	5.6278	5.3527	5.1009	4.8696
21	8.0751	7.5620	7.1016	6.6870	6.3125	5.9731	5.6648	5.3837	5.1268	4.8913
22	8.1757	7.6446	7.1695	6.7429	6.3587	6.0113	5.6964	5.4099	5.1486	4.9094
23	8.2664	7.7184	7.2297	6.7921	6.3988	6.0442	5.7234	5.4321	5.1668	4.9245
24	8.3481	7.7843	7.2829	6.8351	6.4338	6.0726	5.7465	5.4509	5.1822	4.9371
25	8.4217	7.8431	7.3300	6.8729	6.4641	6.0971	5.7662	5.4669	5.1951	4.9476
26	8.4881	7.8957	7.3717	6.9061	6.4906	6.1182	5.7831	5.4804	5.2060	4.9563
27	8.5478	7.9426	7.4086	6.9352	6.5135	6.1364	5.7975	5.4919	5.2151	4.9636
28	8.6016	7.9844	7.4412	6.9607	6.5335	6.1520	5.8099	5.5016	5.2228	4.9697
29	8.6501	8.0218	7.4701	6.9830	6.5509	6.1656	5.8204	5.5098	5.2292	4.9747
30	8.6938	8.0552	7.4957	7.0027	6.5660	6.1772	5.8294	5.5168	5.2347	4.9789
35	8.8552	8.1755	7.5856	7.0700	6.6166	6.2153	5.8582	5.5386	5.2512	4.9915
40	8.9511	8.2438	7.6344	7.1050	6.6418	6.2335	5.8713	5.5482	5.2582	4.9966
45	9.0079	8.2825	7.6609	7.1232	6.6543	6.2421	5.8773	5.5523	5.2611	4.9986
50	9.0417	8.3045	7.6752	7.1327	6.6605	6.2463	5.8801	5.5541	5.2623	4.9995

〈표 5〉 누적표준정규분포

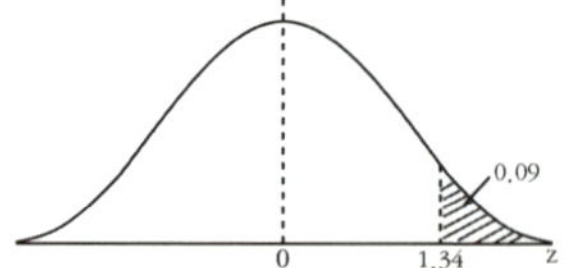

z	0.00	0.01	0.02	0.03	0.04	0.05	0.06	0.07	0.08	0.09
0.0	0.5000	0.5040	0.5080	0.5120	0.5160	0.5199	0.5239	0.5279	0.5319	0.5359
0.1	0.5398	0.5438	0.5478	0.5517	0.5557	0.5596	0.5636	0.5675	0.5714	0.5753
0.2	0.5793	0.5832	0.5871	0.5910	0.5948	0.5987	0.6026	0.6064	0.6103	0.6141
0.3	0.6179	0.6217	0.6255	0.6293	0.6331	0.6368	0.6406	0.6443	0.6480	0.6517
0.4	0.6554	0.6591	0.6628	0.6664	0.6700	0.6736	0.6772	0.6808	0.6844	0.6879
0.5	0.6915	0.6950	0.6985	0.7019	0.7054	0.7088	0.7123	0.7157	0.7190	0.7224
0.6	0.7257	0.7291	0.7324	0.7357	0.7389	0.7422	0.7454	0.7486	0.7517	0.7549
0.7	0.7580	0.7611	0.7642	0.7673	0.7704	0.7734	0.7764	0.7794	0.7823	0.7852
0.8	0.7881	0.7910	0.7939	0.7967	0.7995	0.8023	0.8051	0.8078	0.8106	0.8133
0.9	0.8159	0.8186	0.8212	0.8238	0.8264	0.8289	0.8315	0.8340	0.8365	0.8389
1.0	0.8413	0.8438	0.8461	0.8485	0.8508	0.8531	0.8554	0.8577	0.8599	0.8621
1.1	0.8643	0.8665	0.8686	0.8708	0.8729	0.8749	0.8770	0.8790	0.8810	0.8830
1.2	0.8849	0.8869	0.8888	0.8907	0.8925	0.8944	0.8962	0.8980	0.8997	0.9015
1.3	0.9032	0.9049	0.9066	0.9082	0.9099	0.9115	0.9131	0.9147	0.9162	0.9177
1.4	0.9192	0.9207	0.9222	0.9236	0.9251	0.9265	0.9279	0.9292	0.9306	0.9319
1.5	0.9332	0.9345	0.9357	0.9370	0.9382	0.9394	0.9406	0.9418	0.9429	0.9441
1.6	0.9452	0.9463	0.9474	0.9484	0.9495	0.9505	0.9515	0.9525	0.9535	0.9545
1.7	0.9554	0.9564	0.9573	0.9582	0.9591	0.9599	0.9608	0.9616	0.9625	0.9633
1.8	0.9641	0.9649	0.9656	0.9664	0.9671	0.9678	0.9686	0.9693	0.9699	0.9706
1.9	0.9713	0.9719	0.9726	0.9732	0.9738	0.9744	0.9750	0.9756	0.9761	0.9767
2.0	0.9772	0.9778	0.9783	0.9788	0.9793	0.9798	0.9803	0.9808	0.9812	0.9817
2.1	0.9821	0.9826	0.9830	0.9834	0.9838	0.9842	0.9846	0.9850	0.9854	0.9857
2.2	0.9861	0.9864	0.9868	0.9871	0.9875	0.9878	0.9881	0.9884	0.9887	0.9890
2.3	0.9893	0.9896	0.9898	0.9901	0.9904	0.9906	0.9909	0.9911	0.9913	0.9916
2.4	0.9918	0.9920	0.9922	0.9925	0.9927	0.9929	0.9931	0.9932	0.9934	0.9936
2.5	0.9938	0.9940	0.9941	0.9943	0.9945	0.9946	0.9948	0.9949	0.9951	0.9952
2.6	0.9953	0.9955	0.9956	0.9957	0.9959	0.9960	0.9961	0.9962	0.9963	0.9964
2.7	0.9965	0.9966	0.9967	0.9968	0.9969	0.9970	0.9971	0.9972	0.9973	0.9974
2.8	0.9974	0.9975	0.9976	0.9977	0.9977	0.9978	0.9979	0.9979	0.9980	0.9981
2.9	0.9981	0.9982	0.9982	0.9983	0.9984	0.9984	0.9985	0.9985	0.9986	0.9986
3.0	0.9987	0.9987	0.9987	0.9988	0.9988	0.9989	0.9989	0.9989	0.9990	0.9990
3.1	0.9990	0.9991	0.9991	0.9991	0.9992	0.9992	0.9992	0.9992	0.9993	0.9993
3.2	0.9993	0.9993	0.9994	0.9994	0.9994	0.9994	0.9994	0.9995	0.9995	0.9995
3.3	0.9995	0.9995	0.9995	0.9996	0.9996	0.9996	0.9996	0.9996	0.9996	0.9997
3.4	0.9997	0.9997	0.9997	0.9997	0.9997	0.9997	0.9997	0.9997	0.9997	0.9998

연습문제 정답

제2장 화폐의 시간가치

(*만원, 원 미만 반올림)

1. a) 1,503만원
   b) 1,716만원
   c) 1,538만원
   * 순서 b 〉 c 〉 a

2. a) 7,339만원
   b) 9,749만원
   c) 8,061만원
   * 순서 b 〉 c 〉 a

3. a) 2 억원
   b) 2억 2,500만원
   c) 1억 6,951만원
   * 순서 b 〉 a 〉 c

4. 50,815원

5. 385.6만원

6. r = 20.0%

7. 약 7.2%, 약 8년

8. 약 10.9%

9. 2,334만원

10. 1,662만원

제3장 채권과 주식의 가치계산

(*만원, 원 미만 반올림)

3. a) 9,536원
   b) 1,000,000원
   c) 3,855만원

4. a) $k_d = 14.0\%$
   b) $k_d ≒ 17.39\%$

5. 31,425원
   (*끝자리 오차 있을 수 있음)

6. 25,000원

7. 100,000원

8. $k_e = 10.0\%$

9. 32,542원

10. 13,333원

제4장 재무제표의 이해

3. $ROA = 7.5\%$
   $ROE = 30.0\%$

5. 재고자산회전율 ≒ 6.7회
   평균재고기간 ≒ 54.5일

8. a) 유동비율 ≒ 73.8%
      당좌비율 ≒ 54.0%
   b) 총자산회전율 ≒ 1.1회
      재고자산회전율 ≒ 13.1회
      매출채권회전율 ≒ 9.1회
   c) 부채비율 ≒ 82.7%
      부채자본비율 ≒ 478.8%
      이자보상비율 ≒ 1.6배
   d) 매출액순이익율 ≒ 0.9%
      총자산순이익율 ≒ 1.0%
      자기자본순이익율 ≒ 6.1%

10. a) $DOL = 2$
    b) $DFL = 1.5$
    c) $DCL = 3(= DOL \times DCL)$

제5장 자본예산의 기초개념과 현금흐름의 추정

7. a) 토지의 매각이 불가능한 경우 : 8억원 (*토지가격은 매몰원가)
   b) 토지의 매각이 가능한 경우 : 20억원

8. CF =1.34억원

9. a) ΔCF_0 = -22.15억원
   b) $\Delta CF_{1\sim4}$ = 4.85억원
   c) ΔCF_5 = 3.85억원

10. a) 실질 현금흐름(불변가격 추정)

(단위 : 백만원)

연 도	0	1	2	3	4	5
초기투자액	-1,000					
매 출 액		550	1,000	2,000	3,000	3,000
(영업비용)		(330)	(600)	(1,200)	(1,800)	(1,800)
(감가상각비)		(180)	(180)	(180)	(180)	(180)
$\Delta EBIT$		40	220	620	1,020	1,020
(세 금)		(12)	(66)	(186)	(306)	(306)
ΔEAT		28	154	434	714	714
감가상각비		180	180	180	180	180
(순운전자본에 대한 순투자)		(50)	(50)	(90)	(30)	220*
신설비회수액						170**
순현금흐름	-1,000	158	304	524	864	1,284

* 50 + 50 + 90 + 30 = 220백만원

** 100 + (200 - 100)×(1 - 0.3) = 170백만원

b) 명목 현금흐름(경상가격추정 인플레이션 : 7%)

(단위 : 백만원)

연 도	0	1	2	3	4	5
초기투자액 매 출 액 (영업비용) (감가상각비)	-1,000	 588 (353) (180)	 1,145 (687) (180)	 2,450 (1,470) (180)	 3,932 (2,359) (180)	 4,207 (2,525) (180)
$\Delta EBIT$ (세금)		55 (17)	278 (83)	800 (240)	1,393 (418)	1,502 (451)
ΔEAT 감가상각비 (순운전자본에 대한 순투자) 신설비회수액		38 180 (50)	195 180 (50)	560 180 (90)	975 180 (30)	1,051 180 220 226*
순현금흐름		168	325	650	1,125	1,677

* 인플레이션을 고려할 경우 5년 뒤의 실제 매각가격은 200백만원 × $(1 + 0.07)^5$ = 280백만원으로 추정된다. 따라서 매각차익에 대한 세금은 (280 - 100) × 0.3 = 54이므로 설비회수액은 280 - 54 = 226백만원이 된다.

제6장 투자안의 경제성 평가

3. a) 회수기간법 : 투자의 회수기간이 3.4년으로 기준투자회수기간보다 짧음으로 투자프로젝트를 채택한다.

   b) 회계적이익률법 : 회계적순이익률이 16.36%로 목표회계적이익률보다 크므로 투자프로젝트를 채택한다.

4. a) NPV_A ≒ 113.86백만원

   NPV_B ≒ 101.91백만원

   b) 투자자금조달이 얼마인가에 따라 달라진다. 만일 자금조달이 2억원이라면 A 프로젝트만 채택할 수밖에 없으며, 만약 자금조달을 4억까지 할 수 있다면,

먼저 A프로젝트를 채택한 후, 이어 B프로젝트를 택하면 된다.

c) 상호 배타적인 프로젝트라면 $NPV_A \rangle NPV_B$이므로 A프로젝트를 선택한다.

5. a) NPV_A ≒ 58.11백만원

NPV_B ≒ 59.56백만원

b) IRR_A ≒ 24%

IRR_B ≒ 21%

c) 할인율이 11.07% 보다 적으면 NPV법과 IRR법이 상반된 평가결과를 가져온다.

6. a)

(1) 투자시점의 증분현금흐름

ΔCF_0 = - 6,620만원

(2) 영업기간 중의 증분현금흐름

$\Delta CF_{1\sim5}$ = 2,005백만원

(3) 투자종료기의 증분현금흐름

ΔCF_6 = 4,305백만원

b) NPV ≒ 1,962백만원 〉 0,

따라서 구기계를 신기계로 대체하는 투자는 경제성이 있다.

7. a) CF_0 = - 89백만원

b) $\Delta CF_{1\sim3}$ ≒ 23백만원

c) ΔCF_3 ≒ 34백만원

d) NPV= - 6.26백만원 〈 0, 따라서 구입하면 안 된다.

8. a) $NPV = -4.4 + \dfrac{27.7}{(1+k)^1} - \dfrac{25.0}{(1+k)^2}$

할인율에 따른 순현재가치(NPV)를 구하여 NPV선을 그리면 다음과 같다.

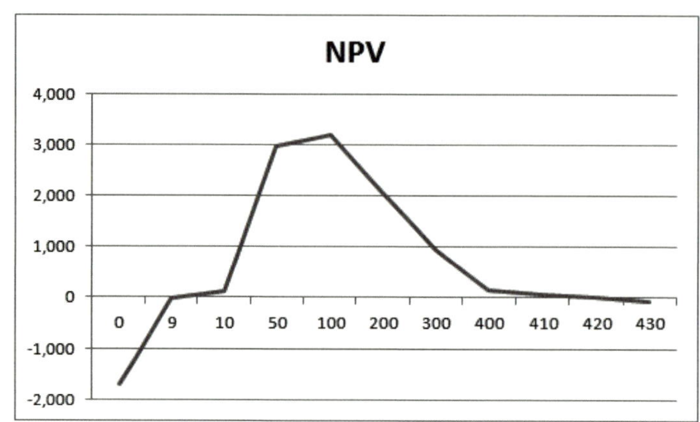

b) k = 8%인 경우에는 투자안의 순현재가치가 0보다 적음므로 투자안은 기각되어야 하며, k = 14%인 경우에는 투자안의 순현재가치가 0보다 큼으로 투자안은 채택되어야 한다.

9. a) ΔCF_0 = -88백만원

b) $\Delta CF_{1\sim5}$ = 41.1백만원

c) ΔCF_5 = -10백만원

d) NPV = 44.8백만원 〉 0, 따라서 대체해야 한다.

10. $t = 0$ CF_0 = 1,000백만원

$t = 1$ CF_1 = 2,900백만원

$t = 2$ CF_2 = 2,000백만원

$$NPV = 1{,}000 - \frac{2{,}900}{(1+k)^1} + \frac{2{,}000}{(1+k)^2}$$

할인율에 따른 순현재가치(NPV)를 구해보면, 할인율이 13%보다 작거나 77%보다 크면 NPV 〉 0 이므로 투자안은 채택되고, 할인율이 13% ~ 77%의 구간에 있으면 NPV 〈 0 이므로 기각되어야 한다.

제7장 자본예산의 특수문제

3. a) C: NPV(3회 투자반복) ≒ 118.22백만원
   D: NPV(2회 투자반복) ≒ 115.39백만원
   따라서 투자안 C를 선택한다.
   b) C: $NPV(2, \infty)$ = 271.44백만원
   D: $NPV(3, \infty)$= 264.95백만원
   투자안 C 를 선택함으로 결과가 달라지지 않는다.
   c) C: 78.66백만원
   D: 65.89백만원
   따라서 이 경우에도 투자안 C를 선택한다.
   d) 동일함.

4. 투자안 A 의 수익성 지수 PI_A= 1.119, 투자안 C의 수익성 지수 PI_B= 1.094 이므로 투자안 A를 선택한다.

5. 첫번째 투자안의 수익성지수는 투자안 B와 동일한 1.094, 두번째 투자안의 수익성지수는 $WAPI$ ≒ 1.048이므로 첫번째 투자안을 선택한다.

6. b) NPV기준 : D, C, E 순으로 선택한다.
   PI기준 : A, C, B, E 순으로 선택한다.

7. a) 투자안 X: NPV ≒ 966백만원, IRR ≒ 18.03%
   투자안 Y: NPV ≒ 630백만원, IRR ≒ 14.96%
   b) 두 투자안 모두 NPV는 0보다 크고 내부수익률은 자본비용 12%보다 큼으로 투자안 X, Y를 모두 채택한다. 단 자본이 조달되어야 한다.
   c) NPV와 IRR이 모두 투자안 Y보다 큼으로 투자안 X를 선택한다.
   d) 자본비용의 변화에 따라 두 투자안 X, Y의 순현재가치를 구해보면 자본비용이 6.2%보다 작으면 NPV법에서는 투자안 Y를 선택함으로 IRR법과 상반된 투자결정이 나타난다.

e) 미래에 더 많은 현금흐름을 가지고 있는 투자안 Y는 자본비용이 작아지면 할인 폭이 줄어들어 유리(극단적으로 자본비용이 0이면 투자안 Y는 X보다 훨씬 유리한 투자안이 됨)해지는데 대해, 내부수익률법은 자본비용과 상관없이 일관되게 투자안 X를 선택하기 때문이다.

f) 자본비용 12%를 이용하여 수정된 내부수익률($MIRR$)을 구하면

- 투자안 X의 수정된 내부수익률($MIRR$) ≒ 14.61%
- 투자안 Y의 수정된 내부수익률($MIRR$) ≒ 13.72%

∴ NPV법과 수정된 내부수익률법은 모두 투자안 X를 선택한다.

한편, e)에서 상반된 결과를 보인 자본비용인 6%를 이용하여 동일한 계산을 다시 해보면

- 투자안 X의 수정된 내부수익률($MIRR$) ≒ 11.20%
- 투자안 Y의 수정된 내부수익률($MIRR$) ≒ 11.23%

∴ 이 경우 수정된 내부수익률법은 NPV법과 같이 투자안 Y를 선택하게 된다.

 a)

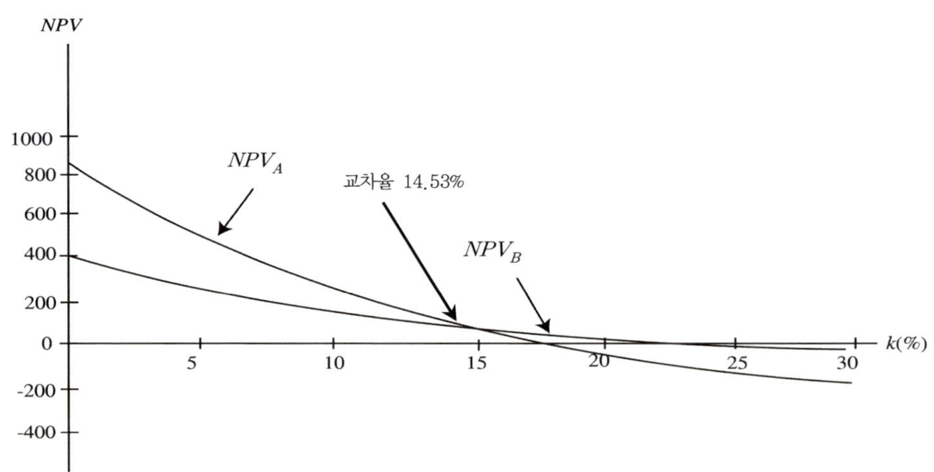

b) IRR_A ≒ 18.1%

IRR_B ≒ 24.0%

c) 피셔의 수익률(교차율) = 14.53%이며, 할인율이 14.53% 보다 작으면, NPV법과

IRR법이 투자안 선택에 있어 다른 결정을 내리게 되는 것을 의미한다.(즉, NPV법은 투자안 A를, IRR법은 투자안 B를 선택함)

d) IRR법은 할인율에 상관없이 B안을 선택하지만 NPV법에서

k = 10%이면 투자안 A를 선택($\because$ $NPV_A \fallingdotseq 283$, $NPV_B \fallingdotseq 179$)

k = 17%이면 투자안 B를 선택($\because$ $NPV_A \fallingdotseq 31$, $NPV_B \fallingdotseq 76$)

e) k = 10%일 경우 $MIRR_A \fallingdotseq 14.07\%$, $MIRR_B \fallingdotseq 15.89\%$

k = 17%일 경우 $MIRR_A \fallingdotseq 15.57\%$, $MIRR_B \fallingdotseq 19.91\%$

9. a) $PI_A = 2.33$, $PI_B = 3.5$, $PI_C = 2.33$, $PI_D = 3.0$

* 순서 : $(B) > (D) > (A) > (C)$

이는 NPV법에 의한 순서와 일치하지 않는다.

b) 가능한 조합, 각 조합별 $WAPI$, 그리고 NPV는 다음과 같다.

가능한 조합	$WAPI$	NPV
A	1.8	200
B	1.6	150
$C+D$	2.08	150
$B+C+D$	2.68	300

* 투자우선순위는 $(B+C+D) > (C+D) > (A) > (B)$임

c) NPV법에 의한 순서와 일치하지 않는다.

10. a) NPV_A = 46.40백만원, NPV_B = 68.62백만원

NPV_A 〈 NPV_B이므로 투자안 B를 선택한다.

b) $PI_A = 1.23$, $PI_B = 1.14$

중복투자가 가능한 경우 PI_A 〉 PI_B이므로 투자안 A를 선택한다.

c) NPV_C = 113.71백만원

$NPV_{(A+C)}$ 〉 NPV_B 이므로 $(A+C)$)조합을 선택한다.

제8장 위험과 수익률

3. 9,400원

4. 첫해 수익률 = 15.0%

2년간 보유수익률 = 37.5%

7. 기대수익률 = 9.7%

분 산 ≒ 54.6%

표준편차 ≒ 7.4%

8.

w_A	w_B	$E(R_p)$	σ_p
1.00	0.00	0.100(10.0%)	0.0500(5.0%)
0.70	0.30	0.115(11.5%)	0.0563(≒5.6%)
0.50	0.50	0.125(12.5%)	0.0646(≒6.5%)
0.30	0.70	0.135(13.5%)	0.0786(≒7.7%)
0.00	1.00	0.150(15.0%)	0.1000(10.0%)

9. a) 주식 A) 기대수익률 = 12.0%

분 산 = 8.0%

표준편차 ≒ 2.8%

주식 B) 기대수익률 = 6.0%

분 산 = 2.0%

표준편차 ≒ 1.4%

b) 기대수익률 = 10.5%

분 산 ≒ 4.6%

표준편차 ≒ 21.4%

10. a) 주식 A) 기대수익률 = 3.5%

분 산 ≒ 32.3%

표준편차 ≒ 5.7%

주식 B) 기대수익률 = 3.5%

분　　산 ≒ 95.3%

표준편차 ≒ 9.8%

b) 주식 A ($\sigma_A < \sigma_B$)

제9장 자본자산가격결정모형

3. a) 자본시장선 : $E(R_P) = 10 + 0.244 \times \sigma_P$

b) 위험자산 50% 투자 : 표준편차 6.14%, 기대수익률 11.5%

위험자산 100% 투자 : 표준편차 12.29%, 기대수익률 13.0%

위험자산 100% 투자 : 표준편차 18.43%, 기대수익률 14.5%

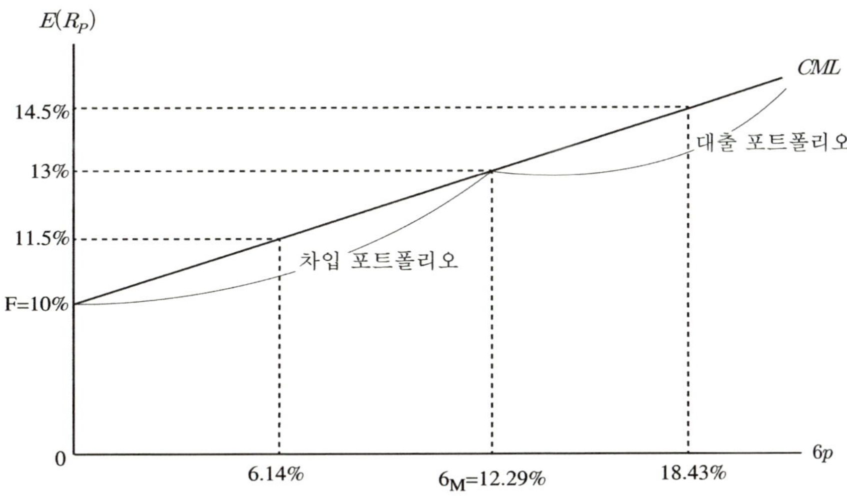

4. 20.2%

5. w_A = 62.5%, w_B= 37.5%

6. 15.5%

7. 과대평가 되어 있음(∵ 주식 A 가격 ≒ 13,393원)

제10장 자본비용

3. k_e = 18.5%

4. k_e = 30.0%

5. k_e = 20.0%

6. k_i = 8.0%

감세효과 : 10억원

8. $WACC$ ≒ 13.8%

9. a) k_e = 18.5%

b) 새로운 k_e = 23.6%

10. k_U = 12.0%

k_L = 15.0%

V_U = 750만원($WACC_U$ = 12.0%)

V_L = 1.000만원($WACC_L$ = 9.0%)

제11장 자본구조이론

4. k_o ≒ 15.3%

5. k_o ≒ 13.04%

V_L ≒ 460억원

6. a)

(단위 : 백만원)

	U기업(부채 : 0)	L기업(부채 : 1,000)
영업이익($EBIT$)	500	500
(-) 이자(10%)	0	(100)
세전이익	500	(400)
(-) 법인세(40%)	200	(160)
세후순이익	300	(240)
법인세감면	0	(40)

b) 4억원

c) V_U = 30억원

$V_L = V_U$ + 4억원 = 34억원

d) 부채를 사용하는 기업의 가치는 법인세 감세효과의 현재가치만큼 증가한다.

제12장 배당정책

10. 10억원

제15장 선물옵션이론

9. P = 0.52달러

10. • 전략 : 풋옵션 1단위 매도와 기초주식 1주를 공매, 동시에 콜옵션 1단위 매입과 차액을 무위험 채권에 투자
    • 차익거래 이익 : 0.28달러

찾아보기

▶ ㄴ ◀

▶ ㄷ ◀

▶ ㄹ ◀

▶ ㅁ ◀

▶ㅈ◀

▶ ㅊ ◀

▶ ㅋ ◀

▶ ㅌ ◀

▶ ㅍ ◀

▶ ㅎ ◀

▶ 기타 ◀

저자 약력

■ 서 병 덕

- 서울대학교 사회교육학과(문학사)
- 서울대학교 대학원 경영학과(경영학 석사)
- 서울대학교 대학원 경영학과(경영학 박사)
- 국방관리연구소 연구원
- 캘리포니아 주립대학 교환교수
- 경원대학교 경상대학장
- 경원대학교 경영대학원장
- 공인회계사 및 각종 고시출제위원
- (사)한국국제경상교육학회 회장

(현) 가천대학교 경영학과 교수

〈저서〉

- 재무관리원론, 진영사(서울)
- 경영분석, 도서출판 대진(서울)
- 경영수학, 경문사(서울)
- 경영학원론, 두남(서울)
- 투자론, 두남(서울)

■ 홍 동 현

- 서울대학교 경영대학 경영학과(학사)
- 서울대학교 대학원 경영학과(경영학 석사)
- 서울대학교 대학원 경영학과(경영학 박사)
- 금융감독원 조사연구국 선인연구원
- 서울대학교 경영대학 증권금융연구소 특별연구원

(현) 세종사이버 대학교 경영학부 금융경영학과 교수

■ 조 중 근

- 고려대학교 정경대학 경제학과(학사)
- 미국 남가주대학(University of Southern California) IBEAR Programme(MBA)
- 경원대학교 대학원 경영학과(경영학 박사)
- 전국경제인연합회, 한국중견기업연합회 근무

(현) 장안대학교 세무회계과 교수
(사)한국지속가능기업연구소 회장

재무관리

초 판 1쇄 발행 —— 2012년 3월 5일
초 판 2쇄 발행 —— 2013년 2월 28일
초 판 3쇄 발행 —— 2015년 2월 25일
지은이 —— 서 병 덕 · 홍 동 현 · 조 중 근
펴낸이 —— 전 두 표
펴낸곳 —— 도서출판 두남
서울시 강동구 성내로6길 34-16 두남빌딩
신 고 : 제25100-1988-9호
TEL : 02) 478-2065, 2066, 2067, 2311
FAX : 02) 478-2068
E-mail : dunam1@unitel.co.kr
http://www.dunam.co.kr

정가 25,000원

ISBN 978-89-6414-318-6 93320

재무관리 연습문제 정답 정오표

페이지	번호	수정 내용
379	제2장 8번	10.47%
380	제3장 6번	27,000원
383	제6장 6번	b) NPV ≒ 1,746백만원 〉 0
384	9 번	b) ΔCF_{1-5} = 41.3백만원 d) NPV = 45.5백만원
	10번	$CF_1 = -2{,}900$백만원
387	9번	a) PI_c = 2.22, PI_D = 1.5 *순서 : *(B), (A), (C), (D)* b) *WAPI* • $C+D$: 1.6 • $B+C+D$: 2.2 *투자우선순위는 *(B+C+D), (A), (C+D)=(B)* c) NPV 법에 의한 순서와 일치한다.
388	4 번	2년간 보유 수익률 = 38.46%
	7번	분산 = 56.31%, 표준편차 7.5%
	8번	σ_p 의 셋째 칸 0.0661%(≒6.6%)
390	제11장 4번	k_e =22.0%